LONGO · DIE INTERNATIONALEN BRIGADEN IN SPANIEN

Luigi Longo
(Gallo)

Die Internationalen Brigaden in Spanien

deb
verlag das europäische buch

Titel des italienischen Originals: LE BRIGATE INTERNAZIONALI IN SPAGNA

Übersetzt von Egon Wiszniewsky

Mit 19 Abbildungen und 7 Karten

das europäische buch
literaturvertrieb GmbH
westberlin
ISBN 3–920 303–25–3

Printed in the German
Democratic Republic
1480

DEN FREIWILLIGEN

DER INTERNATIONALEN BRIGADEN,

DIE FÜR DIE FREIHEIT

DES SPANISCHEN VOLKES,

FÜR DAS WOHL

UND FÜR DEN FORTSCHRITT

DER MENSCHHEIT

GEFALLEN SIND

Inschrift über den Gemeinschaftsgräbern der Gefallenen

der Internationalen Brigaden

auf dem Friedhof von Fuencarral

INHALTSVERZEICHNIS

Dieser Bericht über die Beteiligung der Internationalen Brigaden am Spanienkrieg (1936–1939) wurde in seiner ersten Fassung gleich nach dem Sturz der spanischen Republik in der Zeit von April bis August 1939 in Paris in französischer Sprache geschrieben. Ich konnte dazu auswerten: das umfangreiche Archiv des Generalkommissariates der Internationalen Brigaden, für das ich von Anfang bis Ende des Krieges verantwortlich war, die „Chroniken" und die „Kriegsgeschichten", die Freiwillige aus jeder Brigade in der gleichen Periode unter meiner Kontrolle zusammenstellten, die verschiedenen Ausgaben des Organs der Freiwilligen der Internationalen Brigaden „Voluntarios de la libertad" (Freiheitskämpfer) und alle bisher erschienenen Veröffentlichungen über verschiedene Einheiten.
Um dem Bericht den Charakter echter Unmittelbarkeit zu verleihen, um das zur Verfügung stehende wertvolle Material in der bestmöglichen Art und Weise auszuwerten und um die verschiedenen Aspekte und Probleme des Kampfes so darzustellen, wie sie damals gesehen und empfunden wurden, habe ich es vorgezogen, die Ereignisse Tag für Tag, in der Reihenfolge, in der sie sich abgespielt haben, zu erzählen. Aus diesem Grunde wird der ganze Bericht im Präsens gegeben. Doch haben die Brigaden und die anderen internationalen Einheiten selten gemeinsam und am gleichen Frontabschnitt operiert. Deshalb habe ich oft die Erzählung des Schicksals einer Einheit unterbrechen müssen, um die Geschichte einer anderen fortzusetzen, und alles mehr oder weniger nach dem Kalender ablaufen lassen.
In jenem Sommer 1939 war ich mit meiner Arbeit schon ganz schön vorangekommen, als mit Hitlers Aggression gegen Polen der zweite Weltkrieg begann. Zwei Tage vor Kriegsausbruch wurde ich von der französischen Polizei verhaftet und im Lager von Vernet eingesperrt. Anfang 1942 wurde ich der faschistischen Polizei ausgeliefert und nach Ventotene[1] deportiert, wo ich bis zum Sturz des Faschismus blieb. Der achte September[2] und der nationale Befreiungskrieg nahmen mich in ganz anderer Weise in Anspruch. Aber im Grunde genommen war es der gleiche bewaffnete Kampf gegen den Faschismus, der in Spanien begonnen hatte und den wir Garibaldiner in Italien fortsetzten. Viele der politischen, organisatorischen und militärischen Erfahrungen, die wir in den Reihen der Internationalen Brigaden gesammelt hatten, waren uns eine wertvolle Hilfe, um alle Probleme, die unter den besonderen Umständen unseres Befreiungskampfes in Italien entstanden, zu verstehen und zu lösen.
Beim nochmaligen Durchlesen der vor so vielen Jahren geschriebenen Seiten und beim erneuten Nachdenken über die Probleme und die Erfahrungen, die sich aus

[1] Eine der Pontinischen Inseln.
[2] 8. Sept. 1943 – Bekanntgabe des Waffenstillstandsabkommens zwischen der Regierung Badoglio und den Anglo-Amerikanern; Beginn der Kampfhandlungen gegen die deutsche faschistische Wehrmacht.

der Teilnahme der internationalen Freiwilligen am Spanienkrieg ergaben, fiel mir auf, daß es damals viele analoge beziehungsweise fast analoge Situationen und Probleme – politischer, militärischer, menschlicher und organisatorischer Natur – gegeben hatte, wie die, vor denen wir dann in Italien standen. Wenn man es richtig bedenkt, findet sogar die bekannte Proklamation Alexanders, die im kritischsten Augenblick des Partisanenkrieges in dem von den Deutschen besetzten Gebiet als eine Aufforderung zur Demobilisierung eintraf, ihr politisches, organisatorisches und menschliches Gegenstück – soweit es die Garibaldiner in Spanien betrifft – in der Forderung Pacciardis, die XII. Internationale Brigade Garibaldi möge nach den ersten Monaten harter und blutiger Kämpfe ihre Aufgabe der Solidarität mit den spanischen Republikanern als erledigt ansehen und sich auflösen, während der Krieg schlimmer denn je zuvor wütete und sein Ausgang noch längst nicht entschieden war.

Wie ich bereits erwähnt habe, brachte mich der Ausbruch des Weltkrieges ins Gefängnis und weit weg von jeder Dokumentation und Publikation über Spanien. Ich kam buchstäblich an Händen und Füßen gebunden – mit Ketten an den Handgelenken und an den Knöcheln – in Italien an. Mein ganzer Besitz war ein kleines Bündel, das einige armselige persönliche Dinge enthielt, eine Büchse Kondensmilch und einige Stückchen Zucker: die eiserne Ration, die ich eifersüchtig für die Augenblicke größten Hungers aufsparte, die mir noch bevorstehen sollten.

Von dem Manuskript über den Spanienkrieg war mir natürlich nicht mehr als eine vage Erinnerung geblieben. Ich nahm an, daß nach meiner langen Kerkerzeit, nach der Verhaftung meiner nächsten Angehörigen, der Genossen und Freunde, nach der deutschen Okkupation von Paris und eines so großen Teils von Frankreich letzten Endes alles, was von meiner Arbeit übriggeblieben war, in alle Winde zerstreut, beziehungsweise von den Flammen verzehrt worden sei. Zwar hatte ich – gleichsam die unvermeidlichen Ereignisse vorausahnend – von jedem Kapitel meiner Erzählung fünf Abschriften anfertigen lassen. Jede Abschrift hatte ich an einem „sicheren Ort“ – beziehungsweise was ich dafür hielt – hinterlegen lassen. Doch nach meiner Befreiung fand ich in Frankreich keine Spur der Manuskripte. Es blieb mir nichts anderes übrig, als mich damit abzufinden und es anderen zu überlassen, über die Erlebnisse der Internationalen Brigaden in Spanien zu berichten. Aber als ich die Archive des Kommissariats der Internationalen Brigaden durchstöbern ließ, die trotz aller Schicksalswendungen der Kriegsjahre gerettet worden waren, gelang es mir endlich, eine Kopie meines Berichtes wiederzufinden.

Als ich die vor so vielen Jahren geschriebenen Seiten nochmals durchlas, schien mir, auch nach so langer Zeit, ihre Veröffentlichung nicht unnütz. Erstens, weil bisher, soviel ich weiß, niemand den Versuch gemacht hat, ein Gesamtbild der Beteiligung der Internationalen Brigaden am Spanienkrieg zu geben. Zweitens, weil ich, wegen der Funktion, die ich an der Spitze der Internationalen Brigaden, solange sie existierten, bekleidete wenn nicht der einzige, so doch sehr wahrscheinlich einer der wenigen bin, die auf Grund persönlicher Kenntnis der Einheiten und der Ereignisse, an denen sie teilhatten, ein unmittelbares und ziemlich vollständiges Zeugnis von allen Geschehnissen und Problemen sowie vom Heldenmut der internationalen Einheiten und Freiwilligen in Spanien ablegen können.

Es war daher auch das Bewußtsein, eine bestimmte Pflicht gegenüber allen Kämpfern der Internationalen Brigaden in Spanien und insbesondere gegenüber den Gefallenen erfüllen zu müssen, das mich veranlaßte, mich wieder um meinen Bericht, der vor vielen Jahren so plötzlich unterbrochen wurde, zu kümmern. In seiner ersten Fassung war dieser Bericht vor allem für das französische Leserpublikum bestimmt. Nunmehr habe ich ihn völlig neu geschrieben. Dabei habe ich zwar stets beachtet, daß es sich um einen Bericht über die Beteiligung *aller* Internationaler Brigaden am Spanienkrieg handelt, aber gleichzeitig berücksichtigt, daß er in erster Linie für italienische Leser bestimmt ist. Die Freiwilligen der anderen Länder mögen mir deshalb verzeihen, wenn ich in meiner Erzählung ihren Erlebnissen, ihren Kämpfen und ihrem Heldenmut nicht immer den Raum und die Aufmerksamkeit geschenkt habe, die sie verdienen.
Dieser Band schließt mit dem Bericht über die Schlacht von Brunete (Juli 1937) ab. Er gibt daher praktisch das erste Kriegsjahr in Spanien wieder, das heißt alle militärischen Operationen von Bedeutung, die in irgendeiner Weise unmittelbar oder indirekt Madrid zum Ziele hatten. Auch in dieser zweiten Fassung habe ich mich bemüht, der Erzählung den Charakter der unmittelbaren Widerspiegelung der Ereignisse zu erhalten. Aus diesem Grunde rollt sie Tag für Tag ab, und jedes Problem wird jeweils in seiner Entstehung und in seiner Entwicklung dargestellt.
Ich verstehe jedoch, daß der Leser, der über den Spanienkrieg nur wenig, unvollständig oder überhaupt nicht unterrichtet ist, zum besseren Verständnis des nachfolgenden Berichts einiger Erläuterungen über die vorhergehenden Ereignisse bedarf, die zum Aufstand der Generäle gegen die legitime republikanische Regierung führten, sowie über den Verlauf, den nach so vielen Opfern und so viel Heldenmut der Krieg des spanischen Volkes gegen die einheimischen reaktionären Kasten und ihre italienischen und deutschen faschistischen Verbündeten nahm. Aus diesem Grunde gebe ich nun einen Überblick über die wesentlichen Momente der spanischen Geschichte vom Sturz der Monarchie (1931) bis zum faschistischen Aufstand (1936).

Die Diktatur Primo de Riveras, die in Spanien im Jahre 1923 nach dem Vorbild Mussolinis errichtet worden war, endete in den ersten Monaten des Jahres 1930 mit dem Rücktritt de Riveras. Das war eine Folge der Intensivierung der Protestbewegung im Volk und des Kampfes der Arbeiter. Im August des gleichen Jahres unterzeichneten die sozialistischen und die republikanischen, die katalonischen nationalen Parteien und die Vertreter der UGT[3] den Vertrag von San Sebastián für eine gemeinsame Aktion, deren Ziel die Beseitigung der Monarchie war. Die Initiatoren dieses Vertrages wollten verhindern, daß das Problem von unten, durch Massenaktionen gelöst würde. Am 14. Dezember 1930 erhob sich die Garnison der Stadt Jaca; die Kommunisten forderten die Arbeiter auf, die Aufständischen durch einen Generalstreik zu unterstützen; doch die Sozialisten marschierten nicht und sabotierten den Streik, und der Monarchie gelang es, den Aufstand zu unterdrücken und seine Urheber – die Offiziere Galan und Garcia Hernandez – erschießen zu lassen.

[3] Union General de los Trabajadores (Allgemeine Arbeiter-Union), große sozialistische Gewerkschaft.

Dennoch vermochte diese brutale Unterdrückung nicht, die Bewegung für die Republik abzuwürgen. Im Gegenteil! Unter der Losung „Weg mit der Monarchie!" wurden die Gemeindewahlen vom 12. April 1931 durchgeführt. Diese Wahlen brachten dem Block der bürgerlichen Republikaner und Sozialisten den Sieg. Alfons XIII. wartete nicht einmal die Bekanntgabe der endgültigen Wahlresultate ab und flüchtete ins Ausland. So wurde am 14. April in Spanien die zweite Republik proklamiert (die erste dauerte von 1873 bis 1874, nach der Abdankung König Amadeus' I. von Savoyen, der im November 1870 von den Cortes dazu berufen worden war, Spanien zu regieren).

Mit dem Sturz der Monarchie beginnt in Spanien die bürgerlich-demokratische Revolution. Die Macht geht in die Hände der Koalition von bürgerlichen Republikanern und Sozialisten über. Die neue Verfassung, die am 9. Dezember 1931 von den Konstituierenden Cortes angenommen wurde, sieht die Trennung von Kirche und Staat, die Konfiszierung der Güter der religiösen Kongregationen, die Auflösung des Jesuitenordens, die Abschaffung der Feudalabgaben und eine teilweise Bodenreform vor. Doch auf dem Lande herrschen auch nach Annahme dieser Verfassung weiterhin feudale Einrichtungen vor. 2 % der Grundbesitzer besitzen noch 67 % des bestellbaren Bodens, während 39 % der Bauern Parzellen unter einem Hektar haben. Tagelöhner, Pächter und kleine Besitzer befinden sich in einer elenden Lage. Unter dem Druck von Agrarrevolten, in deren Verlauf die Bauern die brachliegenden Ländereien der Gutsherren in Besitz nehmen, erlassen die Cortes am 21. September 1932 ein Gesetz über die Bodenreform, das die entschädigungslose Enteignung von über einer halben Million Hektar Land der Granden vorsieht und den anderen Gutsherren auferlegt, nur den sogenannten „Mehrbesitz" gegen Entschädigung abzutreten. Die Rechtsgültigkeit dieser Bestimmung ist jedoch auf vierzehn Provinzen beschränkt.

Doch auch nach diesem Gesetz erhalten bis Anfang 1936 nur zwölftausend Bauernfamilien Land. Auf diese Weise bleibt die Agrarfrage ungelöst, und ebensowenig wird die nationale Frage gelöst. Sieben Millionen Katalanen, Basken und Galicier, die die Unabhängigkeit fordern, sind enttäuscht. Die zentrale Regierung gewährt sie lediglich Katalonien und auch dies nur in sehr beschränktem Maße. In dieser Periode erhält die Kirche auch weiterhin üppige Pfründen, das Heer bleibt in den Händen monarchistischer Offiziere, und dem Auslandskapital wird freie Hand beim Aufkauf der größten nationalen Reichtümer gelassen.

Diese Unfähigkeit der Regierung, die verschiedenen politischen und sozialen Fragen zu lösen, die auf der Tagesordnung der Nation standen, empört die werktätigen und demokratischen Massen. Während des ganzen Jahres 1932 häufen sich die Streiks mit wirtschaftlichen Forderungen und politischen Zielen. Gleichzeitig reorganisieren sich die Kräfte der kirchlichen und feudalen Reaktion, die ihre Privilegien durch den Druck des Volkes bedroht sehen, und sie gehen zum Angriff über. Durch die Machtergreifung der Nazis in Deutschland ermutigt, organisieren diese Kräfte im Jahre 1933 die sogenannte CEDA[4] (Spanischer Bund der unabhängigen Rechtsparteien) unter der klerikalen und faschistischen Leitung Gil Robles. Hinter der CEDA stehen die mit dem Finanzkapital verbundenen Großgrundbesitzer, die

[4] Confederación Española de Derechas Autónomas.

hohen Kreise der Kirche und des Heeres, die sich der Unterstützung des Vatikans und der ausländischen imperialistischen Kreise erfreuen.
Dank einer eifrigen Korruptionstätigkeit und terroristischer Unterdrückungsmethoden gelingt es der Reaktion, bei den Wahlen im Jahr 1933 die Mehrheit in den Cortes zu erlangen. Die faschistenfreundliche Regierung Lerroux beginnt mit der Liquidierung der wenigen sozialen und politischen Errungenschaften der republikanischen und sozialistischen Regierungen.
Auf die reaktionären Maßnahmen der neuen Regierung antworten die Werktätigen und die Arbeiter mit großen Streiks und Massendemonstrationen. Während des Jahres 1934 finden allgemeine örtliche und Industriestreiks statt, an denen Millionen Arbeiter teilnehmen und die sogar zwei und drei Monate andauern. Am 4. Oktober 1934 übernehmen drei Mitglieder der CEDA Ministerposten. Die Absicht, der gesamten Regierungspolitik eine offenkundige faschistische Orientierung zu geben, ist unverkennbar. Die Kommunistische Partei ruft die Werktätigen zum Streik und zum Protest auf der Straße auf; sie hatte in all den Jahren der Republik gesehen, wie sich die eigene Organisation ausweitete und konsolidierte, nachdem sie sich von den anarchistenfreundlichen und extremistischen Elementen in der eigenen Leitung befreit hatte.
Der Generalstreik bricht im ganzen Lande als Zeichen des Protestes gegen den Einzug der faschistischen Elemente der CEDA in die Regierung aus. In Barcelona wird am 6. Oktober der autonome katalanische Staat proklamiert, in verschiedenen Ortschaften wächst der Streik in den bewaffneten Kampf hinüber. Die Bewegung erreicht die größte Intensität in Asturien, wo auf Initiative der Kommunistischen Partei die sogenannten „Alianzas obreras" (Arbeiterbünde) gebildet werden. Hier organisieren die Arbeiter bewaffnete Verbände, schlagen die Regierungstruppen und besetzen Oviedo und andere Städte; die Macht geht praktisch in die Hände der Arbeiter- und Bauernräte über. Die Regierung setzt die Fremdenlegion, marokkanische Verbände, die Luftwaffe und Panzer gegen die Aufständischen ein, und es beginnt die grausamste Unterdrückung der Bewegung und der Arbeiterorganisationen.
Die Periode, in der sich die CEDA an der Macht hielt (1934–1935), ist in der spanischen Geschichte als die „beiden schwarzen Jahre" bekannt. In Spanien herrscht der Terror: die Bauernfamilien werden von dem Land vertrieben, das sie erhalten haben; die sozialen Errungenschaften der Arbeiter werden beseitigt. Obwohl die Kommunistische Partei faktisch in die Illegalität gedrängt ist, arbeitet sie auch weiterhin aktiv unter den Arbeitern und in allen republikanisch-demokratischen Strömungen, um eine mächtige antifaschistische Einheitsbewegung des Volkes zu schaffen. Unter dem Druck dieser Bewegung ist die Regierung Lerroux–Gil Robles gegen Ende des Jahres 1935 gezwungen abzudanken. Die neue Regierung setzt für den 16. Februar 1936 Neuwahlen an.
In dieser neuen Situation, die durch die Abdankung der Regierung Lerroux–Gil Robles, durch die Einberufung der Wahlversammlungen und durch den Druck der Volksmassen entstanden ist, sind die Führer der Sozialisten und der bürgerlichen Republikaner gezwungen, den Vorschlag der Kommunisten, eine Aktionseinheit zu schaffen, zu akzeptieren. Am 16. Januar 1936 wird ein Pakt der Volksfront unterzeichnet, der das Bündnis des Proletariats, der Bauern, des städtischen Klein-

und Mittelbürgertums und der fortschrittlichen Intelligenz gegen den Faschismus besiegelt. Der Pakt wird von den Kommunisten, Sozialisten und bürgerlichen Republikanern unterzeichnet. Er sieht die Amnestie für die politischen Gefangenen, die Bestrafung der Verantwortlichen für die Unterdrückungsmaßnahmen gegen die antifaschistischen Aufständischen vom Oktober 1934, öffentliche Arbeiten zur Bekämpfung der Arbeitslosigkeit, eine progressive Einkommensteuer usw. vor. Trotz des Terrors der Faschisten erringen die Parteien der Volksfront am 16. Februar 1936 einen überwältigenden Sieg. In den Cortes wird das bisherige Kräfteverhältnis auf den Kopf gestellt. Unter der Führung Azañas, der im darauffolgenden Mai zum Präsidenten der Republik gewählt wird, erfolgt die Bildung einer neuen republikanisch-demokratischen Regierung.
Dieser Sieg der spanischen Volksfront übt eine ungeheure Wirkung auf die Volksmassen Spaniens und der anderen Länder aus, indem er ihrem Kampf gegen die Reaktion und den Faschismus neuen Schwung verleiht. Doch die Reaktion und der Faschismus reagieren sowohl in Spanien als auch auf internationaler Ebene, indem sie zum Gegenangriff übergehen. Um die Volksfront zu zerschlagen, wird ein Komplott gegen die spanische Volksrepublik organisiert. Die faschistischen Cliquen Italiens und Deutschlands bilden das Zentrum dieses Komplotts. Die Stütze der Faschisten in Spanien ist der von den Generälen Sanjurjo, Mola und Franco geführte sogenannte spanische Militärverband.
Die spanische Reaktion ist der Block der Großgrundbesitzer, der Finanzoligarchie, des hohen Klerus und der hohen Militärkreise. Die Organisatoren des faschistischen Komplotts stellen sich das Ziel, die Volksfront zu sprengen und die Arbeit der Regierung durch ständige Provokationen und durch wirtschaftliche und politische Sabotageakte zu desorganisieren. Die Kapitalisten schließen die Betriebe; der Index der industriellen Produktion fällt auf diese Weise im ersten Halbjahr 1936 auf 86 % des entsprechenden Halbjahres im Vorjahr; die Zahl der Arbeitslosen erreicht eine Million; die Großgrundbesitzer drohen, die Anbauflächen zu verringern, während der Kapitalexport ins Ausland ungeheure Proportionen annimmt. Die Faschisten der „spanischen Falange" gehen zum blutigen Terror gegen die demokratischen Kräfte über, ermorden Arbeiterfunktionäre, verüben Überfälle auf die Redaktionen der fortschrittlichen Zeitungen, demolieren ihre Einrichtungen. Die diplomatischen und konsularen Vertretungen Italiens und Deutschlands versorgen die spanischen Faschisten mit Waffen, Instrukteuren und Provokateuren.
Die Kommunistische Partei fordert energische Maßnahmen gegen das faschistische Komplott, das gewissermaßen in aller Öffentlichkeit vorbereitet wird; sie verlangt die Verwirklichung des Programms der Volksfront und mobilisiert die Massen zum aktiven und direkten Widerstand gegen den faschistischen Angriff. Doch die Parteien in der Regierung zögern, sie schwanken, sie können und wollen keine energische und offensive Aktion gegen die Kräfte der Reaktion führen. In dieser Lage bricht in der Nacht vom 17. zum 18. Juli 1936 die faschistische Revolte in Spanisch-Marokko und auf den Kanarischen Inseln aus. Und mit den ersten Nachrichten über diese Revolte beginnt unser Bericht.
Nach der Schlacht von Brunete, mit der unser Bericht abschließt, nehmen die Faschisten die Offensive im Norden, in Richtung Santander, wieder auf. Um den

republikanischen Verteidigern dieses Gebietes zu helfen, wird im August eine Aktion großen Stiles in Aragón, in Richtung Zaragoza, unternommen. Nach erbitterten Kämpfen erobern die Republikaner Quinto, Belchite und andere Ortschaften. Doch diese örtlichen Erfolge tragen nicht dazu bei, den Norden zu retten, Ende Oktober fällt er völlig unter die Kontrolle der Faschisten.

Nachdem Franco auf diese Weise von jeder Sorge um die Nordfront ledig geworden ist, reorganisiert er seine Kräfte und will von neuem – zum x-ten Male – die Einnahme Madrids versuchen. Er geht wieder nach den gleichen Plänen vor, die er bereits am Jarama und bei Guadalajara in die Tat umsetzen wollte, und hofft, nun endlich den Sieg erringen zu können. Die faschistischen Vorbereitungen für die neue Offensive sind fast beendet, als die republikanischen Truppen am 15. Dezember 1937 mit Macht Teruel angreifen. Alle faschistischen Pläne und Vorbereitungen werden somit über den Haufen geworfen. Teruel wird durch die Republikaner abgeschnitten und dann besetzt. In aller Eile muß Franco die bereits für den Angriff gegen Madrid zusammengezogenen Truppen und Waffen abziehen und sie zur Wiedereroberung Teruels einsetzen. Erst nach zweimonatigen blutigen und harten Kämpfen unter nordischen Bedingungen, bei achtzehn und zwanzig Grad unter Null, kommt Teruel wieder unter faschistische Kontrolle.

Nach dieser Schlacht ist Franco gezwungen, endgültig den Gedanken an eine frontale Eroberung Madrids aufzugeben. Alle frankistischen Kräfte und alle italienischen Legionäre werden nun zu einer großen Operation gegen Katalonien zusammengezogen. Im März 1938 dringen die Faschisten in Katalonien ein und erreichen am darauffolgenden 15. April bei Viñaroz, südlich von Tortosa, die Mittelmeerküste. Auf diese Weise wird das republikanische Territorium in zwei Teile gespalten: in Zentralspanien mit Madrid und Valencia einerseits und in Katalonien mit Barcelona andererseits. Von ihren Stellungen an der Küste aus entwickeln die Faschisten im Juni 1938 eine Großoffensive gegen Valencia. Aber sie sind recht bald gezwungen, sie einzustellen. Eine glänzende republikanische Gegenoperation am Ebro nimmt alle faschistischen Kräfte über drei Monate lang in Anspruch.

Das Münchener Abkommen zwischen Deutschland und Italien einerseits und den führenden Kreisen Englands und Frankreichs, die von den Vereinigten Staaten unterstützt werden, andererseits bedeutet einen schweren Schlag für das kämpfende spanische Volk. Dieses Abkommen ermutigt die Defätisten in Spanien. Der Gedanke an Kapitulation greift so unter den Vertretern der bürgerlich-republikanischen Parteien, den Rechtssozialisten und den anarchistischen Führern um sich. Von diesem Augenblick an verliert der Kampf auf republikanischer Seite an Elan und Energie. Als die faschistischen Eindringlinge am 23. Dezember 1938 eine neue Offensive in Katalonien starten, stoßen sie nicht mehr wie früher auf eisernen Widerstand.

In dieser Situation verstärken die anglo-amerikanisch-französischen führenden Kreise ihre direkten Bemühungen, die spanische Republik abzuwürgen. Mit Hilfe ihrer Agenten, die sie in das Oberkommando des republikanischen Heeres eingeschleust haben, erreichen sie – fast ohne Schwertstreich – die Übergabe Barcelonas (26. Januar 1939) und anschließend ganz Kataloniens. Die Internationalen Brigaden, die nach der Schlacht am Ebro unter der Kontrolle einer vom Völkerbund ernannten internationalen Kommission zurückgezogen worden waren, nehmen nach

dem Fall von Barcelona den Kampf wieder auf. Aber sie können nichts anderes tun, als dazu beitragen, den Marsch der Truppen und der Bevölkerung, die sich vor den faschistischen Horden in Richtung auf die französische Grenze zurückziehen, zu decken. Am 8. und 9. Februar 1939 ziehen die letzten internationalen Freiwilligen zum letzten Mal an ihren Führern vorbei und überschreiten – einem biblischen Auszuge gleich – die spanisch-französische Grenze bei Perthus und Port-Bou. Die französische Polizei weist sie ohne weiteres in die verschiedenen vorbereiteten Konzentrationslager ein. So endet die heroische und ruhmreiche Geschichte der Internationalen Brigaden in Spanien. Für die internierten Freiwilligen beginnen die Leiden und die Entbehrungen der Deportationslager, bis sich ihnen – nach dem Ausbruch des zweiten Weltkrieges – die Gelegenheit zur Flucht oder zur Revolte bietet, so daß sie zu den Partisanen an den verschiedenen Kampffronten stoßen können, um noch einmal mit der Waffe in der Hand gegen den nazistischen und faschistischen Eindringling und Unterdrücker zu kämpfen.
Um das Ende der spanischen Republik zu beschleunigen, sendet die englische Regierung nach dem Fall Barcelonas den Kreuzer „Devonshire" in die Gewässer der Insel Menorca, der am 9. Februar die republikanische Garnison der Insel zwingt, sich den Truppen Francos zu ergeben. Am 27. Februar brechen England und Frankreich die diplomatischen Beziehungen zur legitimen Regierung Spaniens ab und erkennen die „Regierung" Franco an. Am 3. und 4. März 1939 lassen die Verräter im Kommando der spanischen Kriegsmarine auf direkten Befehl aus London und Paris die republikanische Flotte von Cartagena nach dem französischen Hafen Biserta in Nordafrika auslaufen.
Die Agenten der anglo-amerikanisch-französischen Imperialisten, und zwar General Casado, der Kommandeur der Truppen in der Hauptstadt, und der Führer der Rechtssozialisten Besteiro, bilden in Madrid eine sogenannte „Junta der nationalen Verteidigung" in der Absicht, Spanien den Faschisten auszuliefern. Die Junta beginnt den Kampf gegen die republikanische Regierung und gegen die Kommunisten, die immer noch um jeden Preis und mit allen Mitteln versuchen, den Widerstand gegen die faschistische Invasion zu organisieren. Um den Widerstand des Volkes zu brechen, lassen die Verräter in der kurzen Periode ihrer Macht neuntausend Patrioten ermorden und werfen über zwölftausend in die Gefängnisse. Dann öffnen sie dem Feind die Front, und am 28. März 1939 werden das unbesiegte Madrid und das gesamte republikanische Territorium von den fremden Eindringlingen und von den Franco-Truppen besetzt.
In ganz Spanien wird auf diese Weise das barbarische und blutige faschistische Regime errichtet. Franco ruft sich selbst zum absoluten Diktator aus. Alle politischen Parteien, außer der faschistischen „Falange", werden verboten; alle Reformen und Umgestaltungen, die von der Volksfront-Regierung durchgeführt wurden, werden aufgehoben. Es beginnt eine grausame Unterdrückung des Volkes. Zehntausende Patrioten werden ohne Untersuchung und Prozeß hingerichtet; Hunderttausende Männer und Frauen aus dem Volke werden in Deportationslager gesperrt. Die deutschen und italienischen Faschisten werden die wahren Herren Spaniens.
Wenige Monate danach bricht der zweite Weltkrieg aus. Er bestätigt, was die republikanischen Kämpfer und die Antifaschisten während des Spanienkrieges immer

behauptet haben: daß der Krieg auf Spaniens Boden von den italienischen und deutschen Faschisten in der Absicht provoziert worden war, sich wertvolle militärische und wirtschaftliche Stützpunkte zur Verwirklichung ihrer Aggressionspläne gegen die demokratischen Länder zu verschaffen. Diese Funktion übte das faschistische Spanien so lange aus, wie das Waffenglück Hitler hold war. Als die Niederlagen der Hitlerkoalition als Folge der siegreichen Offensiven der sowjetischen Armee begannen, versuchte Franco, sich aus der unvermeidlichen Katastrophe zu retten, indem er Verbindung zu den führenden Kreisen Englands und der Vereinigten Staaten suchte. Das Spiel gelang ihm; und gerade der Hilfe, die es von England und vor allen Dingen von Amerika erhielt, hat es das Franco-Regime zu verdanken, daß es unbeschadet dem Sturm entgehen konnte, der alle faschistischen Regimes, vom italienischen und deutschen bis zum japanischen, von der Erdoberfläche hinweggefegt hat.

In diesen Tagen sind zwanzig Jahre seit dem Ausbruch der Revolte der faschistischen Generäle vergangen. Zwanzig Jahre blutiger Franco-Diktatur haben Spanien an den Rand des Zusammenbruchs geführt. Aber in jüngster Zeit haben sich die Protestaktionen des Volkes gegen Franco und sein Regime der Versklavung und der Verelendung vermehrt und erweitert. Führend dabei sind noch immer die Kämpfer aus dem Krieg 1936–1939, die Kommunisten und ihre Verbündeten. Vor einigen Tagen fanden die großartigen Streiks von Barcelona, Madrid, Gijón und Santander statt, die die dringenden Forderungen der werktätigen Massen auf die Tagesordnung setzten, aber auch dem Verlangen nach Freiheit und nationaler Unabhängigkeit, wofür die spanische Republik und die aus allen Ländern zu ihrer Unterstützung herbeigeeilten Freiwilligen kämpften, Ausdruck verliehen.
Viele dieser Helden fielen auf spanischer Erde. Viele führten den in Spanien begonnenen Kampf in den eigenen Ländern fort. Sie waren nicht nur leuchtende Vorbilder an Heroismus und Patriotismus. In Polen, in der Tschechoslowakei, in Ungarn, Jugoslawien, Rumänien, Bulgarien und Albanien vermochten sie sich, zusammen mit dem ganzen Volk, unter der Führung der Kommunistischen Partei und dank der militärischen Siege der Sowjetunion, von jeglicher Sklaverei zu befreien und das eigene Land auf neuen Wegen zu Freiheit und Fortschritt zu führen. Also sind die Erfahrungen, die Kämpfe und die Opfer Spaniens nicht umsonst gewesen. Überall, wo sie waren, haben sie dazu beigetragen, daß die Saat der Völkerfreiheit emporschoß. Und heute: wie viele, die in der Schule des Heroismus und der Entsagung der republikanischen Kämpfer und des spanischen Volkes gestählt wurden, setzen nach dem Vorbild der damaligen großartigen Kämpfe den eigenen Befreiungskampf im Vaterland fort; wie viele gaben niemals den Verlockungen und den Täuschungen der getarnten Volksfeinde nach und stehen immer noch, wie damals, an der Seite der spanischen Brüder, denen sie von ganzem Herzen den Sieg im harten, zwanzigjährigen Kampf gegen das barbarische Franco-Regime, das das spanische Volk unterdrückt, tyrannisiert und aussaugt, wünschen, damit sich auch für dieses Volk, das ihrem Herzen so teuer ist, das Banner der Freiheit und des Fortschritts wieder entfalten möge.

Rom, 21. April 1956

DAS EPOS VON MADRID

SPANIEN UNTER DEM FEUER DER FASCHISTEN

Eine gescheiterte Rebellion

Am 17. Juli 1936 gibt General Franco von den Kanarischen Inseln aus das Signal zum Aufstand. Dieser beginnt sofort in Spanisch-Marokko und auf den Balearen. Am 18. Juli sendet die Rundfunkstation von Ceuta den vereinbarten Satz: „Über ganz Spanien wolkenloser Himmel". Die Würfel sind gefallen: die faschistische Revolte hat begonnen.

Dem aufrührerischen Appell folgen die alten monarchistischen Generäle und alle republikfeindlichen Offiziere in den größten Militärzentren der Iberischen Halbinsel. Sie wollen dem Heer seinen traditionellen Kastencharakter bewahren und es als Werkzeug der feudalen, klerikalen und faschistischen Reaktion erhalten.

Es erheben sich die Generäle Mola in Burgos, Fanjul in Madrid und Goded in Barcelona. Es erheben sich die Garnisonen in Marokko, San Sebastián, Toledo und Albacete. Es erheben sich auch die Generäle, die für Republikaner gehalten wurden: Cabanellas in Zaragoza, Queipo de Llano in Sevilla und Aranda in Oviedo.

Doch die Flotte schließt sich der Revolte nicht an wegen der Unschlüssigkeit der Offiziere und wegen des republikanischen Bewußtseins und der Standhaftigkeit der Matrosen. Es ist ein Marinetelegrafist, der rechtzeitig das Komplott entdeckt, die Botschaften Francos an die Chefs der Marine auffängt und nicht weiterleitet, aber alle Bordtelegrafisten der anderen Schiffe über die in Gang befindliche Rebellion unterrichtet.

Auf diese Weise benachrichtigt, beschließen Unteroffiziere und Matrosen, die Offiziere zu verhaften, die Rebellen ins Meer zu werfen und die Schiffe der Republik zu erhalten. So erreichen sie, daß der größte Teil der spanischen Flotte sich nicht der Rebellion der faschistischen Generäle anschließt. Das ist der erste große Sieg des Volkes. Der zweite Sieg ist der einstimmige Beschluß der Luftwaffe, Offiziere und Mannschaften, der republikanischen Regierung die Treue zu halten.

Doch wie soll man die Rebellen der faschistischen Generäle und jenes Teils des Heeres, der ihnen freiwillig oder gezwungen gefolgt ist, besiegen?

Die Regierung ist praktisch entwaffnet. Sie kann nur auf einige Offiziere und auf die ihr direkt unterstehenden Truppen rechnen. Sie kann sich auch auf die „Guardias de Asalto" verlassen, doch mißtraut sie mit Recht der „Guardia Civil"[1], die sie in den Kasernen festhält, um schlimmere Überraschungen zu vermeiden. Inzwischen befiehlt sie durch den Rundfunk allen, Zivilisten und Militär, den Aufforderungen der Aufrührer nicht nachzukommen; sie befiehlt vielmehr allen Behörden und loyalen Kräften, sich den Meuterern zu widersetzen und sie zu bekämpfen, und entbindet die den rebellischen Offizieren unterstehenden Soldaten jeglicher Gehorsamspflicht.

Die verräterischen Generäle müssen bekämpft werden, aber wie?

1 Es gab zwei Arten Polizei: die faschistische Guardia Civil und die republikanische Guardia de Asalto.

Auf die ersten Anzeichen des Aufstandes hin erklären die Arbeiter den Streik; das Volk füllt Straßen und Plätze, es verflucht die Verräter und fordert entsprechende Maßnahmen zu ihrer Vernichtung.

Von den ersten Augenblicken der Rebellion an schlägt die Kommunistische Partei vor, das Volk zu bewaffnen. Die Regierung weigert sich. Die Zivilgouverneure in den Provinzen weigern sich ebenfalls; einige machen im Gegenteil gemeinsame Sache mit den Aufrührern. Angesichts der Unschlüssigkeit der Regierung nehmen die Werktätigen und die Organisationen des Volkes unmittelbar den Kampf auf, sie belagern und stürmen die Unterkünfte und die Kasernen der Rebellen.

Die Kommunistische Partei, die Sozialistische Partei, die UGT (Unión General de los Trabajadores), der CNT (Confederación Nacional del Trabajo)[2] und der FAI (Federación Anárquica Ibérica)[3], das heißt die politischen und Gewerkschaftsorganisationen der Arbeiterbewegung und die republikanischen Parteien nehmen alle den Kampf auf. Die Führer stellen sich an die Spitze ihrer Organisationen, die mit den wenigen Waffen kämpfen, über die sie anfangs verfügen.

Überall dort, wo die Aufrührer das Banner der Rebellion entfaltet haben, überall, wo sie auf die Straßen gegangen sind, wird erbittert gekämpft. In Madrid sind die Rebellen gezwungen, sich im Cuartel de la Montaña zu verbarrikadieren. Lediglich die faschistischen Scharfschützen schießen aus dem Hinterhalt von Kirchendächern und Baugerüsten auf Passanten und ermorden unbewaffnete Bürger, nur um Terror und Unruhe zu verbreiten.

In Barcelona besetzt ein Regiment unter dem Kommando rebellischer Offiziere die Plaza de Cataluña; doch hier wird es eingekreist und gezwungen, sich in den Gebäuden der beiden großen Hotels am Rande des Platzes zu verbarrikadieren.

So werden in Madrid und in Barcelona die Widerstandszentren der Rebellen sofort isoliert und vom bewaffneten Volk sowie von den wenigen regierungstreuen Streitkräften belagert. Gegen das Cuartel de la Montaña wird Artillerie eingesetzt, und einige Bombenflugzeuge überfliegen es. Dann brechen Männer und Frauen die Tore auf und zwingen die Rebellen, sich zu ergeben. Ebenso werden die Rebellen in Barcelona nach drei Tagen Belagerung und Kämpfen in der ganzen Stadt vernichtet oder zur Übergabe gezwungen.

In den anderen Aufstandszentren, in Sevilla, Zaragoza, Valladolid und Burgos, verläuft die Sache weniger gut und nicht so glatt. Hier befehlen die Offiziere den Truppen den Ausmarsch aus den Kasernen; sie verkünden das Kriegsrecht, sie verhaften und ermorden Arbeiterführer und gehen mit bewaffneter Hand gegen die republikanischen Institutionen und die Organisationen des Volkes vor.

Die Gefahr zeichnet sich nunmehr in ihrer ganzen Größe ab. Obwohl in den Hauptzentren geschlagen, leisten die Rebellen in vielen Ortschaften noch Widerstand. Das Dilemma tritt klar und offen zutage: entweder das Volk bewaffnen oder aber dem Faschismus erliegen.

Bei den ersten Nachrichten über die Revolte tritt die republikanische Regierung Casares Quiroga zurück. Doch ist dies kein Akt des Stolzes. Er wird nicht vollzogen,

[2] National-Bund der Arbeit, große anarchistische Gewerkschaft.

[3] Iberischer Anarchistenbund.

um einer Regierung mit einer breiteren volkstümlichen Grundlage Platz zu machen, die entschlossen ist, der Rebellion der Generäle die Stirn zu bieten. Im Gegenteil! Er kommt einem Schuldbekenntnis gleich, um so mehr, als man von der Bildung einer Regierung mit Martinez Barrio an der Spitze spricht, die den Auftrag hat, mit den Faschisten über einen Kompromiß zu verhandeln. Der Rundfunk verkündet bereits den Namen des neuen Ministerpräsidenten und behält sich vor, die Namen der Mitglieder seiner Regierung später bekanntzugeben.

Doch glücklicherweise geschieht dies niemals. Die Bevölkerung Madrids erfaßt intuitiv, was gespielt wird; sie geht auf die Straßen, marschiert in geordneten und geschlossenen Reihen, überflutet die große und zentrale Plaza de Puerta del Sol und fordert vor dem Regierungspalast: Krieg den Faschisten und Waffen für das Volk!

Dieser Volksentscheid veranlaßt die bürgerlich-republikanischen Parteien, ihre Verhandlungs- und Kapitulationsabsichten aufzugeben. Die Lösung Martinez Barrio wird fallengelassen, und an seiner Stelle bildet José Giral das Kabinett, das sich nur aus Angehörigen der republikanischen Parteien zusammensetzt. Es ist noch keine Volksfront-Regierung, weil in ihr die Vertreter der Arbeiterparteien und -organisationen fehlen; aber es ist auch keine Kapitulationsregierung. Es ist eine konservative Regierung, schüchtern demokratisch und unschlüssig angesichts der Forderungen und der so schwierigen Aufgaben des Augenblicks.

Auch die neue Regierung will keine Volksbewaffnung; doch die Tatsachen greifen ihren Entscheidungen voraus: die faschistische Rebellion drängt, das Volk macht tapfer Front dagegen, es fordert die Waffen von den Behörden, und es nimmt sie sich, wo immer es ihm gelingt. So ist die neue Regierung gezwungen, die Forderungen der Massen, der Kommunistischen Partei und der Arbeiterorganisationen zu befriedigen: sie ist gezwungen, die Arbeiter und die Mitglieder der republikanischen Organisationen zu bewaffnen bzw. ihre Bewaffnung zu gestatten.

Die Häuser der Parteien und der Gewerkschaften verwandeln sich sofort in ebenso viele Zentren für die Rekrutierung von Freiwilligen, für die Waffenausgabe und für die Aufstellung der ersten Formationen der Volksmiliz. In großartigen Kundgebungen, in begeisterten Volksversammlungen, in Manifesten und über den Rundfunk rufen die Vertreter der Arbeiter und der republikanischen Parteien das Volk zu den Waffen und zum Kampf. „No pasarán" (Sie kommen nicht durch) ist die Parole, die die Pasionaria[4] am 19. Juli über den Rundfunk von Madrid den Jugendlichen, den Frauen, den Soldaten, den „Werktätigen aller politischen Strömungen", den „Völkern Kataloniens, der Viscaya und Galiciens", „allen Spaniern" zuruft.

Zum ersten Male in der Geschichte Spaniens sind die Waffen in den Händen des Volkes, das von seinen Organisationen geführt wird. Die Männer und die Frauen, die zu Tausenden eine Waffe erhalten, gewinnen sofort mehr Sicherheit, mehr Zuversicht und die unerschütterliche Entschlossenheit, bis zum Siege zu kämpfen. Die ersten Kampfeinheiten, die auf diese Weise aus dem Volke entstehen, werden von politischen Funktionären und Gewerkschaftsführern, die nun ihre vorläufigen militärischen Kommandeure sind, zum Sturm auf die faschistischen Widerstandszentren geführt.

[4] Dolores Ibarruri.

Es sind diese Kräfte, die in wenigen Tagen Madrid und Barcelona von jedem faschistischen Rest befreien. Auf ähnliche Weise wird die Rebellion in Valencia, Cartagena, Málaga, Murcia, Alicante, Santander, Bilbao, Almería, Ciudad Real und Jaén rasch vom Volk und von den regulären regierungstreuen Kräften niedergeschlagen. In diesen Kämpfen werden einige der größten Rädelsführer der Rebellen gefangengenommen. Der General Fanjul wird in Madrid, im Cuartel de la Montaña verhaftet; der General Goded in Barcelona. Der General Sanjurjo kommt bei einem Flugzeugunglück ums Leben, während er sich von Portugal nach Spanien begibt, um sich an die Spitze der Aufrührer zu stellen.

Die Rebellen leisten dagegen Widerstand in Oviedo und im Alcázar von Toledo, wo sie von den Republikanern belagert werden. General Franco ist Herr Marokkos; dem General Queipo de Llano ist es gelungen, sich Sevillas und des Flugplatzes zu bemächtigen; General Cabanellas besetzt Zaragoza, während General Mola, der Militärbefehlshaber Navarras, an der Spitze der Karlisten auf die Sierra zumarschiert, die ihn von Madrid trennt.

In den Zentren, in denen es den Rebellen gelungen ist, die Oberhand zu gewinnen, versuchen sie, die eigenen Basen auszuweiten, untereinander in Verbindung zu treten und den gefährdeten Freunden Beistand zu leisten. Die republikanischen Volkskräfte ihrerseits reagieren auf diese Versuche der Rebellen, der völligen Katastrophe zu entfliehen, indem sie der Bevölkerung zu Hilfe eilen, die noch mit den Faschisten ringt.

Auf diese Weise entstehen die ersten „Columnen“[5] und die ersten „Zenturien“ der Volksmiliz, die den gefährdeten oder den in die Hand der Aufrührer gefallenen Zentren zu Hilfe eilen. Alle diese Formationen zeugen von Freudigkeit und enthusiastischem Elan. Sie handeln nicht nach einem vereinbarten und koordinierten Plan, sondern nach den Bedürfnissen der nächsten Sektionen der gleichen politischen oder Gewerkschaftsorganisationen, denen sie angehören und die im Kampf gegen die örtlichen Rebellen Hilfe brauchen. Für Nachschub, Transportmittel, Unterbringung und auch Bewaffnung sorgen die gleichen politischen und Gewerkschaftsorganisationen, die sie aufgestellt haben.

Die neue Regierung Giral, noch unsicher und unschlüssig über den einzuschlagenden Weg – Kapitulation oder Kampf mit allen Mitteln –, verhält sich gegenüber dem Schwung des Volkes praktisch passiv; sie stellt sich nicht an seine Spitze, von ihr gehen keinerlei Impulse aus, sie tut nichts zur Koordinierung und Führung des Kampfes. Sie wartet ab. Sie läßt die wertvollsten Tage verstreichen, in denen die kühnsten und mutig in die Tat umgesetzten Entschlüsse die größten Erfolge zeitigen mußten.

Was in diesen ersten Kampftagen getan wird, um die Rebellen niederzuschlagen und ihre ersten Erfolge zunichte zu machen, ist fast ausschließlich dem Mut und dem Kampfwillen des Volkes, der Arbeiterparteien und der Gewerkschaftsorganisationen zuzuschreiben. Dank diesem Mut und der Solidarität des Volkes wird den Faschisten Alcalà de Henares entrissen; am 24. Juli fällt Guadalajara; Kolonnen des Volkes

[5] Columna = Kolonne. In der Anfangszeit höhere militärische Einheit, in der sich nur Freiwillige einer bestimmten Partei oder Gewerkschaft befanden.

marschieren aus Valencia ab, um Sigüenza, Teruel und Albacete aus der Hand der Faschisten zu befreien. Aus Barcelona eilen Formationen der UGT, des CNT und der PSUC (Partido socialista unificado de Cataluña)[6] herbei, um Aragón zu befreien. Von Madrid marschieren die besten Kräfte, die Mitglieder aller politischen und Gewerkschaftsorganisationen der Hauptstadt, und in erster Linie die kommunistischen Kämpfer nach der Sierra, um einen Damm gegen die faschistischen Kolonnen Molas zu bilden, die von Segovia und von Avila heranrücken.

Gegen Ende Juli, zehn Tage nach Ausbruch der Rebellion, beginnt sich die Form des Territoriums abzuzeichnen, das im Besitz der Rebellengenerale ist, ebenso wie das Gebiet der republikanischen Kräfte; der Verlauf der Front wird erkennbar, an der der Bürgerkrieg entbrennt. Etwa zwei Drittel des spanischen Territoriums mit den entscheidenden und wichtigsten Stadtzentren, die Flotte und die Luftwaffe befinden sich in den Händen des Volkes und unterstehen der republikanischen Regierung. Die Rebellion hatte nur auf den Kanarischen Inseln, in Marokko, auf den Balearen, in Sevilla und Zaragoza und in den alten Königreichen León, Altkastilien und zum Teil in Galicien Erfolg. Doch Bilbao und Oviedo sind in der Hand des Volkes.

Insgesamt kann daher die Rebellion als gescheitert angesehen werden. Auf sich selbst angewiesen, würden die Rebellen nur noch einige Tage, vielleicht einige Wochen Widerstand leisten können. Sie werden von der Bevölkerung von allen Seiten als Meineidige und Rebellen gegen die Republik und als Vaterlandsverräter bedrängt, angegriffen und in die Enge getrieben.

Die ausländische Intervention

Doch die Rebellengeneräle sind nicht allein. Es waren Hitler und Mussolini, die ihre Revolte inspiriert und angestiftet haben. Der deutsche und der italienische Generalstab haben geholfen, die Rebellion vorzubereiten. Sie schleusten in die diplomatischen und konsularischen Vertretungen der beiden Länder in Spanien ihre Leute ein, die die Verbindung mit den Organisationen des Aufstandes aufrechterhielten, während Abenteurer und Agenten Waffen an die Faschisten verteilten.

Am Vorabend des Aufstandes war General Sanjurjo zum Befehlsempfang in Berlin. Er sollte die Führung der Rebellen übernehmen. Auf dem Rückflug nach Spanien kam er jedoch bei einem Flugzeugunglück ums Leben, nachdem das Signal zur Revolte bereits gegeben war. Juan March, ein hochgestellter Schmuggler, Waffenhändler, Multimillionär und Finanzier der Rebellen, war ebenfalls, kurz vor Ausbruch des Aufstandes, auf „Dienstreise" in Rom und Berlin.

Daher eilen die faschistischen und nazistischen Auftraggeber ihren Schützlingen zu Hilfe und senden ihnen Waffen, Kraftfahrzeuge, verschiedenes Material und Techniker, sobald es sich zeigt, daß es um das Schicksal der Rebellion schlecht steht und daß die aufständischen Generäle dem Untergang geweiht sind.

Die demokratischen Länder, die Regierungen Frankreichs und Englands, lassen sie nicht nur gewähren, sondern ergreifen sogar unter dem Vorwand der strengen Neu-

[6] Sozialistische Einheitspartei Kataloniens.

tralität Maßnahmen, die die Rechte der republikanischen Regierung, der alleinigen rechtmäßigen spanischen Regierung, verletzen. „Wir verlangen nicht, daß uns geholfen wird“ – sagt der Chef der republikanischen Regierung, J. Giral –, „wir ververlangen, daß wir nicht dafür bestraft werden, daß ein Aufstand gegen uns angezettelt worden ist.“
Die französische Regierung, eine Volksfront-Regierung, die von dem Sozialdemokraten Léon Blum geleitet wird, hört nicht auf die spanischen Republikaner und Demokraten, die von den Faschisten und von den monarchistischen Generalen angegriffen werden; sie erkennt weder juristische Gründe noch die vor kurzem unterzeichneten Abkommen an; sie tut so, als ob sie die Forderungen des Volkes nicht höre. Bereits am 25. Juli, acht Tage nach dem Ausbruch des Aufstandes, untersagt die französische Regierung die Ausfuhr von Waffen nach Spanien und fordert die anderen Länder auf, das gleiche zu tun. Blum begibt sich überstürzt zu einer Unterredung mit den Führern der englischen Politik und erklärt, er sei ein Gegner des Kommunismus und gedenke der spanischen Volksfront durchaus keine Hilfe zu leisten, während er einer Verständigung mit Deutschland und Italien über die spanische Frage nicht ablehnend gegenüberstehe.
Dieses Verhalten und diese Beschlüsse von Regierungen, die, um ihrer eigenen Interessen willen, die spanische republikanische Regierung hätten unterstützen müssen oder sie wenigstens nicht in ihren Verteidigungsmaßnahmen stören durften, hat zur Folge, daß die spanische republikanische Regierung keine Waffen im Ausland kaufen und einführen kann. Die Regierungen Frankreichs und Englands – also demokratische Regierungen, die erstere sogar eine Volksfront-Regierung – sehen die Anstrengungen der legalen spanischen Regierung zur Wiederherstellung der von den rebellischen und faschistischen Generälen gestörten Ordnung im Lande als ein Verbrechen an, zu dessen „Komplizen“ sie sich nicht machen wollen. Damit werden sie aber zu Komplizen ebendieser Generäle.
Ganz verschieden davon ist natürlich die Haltung der Diktatoren in Rom und Berlin zu ihren spanischen Schützlingen; bei ihnen handelt es sich um direkte, unverschämte Begünstigung und konkrete Hilfeleistung. Hitler sendet sofort zwei Geschwader der Kriegsflotte nach Spanien, um die der Republik treu gebliebene spanische Flotte zu überwachen und ihre Aktionen gegen die Zentren und die Transporte der Rebellen zu stören. Am 30. Juli treffen in Spanisch-Marokko Dutzende deutscher „Junkers“- und italienischer „Caproni“-Flugzeuge mit Bomben, Munition und anderen Kriegswaffen ein. Das wiederholt sich in den nächsten Tagen.
Es folgen nun einige Tatsachen, die von der gesamten internationalen Presse kontrolliert und verbreitet wurden. Am 30. Juli landen zwei italienische dreimotorige Maschinen wegen Benzinmangels im Gebiet von Oran (Algerien); eine weitere stürzt im gleichen Gebiet ab; drei weitere erreichen den Bestimmungsort in Spanisch-Marokko. „Die italienischen Fliegeroffiziere hatten den Befehl am 15. Juli, das heißt drei Tage vor Beginn des Bürgerkrieges, erhalten“, erklärt der französische Hochkommissar in Rabat nach der Untersuchung. Die Arbeiter der Breda-Werke in Mailand müssen in der Nacht vom 26. zum 27. Juli die italienischen Hoheitszeichen von zwölf dreimotorigen Bombern beseitigen. „Vierzehn Flugzeuge des gleichen Typs wie die in Oran abgestürzten sind in Nador (Spanisch-Marokko) eingetroffen.“

„Zum gleichen Zeitpunkt stehen dem Rebellenheer zwanzig ‚Junkers'-Transportmaschinen, fünf deutsche Jagdflugzeuge und sieben Bomber vom Typ ‚Caproni' zur Verfügung, die ihren ersten Einsatz gegen die Stadt Badajoz hinter sich haben."
So lauten Pressenachrichten vom 2. August 1936.
Alle diese Flugzeuge sind mit Maschinengewehren und mit Bomben ausgerüstet und werden von Offizieren geflogen, die den regulären Streitkräften Italiens und Deutschlands angehören. Mit Hilfe dieser Flugzeuge und unter dem Schutz der deutschen Kriegsschiffe gelingt es Franco, seine „moros" von Afrika nach Spanien überzusetzen, den Widerstand der Bevölkerung von Sevilla im Blute zu ersticken und La Linea, Algeciras und Huelva zu besetzen, was ihm die direkte Verbindung mit Gibraltar einerseits und mit Portugal andererseits ermöglicht.
Von diesen Brückenköpfen im äußersten Süden der Iberischen Halbinsel, die mit Hilfe der aus Afrika herübergebrachten Mauren und den Truppen des „tercio"[7] sowie mit Hilfe der vom Faschismus erhaltenen Maschinengewehre, Kanonen und Flugzeuge errichtet wurden, kann Franco Anfang August nach Norden vorstoßen. Am 14. August fällt Badajoz, ein wichtiger Grenzort, der die Verbindungen zwischen Portugal und Zentralspanien kontrolliert. Hier richten „moros" und Legionäre des „tercio" ein furchtbares Blutbad unter den republikanischen Verteidigern an.
Den ganzen August über setzen die Regierungen in Rom und Berlin ihre Lieferungen von Waffen und Flugzeugen an die Rebellen fort. In Vigo, Melilla, Cádiz und Palma de Mallorca laden italienische und deutsche Schiffe – heimlich oder auch ganz offen – fast täglich Hunderte Tonnen von Kriegsmaterial aus.
Trotz dieser offenkundigen Tatsachen, die unverzüglich von der internationalen Presse gemeldet werden, ändern die Regierungen Frankreichs und Englands nach gemeinsamer Absprache ihre Haltung nicht; sie stellen sie als eine Politik der strengen Neutralität und Nichteinmischung hin. Es wird sogar ein Nichteinmischungs-Ausschuß gebildet, dem neben den demokratischen Ländern auch Italien und Deutschland angehören und der auf die strenge Einhaltung der von allen beteiligten Ländern übernommenen Verpflichtung – sich nicht in den spanischen Konflikt einzumischen – achten soll.
Die erste Zusammenkunft dieses Ausschusses findet am 9. September 1936 statt. Sofort kommt seine wahre Natur zum Vorschein. Dieser Ausschuß bedeutet eine Verhöhnung der öffentlichen Weltmeinung, die ihre Stimme gegen die Rebellion der spanischen Generäle und gegen ihre italienischen und deutschen Inspiratoren und Komplizen erhoben hat. „Bei ein paar Besessenen, die dafür sind, und bei zweihundert Tölpeln, die nein sagen", ziehen die letzteren bestimmt den kürzeren, vor allen Dingen dann, wenn sie nur nein sagen, um ihre grundsätzliche Übereinstimmung mit denen zu tarnen, die dafür sind, und wenn sie, wie hier, alle Vorschläge zurückweisen, die gemacht wurden, um die Kontrolle und die Abwehr der faschistischen Intervention wirksam und konkret zu gestalten. Eben solche Vorschläge machte die Sowjetunion.
Tatsächlich verstärkt sich die immer systematischere Intervention des italienischen Faschismus und des deutschen Nazismus zugunsten Francos gerade in der Zeit, in

[7] Division der Guardia Civil oder der Fremdenlegion.

der sich der territoriale Nichteinmischungs-Ausschuß konstituiert und seine ersten Zusammenkünfte abhält. Vom 30. August an werden Offiziere, Flieger und Spezialisten der regulären italienischen Armee von den republikanischen Truppen als Gefangene eingebracht. An diesem Tag wird über Talavera eine Fiat-Maschine abgeschossen. Ihr Pilot ist der italienische Fliegerhauptmann Ermete Monico. Am 2. September gehen 700 faschistische Milizsoldaten von Afrika nach Spanien ab; am 18. des gleichen Monats verlassen weitere zweitausend mit gleichem Bestimmungsziel Verona. Mallorca wird von italienischen Faschisten besetzt, die hier ihre eigene Militärbasis errichten. Anfang September ist die Insel bereits völlig in ihrer Hand. Der Hafen wird von italienischen Schiffen beherrscht. Flieger, Soldaten, Matrosen und Offiziere der italienischen Armee führen sich als Herren der Insel auf. Ihr Chef ist der angebliche Graf Rossi, das heißt der faschistische Würdenträger Arconovaldo Bonaccorsi.

Nur der Nichteinmischungs-Ausschuß, in dem Frankreich und England die führende Rolle spielen, sieht und weiß nichts. Er will von diesen frechen Aktionen der faschistischen Interventen in Spanien keine Notiz nehmen. Die von den faschistischen Behörden streng kontrollierte italienische Presse bemüht sich nicht einmal, diese Intervention abzuleugnen beziehungsweise sie zu tarnen. Im Gegenteil, sie spricht ganz offen von ihr und lobt sie. „Roma fascista“ schreibt am 2. September 1936: „Die Komödie der Nichteinmischung ist zu Ende. Für uns hatte sie nie angefangen ... Der Faschismus steht wieder in Reih und Glied ... wir kämpfen in Spanien, das im Augenblick der lebhafteste Abschnitt unseres Krieges ist, der schon über siebzehn Jahre andauert ... Heute ist Franco der Führer der Revolution, die sich als Schwester unserer Revolution erweist, und wir sind – mit der Waffe in der Hand, als Soldaten – in ideeller, geistiger und materieller Hinsicht mit ihm und seinen Legionären.“

Die faschistische Rebellion, die, von einer Handvoll Generäle, von allen reaktionären Kräften unterstützt, begonnen wurde, um den Volkswiderstand zu besiegen, muß Italien und Deutschland um direkte militärische Hilfe bitten. Der Bürgerkrieg verwandelt sich damit in einen offenen Invasionskrieg fremder Mächte, er wird von Hitler und von Mussolini genährt, unterhalten und geführt.

Durch diesen Krieg versuchen die beiden Diktatoren, sich der Verbindungswege zwischen dem Atlantischen Ozean und dem Mittelmeerbecken zu bemächtigen und die Iberische Halbinsel zu einer Militärbasis für den Kriegsfall gegen England und Frankreich zu machen. Nicht zufällig wirft sich Mussolini sofort als Herr der Insel Mallorca auf; denn von hier aus können die Verbindungslinien Frankreichs durch das Mittelmeer nach den Küsten Nordafrikas unterbrochen werden; nicht zufällig schickt Hitler schon in den ersten Tagen seine Kriegsschiffe, um Céuta und die von den Rebellen besetzten spanischen Atlantikhäfen zu schützen.

Kein vernünftiger Mensch kann daran zweifeln, daß der Aufstand der spanischen Generäle und die Pläne Hitlers und Mussolinis, durch die der Frieden überhaupt ernstlich gefährdet ist, in erster Linie und unmittelbar aber die militärischen und politischen Interessen Englands und Frankreichs bedrohen. Doch die Regierungen dieser beiden Länder fürchten die angebliche rote Gefahr in Spanien mehr als die unmittelbare Bedrohung ihrer nationalen Interessen. Deshalb beschließen sie, sich nicht einzumischen; in Wirklichkeit greifen sie dennoch zum Nachteil der spanischen republikanischen Regierung ein, die zu dem Zeitpunkt, als diese Beschlüsse gefaßt wurden, einfach eine rein bürgerliche Regierung ist und sich aus Vertretern der republikanischen Parteien zusammensetzt, weder die Arbeiterparteien noch die Gewerkschaften sind in ihr vertreten. Sie bezeichnen diese Regierung ohne weiteres als „rot", verweigern ihr die Rechte einer regulären und legal anerkannten Regierung und lassen gleichzeitig zu, daß die Diktatoren Italiens und Deutschlands dieser Handvoll meineidiger und rebellischer Generäle jede Unterstützung zukommen lassen können.

So kann es geschehen, daß die faschistische Rebellion, die in den Hauptzentren Spaniens durch die direkte Aktion des Volkes bereits niedergeschlagen ist, weiter am Leben bleibt und nun versucht, das ganze Land mit Feuer und Schwert zu vernichten. Von diesem Augenblick an kann die republikanische Regierung in ihrem Kampf zur Verteidigung der Freiheiten des Volkes und der Unabhängigkeit der Nation nur auf die eigene Entschlußkraft, den Opfergeist und den Heroismus des spanischen Volkes sowie auf die Sympathie und die Solidarität der Werktätigen und der Demokraten der ganzen Welt bauen.

Die faschistische Invasion beginnt

Im August zeichnet sich der militärische Aktionsplan der Rebellen ab, und ihre Ziele lassen sich erkennen. Sie bestehen, kurz gesagt, in folgendem: faschistische Kontrolle der Verbindungen mit Portugal oder zumindest der Verbindungen zwischen dem Baskenland und Frankreich; Vereinigung der von Süden anrückenden Kräfte General Francos mit den von Norden vorstoßenden Truppen des Generals Mola, nach vollzogener Vereinigung konzentrischer Marsch von Norden, Westen und Südwesten auf Madrid. Natürlich ist die Hauptstadt Madrid das Hauptziel, auf das sich alle Pläne und Hoffnungen der Rebellen richten.

Solange Madrid in der Hand der regulären Regierung ist, können die Faschisten nur als das auftreten, was sie sind, nämlich als Rebellen, während die Republikaner mit der ganzen Autorität und dem Prestige der legitimen Macht operieren und Gesetze erlassen. Andererseits ist Madrid auch das politische Herz und der geographische Mittelpunkt Spaniens; von Madrid aus laufen die Straßen nach wichtigen Punkten der Halbinsel; der Besitz von Madrid bedeutet unzweifelhaft einen entscheidenden politischen und miltärischen Vorteil. Es ist daher nur zu natürlich, daß die Rebellengeneräle nach Sicherung ihrer Ausgangsposition ihre gesamte Tätigkeit diesem grundlegenden und entscheidenden Ziel – der Eroberung Madrids – unterordnen. Es ist ebenso natürlich, daß für die Republikaner die Verteidigung Madrids die zentrale Frage des Kampfes für die Freiheit und die Unabhängigkeit des spanischen Volkes ist.

In den ersten Augusttagen werden die von Norden heranrückenden Kräfte General Molas bei Sigüenza, an der Straße nach Zaragoza, bei den Hügeln von Somosierra und der Höhe von León, auf der Sierra von Guadarrama, zum Stehen gebracht. Das war das Werk vor allem der aus Madrid herbeigeeilten Arbeiter. Die Bauern

Andalusiens und Estremaduras müssen jedoch vor der Soldateska des Generals Franco zurückweichen. Nach der Einnahme von Badajoz waren die Faschisten nach Norden marschiert, hatten Mérida und Cáceres besetzt und stellen nun, Ende August, nördlich Oropesa die Verbindung mit den Kräften General Molas her.
Während die Republikaner die Rebellion der Offiziere in den Städten und Militärgarnisonen relativ leicht niederschlagen, fällt ihnen die Bewegung, das Manövrieren und der Kampf im offenen Gelände viel schwerer. Hier macht sich der Mangel an Organisation, an kriegserfahrenen Kadern und an Koordination sehr stark fühlbar. Zahlreich sind die Kolonnen, die Bataillone und die Milizen, die aus der Improvisation heraus entstehen, die „an die Front", gegen den Feind ziehen, ohne recht zu wissen, wo dieser sich befindet, über wieviel Kräfte er verfügt und was man tun muß, um ihm Widerstand zu leisten. In den meisten Fällen operiert jede Kolonne auf eigenen Antrieb, mit eigenen Mitteln und eigenen Nachschubdiensten, wenn solche überhaupt vorhanden sind; doch fast immer wird alles der Spontaneität und dem Zufall überlassen. Keinerlei Koordinierung, kein einheitliches Kommando zur Leitung der Operationen der verschiedenen Milizformationen, auch dann nicht, wenn diese im gleichen Abschnitt, Seite an Seite eingesetzt sind. Hieraus ergeben sich eine erschreckende Verzettelung an Kräften und Mitteln und unnötige Opfer.
Groß die Begeisterung, spärlich die Mittel. Den Milizionären fehlt es vor allen Dingen an Waffen und an Munition. Sie gehen an die Front in Hemdsärmeln oder im Arbeitsanzug, im „mono"[8], der in den ersten Kampfwochen gleichsam die Uniform der Republikaner ist. Ohne Decken leiden sie aber des Nachts unter der Kälte und der Feuchtigkeit. Haben die Kämpfer im Gefecht die wenigen Patronen verschossen, die sie als den kostbarsten Schatz in den Taschen mit sich führten, müssen sie die Stellung aufgeben. Häufig gehen sie seelenruhig nach Hause, in die Stadt zurück. Die Republikaner haben fast keine Artillerie; die wenige, über die sie verfügen, ist veraltet und in schlechtem Zustand. Sie kann sich nicht mit den deutschen und italienischen Kanonen messen, die den Faschisten den Weg bahnen.
Der Kampfeswille und der Opfergeist dieser Kämpfer sind bewundernswert, doch die meisten kennen nicht einmal die Grundbegriffe der Waffenhandhabung und des Verhaltens im Kampf, geschweige denn der Kriegskunst. Ihre Kommandeure wissen von Kriegsdingen nicht viel mehr. Sie sind ihren Kameraden als die entschlossensten und fähigsten aufgefallen, um im Augenblick die vielfältigen und verwickelten Probleme zu lösen, die bei solchen improvisierten und unerfahrenen Formationen auftreten. Deshalb sind sie mit der einmütigen Zustimmung ihrer Untergebenen zu Kommandeuren ernannt worden. In den höheren Stäben und Führungsorganen der Milizen und der verschiedenen Formationen sind Führer politischer und Gewerkschaftsorganisationen tätig. Diese haben wertvolle praktische Erfahrung in der Führung von Menschen, aber es ist das erste Mal, daß sie bewaffnete Formationen im Kampf befehligen, und das ist etwas ganz anderes als die Leitung von Partei- oder Gewerkschaftssektionen oder von demokratischen Zirkeln.
Madrid und Barcelona stellen die meisten Kämpfer und Kader zur Organisierung von Formationen der Volksmiliz. In Madrid entstehen im Anschluß an das Fünfte

[8] Wörtlich „Affe"; eine Art Overall.

Regiment, das sich vorwiegend aus Mitgliedern der Kommunistischen Partei zusammensetzt und von Kommunisten geführt wird – unter ihnen nimmt anfangs der Kommandeur Carlos (Vittorio Vidali) die erste Stelle ein –, die stärksten und entschlossensten Milizformationen. Sie werden vorgeschickt, um den faschistischen Vormarsch in Estremadura und auf der Sierra zu verhindern. Dieses militärische Zentrum wird zu einer Rekrutierungs- und Ausbildungsbase für die Einheiten an der Front; in wenigen Wochen werden hier in der Hauptstadt etwa zehntausend Kämpfer erfaßt, eingereiht, mehr oder weniger gut bewaffnet und an die Front geschickt. In Barcelona sind es die Milizorganisationen, die sich den anarchistischen Leitern des CNT und den kommunistischen Führern der Sozialistischen Einheitspartei Kataloniens anvertrauen. Sie schicken die Männer vor allem an die Aragónfront. Die Sozialistische Partei Spaniens, die UGT, die sozialistische Einheitsjugend, die republikanischen Parteien Spaniens, Kataloniens und Euzkadis, sie alle bemühen sich nach Kräften und mit dem ihnen eigenen Schwung, in jeder Stadt und in allen Gebieten Spaniens ihren Beitrag zu leisten und Führer für die Organisation des bewaffneten Kampfes zu stellen.
Natürlich wird das gesamte Leben in den Städten und in den Gebieten des republikanischen Spaniens bald den Erfordernissen des Krieges gegen die Rebellen untergeordnet. Wo die örtlichen Aufstandsversuche niedergeschlagen sind, wird die Bevölkerung aufgerufen, den Brüdern zu helfen, die noch unter der Herrschaft und den Gewalttätigkeiten der Faschisten leiden. Die Erfordernisse des bewaffneten Kampfes und die Notwendigkeit, jeder möglichen Überraschung von seiten der im republikanischen Gebiet untergetauchten Faschisten und ihrer möglichen Freunde und Komplizen vorzubeugen, erzeugen tiefgehende Veränderungen in den Beziehungen zwischen Bevölkerung und Behörden. Die regulären lokalen Behörden sind häufig infolge Fahnenflucht und Verrat desorganisiert oder der Autorität beraubt und sich selbst überlassen. Sie werden durch die Initiative der demokratischen und Arbeiterorganisationen, die faktisch die Führung des Kampfes gegen den Faschismus übernommen haben, entweder unterstützt oder ersetzt.
All dies vollzieht sich in den ersten Tagen und Wochen spontan, stürmisch und chaotisch, mit den mehr oder weniger schwerwiegenden – je nach dem Verantwortungsgefühl und dem Patriotismus der Beteiligten – unvermeidlichen Gegensätzen und Zusammenstößen. Wie auf militärischem Gebiet, so ergeben sich auch auf sozialem, zivilem und administrativem Gebiet die gleichen Wechselbeziehungen und Überschneidungen zwischen der offiziellen Ordnung und der vom Volk geschaffenen, zwischen dem bereits Bestehenden und dem Improvisierten, zwischen dem Alten und dem Neuen. Diesen verworrenen Zustand nutzen die abenteuerlichsten und phantastischsten – vor allem die anarchistischen – Führer in Katalonien und Aragón aus, um überspannte Anregungen und radikale, aber gleichzeitig naive Maßnahmen zu treffen, die nur dazu beitragen, den an sich schon vorhandenen Zustand der Verwirrung und Schwierigkeiten zu verstärken.
Es versteht sich von selbst, daß diese ganze Situation, die nach der Rebellion der faschistischen Generäle in Spanien entstanden war, nicht allein nach der so großen Verworrenheit, nach den Widersprüchen, Exzessen und der geschilderten Kräftezersplitterung beurteilt werden kann. Es sind dies die gewissermaßen unvermeidlichen

Auswirkungen des Schwungs, mit dem die neuen Volksenergien in die Führung des militärischen, politischen und sozialen Lebens und in den spanischen Staatsapparat selbst eindringen, in einen Apparat, der konservativ und veraltet wie kein zweiter und durch die faschistische Rebellion nicht wenig aus den Fugen geraten ist. Diese negativen Auswirkungen werden in den ersten Wochen noch durch die Unsicherheit der Regierung verschlimmert, die sich nicht entschließen kann, die Führung des Kampfes zu übernehmen und dem Elan der Massen Richtung und Führung zu geben.

Einem ausländischen Beobachter wie mir, der in der zweiten Augusthälfte von Frankreich aus ins republikanische Spanien kommt, fallen auf den ersten Blick die charakteristischen Züge der politischen und sozialen Lage auf, wie sie sich in den ersten Wochen des bewaffneten Kampfes herausbildeten. An der Grenze nur einige wenige Angestellte oder reguläre Beamte, aber zahlreiche Milizionäre, die die Zollkontrolle vornehmen und die Papiere mit dem Visum versehen. Auf den Straßen zahlreiche, mehr demonstrativ wirkende als wirksame Sperren: kleine Mäuerchen aus Sandsäcken oder Reihen leerer Kanister. Auch die Sperren haben eine politische Färbung: hier die der Anarchisten, dort die der Kommunisten, weiter drüben die der Sozialisten oder die der katalanischen Izquierda[9]. Auf den wichtigsten Gebäuden der Dörfer und Städte (Hotels, Paläste der Aristokratie, Klubs, Schulen) wehen große Flaggen der Massenorganisationen, die sie (die Gebäude) für ihre neuen militärischen und sozialen Belange beschlagnahmt („incautado") haben. Selbst die Autos sind mit kleinen Fähnchen dieser oder jener Organisation geschmückt.

Das städtische Leben in Barcelona ist lebhaft, aber frei von Fieber. Die Betriebe arbeiten normal; die großen Unternehmen stehen unter der Kontrolle von Arbeiterkomitees, die die Produktion überwachen oder anleiten. Man spürt jedoch, daß etwas Außergewöhnliches in der Luft liegt: auf Schritt und Tritt trifft man auf Milizsoldaten mit umgehängten Waffen und auf Lastkraftwagen mit Bewaffneten, die von einem Ende der Stadt zum anderen fahren; von den Mauern rufen große Plakate Männer und Frauen auf, sich registrieren zu lassen, zu kämpfen, die republikanische Ordnung aufrechtzuerhalten und wachsam gegenüber den Verrätern zu sein.

Ende August treffe ich in Madrid ein. Von Moskau her kenne ich bereits José Diaz, die Pasionaria, Uribe und Mije. Ich treffe alte Bekanntschaften aus Italien wieder: Medina (Vittorio Codovilla), der mit der Parteileitung zusammenarbeitet. Er ist fast mein Landsmann: er ist in der Gegend von Tortona (Alessandria) geboren und im Jahre 1911 nach Argentinien ausgewandert, weil er an Kundgebungen gegen den Tripoliskrieg teilgenommen hatte; er ist einer der größten Führer der Kommunistischen Partei Argentiniens. Dann sind da noch Carlos, der sich um das Fünfte Regiment kümmert, Pablo Clavego (Ettore Quaglierini), der sich ebenfalls für militärische Probleme interessiert, und Ravetto aus Biella, der auch aus Argentinien nach Spanien gekommen ist.

Die Führer der Kommunistischen Partei Spaniens erklären mir die militärische und politische Lage. Dank der italienischen und deutschen Hilfe besitzen die Rebellen

[9] Parlamentarisch die Linke.

eine erdrückende Überlegenheit an Waffen; die Einheitlichkeit des Kommandos und die Überlegenheit ihrer militärischen Kader sind weitere günstige Faktoren für sie. Auf republikanischer Seite fehlt es nicht an Kämpfern, sie sind im Gegenteil reichlich vorhanden; vielleicht belaufen sie sich in ganz Spanien bereits auf 150 000, von denen 20 000–25 000 aus dem alten Heer, etwa je 35 000–40 000 aus den drei großen spanischen Arbeiterbewegungen – Kommunisten, Sozialisten und Anarchisten – und etwa 10 000 aus den bürgerlich-republikanischen Parteien kommen.

Der Kampf in Spanien ist ein Kampf zwischen Demokratie und Faschismus; aber dieser innere Kampf ist infolge der Intervention der Diktatoren in Rom und Berlin auch zu einem nationalen Kampf, zu einem Unabhängigkeitskrieg gegen die ausländische Invasion geworden. Er mobilisiert daher alle Demokraten und alle Patrioten, nicht nur die Arbeiter, sondern auch die Bauern, das Kleinbürgertum und selbst die ehrlich demokratischen und patriotischen Bürger. „Heute ist mehr denn je die feste Einheit des ganzen werktätigen Volkes Spaniens, aller Menschen, die den Faschismus hassen und die ein freies Leben wollen, notwendig; heute ist mehr denn je die Einheitlichkeit des Kommandos notwendig", erklärt am 31. August der Sekretär der Kommunistischen Partei, José Diaz. Um jede Spekulation mit der sogenannten „roten Gefahr" zunichte zu machen, erklärt er bei der gleichen Gelegenheit das Aktionsprogramm der Kommunisten in dieser so tragischen und so entscheidenden Phase für das nationale Leben folgendermaßen: „Wir verteidigen das lauterste Wesen der Demokratie; wir kämpfen, damit die Arbeiter einen besseren Lohn erhalten, damit sie nicht wieder vom Gespenst der Arbeitslosigkeit und des Hungers terrorisiert werden; wir kämpfen für eine gerechte Gesetzgebung und für die politische und soziale Gleichberechtigung der Frau; wir kämpfen, damit die Bauern genug Land bekommen, um leben zu können. Wir wollen den Wohlstand für das ganze Volk, und wir wissen, daß er in dieser demokratischen Republik möglich ist; deshalb verteidigen wir sie, genauso wie wir die Freiheiten verteidigen, auf die Katalonien, Euzkadi, Galicien und Marokko ein Recht besitzen."

Die ersten eineinhalb Kriegsmonate haben die Schwächen deutlich werden lassen, die von republikanischer Seite überwunden werden müssen, damit es gelingt, den faschistischen Vormarsch aufzuhalten: das republikanische Spanien braucht ein einheitliches politisches und militärisches Kommando; die neuen Volkskräfte, die bereits an der Spitze des bewaffneten Kampfes stehen, müssen regulär und organisch an der Führung der Nation und am Krieg teilnehmen. Der Zustand der ersten Kampf- und Kriegswochen, in denen die Menschen, die offiziell das Los des Landes bestimmen, dem mitreißenden Elan der Volksmassen und ihrer politischen und gewerkschaftlichen Organisation eine fast absolute Passivität, einen Mangel an Perspektive und Vertrauen in den Sieg entgegensetzen, kann nicht andauern.

Die Regierung Giral, die sofort nach der faschistischen Rebellion als Alternative des letzten Augenblicks statt einer Kapitulationsregierung gebildet wurde, setzt sich gänzlich aus Vertretern der bürgerlich-republikanischen Parteien zusammen. Diese Regierung besitzt weder den Mut noch die Fähigkeit, den Kampf zum Schutze der Demokratie gegen den Faschismus mit allen Mitteln zu führen. Sie hat sich ganz und gar unfähig gezeigt, mit dem Krieg fertig zu werden, nachdem dieser – auf faschistischer Seite – durch den Beistand Italiens und Deutschlands genährt wurde. Nur eine wahre Regierung der Volksfront, die aus den Februarwahlen als Sieger hervorgegangen ist und die jetzt den Krieg führt, kann das spanische Volk zum Sieg über den Faschismus führen. Das ist die Lehre aus den ersten fünfundvierzig Tagen Bürgerkrieg.

Diese Lehre wird in den ersten Septembertagen von den verantwortungsbewußtesten Männern des republikanischen Spaniens gezogen. Giral tritt zurück und macht einer Volksfront-Regierung mit Caballero an der Spitze Platz, der Vertreter der republikanischen Parteien, der Links- und Rechtssozialisten, der Kommunisten sowie Vertreter Kataloniens und Euzkadis angehören. Lediglich die Anarchisten bleiben dieser Regierung auf eigenen Wunsch fern.

Nun kommt es darauf an, die gesamte Führung des Krieges und des nationalen Lebens zu ändern; es muß eine entschlossenere und einflußreichere Leitung geschaffen werden. Allzusehr haben die faschistischen Rebellen bereits von der Passivität der republikanischen Regierung und dem Fehlen eines allgemeinen Kriegsplanes profitiert. Am 4. September besetzen sie im Norden Irún an der französischen Grenze und schneiden auf dieser Seite jede Verbindung mit Frankreich ab. San Sebastián fällt am 11. des gleichen Monats in die Hände der Faschisten; die „moros" Francos rücken weiterhin in Estremadura vor und besetzen am 4. September Talavera de la Reina, 116 Kilometer südwestlich von Madrid.

Die Gefahr nähert sich der Hauptstadt. Aber Franco stößt von Talavera aus nicht direkt auf Madrid vor. Anstatt seinen Weg nach Nordosten fortzusetzen, biegt er nach Osten ab und befreit am 27. September den Alcázar von Toledo aus der Belagerung, der von den Republikanern seit dem 20. Juli eingeschlossen war. Je mehr sich der faschistische Vormarsch der Hauptstadt nähert, um so langsamer wird er, um so erbitterter wird der Widerstand der republikanischen Kräfte. Die Franco-Truppen, die die 292 Kilometer von Badajoz nach Talavera in zwanzig Tagen zurückgelegt haben, brauchen fünfzehn Tage, um die 40 Kilometer von Talavera nach Maqueda und über einen Monat, um die 70 Kilometer zurückzulegen, die diese letzte Stadt und Toledo von Madrid trennen.

Allein die Tatsache der Bildung der neuen Volksfront-Regierung erfüllt die Kämpfer wieder mit Vertrauen; sie führt zu einer engeren Zusammenarbeit zwischen den verschiedenen Organisationen und ermöglicht, die dringendsten Probleme des Krieges aufzugreifen und sie zu lösen. „Neben der Miliz müssen wir schnellstens ein reguläres, gut diszipliniertes und organisiertes Volksheer aufstellen." – „Eine weitere grundlegende Bedingung ist heute das einheitliche Kommando bei den Operationen; ein einheitliches Kommando, dem jede kämpfende Einheit, ganz gleich, welches ihre Tendenz sein mag – ob anarchistisch, kommunistisch, sozialistisch, linksrepublikanisch oder antifaschistisch im allgemeinen –, ohne Zaudern Gehorsam schuldig ist." – „Eine starke Regierung mit einem taktischen Kriegsplan, die weiß, wo wir stehen und wohin wir marschieren, die die bedingungslose Unterstützung aller genießt, ist eine zum Siege führende Regierung." So formuliert José Diaz den Standpunkt der Kommunisten gegenüber der neuen Volksfront-Regierung und den dringendsten militärischen Problemen.

In diesem Sinne wird die politische Propaganda an der Front und im Hinterland intensiviert. „Standhalten heißt siegen!" ist die Losung, die überall ihr Echo findet. „Die Männer an die Front, die Frauen an die Arbeit! Kein einziger Mann, der fähig ist, die Waffe zu handhaben, darf in der Etappe bleiben! Keine einzige Frau darf zu Hause sitzen!" – „Disziplin! Organisation! Einheitliches Kommando! Reguläres Heer! Und Kampf mit allen Mitteln, erbarmungsloser Kampf gegen den Faschismus!" Das ist das Gebot der Stunde. Die Pasionaria verbreitet es in ihren Reden, die von kämpferischem Geist und Vaterlandsliebe durchglüht sind, unter den begeisterten Menschenmengen: „Lieber stehend sterben als kniend leben." Das ist der Vorsatz, der jetzt Männer und Frauen des republikanischen Spaniens beseelt.
Die Kommunistische Partei steht an der Spitze der politischen Kampagne und der Organisationsarbeit. Das Fünfte Regiment gibt, von ihr inspiriert und kontrolliert, das Vorbild für Disziplin und kämpferischen Elan ab. Unter führender Beteiligung des Fünften Regiments werden die ersten sechs regulären Brigaden des neuen Volksheeres aufgestellt. Nach Absicht der Regierung sollte dieses Heer die verschiedenen Parteimilizen absorbieren und ersetzen, die notwendige Disziplin und das einheitliche Kommando schaffen.
In dieser Atmosphäre schöpferischen Eifers und organisatorischer Aktivität intensivieren die republikanischen Kämpfer ihren heroischen Kampf an der ganzen Front, die in einem großen Bogen von der Sierra bis nördlich Toledo verläuft und die Hauptstadt in einem Feuerhalbkreis umfaßt. Sie kämpfen allein gegen die gesamten verbündeten reaktionären Kräfte Spaniens und Europas. Der feindlichen Lawine können sie vorläufig nur ihren unerschöpflichen Opfergeist entgegenstellen, dem ihre wenigen veralteten Waffen nur unzulänglich entsprechen. Der sogenannte Nichteinmischungs-Ausschuß und insbesondere die französische Regierung wachen darüber, daß sie derart schlecht bewaffnet in den Kampf und in den meisten Fällen in den Tod gehen.

Die Sache der gesamten fortschrittlichen Menschheit

Bereits bei den ersten Nachrichten über die Rebellion der faschistischen Generäle erklären sich die Werktätigen und Demokraten aller Länder spontan und vorbehaltlos mit dem republikanischen Spanien und mit seinen mutigen Verteidigern solidarisch. Sie erinnern sich der Barbarei der faschistischen Reaktionäre im Oktober 1934 in Asturien; sie erinnern sich des grausamen und langen Martyriums jener Bevölkerung; sie wissen, wes Geistes Kind der spanische Faschismus ist.
Mit der Rebellion kehren die gleichen Menschen wieder ins Rampenlicht zurück, die durch den Wahltriumph der Volksfront im Februar 1936 verjagt worden waren. Es erscheint wieder der General Franco, der gleiche, der vor knapp zwei Jahren die brutale Unterdrückung der Protestaktionen des Volkes geleitet hat, die als Antwort auf die Bildung der Regierung Lerroux und auf die Berufung der CEDA-Leute auf die wichtigsten Kommandostellen in dieser Regierung organisiert wurden, die sich also gegen die Organisation der spanischen Rechtsparteien richteten, die in Spanien die Gesetze des sozialen Fortschritts aufheben, der Kirche das konfiszierte Eigentum zurückgeben und die Verfassung im reaktionären Sinne revidieren wollten.

Gegen diese offenkundige Provokation protestierten die Werktätigen damals energisch. Von ihren Führern aufgerufen, streikten die Arbeiter Barcelonas und Madrids geschlossen; die Werktätigen aus allen Teilen Spaniens, die Werktätigen Kataloniens, Euzkadis und Galiciens demonstrierten, und die Bergarbeiter Asturiens gingen einmütig auf die Straße. In Barcelona und Madrid ging der Streik jedoch nicht über den Rahmen eines einfachen Protestes hinaus, und die Arbeiter nahmen nach einigen Tagen die Arbeit wieder auf. Die sozialistischen und anarchistischen Führer wagten nicht, weiterzugehen. Die Führer der republikanischen Parteien fürchteten die möglichen Konsequenzen, und da sie in verschiedene Parteien und Richtungen gespalten waren, konnten sie sich zu nichts entschließen.
In Asturien nahm der Streik jedoch klar den Charakter eines Aufstandes und eines bewaffneten Protestes gegen das Vordringen des Faschismus an. Die asturischen Werktätigen gingen auf die Straße und triumphierten über die örtlichen reaktionären Kräfte, weil sie einig waren, weil Kommunisten, Sozialisten und Anarchisten Schulter an Schulter kämpften und weil die Kommunisten, die stärkste revolutionäre Kraft, an der Spitze der Massen marschierten und an der vordersten Front kämpften. Etwa vierzehn Tage lang waren die asturischen Werktätigen Herren der Lage in ihrem Gebiet.
Dann ließ die faschistische reaktionäre Regierung des Erzverräters Lerroux den neuen Stabschef, General Franco, eingreifen. Dieser mißtraute den spanischen Soldaten, die ihm zur Verfügung standen; zum ersten Male in der jahrhundertealten Geschichte Spaniens – seit der Vertreibung der Mauren – setzte er den „tercio", ausländische Söldner, und marokkanische Truppen gegen das spanische Volk ein, zur Herstellung der „Ordnung", zum Schutz der Privilegien und der Macht der rückständigsten Kasten der Unterdrücker und Ausbeuter auf der Halbinsel.
Die Niederschlagung der asturischen Bewegung kannte damals keine Grenzen an Brutalität und Grausamkeit. Die Soldateska Francos wütete wie auf feindlichem Boden: sie tötete und zerstörte ohne Erbarmen. Arbeiterwohnungen und -dörfer wurden von Flugzeugen bombardiert, mit Artillerie beschossen, angezündet und dem Erdboden gleichgemacht; Männer und Frauen, Kinder und Greise wurden unterschiedslos hingeschlachtet. An den Frauen tobten der Abschaum des „tercio" und die marokkanischen Söldner ihre Wollust aus. Die Gefangenen wurden mißhandelt und mit raffinierter Grausamkeit gequält, um ihnen Geständnisse und Denunziationen zu entlocken. Auf diese Weise gelang es den Katholiken der regierenden CEDA, die Christen Asturiens mit Hilfe der Mauren Afrikas zu „befrieden" und ihnen ihre Ordnung aufzuzwingen. Hunderte von Toten, Erschossenen, Ermordeten und Gemarterten sowie dreißigtausend Verhaftete waren der Preis für die auf diese Weise hergestellte faschistische Ordnung.
Diese Vorgänge sind noch mit all ihrem Entsetzen im Gedächtnis der Werktätigen und der Demokraten der ganzen Welt gegenwärtig, als die Kunde von der Rebellion der faschistischen Generäle und die Meldung, daß der gemeine Organisator der Unterdrückung, General Franco, und sein grausamer Vollstrecker, General Goded, an der Spitze der Rebellion stehen, die Herzen aller rührt. Ein Sturm der Entrüstung des Volkes bricht daraufhin in allen Ländern gegen die Rebellengeneräle, ihre Auftraggeber und ihre Komplizen los; und es erhebt sich eine mächtige Woge der

Sympathie für die spanischen Werktätigen, Demokraten und Republikaner, die von neuem von einer so großen Gefahr bedroht und solch harten Prüfungen unterworfen sind.
In Moskau und Leningrad, im sowjetischen Asien, in Stockholm, Paris, London, New York, Buenos Aires und Mexiko City bringen die Völker aller Länder in grandiosen und begeisterten Kundgebungen ihre Solidarität mit dem republikanischen Spanien und ihren Wunsch, ihm konkrete Hilfe zu leisten, zum Ausdruck. Lebensmittel, Milch, Medikamente und Krankenwagen für die spanischen Brüder gehen in den ersten Tagen über die Pyrenäen oder werden in den republikanischen Häfen ausgeladen.
Doch Lebensmittel und Medikamente genügen nicht. Die Kühnsten und Opferwilligsten bieten ihre Unterstützung und ihre militärischen Kenntnisse an; sie machen dem Zaudern ein Ende und reisen spontan, allein oder in kleinen Gruppen, nach Spanien. An der Grenze finden sie mühelos die nötigen Helfer, um der Wachsamkeit der französischen Polizei zu entgehen. Von Werktätigen geführt, die diesseits und jenseits der Grenze wohnen, klettern sie über die einsamsten Gebirgspfade; versteckt unter Eisenbahnwagen, verborgen auf Fischerbarken, mit falschen Papieren erreichen sie den französischen Gendarmen und dem Nichteinmischungs-Ausschuß zum Trotz spanischen Boden und sind bereit, wenn nötig, das eigene Leben zu opfern, damit die Sache der Freiheit und der spanischen Republik gerettet werde.
In Irún und auf Mallorca, auf der Sierra und in Aragón kämpfen von den ersten Tagen an Dutzende und Hunderte französischer und belgischer Werktätiger und Demokraten, viele italienische, polnische und deutsche Emigranten, die dem heimatlichen Faschismus entronnen sind, Seite an Seite mit den spanischen Brüdern. Menschen aus allen sozialen Schichten und aller politischen Strömungen finden sich zusammen: Kommunisten, Anarchisten, Sozialisten, Republikaner und auch einfach aufrichtige und ehrliche Freiheitsliebende. Hier trifft man Geistes- und Handarbeiter: Tagelöhner, Bergleute, Arbeiter, Freischaffende und Professoren, die alle den gleichen „mono" tragen, die Arbeits- und Kampfuniform, und die gemeinsam mit ihrem Blut die ersten Seiten der Geschichte und des Heroismus der internationalen Freiwilligen in Spanien schreiben.
Unter diesen ersten ausländischen Kämpfern befinden sich die Italiener „Gorizia" (Remigio Maurovich) in Irún; Rosselli, Angeloni, Pellegrini, Scotti und Nino Nannetti an der Huesca-Front; Fernando de Rosa auf der Sierra; das heißt Kommunisten, Sozialisten, Republikaner und Anhänger von „Gerechtigkeit und Freiheit"[10]. Dieser Vorhut, den Söhnen so vieler Völker, die von den ersten Tagen an zusammen mit den spanischen Genossen kämpfen, folgen zahlreichere Gruppen von Freiwilligen. Die Aufstellung der ersten internationalen Formationen wird möglich. Im August/September werden in Aragón die (deutsche) Zenturie Thälmann und die (italienische) Kolonne Rosselli aufgestellt, in Madrid werden die (französische) Zenturie Commune de Paris und die (italienische) Zenturie Gastone Sozzi organisiert; die letztgenannte operiert unter dem Kommando des Genossen Leone, zusammen mit einer starken Gruppe polnischer Freiwilliger, auf der Sierra von Madrid.

[10] Illegale italienische antifaschistische Gruppe.

Bei der Übergabe einer Fahne der Kommunistischen Partei Italiens an die Soldaten des Fünften Regiments am 18. September erkläre ich die Bedeutung dieses Aktes folgendermaßen: „Meine Partei hoffte, dies flammendrote Banner des Triumphes an der Spitze des Marsches des italienischen Volkes für die eigene Befreiung wieder tragen zu können. Doch welch größere Ehre ist es für meine Partei, ihre Fahne hier in Spanien wieder in der Sonne zu entfalten und im Sturm der Leidenschaft wehen zu lassen, die ein ganzes Volk aufstehen ließ und ein Heer von Helden aus ihm machte, in dem Männer und Frauen, Greise und Jugendliche an Begeisterung und Tapferkeit wetteifern.
Die italienischen Märtyrer des antifaschistischen Kampfes, die Tausende von Kämpfern, die der Faschismus gefangenhält, werden so im Geiste mit euch sein. Die Sache, für die sie die Freiheit und das Leben opferten, ist die gleiche, für die ihr heute kämpft. Das Streben nach Brot und Arbeit, wie es die Ähren und der Hammer auf der Fahne versinnbildlichen, ist auch euer Streben. Es ist die Sache der Arbeit gegen die Ausbeutung, die Sache der Zivilisation gegen die Barbarei, die das spanische Volk in diesem Augenblick an den verschiedenen Kriegsfronten verteidigt. Es ist die Sache des Friedens und der Verbrüderung der Völker, um die es im Kampf gegen die Kriegstreiber und Kriegsgewinnler geht. Euer Kampf ist daher der Kampf aller Völker, die nach Frieden, Freiheit und Wohlstand streben.
Der italienische Faschismus, die Ausbeuter und Unterdrücker des italienischen Volkes, sind mit den Feinden der Freiheit und schicken ihnen Waffen, Flugzeuge und Piloten. Doch das italienische Volk ist aus ganzem Herzen mit euch, Freiheitskämpfer! Das in Fesseln geschlagene und ausgehungerte italienische Volk blickt auf das republikanische Spanien wie auf die eigene Sache. Trotz der tausend Schwierigkeiten und der riesigen Gefahren tun die italienischen Werktätigen alles, was sie tun können, um den Faschismus daran zu hindern, die Rebellen zu bewaffnen ... Hunderte Italiener bitten um die Ehre, in die Volksmilizen aufgenommen zu werden, um zusammen mit euch den gemeinsamen Kampf für die Freiheit kämpfen zu können. Deshalb ist die Fahne, die ich eurem Regiment übergebe, nicht nur ein besonderes Geschenk der Kommunistischen Partei Italiens, sondern sie ist das Symbol für die Solidarität des gesamten italienischen Volkes, das bei allen Kämpfen für die Freiheit und die Unabhängigkeit der Völker immer dabeigewesen ist, mit dem republikanischen Spanien."
Das sind auch die Gefühle, die die Freiwilligen der anderen Nationalitäten bewegen, vor allen Dingen derjenigen, deren Länder unter faschistischen Diktaturen stöhnen. „Für eure und unsere Freiheit" steht auf den polnischen Fahnen geschrieben, und diese Worte werden recht bald das Motto aller internationalen Freiwilligen. „Heute in Spanien, morgen in Italien" ist die Devise, die Rosselli seiner Zenturie gibt. In diesem Geist und mit diesen Vorsätzen zahlen die nach Spanien herbeigeeilten Freiwilligen aller Nationalitäten den ersten Blutzoll für die gemeinsame Sache. Neben Gefallenen der ersten Tage liegen die Kämpfer der neuen Formationen, die von den faschistischen Maschinengewehren niedergemäht wurden. Von den italienischen Kameraden sind nach dem bei Irún gefallenen Kommunisten Maurovich als Opfer zu beklagen: der Sozialist de Rosa, Kommandant einer Zenturie, gefallen auf der Sierra von Madrid, die Genossen Barisone und Nardini, gefallen bei Chapineria

und bei Pelahustan, der Republikaner Angeloni und der Kommunist Rieti, gefallen bei Huesca, und etwa zwanzig weitere tapfere Kommunisten, Giellisten[11], Sozialisten und Anarchisten aus der Kolonne Rosselli und der Zenturie Sozzi.

Angesichts des Ausmaßes der faschistischen Intervention zugunsten der Rebellen sind diese moralisch und ideell äußerst wertvollen Beiträge der internationalen Solidarität zur Unterstützung der republikanischen Sache jedoch recht bescheiden; sie stehen in keinem Verhältnis zu den Erfordernissen des Kampfes gegen den spanischen Faschismus und die ausländische faschistische Invasion. Das republikanische Spanien erbittet von der internationalen Solidarität weit wirksamere Hilfe. „Wir brauchen Flugzeuge, Maschinengewehre und Kanonen!" ruft die Pasionaria bei einer eindrucksvollen Volksversammlung in Paris Mitte September dem französischen Volk und den Völkern aller Länder zu. „Heute trifft es uns, doch morgen seid ihr dran ... Dem spanischen Volk muß geholfen werden ... Um zu kämpfen, genügt der Heroismus allein nicht; wir brauchen Gewehre, Flugzeuge und Kanonen, um sie der Gewalt der faschistischen Rebellen entgegensetzen zu können."

Auf diesen Appell antwortet die Pariser Menge mit einem einzigen gewaltigen Schrei: „Kanonen und Flugzeuge für Spanien!"

Dieser Schrei findet sein Echo in allen Städten Frankreichs und Englands. Umsonst. Die Vertreter dieser beiden Länder im Nichteinmischungs-Ausschuß wollen nicht einmal den geringsten Protest gegen die Verletzungen der Neutralität erheben, die die Regierungen Deutschlands, Italiens und Portugals zugunsten der Rebellen begehen und die allen bekannt sind. Darauf schlägt die sowjetische Regierung vor, der spanischen Regierung das Recht zurückzugeben, die Waffen, die sie benötigt, zu kaufen, und erklärt, daß sie sich im Weigerungsfalle nicht mehr als die anderen Vertragspartner an das Nichteinmischungsabkommen gebunden erachtet. Auch dieser sowjetische Vorschlag wird abgelehnt.

Angesichts der frechen faschistischen Intervention in Spanien und des offenkundigen Willens der Regierungen Frankreichs und Englands, unter der Flagge des Nichteinmischungs-Ausschusses die republikanische Regierung Spaniens zu Fall zu bringen, angesichts der militärischen Fortschritte der Faschisten in Spanien begrüßen die Werktätigen und Demokraten aller Länder mit ungeheurer Freude und großer Hoffnung das Telegramm, das Stalin Mitte Oktober dem Sekretär der Kommunistischen Partei Spaniens sendet. „Die Sache des spanischen Volkes ist die Sache der gesamten fortschrittlichen Menschheit", heißt es in dem Telegramm.

Alle verstehen die große politische Bedeutung und die ungeheure praktische Tragweite dieses Telegramms. Es bedeutet, daß in jedem Land alle Anstrengungen unternommen und alle Opfer gebracht werden müssen, um dem spanischen Volk eine immer größere Unterstützung zukommen zu lassen. Alle Organisationen, alle Demokraten, die sich bereits für Spanien einsetzen, verstehen nun, daß die Solidarität der Völker auf eine neue Stufe gehoben werden muß: auf die Stufe einer politischen und materiellen Massenhilfe an Mitteln und Menschen. Der Faschismus darf in Spanien nicht durchkommen, dazu müssen die fortschrittlichen Menschen aller Länder ihren Beitrag leisten.

[11] Anhänger der „Gerechtigkeit und Freiheit"-Bewegung; italienisch „Giustizia e Libertà", abgekürzt gi el (g l).

Kämpfer aus allen Ländern

Ende September kehre ich für kurze Zeit nach Frankreich zurück. Von den spanischen Genossen habe ich einen bestimmten Auftrag, um den Abmarsch neuer Freiwilliger zu beschleunigen und zu intensivieren. Von den italienischen und französischen Genossen erfahre ich, daß alle französischen Hilfsorganisationen für Spanien auf Initiative der Führer der Kommunistischen Partei beschlossen haben, ihre Solidaritätsaktion mit den republikanischen Kämpfern zu verstärken und zur Rekrutierung von Freiwilligen in großem Maßstabe überzugehen. Zu diesem Zweck ist ein besonderes Komitee unter der Leitung des Genossen Allard (Giulio Cerreti) gebildet worden. Man weiß, daß in den anderen Ländern ebenso verfahren wird. Die französischen Organisationen haben die Aufgabe übernommen, den Freiwilligen jeder Nationalität zu helfen, die auf ihrem Wege nach Spanien das Territorium der Republik betreten. Zu diesem Zweck sind bereits zwei Stützpunkte gebildet worden: einer in Marseille, für die auf dem Seeweg Reisenden, und einer in Perpignan für die, die den Landweg benutzen.

Ich werde beauftragt, schnellstens nach Spanien zurückzukehren, um jenseits der Grenze – natürlich im Einvernehmen mit den spanischen Genossen und Behörden – den Empfang der Freiwilligen, ihre Zusammenlegung in einigen Städten des Hinterlandes, ihre Unterbringung, ihre Bewaffnung und ihren militärischen Einsatz zu organisieren. Ich nehme mit Begeisterung an.

Ich weiß, daß die Rekrutierung von Freiwilligen seit einigen Tagen in allen Büros der Kommunistischen Partei und der Gewerkschafts- und demokratischen Organisationen begonnen hat. Jeden Abend verlassen Gruppen von dreißig, vierzig Freiwilligen Paris in Richtung Pyrenäen. Die Abfahrt einer Gruppe italienischer Freiwilliger leite ich persönlich.

Die Freiwilligen treffen zu zweit oder zu dritt im Maison du Peuple (Volkshaus) ein. Einige werden von der Frau, andere von den Kindern und wieder andere von den Brüdern und Schwestern begleitet. Sie tragen Köfferchen und kleine Bündel. Die meisten kommen von der Pariser „banlieue", andere von weiter her. Die meisten konnten sich bereits mit Unterstützung der Freunde, der Verwandten und Bekannten am Ort für das Soldatenleben einkleiden und ausrüsten: Sie besitzen Lederjacken, Wollpullover, Wollschals, Schaftstiefel, Feldflaschen, Brotbeutel und Tornister. Ein Arbeiter der metallurgischen Werke bringt auch sein Motorrad mit. Er weiß, daß Spanien nicht nur Arme, sondern auch Transportmittel braucht; ein Motorrad kann an der Front sehr wertvoll sein; er stellt das seine zur Verfügung. Wer tief in irgendeiner Schublade eine Pistole, ein Fernglas, einen Stahlhelm oder irgend etwas verborgen hatte, das im Krieg von Nutzen sein kann, fügt es ohne weiteres der eigenen Ausrüstung bei.

Andere hingegen kommen allein, ohne irgendwelche Ausrüstung, als ob sie sich zu einem Spielchen oder zum üblichen Plauderstündchen ins nahe Café begeben wollten. Das sind im allgemeinen die Jüngeren, deren Familienangehörige den Idealen,

für die in Spanien gekämpft und gestorben wird, feindselig gegenüberstehen. Sie haben sich heimlich und unauffällig von Hause weggeschlichen; sie haben niemandem etwas gesagt, um keinen Ärger zu haben und um keinen Anlaß zu peinlichen Szenen zu geben. Sie werden schon schreiben, wenn sie in Spanien angekommen sind.
In dem sich schnell füllenden Saal, wo die Abreisenden sich sammeln, teilen Frauen und Mädchen Kleidungsstücke und Toilettenartikel an die aus, die am bedürftigsten sind, sie übernehmen letzte Aufträge und versprechen den Freiwilligen, mit ihnen Briefe zu wechseln. Die Abschiedsstunde rückt näher, ich richte an alle einige Worte der Begrüßung und der guten Wünsche; dabei kommt mir meine kürzliche Reise nach Spanien zugute, um Auskünfte und Ratschläge zu erteilen; ich erläutere den Ernst und die Größe der Verpflichtung, die die Freiwilligen übernehmen, ich lobe den Mut der Familienangehörigen, die ihren Lieben die Abschiedsstunde durch ihre aufmunternden Worte und ihre Standhaftigkeit erleichtern.
Doch es ist keine Zeit für große Worte. Die Uhrzeiger rücken schnell vor. In einigen Augenblicken heißt es abfahren. Alle, die Abreisenden und die Zurückbleibenden, benützen sie, um die letzten Instruktionen zu geben, um die letzten Versprechen auszutauschen und sich die letzten Notizen zu machen. Es geht los. Die bisher unterdrückte Erregung macht sich in Umarmungen, in lärmenden Grüßen und in Gesang Luft. In einer Atmosphäre voller Stolz und Leidenschaft verläßt der Freiwillige seine Lieben. Er sagt allem Lebewohl, was er an Liebe und Hoffnungen besitzt, um einer größeren Liebe und einer größeren Hoffnung – der Freiheit der Völker und dem Sieg der Freiheit – entgegenzugehen.
Der Freiwillige besteigt den Autobus, der ihn zum Bahnhof bringt. Doch schon hier muß er den Mut des Kämpfers besitzen, der den Feind wittert, auch wenn dieser vorläufig nur von dem Gendarmen verkörpert wird, der ihn am Bahnhof oder im Zug erkennt und aus Achtung vor der Nichteinmischung beim Kragen packen, nach Hause zurückschicken oder ins Gefängnis sperren kann, wenn zufällig – was bei den Emigranten nicht selten vorkommt – nicht alle Papiere in Ordnung sein sollten. Daher fahren die Autobusse in aller Stille vom Volkshause ab, während sich im Saal die Frauen verstohlen ein paar Tränen abwischen und die Kleinsten wieder anziehen, um nach Hause zu gehen.
Morgen abend wird es in diesem und in vielen anderen Volkshäusern und Räumen demokratischer Organisationen in Frankreich und auf der ganzen Welt wieder so sein. Es ist ein unwiderstehliches Gefühl der Brüderlichkeit und der Solidarität mit dem von seinen Verrätergenerälen feige überfallenen spanischen Volk, das die Freiwilligen beseelt. Aber sie fahren auch im Zeichen des Protestes gegen die eigene Regierung, die unter dem Vorwand der angeblichen Nichteinmischung der faschistischen Invasion aus Feigheit eine neue Grenze öffnet; das letzte trifft vor allem für die Freiwilligen aus den demokratischen Ländern und insbesondere aus Frankreich zu.
In den von der Reaktion beherrschten Ländern gestaltet sich die Abreise nach Spanien komplizierter und dramatischer. Die Freiwilligen aus Italien, Deutschland, Polen und aus den Balkanländern erleben regelrechte Odysseen, ehe sie das Bestimmungsziel erreichen. Häufig gehen sie zu Fuß über Felder und Berge, durchqueren schwimmend die Flüsse, schlafen im Freien. Zwischen der Kohle in Güterwagen versteckt oder in irgendeinem Winkel des Kielraums der Schiffe zusammen-

gepfercht, mit Hilfe von tausend Ausflüchten und trotz tausend Gefahren gelingt es ihnen, sich durch die Sperren und Kontrollen mehrerer wachsamer und argwöhnischer Polizisten zu schleichen. Einige bleiben auf der Strecke als Opfer der Wellen oder der Kälte im Hochgebirge, einige fallen der Polizei in die Hände. Die meisten kommen natürlich in Frankreich an, wo sie bei den demokratischen Organisationen brüderliche Aufnahme und Hilfe finden und dann ihren Weg fortsetzen.

Unter diesen Freiwilligen sind viele, die gerade nach vielen Jahren Haft aus dem Gefängnis kommen. Einige haben es sogar gewagt, auszubrechen, wobei sie alles aufs Spiel gesetzt haben, nur um endlich mit der Waffe in der Hand offen, Mann gegen Mann, gegen die Faschisten zur Verteidigung der Freiheit kämpfen zu können. Darunter sind Teilnehmer an den blutigen Kämpfen gegen die faschistische Gefahr und die Unternehmerreaktion in Frankreich, Veteranen des Balkankrieges, des Weltkrieges und der ersten Revolutionen im Gefolge des Weltkriegs; darunter sind Menschen, die wegen ihrer politischen und sozialen Aktivität zum Nutzen der Enterbten, der Arbeiter und der Unterdrückten verfolgt wurden. Durch ihre Tat wollen die Freiwilligen aus den faschistischen Ländern, vor allen Dingen die Italiener und die Deutschen, vor dem spanischen Volk, vor den Demokraten und der ganzen Welt die Schande abwaschen, die Mussolini und Hitler mit ihrer brutalen Aggressionspolitik den eigenen Ländern antun. Durch das gleiche Gefühl und den gleichen Willen geeint, überbringen die Freiwilligen aus den demokratischen und den faschistischen Ländern der spanischen Volksfront die Sympathie und die aktive Solidarität einer Weltvolksfront, die niemand proklamiert und die niemand offiziell gebildet hat, die sich jedoch in ihren Handlungen als Realität erweist. Die Freiheitskämpfer, die nach Spanien gehen, erinnern deshalb an die edelsten und größten Beispiele der Solidarität unter den Völkern im Kampf und im Opferbringen für die Freiheit: an La Fayette, Byron, Garibaldi und die unzähligen Kämpfer, Helden und Märtyrer, die sich in allen Ländern im Sturm des Weltkrieges, zur Verteidigung der ruhmreichen Oktoberrevolution, der Befreierin der vom Zarismus unterjochten Völker, der Bahnbrecherin des Sozialismus in der Welt, erhoben haben.

Der Appell zur Solidarität mit dem spanischen Volk ist in jedem Winkel der Erde gehört worden. Die ersten, die sich „zur Stelle“ meldeten, sind natürlich die Werktätigen und die Demokraten Frankreichs und Belgiens sowie die politischen und sozialen Emigranten aller Nationalitäten gewesen, die in diesen beiden Ländern Asyl und Arbeit gefunden haben: Italiener, Polen, Deutsche, Jugoslawen, Ungarn, Tschechoslowaken, Bulgaren und Rumänen. Es folgen Demokraten aus den näher liegenden Ländern: aus Holland, Skandinavien, England und der Schweiz. Der Kanton Tessin und die Republik San Marino stellen ebenfalls eine Gruppe tapferer Freiwilliger. Dann treffen Freiwillige aus der Sowjetunion ein; auch alle Länder der beiden Amerikas senden Freiheitskämpfer nach Spanien; es fehlen auch nicht die Freiwilligen aus Afrika und aus Asien. Inder und Chinesen, Araber und Abessinier, Algerier und Südafrikaner verbrüdern sich mit den Freiwilligen aus aller Welt. Alle Kontinente, alle Rassen, alle Völker sind durch ihre besten Söhne in den Reihen der Verteidiger des republikanischen Spaniens vertreten.

Aus dreiundfünfzig Ländern kommen die Freiwilligen. Sie geben alles auf: Familie, Stellung und Zukunft; sie trotzen allen Feindseligkeiten und Gefahren, um nach

Spanien zu kommen, um ihre Kraft, ja ihr Leben für die republikanische Sache einzusetzen. Unter ihnen sind Arbeiter, Bauern, Handwerker, Studenten, Ärzte, Ingenieure, Schriftsteller, Künstler, Offiziere und Zöglinge von Militärakademien. Eine starke Gruppe Albanier kommt zum Beispiel direkt von der Turiner Militärakademie. Zahlreich sind auch die Frauen, die vor allen Dingen als Krankenpflegerinnen und Ärztinnen arbeiten. Auch viele Juden melden sich, ein Ergebnis der gehässigen Diskriminierungen und Rassenverfolgungen in verschiedenen Ländern; zahlreich sind die Mitglieder nationaler Unabhängigkeitsbewegungen, die einfachen Demokraten und schlichten Mitglieder der Arbeiterbewegung. Doch die meisten der politisch qualifizierten Freiwilligen sind Kommunisten, ihnen schließen sich starke Gruppen von Sozialisten an, die häufig ihren höchsten Führern zum Trotz nach Spanien gekommen sind. Alle zusammen geben sie die edelste, würdigste und stolzeste Antwort der Völker der ganzen Welt auf die brutale und verbrecherische faschistische Intervention in Spanien.

Riesengroß ist der Unterschied zwischen diesen Freiheitskämpfern und den von Hitler und Mussolini geschickten Söldnern. Weder vom moralischen noch vom politischen oder militärischen Standpunkt aus ist ein Vergleich zwischen ihnen möglich. Wie könnte man denn auch einen Freiheitskämpfer, der aus eigenem freien Entschluß nach Spanien geht, mit dem faschistischen Legionär vergleichen, der zu diesem Einsatz kommandiert wurde oder der sich aus Furcht vor der Arbeitslosigkeit und dem Hunger anwerben ließ?

Unterstützt von allen demokratischen Organisationen, kommen die Freiheitskämpfer aus der ganzen Welt; sie bekennen sich zu verschiedenen Ideologien, kämpfen aber alle für die politischen und sozialen Freiheiten und für die Unabhängigkeit der Völker. In Spanien stellen sie sich der republikanischen Regierung und ihrem Generalstab voll und ganz zur Verfügung. Die faschistischen Divisionen hingegen sind auf Befehl Hitlers und Mussolinis aufgestellt und stehen unter dem Kommando nazistischer und faschistischer Offiziere des regulären deutschen und italienischen Heeres. Auf spanischem Boden spielen sie sich als die Herren auf, auch gegenüber den Behörden der Franco-Regierung.

Die Freiheitskämpfer zeugen von der großzügigen und uneigennützigen Solidarität der Völker. Ihre verschiedenartige ideologische Orientierung läßt nicht einmal den Zweifel aufkommen, daß sie das Werkzeug der einen oder der anderen Macht, der einen oder der anderen politischen Strömung sein könnten. Dagegen sind die faschistischen Divisionen, gerade wegen ihrer nationalen und politischen Zusammensetzung, wegen ihrer militärischen Organisation und wegen ihrer strikten Unterordnung unter die Diktatoren Deutschlands und Italiens, regelrechte ausländische Invasionstruppen zur Versklavung Spaniens.

Alle Straßen führen nach Albacete

In den ersten Oktobertagen kehrte ich nach Spanien zurück, um meinen Auftrag – den Empfang der Freiwilligen zu organisieren – auszuführen. In Figueras finde ich bereits einige Hundert in der Festung einquartiert. Es sind die zuerst Angekommenen;

unter ihnen treffe ich die gleichen, die ich vor einigen Tagen in Paris begrüßt habe. Alles ist gut gegangen; doch es langweilt sie schon, untätig hier herumzusitzen. Sie wollen weg, sie wollen an die Front, sie wollen von mir den genauen Tag und die näheren Umstände der Abreise wissen.

O weh! Ich habe noch nicht die blasseste Ahnung über das Wie, das Wann und den Ort, wohin man die Menge der ungeduldigen Freiwilligen, die sich hier immer mehr ansammelt, in Marsch setzen könnte. Andererseits ist es unverkennbar, daß es den Genossen und den Behörden des Ortes bereits nicht mehr gelingt, den so plötzlich vermehrten Anforderungen nach Unterbringung und Versorgung nachzukommen. Der Abmarsch der ersten Gruppen muß beschleunigt werden, um Platz für die Neuankommenden zu schaffen. Doch im Augenblick stehen keine Züge zur Verfügung; mittlerweile überstürzen sich die Meldungen, daß jede Minute neue Gruppen von Freiwilligen ankommen können.

Ich fahre nach Barcelona; ich fordere Hilfe von den Genossen der PSUC[1], damit sie sich um die Versorgung der zuerst Eingetroffenen kümmern und sich bei den katalanischen Behörden für die schnellere Bewilligung von Zügen einsetzen. Ich weiß, daß alles viel leichter zu erledigen wäre, wenn die Freiwilligen in Katalonien blieben. Da wir sie jedoch nach Zentralspanien transportieren wollen, gilt es, den katalanischen Partikularismus, den regionalen Hochmut und Egoismus zu überwinden, der sich nichts zugunsten der anderen Kampfabschnitte entgehen lassen will.

Ich begreife, daß ich schnellstens nach Madrid fahren und von dort aus alle zentralen Fragen erledigen muß. In Madrid treffe ich die Genossen der Kommunistischen Partei und die Freunde des Fünften Regimentes. José Diaz versichert mir, daß die Genossen Minister das Notwendige veranlassen werden, damit die Regierung uns jede Erleichterung zukommen läßt. Er fordert mich auf, direkt zum Ministerpräsidenten Caballero zu gehen, um der Regierung offiziell die Hilfe der Freiwilligen anzubieten, uns zu ihrer Verfügung zu stellen und die nötige Unterstützung zu erbitten. Wir kommen überein, daß es angebracht sei, diesen Schritt einige Tage später an der Spitze einer regelrechten Delegation von Freiwilligen zu unternehmen. Für den Augenblick ist es dringend erforderlich, für den Empfang und die Unterbringung der bereits eingetroffenen Freiwilligen in Zentralspanien zu sorgen und den regulären Nachschub zu organisieren.

Die Nachrichten sind besorgniserregend. Am 10. Oktober befinden sich in Figueras bereits fünfhundert Freiwillige; wir wissen, daß von Marseille ein Dampfer mit einer gleichen Anzahl Freiwilliger ausgelaufen ist. Die einen wie die anderen können jeden Augenblick in Albacete eintreffen, das wir als Sammelpunkt angegeben haben. Hier ist aber nichts für den Empfang der Freiwilligen vorbereitet; ich glaube sogar, niemand weiß überhaupt etwas davon.

Mit den Freunden des Fünften Regimentes, das in Albacete einen Stützpunkt unterhält, verabreden wir, was zu tun ist. Meine Bekanntschaften aus der Zeit meiner ersten Reise erleichtern mir meine Aufgabe ungeheuer. Lister, der Kommandeur des Fünften Regimentes, ist mit Ratschlägen und Hilfe gern und schnell bei der Hand. Carlos, sein Politkommissar und mein alter Bekannter aus Italien und Arbeits-

[1] Vereinigte Sozialistische Partei Kataloniens.

kamerad in der internationalen Organisation, klärt mich über das Labyrinth der Schwierigkeiten, Feindseligkeiten und Empfindlichkeiten auf, die überwunden bzw. vermieden werden müssen. Mit einem vereinbarten Plan und einem Empfehlungsschreiben an die Freunde im Stützpunkt des Fünften Regimentes in der Tasche fahre ich von Madrid nach Albacete.

Am 12. Oktober, um vier Uhr morgens, klopfe ich an die Tür der Unterkunft des Fünften Regimentes in Albacete. Ich erkläre dem Posten, daß ich dringend den Kommandanten sprechen muß. „Vor neun Uhr unmöglich. Sie schlafen alle", sagt er mir, „es ist verboten, sie zu wecken." Was ich auch tun und sagen mag, er bleibt bei seiner Anweisung. Das könnte ein gutes Zeichen bewunderungswürdiger Disziplin und Ordnung sein; aber mich quält die Unruhe und die Furcht, plötzlich mehrere Hundert Menschen eintreffen zu sehen, während man hier noch gar nichts davon weiß und nichts zu ihrer Aufnahme vorbereitet ist. Ich erreiche, daß ich mich auf einer Bank in der Wachstube ausstrecken darf, und schlage die Zeit damit tot, die Stunden zu zählen und im Geiste komplizierte Berechnungen über Züge, Fahrpläne und Entfernungen anzustellen, um mich selbst zu überreden, daß die ersten Freiwilligen in Albacete heute noch gar nicht ankommen können.

Endlich kann ich mit den Genossen sprechen; da ist Barneto, den ich von Moskau her persönlich kenne; den anderen werde ich vorgestellt. Ich erkläre ihnen rasch meine Aufgabe und wie sie mir dabei helfen sollen: im Laufe des Tages müssen Unterkünfte für fünfhundert Freiwillige eingerichtet werden; für die nächsten Tage sind weitere Räumlichkeiten vorzubereiten, in denen weitere tausend Mann und vielleicht noch mehr aufgenommen werden müssen. Natürlich muß auch daran gedacht werden, all diesen Menschen zu essen zu geben. Alles übrige wird sich finden.

Sie sehen mich mit weit aufgerissenen Augen an. Albacete ist ein kleines Provinzzentrum ohne große militärische Anlagen. Was davon verfügbar war, ist bereits von den verschiedenen Milizen mit Beschlag belegt. Das Fünfte Regiment verfügt über drei oder vier mehr oder weniger für Kasernen geeignete Räumlichkeiten. In der Stadt werden noch einige andere zu finden sein, die man requirieren und einrichten kann, doch die Möglichkeiten sind beschränkt. Jedenfalls stellen sich mir die Genossen, nachdem das erste Überraschungsmoment vorüber ist, in großzügiger und brüderlicher Weise zur Verfügung.

Den ganzen Tag über besichtigen wir Unterkünfte; mit großen Schritten messen wir Räume und Schlafsäle aus und berechnen. wieviel Personen hier und wieviel da hineingehen können. Nachdem wir alles gut kalkuliert haben, stellen wir fest, daß hier die Toiletten fehlen, daß es dort kein Wasser gibt, anderswo ist keine Kochmöglichkeit vorhanden oder das Dach ist undicht. Wir überlegen, ob man die schlimmsten Mängel reparieren kann; wir treiben Arbeiter und Milizsoldaten auf, die Reparaturen durchführen, aufräumen und Stroh ausbreiten. Wir rechnen: soviel hier, soviel da; wenn man sie eng zusammenlegt, kann man mit knapper Not Platz für fünfhundert Personen schaffen. Das ist die Mindeststärke der ersten auf dem Marsch befindlichen Abteilung; dann muß auch an die anderen gedacht werden, die folgen sollen. Doch „à chaque jour sa peine"; an die anderen werden wir morgen denken.

In der Nacht erfahren wir, daß die Freiwilligen, die in Figueras warteten, unterwegs sind und daß am nächsten Morgen die „Ciudad de Barcelona“ mit etwa fünfhundert Freiwilligen aus Marseille in Alicante eintreffen wird. Mit den spanischen Genossen jagen wir im Auto nach Alicante. Es muß für die provisorische Unterbringung und die Verpflegung der Neuankömmlinge gesorgt werden; dann sind sie schnellstens nach Albacete in Marsch zu setzen. Das ist eine Frage der Waggons, eventuell auch der Lastkraftwagen, die in Alicante zu lösen ist.
Das Schiff legt am späten Vormittag des 13. Oktober an der Mole von Alicante an. Das Wetter ist trübe, doch die Menge an Land und die Freiwilligen an Bord erzeugen eine glühende Atmosphäre der Begeisterung. Während der Überfahrt haben sich die Freiwilligen bereits eine gewisse Ordnung gegeben und Gruppen mit Kommandanten und Verantwortlichen für die verschiedenen Dienste gebildet. Wir nutzen das aus, um die Männer zusammen zu lassen, so daß sie sich nicht in der Stadt zerstreuen. Wir schicken sie in geschlossenen Gruppen in die Unterkünfte, die wir am Morgen ausgesucht haben, wo sie sich in Erwartung der Abfahrt ausruhen und stärken können. Die örtlichen Behörden, von uns angespornt, bemühen sich, alles zu erleichtern. Trotz aller Improvisation verläuft alles gut, und in der gleichen Nacht fahren die Freiwilligen, teils in Lastkraftwagen, teils mit einem improvisierten Militärtransport, nach Albacete weiter.
In jedem Dorf, auf jeder Station entbieten jubelnde Menschenmengen den Freiwilligen den Gruß des spanischen Volkes. Körbe mit Brot und Obst, Schafe und Spanferkel, gebratene Hühner und große Korbflaschen mit Wein werden den Freiwilligen in jedem Waggon und in jedem Lastkraftwagen angeboten; als sie in Albacete ankommen, sind sie mit allen guten Gaben Gottes beladen. Hier hat die Bevölkerung die ganze Nacht gewartet. Durch die Massenkundgebungen in jedem Dorf aufgehalten, kommt der Zug mit beträchtlicher Verspätung an. Der Morgen graut bereits, als am 14. Oktober die ersten fünfhundert Freiwilligen am Bahnhof von Albacete aussteigen. Sie bilden den Anfang des großen Epos der internationalen Brigaden in Spanien. Am nächsten Tag treffen die Freiwilligen aus Figueras ein; und so bringen in den darauffolgenden Tagen fast täglich neue Züge jeweils zweihundert bis dreihundert Personen nach Albacete.
Bei jedem neuen Transport verzehnfachen, verhundertfachen sich die Schwierigkeiten. Von den ersten Augenblicken an erweisen sich alle Berechnungen als abwegig und alle Vorbereitungen als unzureichend, um den stets wachsenden Anforderungen gerecht zu werden.
Wir entfalten eine fieberhafte Tätigkeit, um neue Unterkünfte ausfindig zu machen, um sie uns vom Komitee der Volksfront oder von den zivilen und militärischen Behörden anweisen und räumen zu lassen, ohne die Zivilbevölkerung allzusehr zu belästigen, und um sie schließlich zu säubern, als Kasernen einzurichten, mit Küche, Wasser, Toiletten und Speiseräumen auszustatten. Selbst die Arkaden der Plaza de Toros (Stierkampfarena) werden so gut es geht als Unterkunft und Speiseraum eingerichtet. Doch die heute erfaßten Räume erweisen sich am nächsten Tag schon als unzureichend, um alle Neuangekommenen aufzunehmen.
Es ist ein ständiges Hin und Her. Wir versuchen, dieser Masse von Menschen verschiedener Nationalitäten, verschiedener Sprachen und verschiedener politischer

Überzeugungen eine erste organische Ordnung zu geben. Ständig werden einzelne und Gruppen aus einem Quartier in ein anderes verlegt, um die Freiwilligen nach Nationalitäten oder nach ethnographischen Gesichtspunkten zusammenzulegen, um sie verantwortlichen Kommandos und einer politischen und militärischen Disziplin zu unterstellen, um sie in Kompagnien, Züge und Halbzüge einzuteilen und mit ihrer militärischen Ausbildung zu beginnen.
Doch in den ersten Tagen nimmt die Arbeit zur Befriedigung der elementarsten Lebensbedürfnisse – essen, schlafen, sich vor der Kälte schützen, die nachts schon spürbar wird – alle Kräfte in Anspruch. Nächst den Unterkünften macht uns das Kaserneninventar am meisten zu schaffen. Es gibt keine Matratzen, keine Eßnäpfe und keine Teller für alle. Löffel sind nahezu unbekannt, und wo soll man die Küchengeräte hernehmen? Die vorhandenen reichen gerade aus, um das Essen für ein Drittel, im Höchstfalle für die Hälfte der Anwesenden zu bereiten. Es muß in Schichten gekocht und gegessen werden, ein Teller und ein Löffel müssen für zwei oder drei Personen reichen; doch es ist kein Wasser zum Spülen da. Wer nicht von unserer Küche verpflegt werden kann, soll in irgendeinem Restaurant essen. Doch die wenigen, die es gibt, sind schlecht eingerichtet, und die Freiwilligen stellen sich zu Hunderten morgens für die erste Mahlzeit und am frühen Nachmittag für die zweite an; mit welchem Vorteil für die Disziplin, die Aufstellung und die militärische Ausbildung läßt sich leicht denken.
Alle Parteien, Behörden und Privatpersonen werden um Hilfe gebeten; Telefongespräche mit Madrid, Barcelona und Frankreich werden geführt. Delegationen reisen nach Valencia und Murcia, in die nahen und fernen Fabriken mit dem Auftrag, auf jede Art und Weise und um jeden Preis Kaserneninventar, Küchen, Decken, Dinge des persönlichen Bedarfs und alles Erforderliche zu besorgen, damit die neuen Freiwilligen, die unaufhörlich herbeiströmen, untergebracht, verpflegt und eingekleidet werden können. Was die Kleidung betrifft, so müssen die sonderbarsten Kombinationen, halb Zivil und halb Militär, gestattet werden.
Trotz aller Anstrengungen, trotz aller Hilfe von seiten der Organisationen der Volksfront und von den örtlichen Behörden gelingt es uns in den ersten Tagen und Wochen niemals, alle Bedürfnisse der Freiwilligen vollständig zu befriedigen. Beim Provisorischen Stab in Albacete wird Tag und Nacht gearbeitet, um wenigstens ein bißchen Ordnung in diese Unordnung zu bringen, um die dringendsten materiellen Bedürfnisse zu befriedigen und dem Ganzen eine militärische Struktur und Konsistenz zu verleihen. Mit den Neuankömmlingen werden die ersten Formationen aufgefüllt; dann werden diese geteilt und vervielfacht. Die Freiwilligen werden zu Kompagnien und zu Bataillonen zusammengestellt, jeder Verband erhält seine Kommandeure und Kommissare. Wenn diese Einteilung einigermaßen abgeschlossen ist, wird in den Quartieren daran gearbeitet, die Einheiten möglichst schnell frontverwendungsfähig zu machen.
Trotz allem setzt sich die Organisation mit Schwung und allgemeiner Begeisterung mehr und mehr durch. In wenigen Tagen verändert Albacete sein Gesicht: aus einer schläfrigen ländlichen Provinzhauptstadt verwandelt es sich in ein betriebsames militärisches Ausbildungszentrum, in dem Menschen aller Rassen und Nationalitäten zusammenströmen und auf dessen Straßen fast alle Hauptsprachen der Welt erklingen.

Nachdem die ersten Freiwilligen eingetroffen und nachdem sie recht und schlecht untergebracht worden sind, ist der Augenblick gekommen, wo wir den Rat befolgen müssen, den uns José Diaz gab: Wir müssen uns offiziell der spanischen Regierung vorstellen. Ich fahre mit einem französischen Freiwilligen, dem Genossen Rebière, und einem Polen zu diesem Zweck als Delegierte nach Madrid. Hier geleitet uns ein Genosse Minister. Wir gehen zuerst zum Präsidenten der Republik, Don Manuel Azaña, um ihm unsere Aufwartung zu machen. Er empfängt uns herzlich und wechselt ein paar Worte über die Lage mit uns. Er ist reserviert, spricht in einem professoralen Ton, und es liegt ihm daran, uns merken zu lassen, daß er als Kulturmensch und Freigeist die faschistischen Mörder, die sich an das Ausland verkauft haben, aus ganzer Seele hassen muß.
Caballero empfängt uns an einer Schreibtischecke stehend, wo wir ihn angehalten haben, während er sich von einem Büro ins andere begeben wollte. Bei ihm sind wir deutlicher und ausführlicher. Zuerst erkläre ich unsere Absicht, uns der republikanischen Regierung und ihrem Generalstab zur Verfügung zu stellen, um gegen die Rebellengeneräle und gegen den spanischen und den internationalen Faschismus zu kämpfen. Ich betone, daß sich unter uns Menschen aller Nationalitäten und aller politischen Meinungen befinden, daß wir aber alle verpflichtet sind, in Spanien nicht für irgendeine politische Strömung, sondern nur für die republikanische und antifaschistische Sache, die uns alle eint, Partei zu ergreifen.
Er hört uns schweigend zu. Dann und wann nickt er leicht mit dem Kopf, woraus schwer zu entnehmen ist, ob es ein Zeichen der Zustimmung ist oder ob es nur „ich verstehe" heißen soll. Ein anderer Genosse der Delegation ergänzt meine Ausführungen; dann schaltet sich auch der Genosse Minister ein, um die Konversation in Fluß zu halten, in der Erwartung, daß der Herr Ministerpräsident Miene macht, zu sprechen. Doch dieser bleibt weiterhin vor uns stehen; steif, ausdruckslos, stumm. Daraufhin spreche ich über das, was wir benötigen. Wir rechnen, so sage ich, auf die internationale Hilfe, was Lebensmittel, Bekleidung, Transport, sanitäre und chirurgische Mittel anbetrifft; aber das kann natürlich nur eine zusätzliche Hilfe sein. Im wesentlichen, vor allen Dingen hinsichtlich der Bewaffnung und Unterbringung, rechnen wir auf die Unterstützung der Regierung. Auch hier wieder das übliche Kopfnicken.
Auf eine bestimmte Frage unsererseits läßt sich der Ministerpräsident endlich herab, uns wissen zu lassen, daß wir uns mit all unseren Wünschen an Herrn Martinez Barrio, den Präsidenten der spanischen Cortes, wenden müssen. Er befindet sich in Albacete als Generalbevollmächtigter der Regierung für die Aufstellung der ersten sechs Brigaden des neuen regulären Heeres, die gerade auf Grund eines Dekretes vom 16. Oktober erfolgt. Mehr als das können wir ihm nicht entlocken.
Es ist nicht viel, doch es genügt uns. Faktisch erkennt der Ministerpräsident mit dieser Erklärung unsere Mission an und nimmt uns somit rechtmäßig in die reguläre Organisation der Kämpfer des republikanischen Spaniens auf. Das ist es, was wir wollten.

Dennoch können wir gleich nach der Unterredung den spanischen Genossen und Freunden den seltsamen Eindruck nicht verhehlen, den der Ministerpräsident Caballero auf uns gemacht hat. Ist es das Temperament des Mannes? Ist es blinde Feindseligkeit gegenüber den Freiwilligen? Sowohl das eine wie das andere, erklären unsere Gesprächspartner. Als argwöhnischer, schweigsamer und starrköpfiger Mensch verbirgt Caballero unter seiner Unfreundlichkeit die Eitelkeit eines Kindes; er ist ein launenhafter Politiker, der während der Diktatur Primo de Riveras mit den Militärs zusammengearbeitet hat. Nach dem Siege der Volksfront hat er sich geweigert, an der Regierung teilzunehmen, die Republikaner sollten alleine „abwirtschaften". Ergebnis: die Rebellion der Generäle. Nachdem Caballero den Vorsitz in der Regierung übernommen hat, glaubt er, seine Anwesenheit im „mono" unter den Milizionären und sein Ruf als Linkssozialist genüge, um alle Schwierigkeiten zu überwinden. Inzwischen umgibt er sich mit militärischen Ratgebern, deren republikanische Gesinnung zweifelhaft ist. Während die Faschisten auf Madrid vordringen, spricht er verächtlich über die Befestigungsarbeiten vor den Toren der Hauptstadt, weil – so sagt er – die Spanier es vorziehen, mit „pecho descubierto" (offener Brust) zu kämpfen, und er weigert sich, die allgemeine Mobilmachung zu veranlassen. Gewiß haben seine schlechten militärischen Ratgeber die Freiwilligen, die Spanien zu Hilfe eilen, als Danaergeschenk hingestellt. Aus diesem Grunde mißtraut er uns und bleibt uns gegenüber reserviert.

Glücklicherweise zeigt sich Martinez Barrio, mit dem wir in Albacete wegen der Einreihung unserer Freiwilligen verhandeln müssen, schon bei der ersten Fühlungnahme als ein ganz anderer Mensch. Als bürgerlicher Republikaner immerhin mit beachtlichem praktischem Sinn ausgestattet, erweist er uns große Hilfe bei der Überwindung von Schwierigkeiten, bei der Lösung von Problemen und beim Aufbau unserer Organisation.

Wir sind immer noch nur eine Handvoll vom besten Willen beseelter Menschen, die die gesamte Arbeit der Kaderauswahl, der Organisation, Einteilung und Einrichtung unserer Einheiten anleiten müssen. Wir arbeiten alle zusammen und sorgen für das Nötigste, die einzelnen Aufgaben und die Verantwortung sind noch nicht aufgeteilt. Uns unterstützen die spanischen Genossen aus Albacete und Madrid ebenso wie die aus Valencia und Alicante, wo die Freiwilligen per Schiff eintreffen. In Albacete besteht der Stab der Freiwilligen zur Zeit aus einer großen Gruppe französischer Genossen. Unter ihnen sind einige höhere Offiziere und einige Ärzte, die bereits daran denken, den Sanitätsdienst für Albacete und für die Fronttruppen zu organisieren. Die politische Arbeit und die allgemeine Einteilung übernehmen Marty, Di Vittorio und ich, weil wir größere Erfahrung und bessere internationale Verbindungen haben, wobei wir die bewußtesten Genossen der verschiedenen Nationalitäten heranziehen.

Die Aufgabe ist nicht leicht. Wir haben es mit Tausenden von Menschen zu tun, die, was Temperament, Gewohnheiten, Veranlagung unrd politische Richtung betrifft, ganz verschieden sind. Das Fehlen einer gemeinsamen Sprache erschwert und verzögert die Kontaktaufnahme. Die große Mehrheit der Freiwilligen kommt in diesen Tagen aus Frankreich; doch viele kennen nur ihre Muttersprache. Jede Gruppe und jede Nationalität hat ihre eigenen Probleme und ihre besonderen Bedürfnisse. Mit

allen muß immer wieder diskutiert werden, während im Gegenteil gehandelt werden müßte, da es vieles gibt, was nicht aufgeschoben werden kann. Nicht immer gelingt es, zu überzeugen und das allgemeine Interesse durchzusetzen, ohne autoritative Maßnahmen ergreifen zu müssen.
In diesem Wirbel von Schwierigkeiten, in diesem Trubel von Gefühlen und Leidenschaften müssen die militärischen und politischen Führer sowie die Unteroffiziere für jede Einheit ausgewählt werden, ebenso wie das Personal für die verschiedenen Nachschubdienste, das über bestimmte Kenntnisse und technische Fertigkeiten verfügen muß. Aber in diesen ersten Tagen kennen wir fast niemanden, abgesehen von den wenigen Landsleuten. Alle sind aus eigenem Antrieb gekommen. Es gibt weder Listen noch Charakteristiken, niemand ist in der Lage, ein verantwortliches Urteil abgeben zu können. Wie soll man die Offiziere, die Politkommissare, die Organisatoren, die Intendanten, die Furiere, die Fahrer, die Mechaniker und die Schreiber herausfinden, die zunächst gebraucht werden, um mit allen Aufstellungs- und Organisationsarbeiten beginnen zu können?
Die Schreibstuben, die Schreibmaschinen und das einfachste Büromaterial sind ebenfalls Mangelware. Wir müssen ganz primitiv vorgehen, wir fragen jeden, was er kann, und stellen ihn dann auf die Probe; so wird er in seiner Funktion bestätigt oder wieder abgelöst. Doch es ist schwierig, Personal für die Schreibstubenarbeiten zu finden. Niemand will in der Etappe bleiben. Alle sagen, sie seien nach Spanien gekommen, um an die Front zu gehen, um mit der Waffe in der Hand zu kämpfen, und nicht, um als Schreiberlinge auf der Schreibstube zu sitzen. Den gleichen Schwierigkeiten begegnet man auf der Suche nach dem geeigneten Personal für die verschiedenen rückwärtigen Dienste.
Doch trotz aller Schwierigkeiten gelingt es in wenigen Tagen, recht und schlecht die ersten Schreibstuben und die ersten embryonalen Dienststellen einzurichten, die für das Leben eines Militärkorps unentbehrlich sind. Zuerst wird die Intendantur geschaffen; sie hat den Auftrag, die Hilfsmaßnahmen aus dem Ausland in Empfang zu nehmen, sie – falls nötig – anzufordern und von der spanischen Generalintendantur das zu holen, was wir brauchen. Außerdem muß diese Dienststelle auf dem Markt und bei den Bauern alle frischen Lebensmittel einkaufen, die bei der Generalintendantur nicht vorhanden sind: Gemüse, Hülsenfrüchte, Schlachtvieh und so weiter.
Eine andere Dienststelle von enormer Bedeutung ist die Feldpost. Die Freiwilligen schreiben an ihre Familienangehörigen, und sie müssen eine Adresse angeben, um eine Antwort erhalten zu können; andererseits müssen Vorsichtsmaßnahmen ergriffen werden, einmal um zu vermeiden, daß durch die ins Ausland gehende Post, die der Kontrolle der ausländischen Polizeidienststellen unterliegt und der Spionage zugänglich ist, der Feind die Stärke und die Lage unserer Streitkräfte erfahren könnte, zum anderen, um zu gewährleisten, daß jeder Freiwillige seine Briefe erhält, wo immer er sich auch befinden mag. Im Einvernehmen mit der spanischen Generalpostdirektion wird eine für alle gleiche Deckanschrift mit verschiedenen Buchstaben und Ziffern vereinbart, die unserer zentralen Poststelle ermöglicht, festzustellen, an welche Einheit die ankommenden Briefe weitergeleitet werden müssen. Aus den bereits genannten Gründen besteht bei der zentralen Poststelle ein Zensurdienst. Für diesen Dienst werden verschiedene Sprachgenies gebraucht, die – so gut es geht –

etwa vierzig Sprachen verstehen, in denen die ankommenden und abgehenden Briefe der Freiwilligen abgefaßt sind.
Es gibt wohl niemanden, der nicht die enorme Bedeutung einer gut funktionierenden Transportdienststelle für eine militärische Einheit im Kriege einsieht, vor allem aber in einem Land wie Spanien, dessen ganzes Verbindungsnetz durch die faschistische Rebellion und durch den seltsamen Frontverlauf, der an mehreren Stellen die Hauptstraßen und -eisenbahnlinien unterbricht, desorganisiert worden ist. Als wir mit der Aufstellung der Internationalen Brigaden beginnen, stehen uns an Transportmitteln nur drei Motorräder zur Verfügung – das persönliche Eigentum von Freiwilligen, die sie dem Stab geschenkt haben, ferner einige alte und klapprige Autos, die uns von den örtlichen Organisationen der Volksfront zur Benutzung überlassen wurden. Mechaniker aus den Renault- und Citroen-Werken in Paris, die zum Kämpfen gekommen sind, machen sich inzwischen daran, fast aus dem Nichts und mit an Wunder grenzender Findigkeit eine erste Reparaturwerkstatt einzurichten, die wenigstens die ständige Fahrbereitschaft unserer Maschinen garantieren kann.
Alle diese Menschen, die aus einer bestimmten politischen Überzeugung nach Spanien gekommen sind, um für ein hohes Freiheitsideal zu kämpfen, können auf politischem Gebiet nicht in einer Provinzstadt und in einem Land, dessen Sprache sie noch nicht verstehen, von der Welt isoliert bleiben. Sie brauchen die politische Nahrung ebenso wie die materielle. Aus diesem Grunde wird sofort eine politische Dienststelle eingerichtet, die die Aufgabe hat, täglich einen Bericht über die wichtigsten Ereignisse in die verschiedenen Sprachen zu übersetzen und an die Freiwilligen zu verteilen; ferner muß sie die wichtigsten Zeitungen der Welt, die gewöhnlich von unseren Freiwilligen gelesen werden, beschaffen und verteilen.
Wir sind uns auch von vornherein darüber im klaren, daß es für die Sicherheit der Freiwilligen und für die Wirksamkeit unserer Arbeit unerläßlich ist, die erforderlichen Überwachungs- und Kontrollmaßnahmen zu ergreifen. Freilich müssen wir auch auf diesem Gebiet aus dem Nichts beginnen. Wir sind sicher, daß die Geheim- und Spionagedienste Hitlers, Mussolinis und Francos alles getan haben, um die größtmögliche Zahl ihrer Agenten unter die Tausende und Abertausende beherzter, ehrlicher und begeisterter Freiwilliger, die aus allen Teilen der Welt in Albacete eintreffen, zu schmuggeln, um in unseren Reihen die Spionage zu organisieren, um Zwietracht und Demoralisierung unter den Freiwilligen zu säen und um Sabotage- und Diversionsakte gegen unsere Kämpfer, unser Inventar und unsere Waffen zu organisieren. Die Art und Weise der Rekrutierung und des Transports der Freiwilligen aus dem Ausland nach Spanien, das Fehlen von Kontrollisten und Personalakten, das Fehlen von verantwortlichen Führern der einzelnen Gruppen machen diese Provokations- und Sabotagetätigkeit des Feindes zu einem Kinderspiel.
Während so vieles drängt und sich so viele Aufgaben überschlagen, müssen wir daher auch Vorsorge für diese Dienststelle treffen, um bei diesem Überschäumen der Begeisterung und der Tapferkeit die schwarze Seele, den versteckten Spion, den Provokateur, den Angehörigen der Fünften Kolonne abzuschöpfen. Das ist eine Frage des Lebens oder Todes unseres Unternehmens. Wir wissen sehr gut, daß kein Krieg nur in der Feuerlinie ausgefochten wird, um so weniger ein Bürgerkrieg wie dieser spanische, an dem das ganze Volk teilnimmt und bei dem der Feind sich

überall verstecken kann, bei dem er überall unserer militärischen, materiellen, politischen und moralischen Schlagkraft Schaden zufügen kann. Deshalb wollen wir uns auch auf diesem Sektor nicht ungeschützt lassen, und unserem Überwachungs- und Kontrolldienst muß es gelingen, mit Umsicht, Intelligenz und Beharrlichkeit jeden feindlichen Versuch, uns die Beine wegzuschlagen, bevor wir noch zu laufen anfangen, zunichte zu machen.

Wir wollen bald und sicher laufen, und wir wollen weit laufen. Mit jedem Tag festigt sich unsere Organisation, mit jedem Tag funktioniert sie besser, wenn auch die Schwierigkeiten und die Aufgaben immer mehr und größer werden. In all diesen Tagen seit dem Morgen des 14. Oktober, als der erste Transport Freiwilliger in Albacete eintraf, ist es schwierig für uns gewesen, den Tag von der Nacht, den Sonntag von den Werktagen zu unterscheiden. Doch in welch weiter Ferne scheint jener Morgen bereits zu liegen!

Wenn wir jedoch den Kalender zu Rate ziehen, stellen wir mit Überraschung fest, daß seit damals kaum zehn Tage, höchstens zwei Wochen vergangen sind. Diese ganze Zeit scheint uns nicht mehr in der üblichen Art und Weise – Montag, Dienstag usw. – eingeteilt. Wir haben uns das Ereignis gemerkt, das jeden Tag gekennzeichnet hat: der Tag des Eintreffens des ersten Transports; der Tag, an dem die Intendantur eingerichtet wurde, der Tag, an dem die Plaza de Toros besetzt wurde, der Tag, an dem das Abkommen mit den spanischen Behörden wegen des Postdienstes geschlossen wurde, der Tag, an dem die Reparaturwerkstatt eingeweiht wurde, die Tage, an denen unsere Organisation auf das umliegende Land hinausging: als wir nach La Roda fuhren, als wir den Brunnen in Madrigueras aushoben, als wir die Unterkunft in Almansa einweihten usw. Natürlich hat jeder von uns seinen besonderen Kalender, je nachdem, was ihm am meisten Sorge bereitet hat.

Wir wissen alle, welch enorme Arbeit uns noch bevorsteht, wir wissen auch, wie wenig Zeit uns dafür bleibt. Die Meldungen von der Front sind nicht gut. Franco rückt immer näher an Madrid heran. Die Genossen und die Regierungsbehörden fragen immer dringender bei uns an, wann wir fertig sind, wann wir eine erste Einheit in Marsch setzen können, um den spanischen Milizen, die mit ihrem Blut und mit ihrem Opfer dem Faschismus den Weg zur Hauptstadt versperren, tatkräftige Hilfe zu leisten. Es gibt keinen anderen Ausweg: Wir müssen alle unsere Vorbereitungen beschleunigen, wir müssen eher schnell als gut arbeiten.

Unter dem Banner der Volksfront

Nach der Unterbringung und der Verpflegung sind die militärische Einteilung und die Ausbildung unsere Hauptsorgen. Alle diese Menschen brauchen nicht nur eine bestimmte Ordnung, sondern auch ein Minimum an Waffen- und Gefechtsausbildung, ein Minimum an allgemeinen Vorschriften, um jede Kommandotätigkeit möglich zu machen. Die Freiwilligen, die bereits das Waffenhandwerk kennen, kommen aus verschiedenen Heeren; den anderen fehlen jegliche militärische Kenntnisse; sie haben niemals eine Kaserne gesehen; viele haben noch nie ein Gewehr in der Hand gehabt.

Anfangs werden alle guten Absichten in bezug auf eine systematische militärische Ausbildung vereitelt durch die Unterbringungsschwierigkeiten, durch die häufigen Umquartierungen und durch das lange Warten auf die Mahlzeiten in den Restaurants. Auf dem Papier steht zwar morgens drei, nachmittags zwei Stunden Geländeausbildung, dazu eineinhalb Stunde theoretischer Unterricht und eine Stunde politische Arbeit. Aber in den ersten Tagen bleiben diese Anordnungen fromme Wünsche. Schuld daran sind nicht nur die materiellen Schwierigkeiten, sondern auch die Skepsis und der Widerstand der Freiwilligen.

Sie erklären, nach Spanien gekommen zu sein, um zu kämpfen; sie verabscheuen die militärischen Übungen und wollen sofort an die Front gehen: „Wir sind gekommen, um gegen die Faschisten Krieg zu führen, und nicht, um in den Straßen Albacetes auf und ab zu marschieren." Die Freiwilligen mit Kriegserfahrung sind noch unwilliger: – Wir haben den ganzen Weltkrieg mitgemacht, wir haben auf dem Balkan gekämpft, sagen die einen, wir sind an der Marne- und der Alpenfront gewesen, erklären die anderen, und wir in Libyen, behaupten wieder andere; und alle sind sich darin einig, daß sie es wirklich nicht nötig haben, jetzt zu lernen, wie eine Abteilung marschieren, wie sie im Gefecht ausschwärmen muß. Wir müssen ihnen klarmachen, daß nicht alle die gleiche Kriegserfahrung haben, daß nicht alle gleichmäßig die Gefechtsregeln kennen, daß man lernen muß, zusammenzuwirken und gemeinsam zu operieren, wenn man an der Front etwas Vernünftiges leisten will. Wir müssen ihnen verständlich machen, daß die Menschen, die aus dem Zivilleben kommen, auf die Kriegsanstrengungen vorbereitet werden müssen, wenn auch viele von ihnen als Bergleute, als Bau- und Erdarbeiter an hartes Zupacken gewöhnt sind; aber andere kommen aus den Büros und aus weniger anstrengenden Berufen. Wir unterstreichen die Notwendigkeit, daß die Mannschaften und die Kommandeure zunächst sich kennenlernen sollen, daß die Nachschubdienste, vor allen Dingen der Sanitätsdienst, der Einheit im Gefecht wirklich helfen sollen und so fort.

Tatsache ist, daß wir es mit einer Masse politisch geschulter, an Ordnung und Disziplin gewöhnter Menschen mit langjähriger Partei- und Gewerkschaftspraxis zu tun haben, die daher einsichtig und – falls erforderlich – auch opferbereit sind. Doch gerade deshalb sind sie an Diskussionen und demokratisch gefaßte Beschlüsse gewöhnt. Überall wollen sie sich einschalten und mitentscheiden. Sie geben sich nicht so leicht damit zufrieden, alles ohne Diskussion und vorherige kollegiale Zustimmung hinzunehmen, trotzdem die Kommandeure und Kommissare immer wieder erklären, daß das militärische Zusammenleben und die militärische Disziplin etwas ganz anderes sind als das Zusammenleben und die Disziplin in den demokratischen Organisationen.

Dieser absurde „Demokratismus" ist gerade der schwache Punkt der spanischen Milizen, der mit der Aufstellung des Volksheeres überwunden werden muß. In diesem Heer wollen wir eine der ersten und vorbildlichsten Einheiten sein. Einige Milizionäre, die bereits in den spanischen Formationen gekämpft haben, und die anarchistisch eingestellten Freiwilligen wehren sich gegen unsere Bemühungen, eine Disziplin und strenge militärische Grundsätze bezüglich der Organisation und des Kommandos einzuführen. Sie erklären, die Ernennung der Kommandeure und der Politkommissare müsse ausschließlich von unten her erfolgen, und diese müßten auch nach ihrer Ernennung dauernd dem Urteil und der Zustimmung der Kämpfer unterworfen sein, genauso wie irgendein Abteilungs- oder Gewerkschaftssekretär. Nur langsam und nicht ohne einige Schwierigkeiten gelingt es uns schließlich, vor allem dank der Arbeit fähiger kommunistischer Genossen, ihnen begreiflich zu machen, daß die Führer nur von oben ernannt werden dürfen, daß sie nur ihren höheren Vorgesetzten verantwortlich sein können, weil diese allein in der Lage sind, unter Berücksichtigung aller Tatsachen gerecht zu urteilen und mit Sachkenntnis die notwendigen Vorkehrungen zu treffen.

Andererseits ist es in den ersten Tagen schwer für uns, die neuernannten Offiziere, Kommissare und Kommandanten zu bewegen, uns in unseren Bemühungen, ihnen *die* Autorität und *das* Prestige, die sie brauchen, um ihren Auftrag zu erfüllen, zu verschaffen, in der notwendigen Weise zu unterstützen. Es kostet große Mühe, die Offiziere dahin zu bringen, daß sie Dienstrangabzeichen tragen, daß sie in besonderen Speiseräumen essen und daß sie für die Beobachtung der militärischen Grußpflicht sorgen. Die zu Offizieren oder Kommissaren ernannten Freiwilligen können sich schlecht daran gewöhnen, im Dienst als Vorgesetzte hohe Anforderungen zu stellen. Häufig haben sie zusammen mit ihren jetzigen Untergebenen den Entschluß gefaßt, nach Spanien zu gehen; häufig haben sie im gleichen Betrieb, an der gleichen Werkbank gearbeitet. Oft haben sie die gleichen politischen Kämpfe ausgefochten; als Mitglieder der gleichen Partei und der gleichen Gewerkschaft sind sie immer gute Freunde und Kameraden gewesen ... Jetzt sollen sie ihnen Befehle erteilen und sie kommandieren ... Für viele ist das zuviel; sie bringen es nicht fertig; sie versuchen, die Anforderungen des Stabes zu umgehen, beziehungsweise sie geben sie mit so wenig Überzeugungskraft und so schlecht weiter, daß erst recht nicht das erreicht wird, was man eigentlich erreichen will.

Doch auch damit werden wir, trotz dieser Widerstände, ganz gut fertig. Nachdem die ersten psychologischen Hemmungen überwunden sind, begreifen alle, daß diese Formen des militärischen Lebens und der militärischen Disziplin notwendig sind und daß deshalb unsere Organisation ihren demokratischen und volkstümlichen Charakter nicht verliert. Ernster und schwerer zu überwinden sind jedoch die politischen Schwierigkeiten. Die Tatsache, daß unsere Freiwilligen-Formationen sich aus Angehörigen verschiedener politischer Organisationen und Parteien aus verschiedenen Ländern zusammensetzen, kann ihr Ansehen bei den Freiwilligen selbst, bei den Spaniern und in der ganzen Welt bedeutend erhöhen und somit ein großer Faktor der Stärke sein, sie kann aber auch ebenso ein großes Element der Schwäche sein, wenn es uns nicht gelingt, aus allen diesen Freiwilligen ein organisches Ganzes zu machen, das von einem einzigen Willen und einem einzigen Gefühl beseelt ist. Deshalb muß bei der Einteilung der Freiwilligen und bei der Ernennung der Kommandeure alles vermieden werden, was nur den geringsten Verdacht aufkommen lassen könnte, daß eine bestimmte politische Strömung oder eine bestimmte Nationalität bevorzugt wird. Vor allen Dingen durfte niemals der Eindruck entstehen, als ob die Freiwilligen gegenüber dem spanischen Volk und den spanischen Kämpfern eine privilegierte Stellung oder eine Kommandorolle beanspruchten.

Aus diesem Grunde muß allen internationalen Freiwilligen und den spanischen Kämpfern erklärt werden, welche Stellung wir öffentlich einnehmen, nachdem wir uns dem Präsidenten der Republik, Azaña, und dem Ministerpräsidenten Caballero vorgestellt haben: Wir sind ein Teil der internationalen Volksfront und stehen der spanischen Volksfront und ihren Regierungsorganen voll und vorbehaltlos zur Verfügung. Die von unseren Freiwilligen gebildeten militärischen Einheiten sind ein Bestandteil des spanischen Volksheeres und stehen seinem Generalstab ohne jegliche Einmischung anderer Organisationen zur Verfügung. Die militärischen Führer und die Politkommissare, gleich aus welcher politischen Organisation sie kommen mögen, dürfen nur als Führer und Kommissare aller Freiwilligen und als Angehörige des spanischen Heeres handeln und reden. Bei den Ernennungen zu Offizieren und Kommissaren, bei der Übertragung der verschiedenen Ämter und Funktionen sind allein die Fähigkeit und die Moral des Freiwilligen ausschlaggebend, keinesfalls dürfen Erwägungen über seine politische, soziale oder nationale Herkunft die Entscheidung beeinflussen.

Um von Anfang an jeden Anlaß zu Argwohn und zu politischen Reibereien auszuschalten, wird in den militärischen Formationen der internationalen Freiwilligen das Tragen jedes Emblems oder Abzeichens von Parteien, Gewerkschaften und anderen Organisationen verboten. Die spanische Flagge ist die offizielle Flagge für alle, für deren Sieg wir kämpfen. Für den Augenblick wird die Benutzung der roten Fahne – ohne Parteiinschriften oder -symbole – als Symbol der internationalen Solidarität gestattet. Als besonderes Abzeichen der internationalen Freiwilligen und Formationen wird der fünfzackige Stern, der jetzt in allen Ländern als Symbol der Volksfront gilt, verwendet.

Mit Hilfe dieser organisatorischen Maßnahmen, der gesamten Erziehungsarbeit und der politischen Propagandatätigkeit hoffen wir, aus unseren militärischen Formationen wirklich Mustereinheiten in bezug auf Organisation, Unternehmungsgeist und Gefechtstüchtigkeit, in bezug auf ihren Elan und ihre politische Einheit machen zu können. Deshalb bemühen wir uns, die unzähligen kleinen Probleme, die sich aus dem Zusammenleben so vieler Nationalitäten in der gleichen Organisation ergeben, so gut wie nur möglich zu lösen. Es ist nicht nur ein Problem, die legitimen politischen und nationalen Empfindlichkeiten und Gefühle zu achten, es ist auch ein Problem, den Geschmack und die Gewohnheiten der verschiedenen nationalen Gruppen, was die Verpflegung, die Küche und so weiter anbetrifft, im Rahmen des Möglichen zu berücksichtigen.

Wir müssen daher zu unserer großen Überraschung zur Kenntnis nehmen, daß die berühmte italienische „Pastasciutta“[2] den Freiwilligen der anderen Nationalitäten nicht besonders schmeckt, daß die Engländer und Amerikaner versessen auf Tee und Marmelade sind, während die Italiener und Franzosen Wein und Kaffee vorziehen und die Deutschen schließlich sich riesig freuen würden, wenn sie wenigstens ab und zu ein Glas Bier bekommen könnten. Kleinigkeiten, wie man sieht, Lappalien im Vergleich zur Größe des ganzen Unternehmens, denen man jedoch die gebührende Aufmerksamkeit schenken muß, um den Freiwilligen das höchstmögliche Wohlbefinden zu gewährleisten – soweit es mit den Kriegserfordernissen vereinbar ist – und um jeden Vorwand auszuschalten, der Veranlassung zu Unzufriedenheit

[2] Wörtlich trockener Teig; Makkaroni usw. mit Butter und Käse.

oder Argwohn geben oder als Ansatzpunkt für die zersetzende Tätigkeit der Fünften Kolonne dienen könnte.

Denn diese Fünfte Kolonne ist nicht müßig. Das merken wir von den ersten Tagen an. Sie arbeitet außerhalb und innerhalb unserer Organisationen mit Hilfe der Agenten Hitlers, Mussolinis, Francos und der Geheimdienste der verschiedenen Länder. Diese in unsere Reihen eingeschmuggelten Agenten benutzen die Anfangsschwierigkeiten und die Ungeduld der Freiwilligen, um sie zu entmutigen und die militärische Ausbildung zu sabotieren. „Was sollen wir hier?" flüstern sie immer wieder. „Wir wollen an die Front, und zwar sofort."

In den ersten Tagen haben wir fast keine Waffen. Die erste Sendung Gewehre besteht aus hundertfünfzig Stück. Eine wahre Musterkollektion: alle Kaliber, alle Epochen sind vertreten, so recht nach dem Geschmack eines Sammlers. Man könnte damit ein Museum einrichten; doch sie sind besser als nichts für eine Truppe, die in den Kampf ziehen soll. Man vergegenwärtige sich weiterhin, daß unter anderem für viele dieser Gewehre die passende Munition fehlt, beziehungsweise, daß nur wenige Schuß davon vorhanden sind. Aus dieser Situation versuchen natürlich wieder die gedungenen Hetzer Nutzen zu ziehen, indem sie provozierend fragen: „Mit dem Dreck wollen sie uns an die Front schicken? Aber gehen wir doch nach Hause. Gehen wir doch zu anderen Formationen!"

Unter diesen und ähnlichen Vorwänden, mit Hilfe spitzfindiger Verleumdungen gegen die Stäbe und Kommandeure versuchen die Agenten der Fünften Kolonne, einige Freiwillige zur Fahnenflucht oder zum Übergang in die Reihen bestimmter Milizen zu verleiten, wo – so sagen sie – weniger Disziplin und kein „kommunistischer Terror" herrscht. Doch diese Zersetzungstätigkeit bleibt erfolglos. Wir reagieren sofort und entschieden; die Freiwilligen selbst begreifen, worum es geht. Den Politkommissaren gelingt es, Verständnis für die Anfangsschwierigkeiten zu erwecken, den provokatorischen Charakter der Gerüchte zu entlarven und die Einheit aller herzustellen, um jedes wirkliche Hindernis zu überwinden und jede provokatorische Versuchung zurückzuweisen.

Von diesen ersten Augenblicken des Kampfes gegen so viele objektive Schwierigkeiten und gegen diese arglistige, zersetzende Wühlarbeit des Feindes an wird die ganze Tragweite und Bedeutung der Tätigkeit des Politkommissars offenbar. Diese Institution ist durch eine Verordnung vom 16. Oktober 1936 mit der Bezeichnung „bevollmächtigter Kriegskommissar" im spanischen Volksheer offiziell eingeführt und anerkannt worden. Diese Verordnung besagt: Der bevollmächtigte Kriegskommissar „muß ständig auf die Masse der Kämpfer einwirken, damit auch nicht einen Augenblick der Geist verlorengeht, der die Gesamtheit der Kämpfer für die Sache der Freiheit beseelen muß. Er muß ein geistiges und soziales Band zwischen Kommandeuren, Kommissaren, Offizieren und Unteroffizieren des rechtmäßigen Heeres und den Soldaten und Milizionären knüpfen. Er muß die Männer in Waffen ständig daran erinnern, wie Antifaschisten sich in politischer und sozialer Beziehung verhalten müssen."

„Wenn an der Front, in den Kasernen und Unterkünften der Truppe Meinungsverschiedenheiten und Streitigkeiten zwischen Soldaten oder Milizionären verschiedener politischer oder gewerkschaftlicher Herkunft auftreten sollten, werden die bevollmächtigten Kriegskommissare vollkommen unparteiisch entscheiden und dafür sorgen, daß durch brüderliche Zusammenarbeit alle Differenzen unter den Kämpfern auslöschen und jeder persönliche oder Gruppenehrgeiz verschwindet. Sie müssen stets Klarheit des Geistes und Vertrauen in den Sieg besitzen, so daß sie den Streitkräften immer ein überzeugendes Vorbild und eine ständige Führung sein können."

Der bevollmächtigte Kriegskommissar der internationalen Freiwilligen-Formationen hat nicht nur die Aufgabe, den Kämpfern die Situation in Spanien im allgemeinen und im besonderen sowie die augenblickliche Kriegslage zu erläutern; er muß nicht nur die Bedeutung und die Natur unserer Beteiligung erklären, sondern hat auch noch eine bestimmte militärische Erziehungsaufgabe. Er muß vor allen Dingen für eine feste, strenge und eiserne Disziplin eintreten, die allein imstande ist, jede zersetzende Wühlarbeit des Feindes zu vereiteln und den größtmöglichen Erfolg aller Anstrengungen und Opfer zu sichern. Er muß die Freiwilligen anhand ihrer Erfahrungen davon überzeugen, daß nur eine gut organisierte und gut disziplinierte militärische Formation den Feind besiegen kann und daß deshalb alle Temperamente, alle Wünsche und besonderen Interessen von Parteien und Nationalitäten zu einem homogenen und unlöslichen Block verschmolzen werden müssen.

Mit allen Mitteln versuchen wir, allen Freiwilligen immer tiefer die Überzeugung einzuprägen: Die antifaschistische Einheit ist unsere größte Stärke, sie ist die Voraussetzung für den Sieg. Daher muß alles der Devise untergeordnet werden: Einig sein, stark sein, um den Feind besiegen zu können! Eine einzige antifaschistische Begeisterungswoge hat uns nach Spanien getragen. Eine einzige Woge eisern organisierter Kämpfer muß uns ins Gefecht und zum Sieg tragen.

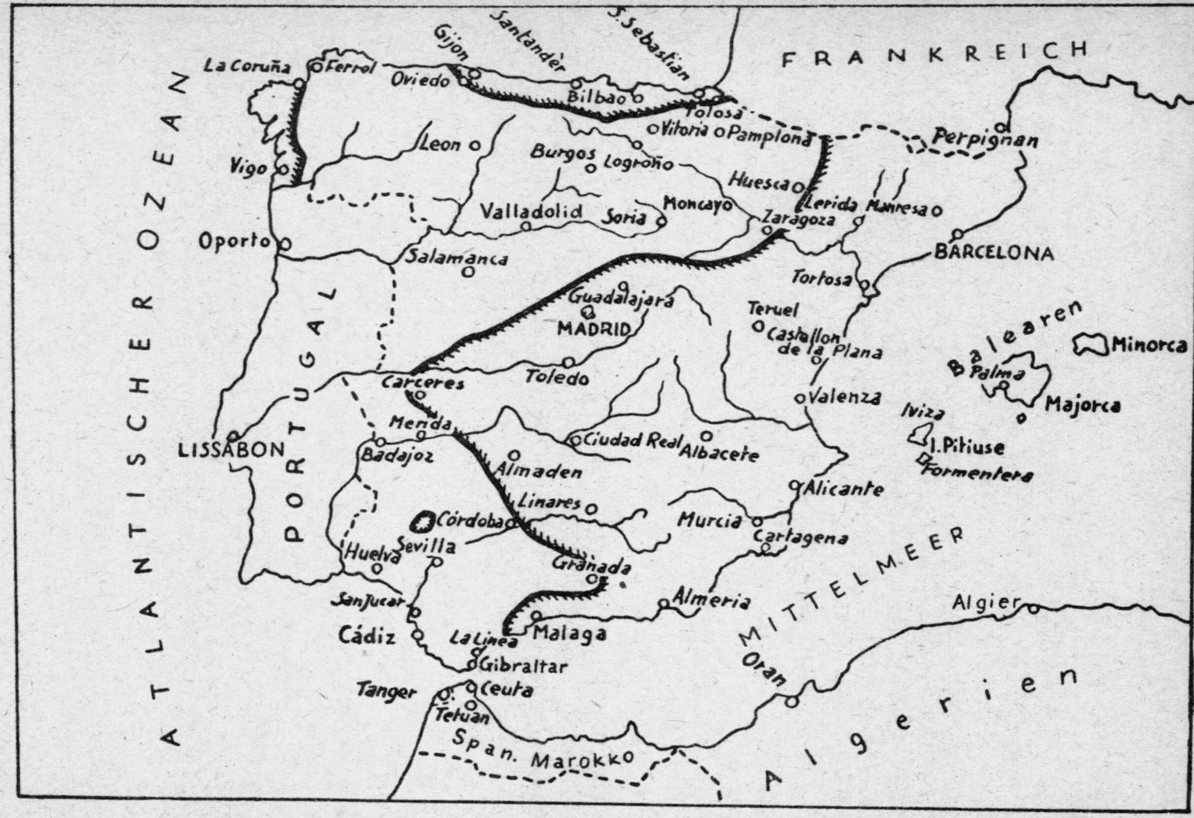

Der Frontverlauf in Spanien im August 1936

DER KAMPF UM MADRID

„No pasarán!"

Wir haben bereits gesagt, daß Caballero, der spanische Regierungschef, kein Vertrauen in den Heroismus der werktätigen und demokratischen Massen hat, daß er nicht daran glaubt, daß es nach so vielen verlorenen Wochen noch möglich sein kann, die Volksmilizen – die, wie er sagt, nach Talavera nur fliehen, – in eine achtunggebietende Kraft zu verwandeln, die imstande ist, dem Feind entgegenzutreten und ihn zurückzuschlagen. Doch die Milizen fliehen nach Talavera nicht; im Gegenteil, sie leisten mit größerer Zähigkeit und mit größerem Erfolg immer stärkeren Widerstand, was sich auch darin zeigt, daß der faschistische Vormarsch von Tag zu Tag langsamer, mühseliger und verlustreicher wird.

Caballero, zu dessen Umgebung fast ausschließlich Offiziere des alten Heeres gehören, hat kein Vertrauen in die kämpfende Masse dieses Heeres, noch weniger beabsichtigt er, die Energiequellen auszunützen, die im Volke so reichlich fließen, wenn es um seine Existenz kämpft. Lange Zeit widersetzt er sich der Mobilisierung aller Männer zwischen zwanzig und fünfundvierzig Jahren, und als er schließlich dem Drängen der kommunistischen Führer nachgibt und diese Mobilisierung anordnet, erfolgt keine Anweisung, die Neumobilisierten, die in ihrer großen Mehrheit weiter zu Hause wohnen, in die Truppenteile einzureihen und sie irgendwie einzusetzen.

Caballero hält nichts von Verteidungsanlagen und von Deckungsmöglichkeiten im Gefecht; er lehnt die Befestigung der beherrschenden Stellungen ab. Deshalb unternimmt er nichts, um diese Arbeiten zu fördern und zu verstärken; im Gegenteil, er macht denjenigen, die sich damit beschäftigen, alle nur möglichen Schwierigkeiten, er weigert sich sogar, die Pionier-Bataillone zu besolden, die den Aufruf der Massenorganisationen befolgen und begonnen haben, Schützengräben auszuheben und kleine Forts rund um Madrid anzulegen.

Unter dem Einfluß seines Stabschefs General Asensio hält der Ministerpräsident und Kriegsminister es nicht für möglich, Madrid zu verteidigen. „Es ist leichter, Madrid zu erobern, als es zu verteidigen" – dieser Grundsatz gilt unumschränkt in seiner Umgebung. Sein Plan besteht darin, die Hauptstadt aufzugeben, um sie angeblich gleich darauf zu belagern und den Gegenangriff von außen her vorzubereiten. Doch dies ist kein Plan, es ist auch kein Leitgedanke für die Durchführung irgendeines Planes, es ist bloßes Gerede, das die defätistischen Absichten verschleiern soll.

In ihren offiziellen Erklärungen verheimlicht die Regierung den Ernst der Lage. Indessen – so erklärt José Diaz am 20. Oktober – ist es notwendig, den Arbeitern und Antifaschisten die Situation zu erklären, in der wir leben, sie davon zu unterrichten, daß der Feind sich Madrid nähert, weil die Männer und Frauen, die Antifaschisten, sofort zu den Waffen greifen werden, um Madrid zu verteidigen, sobald sie die Wahrheit erfahren.

Nun weiß die Bevölkerung Madrids, daß sich der Feind den Vororten der Hauptstadt nähert. Deshalb eilen Männer und Frauen zur Verteidigung herbei; jeder

nimmt den Platz ein, der ihm angewiesen wird. Auf den Plätzen und in den Lagern sprechen Volksredner von improvisierten Tribünen herab zu den Massen, die Waffen oder Schaufeln und Spitzhacken über ihren Köpfen schwenken. Der General Rojo berichtet, daß die Stadtbezirksausschüsse der verschiedenen politischen Parteien, die entsprechenden Organe der wichtigsten Einheiten der Miliz und des Heeres, die Gewerkschaften und Arbeiterorganisationen, diese unzähligen kleinen Zentren militärischer, sozialer und politischer Tätigkeit, sich außerordentlich aktiv daran beteiligen, Organisierte zu mobilisieren und an die Front zu schicken.
In den Kinos, wo der sowjetische Film „Die Matrosen von Kronstadt" gezeigt wird, hört man stolze und heroische, zustimmende Worte. „Madrid ist heute in der gleichen Lage wie Petrograd im Jahre 1919. Der Feind hat unsere Linien durchbrochen; alle Männer müssen unverzüglich zu den Waffen greifen, um die Stadt zu verteidigen."
„Ihr Frauen, schickt eure Männer an die Front, ermuntert sie, ihre Pflicht als Verteidiger zu tun und den faschistischen Horden den Weg zu versperren! Seid die Heldinnen dieses ruhmreichen Kampfes für die Freiheit des Volkes und die Unabhängigkeit Spaniens." – „Wir Frauen", so fordert die Pasionaria, „müssen von unseren Männern Mut verlangen... Wir wollen lieber Witwen von Helden als Ehefrauen von Feiglingen sein." Und die Frauen Madrids antworten: „Wenn die Männer Madrid nicht verteidigen, werden wir es tun. Wir werden lieber sterben, als in die Hände der ‚moros' zu fallen. Madrid wird niemals dem Faschismus gehören!"
In dieser Atmosphäre der Begeisterung und der glühenden Vaterlandsliebe bilden sich neue Miliz-Bataillone, die voller Selbstvertrauen an die Front marschieren, um dem Feind den Weg zu versperren. Über die Hänge der Bergrücken und Hügel rund um Madrid ziehen sich lange Reihen von Männern und Frauen, Jungen und Mädchen hin. Von weitem sehen sie wie viele Reihen Ameisen aus, die mit irgendeiner dringenden Angelegenheit beschäftigt sind. Sie heben Gräben aus. Ihr Ernst und Eifer erinnern an biblische Szenen.
„Die Begeisterung ist groß; doch sie reicht nicht aus, um den Feind zu verjagen", warnt José Diaz. „Wir müssen erreichen, daß jeder Arbeiter, jede Arbeiterin und jeder Demokrat seine Pflicht erfüllt. Deshalb werden wir nicht müde zu sagen, daß jeder Arbeiter verstehen muß, mit einer Waffe, einem Gewehr, einer Pistole, einem Maschinengewehr, mit Handgranaten, umzugehen, und niemals unterlassen soll, sie zu benutzen! Schon ab morgen müssen die Arbeiter nach der Tagesarbeit in den Fabriken mit Hilfe von Instrukteuren die Handhabung des Gewehrs erlernen und sich militärische Kenntnisse erwerben. Wir werden keine sporadische, improvisierte Mobilisierung durchführen, sondern wir werden uns sehr gründlich vorbereiten, weil der Feind nahe vor Madrid steht, und sobald es nötig sein wird, werden wir alle, in Bataillone geordnet, ausziehen, um die Faschisten vier- oder fünfhundert Kilometer von Madrid zu verjagen."
Die Kommunistische Partei Spaniens geht mit gutem Beispiel voran. Sie mobilisiert alle ihre Kräfte an der Front und im Hinterland und fordert alle arbeitsfähigen Männer und Frauen auf, sich zur Verteidigung der Hauptstadt und für den Krieg zur Verfügung zu stellen. „Die Parole der Kommunistischen Partei lautet heute:

Madrid darf nicht verlorengehen, und es wird nicht verlorengehen; im Gegenteil, wir können und müssen den Feind schlagen, bevor er in Madrid einzieht... Wir werden aus Madrid das Petrograd Spaniens machen" (José Diaz am 20. Oktober 1936). Und das Volk ergänzt: „Wir werden aus jeder Straße eine Festung, aus jedem Haus eine Barrikade machen!" Mit Entrüstung werden jene Anarchisten zurechtgewiesen, die noch von der Einhaltung des Achtstundentages an der Front zu reden wagen, und die faschistischen „Freischärler", die beim Heranrücken der faschistischen Kolonnen aus ihren Löchern hervorkriechen, um Terror und Verwirrung zu säen, werden weggejagt.
Die Instruktionen für die Kämpfer an der Front sind eindeutig: „Es hat nichts zu sagen, daß der Feind die Flugzeuge gegen uns schickt, die ihm die faschistischen Regierungen geliefert haben. Bleibt ruhig bei den faschistischen Angriffen! Lauft nicht weg! Nehmt Deckung! Habt keine Angst vor den Panzern! Wenn sie vorrücken, laßt sie herankommen und bereitet euch darauf vor, sie mit euren Granaten und euren Tritol-Ladungen in die Luft zu sprengen! Wenn die Faschisten eine Linie durchbrechen, dann leistet auf der nächsten Widerstand! Wenn sie in die Stadt eindringen, dann verteidigt sie Straße um Straße, Haus um Haus, bis zur letzten Mauer, bis zum letzten Stein! Noch auf dem letzten Stein ist es möglich, den Feind zurückzuschlagen und Spanien vom Faschismus zu befreien."
Der Befehl ist gegeben: „Madrid darf nicht und wird nicht dem Faschismus gehören! ‚No pasarán!'" Diese Losung erfüllt jetzt wie ein einziger Schrei alle Straßen, alle öffentlichen Lokale und alle Häuser Madrids. Alle Lautsprecher verkünden sie mit voller Lautstärke in allen Ecken der Stadt und hämmern sie immer wieder den Menschen ein. Plakate und vielfarbige Spruchbänder an den Häuserwänden wiederholen sie. Tausende und Abertausende Flugblätter, aus vorbeifahrenden Autos geworfen, Hunderte und Aberhunderte von Rednern, Männer und Frauen, Junge und Alte, Zivilisten und Milizionäre, verbreiten sie.
In der Tat gibt es jetzt in der Feuerlinie rund um Madrid etwas Neues. Auf den Straßen, die nach Madrid führen, sieht man nicht mehr nur die unerfahrenen Kolonnen der Bauern Andalusiens, Estremaduras und der Mancia, die sich nach der Aufgabe Oropesas kämpfend zurückziehen, die sich verzweifelt an das Gelände klammern und die den Feuerstößen der faschistischen Maschinengewehre nur ihren Mut und ihre ausgepumpten Körper entgegensetzen können. Man sieht nicht mehr nur die vom langen Marsch ermüdeten Menschen, die die Niederlagen bekümmern, die sie in dem dreimonatigen ungleichen und zermürbenden Kampfe erleiden mußten.
In der Gefechtslinie an der Front gegen den Eindringling treffen jetzt neue, frische Truppen ein. Sie kommen aus allen Teilen Spaniens, in erster Linie aus der Hauptstadt; doch auch von der Levante, aus Katalonien und aus Aragón. Auch die überlebenden Verteidiger Iruns sind dabei. Aber wichtiger noch ist die Tatsache, daß jetzt immer mehr der neuen Kämpfer funkelnagelneue, moderne Waffen tragen, die man bisher nur in den Händen der Feinde sah, mit denen diese unsere Reihen dezimiert und den Mut unserer Leute auf eine harte Probe gestellt haben.
Es ist ein Festtag für die Front, denn über den Köpfen der Milizionäre fliegen unsere Flugzeuge. Es sind nicht mehr nur vereinzelte Maschinen, sondern ganze Geschwader,

schön, stolz und selbstsicher im Schmuck des dreifarbigen republikanischen Abzeichens, die ihre Bombenlast über den feindlichen Linien abladen. Zuweilen steigen unsere Maschinen blitzschnell in die Höhe, stoßen auf die faschistischen Flugzeuge herab, beschießen sie mit Bordwaffen, treiben sie auseinander und jagen sie in die Flucht. Man sieht republikanische Panzer, sicher und stark, mit Aufbauten und Panzerung aus Stahl, aus denen Kanonen und Maschinengewehre herausragen; von jungen spanischen Panzerfahrern gelenkt, bewegen sie sich schnell über die Felder und durch die Senken. Sie rücken drohend vor, überraschen den Feind, säen Schrecken und Tod in seine Reihen, durchbrechen und verjagen seine Formationen.
Beim Anblick der anrückenden Verstärkungen und der neuen Waffen fassen selbst die am härtesten geprüften Kämpfer wieder Mut und Selbstvertrauen. „Unsere Fabriken produzieren bereits Kriegsmaterial, und alles, was unverdorben, rechtschaffen und fortschrittlich in der Welt ist, das steht auf unserer Seite", erklärt José Diaz. Und auf die internationalen Freiwilligen anspielend, die vor ihren ersten Kämpfen stehen, fügt er hinzu: „Es sind Tausende von Antifaschisten, die bereit sind, mit uns zu kämpfen, und es werden Tausende sein, die ihr bald vollkommen bewaffnet durch Madrid marschieren sehen werdet." Und weiter: „Wir haben auch die Hilfe der Völker der Sowjetunion... Täglich treffen mehr Schiffe ein, und ich bin sicher, daß noch mehr kommen werden, weil die herzliche Solidarität der Sowjetunion für unsere Sache, die die der gesamten Menschheit ist, keine Grenzen kennt."
Die Existenz des Ausschusses der sogenannten Nichteinmischung läßt es ratsam erscheinen, keine weiteren Einzelheiten über die Hilfe verlauten zu lassen. Doch das Volk weiß, worum es geht; es weiß, daß ihm – als Bruder dem Bruder – die großherzige Hand der sowjetischen Werktätigen hilft, die vor wenig mehr als zwanzig Jahren die gleiche Tragödie der ausländischen Intervention erlebt haben, die das spanische Volk jetzt durchmacht. Die Antifaschisten und die Demokraten brauchen nicht an die Front zu gehen – wie José Diaz ironisch geraten hat –, um nachzusehen, von welcher Marke die „mantequilla" (die Butter) ist, die aus dem Ausland kommt, damit sie auf diese Weise erfahren, wer ihnen wirklich hilft. Sie sehen diese Hilfe und wissen, daß sie nicht nur in „manteca y azucar" (Butter und Zucker) besteht; und gerade deshalb können sie den Wert und die Bedeutung dieser Lieferungen für die Kriegführung beurteilen.
Alle diese Tatsachen schaffen eine neue Atmosphäre unter den Kämpfern und unter der Bevölkerung, die noch mehr mitreißt und anfeuert. Die Hoffnung wird zur Zuversicht, das Vertrauen in die eigenen Kräfte wird unerschütterlich. Die Faschisten sind bis in die Nähe der Hauptstadt gerückt, doch jetzt dürfen sie nicht weiter. „Wir machen aus Madrid das Petrograd Spaniens!" – das ist nicht mehr nur die spontane und begeisterte Reaktion einer Menge bei der Vorführung eines großen Films – das ist jetzt der feste Entschluß des gesamten Volkes. Jetzt gibt es mehr Waffen, es gibt die großmütige Hilfe eines großen Landes, es gibt die Solidarität aller Völker, und es gibt großartige und heldenhafte Kämpfer. Nein, die Faschisten dürfen nicht weiterkommen! Das ist unwiderruflicher Befehl.
Die Faschisten sind bis Getafe gekommen; sie können die Straßen und die Paläste Madrids bereits in der Ferne sehen. Zwischen den Faschisten und der Stadt liegen nur noch die Straße nach Carabanchel und die Brücken über den Manzanares. Doch

vor Carabanchel haben die Werktätigen Gräben ausgehoben und Barrikaden errichtet. Hinter diesen Schutzwehren stehen, von heldenhafter Entschlossenheit beseelt, die alten Milizionäre und die Neumobilisierten mit ihren Gewehren und Maschinengewehren.
Die Faschisten greifen an. Ihre Generäle haben den Einmarsch in Madrid für den 7. November, den Jahrestag der Oktoberrevolution, dem großen Ereignis gleichsam zum Hohn, versprochen. Sie haben nur noch wenige Tage Zeit, wenn sie zu ihrem Wort stehen wollen. Die ersten Kolonnen der Rebellen versuchen, nach Villaverde vorzurücken und nach Vallecas durchzustoßen. In massierten Kolonnen greifen sie Carabanchel an. Einer nach dem anderen rücken die Züge der Mauren in geschlossener, breiter und gerader Formation über die Felder vor.
Ihnen gegenüber stehen die Männer Listers, die Männer des Fünften Regiments. Sie warten ruhig. Sobald die feindlichen Reihen auf Schußweite herangekommen sind, trifft sie aus den Gräben und Befestigungen die ganze Feuerkraft unserer Waffen. Die Verteidiger schießen geordnet und regelmäßig, ohne Pause. Die Angreifer werden dezimiert, ihre Reihen geraten in Unordnung. Trotzdem setzen die Mauren ihren Angriff fort. Nie zuvor sind sie in derart geschlossenen Formationen, so entschlossen und in so eindrucksvoller Weise vorgegangen. Doch Listers Männer halten stand, ihre Feuerüberfälle treffen die Infanterie, und sie verhindern mit ihrem Beschuß die Umfassungsmanöver von Kavallerie-Schwadronen.
Die Angreifer werden mit Pulver und Blei empfangen. Sie drücken sich platt an die Erde, sie geben die weniger gedeckten Stellungen auf, sie zögern, sie weichen zurück und fliehen schließlich unter den begeisterten Hurra- und Freudenrufen der republikanischen Kämpfer. Doch die Mauren nehmen den Angriff sofort wieder auf. Sie werden jetzt von Panzern begleitet. Die Panzer nutzen das Gelände aus, einmal sind sie zu sehen, dann wieder nicht. Aber sie jagen keine Angst mehr ein. In den Reihen der Milizionäre haben sich Trupps von „cazadores de tanques" (Panzerjägern), von „dinamiteros" (Dynamitmännern) gebildet. Diese verstecken sich vor den Linien, lauern den feindlichen Panzern auf, bereit, im geeigneten Augenblick ihre schrecklichen Sprengladungen unter den Bauch des Panzers, gegen die Treibstoffbehälter oder zwischen die Ketten zu werfen.
Da nähert sich gerade ein faschistischer Panzer. Ein Marinesoldat, Antonio Coll, lauert im Hinterhalt. Noch bevor der Maschinengewehrschütze im Turm ihn bemerken und die Waffe auf ihn richten kann, macht sich Antonio Coll im Laufschritt an ihn heran, wirft die Bombe, und der Panzer fliegt in die Luft und beginnt zu brennen. Die anderen Panzer machen schleunigst kehrt und ergreifen die Flucht. Ihnen folgen auch die Mauren, die Legionäre und die Offiziere. Alle Angreifer fliehen zurück bis zum Militärkrankenhaus und bis nach Carabanchel-Alto, wo sie bei Anbruch der Nacht von den republikanischen Kämpfern aus der Nähe bedrängt werden.
Sie sind nicht durchgekommen! Ein Tag zur Verteidigung Madrids ist gewonnen.
Am nächsten Tag überschreiten die auf Carabanchel zurückgedrängten Söldnerkolonnen die Straße von Estremadura und dringen in die Casa de Campo ein, um über die Wege des Parque del Oeste die Moncloa[1] zu erreichen. Doch auch die

[1] Plaza de la Moncloa.

Straßen der Casa de Campo werden gut bewacht. Eine unerschütterliche Schützenlinie riegelt den Wald ab. Hinter den Bäumen und Sträuchern knattern Gewehre und Maschinengewehre. Bataillon auf Bataillon der Söldner wird vorgeworfen, um eine Bresche in dieser Feuerbarriere zu öffnen. Vergeblich. Die Munition der Verteidiger wird knapp, sie verringern das Feuer und schießen nur, wenn ein Treffer sicher ist, aber sie halten bis zum Einbruch der Nacht stand.
Sie sind nicht durchgekommen! Ein weiterer Tag wurde gewonnen. Madrid ist immer noch frei. Tausende von Arbeitern und Antifaschisten eilen in der Nacht herbei, um tatkräftig Hilfe zu leisten, um den Mauren auch an der Casa de Campo den Weg zu versperren. Madrid wird jetzt von den vier Kolonnen Francos, die konzentrisch von außen her anrücken, in die Zange genommen und von innen durch die „Fünfte Kolonne" bedroht, die sich in gefährlicher Weise zu rühren beginnt. In einigen Bezirken der Peripherie gibt es Augenblicke der Unentschlossenheit und der Verwirrung, gleichzeitig aber schlagen die Wogen der Begeisterung entschlossener Menschenmengen hoch, sie schmähen die Fliehenden, treiben sie an die Front zurück, heben die faschistischen „Freischärler" aus und urteilen sie an Ort und Stelle ab. „Jede Straße eine Festung, jedes Haus eine Barrikade", so lautet der Befehl, der in den Bezirken, die von der Invasion am meisten bedroht sind, wie ein Zauberwort wirkt.
Aber auch in der Führung des Kampfes in Madrid ist etwas Neues zu beobachten. Am 5. November sind auch Vertreter der Anarchisten in die Regierung eingetreten, die bisher ostentativ eine Teilnahme abgelehnt haben. Am 6. beschließt die Regierung, die Hauptstadt zu verlassen und die Leitung der Verteidigung einem Ausschuß zu übertragen, der ebenso zusammengesetzt ist wie die Regierung. Wie ein Dieb, der sich davonstiehlt, macht sich die Regierung ganz heimlich in der Nacht auf den Weg nach Valencia. Der Generalstabschef erhält den Auftrag, die Befehle zur Verteidigung Madrids zu übermitteln, aber er bringt sie durcheinander. So erhält General Miaja, der die Verteidigung der Hauptstadt leiten soll, den Befehl, auf Tarancón zurückzugehen, und General Pozas, der in El Escorial steht und nach Tarancón gehen soll, wird nach Madrid befohlen, um den Verteidigungsausschuß zu bilden. Das ist gerade das Gegenteil dessen, was beschlossen worden ist und was geschehen muß.
Daß die Regierung die Hauptstadt verläßt, ist eine absolut notwendige Maßnahme. Die Regierung muß alle Anstrengungen der Nation für den Krieg koordinieren und lenken, es ist nicht ihre Aufgabe, in der Feuerlinie zu kämpfen. Schlecht ist nur, daß dieser Entschluß im letzten Augenblick gefaßt und überstürzt durchgeführt wird, wobei sogar die entscheidenden militärischen Befehle verwechselt werden. Unter diesen Umständen wird er nicht als eine kluge Maßnahme, sondern als eine regelrechte Flucht empfunden. Caballero weist sogar den kommunistischen Vorschlag zurück, dem Volke die Übersiedelung der Regierung als eine unerläßliche und nützliche politische, militärische und strategische Maßnahme zu erklären. Er wagt nicht, diese Erklärungen zu geben, weil er kein Vertrauen in den Kampfeswillen und die Kampfkraft der Bevölkerung hat, und bei seiner Abreise ist er im Innersten davon überzeugt, daß er sie unwiderruflich der Brutalität der faschistischen Horden überläßt.

Dennoch ist die Übersiedlung der Regierung von Madrid nach Valencia von Nutzen, sie wirkt sich sofort wohltuend auf die gesamte moralische, politische und militärische Lage der Hauptstadt aus. Mit der Regierung sind nämlich auch alle Elemente der Verwirrung, des Mißtrauens und der Demoralisierung verschwunden; die Zurückbleibenden zeigen noch entschlossener ihren Kampf- und Opfergeist. Der Verteidigungsausschuß und das ihm unterstehende Militärkommando können einträchtig für das einzige Ziel – Madrid zu retten – zusammenarbeiten.

Diese Organe haben verantwortlich die Leitung des Kampfes übernommen, doch sie kennen nicht einmal annähernd die wirklich vorhandenen Kräfte, sie wissen nichts über ihre Verteilung und die Hilfsmittel an Waffen und Material, über die sie verfügen. Wie General Rojo berichtet, wird in der Nacht vom 6. zum 7. November versucht, einen Ausweg aus dieser ungeheuren Konfusion zu finden und mit den bekannten Truppen Verbindung aufzunehmen. Man überprüft, ob noch weitere Kräfte verfügbar sind. Es ergehen Befehle zur Reorganisierung der Kolonnen an der Front. Im Entstehen begriffene Einheiten werden in die Quartiere der Milizen und an andere geeignete Orte geschickt. Neue Stäbe werden geschaffen und die reorganisierten Kräfte dort eingesetzt, wo die Gefahr für die Hauptstadt am größten ist. Es wird ein Nachrichtennetz aufgebaut, das eine Gesamtleitung möglich macht. Kurz gesagt, „eine Unordnung wird geordnet, einem Chaos wird eine Ordnung gegeben". Die Truppen an der Front erhalten in der gleichen Nacht den Befehl, Widerstand zu leisten und keine Handbreit Boden aufzugeben.

So bricht der 7. November an, der Jahrestag der sowjetischen Revolution, der Tag, den Franco für seinen triumphalen Einzug in Madrid festgesetzt hat. Alle Kräfte des Feindes werden zum Angriff vorgeworfen. Pausenlos trommeln Kanonen, Panzer und Flugzeuge auf die republikanischen Stellungen. Mauren, „requetés"[2], Legionäre und Falangisten greifen auf der ganzen Linie an. Doch die Verteidiger Madrids stehen fester als je zuvor. In den Gräben, hinter den niedrigen Mauern, in den Granattrichtern erwarten die republikanischen Verteidiger nach dem Feuerüberfall den Feind; jeder Faschist, der sich zeigt, wird abgeschossen. Die Sturmangriffe werden wiederholt, ein-, zwei-, dreimal. Immer vergeblich. Die feindlichen Panzer manövrieren vor unseren Stellungen und versuchen, hier durchzukommen, dort einzubrechen. Doch jeder ihrer Versuche wird vereitelt durch republikanische Panzerjäger, wie zum Beispiel José Carrasco und Dutzende andere, die blitzschnell aufspringen und tollkühn ihre Sprengladungen werfen. Die faschistischen Panzer fliegen in die Luft, geraten in Brand, die anderen wenden sich zur Flucht. Der Feind weicht zurück, er flieht und gibt das Schlachtfeld auf. Unsere Linien bleiben praktisch unangetastet.

Die Faschisten sind auch dieses Mal nicht durchgekommen! Sie werden überhaupt nicht durchkommen!

Madrid feiert am Abend den großen Jahrestag der russischen Revolution und die ersten heroischen und siegreichen Tage seiner heldenhaften Verteidigung. Madrid, das Petrograd Spaniens.

[2] Angehörige des Karlistenbundes.

Während sich die faschistischen Kolonnen Madrid nähern und die Milizen, die Männer und Frauen der Hauptstadt ihnen Schritt für Schritt das Gelände streitig machen, verdoppeln wir in Albacete unsere Anstrengungen, um so schnell wie möglich tatkräftige Hilfe leisten zu können. Vielleicht ist es niemals zuvor in so kurzer Zeit und unter so großen Schwierigkeiten aller Art gelungen, was wir in den ersten Wochen seit unserer Ankunft in Albacete erreicht haben.

Fassen wir zusammen: am 14. Oktober treffen die ersten Freiwilligen ein; am 22. Oktober sind bereits vier Bataillone aufgestellt; zwischen dem 22. und dem 28. werden diese in den Nachbardörfern untergebracht, wo sie auf Kriegsstärke gebracht werden und wo sie die militärische Einteilung vollenden und mit Eifer an die Ausbildung gehen. Ende Oktober werden sie schließlich vollständig mit Gewehren und Maschinengewehren bewaffnet.

Inzwischen sind in Albacete 3000–4000 Freiwillige eingetroffen. Unter ihnen befinden sich nun auch die Überlebenden der Zenturien, die bereits bei Madrid gekämpft haben: Italiener, Franzosen, Polen und eine Gruppe Deutscher, die jedoch von der Aragónfront kommt. Insgesamt etwa hundertfünfzig bis zweihundert Mann. Sie bringen die lebendige Gefechtserfahrung und die Erinnerung an einige Dutzend Gefallene mit.

Alle diese Freiwilligen werden nach nationalen Gesichtspunkten eingegliedert. Kommandeur des Bataillons Commune de Paris, das aus französischen und belgischen Freiwilligen besteht, ist Dumont, Reserve-Offizier des französischen Heeres, Frontsoldat des Weltkrieges; er war bereits an der Front von Madrid. Sein Politkommissar ist der Genosse Rebière, derselbe Pariser Arbeiter, der mit mir als Delegierter in Madrid gewesen ist. Das deutsche Bataillon Edgar André umfaßt vorwiegend Deutsche und Österreicher, aber auch Freiwillige aus Skandinavien und aus den Balkanländern; sein Kommandeur ist ein ehemaliger Offizier des kaiserlich-deutschen Heeres, der ebenfalls Frontkämpfer des Weltkrieges war. Der Politkommissar ist ein Arbeiter aus Berlin.

Das italienische Bataillon besteht vollständig aus Italienern sowie aus Bürgern des Kantons Tessin und der Republik San Marino. Es wird jetzt von Hauptmann Pacciardi geführt, dem Nachfolger Hauptmann Galleanis, des Kommunisten, der in den ersten Tagen für die Aufstellung und die Organisation des Bataillons gesorgt hat. Die meisten Kämpfer dieses Bataillons sind Kommunisten, die nach Frankreich und Belgien emigriert waren, es gibt unter ihnen aber auch zahlreiche Sozialisten, eine starke Gruppe Anarchisten, einige Mitglieder der Organisation „Gerechtigkeit und Freiheit" sowie einige Republikaner beziehungsweise parteilose Antifaschisten. Pacciardis Ernennung zum Kommandeur ist ratsam wegen der politischen Zusammensetzung des Bataillons und wegen unseres festen Einheitswillens. Wir wollen zeigen, daß wir nicht die Absicht haben, die kommunistische Mehrheit auszunutzen, um die Kommandostellen zu besetzen. Auf Vorschlag der italienischen Kommunisten nimmt das Bataillon den Namen Garibaldi an. Seine Politkommissare sind die Genossen Roasio, ein Kommunist, und Azzi, ein Sozialist.

Einige Tage später erfolgt die Aufstellung eines vierten Bataillons mit dem Namen „Dombrowski", das in der Mehrzahl aus Polen und auch aus Freiwilligen anderer slawischer Nationalitäten sowie aus Ungarn besteht. Es wird von Genossen Bolek geführt, sein Kommissar ist Genosse Matuczacz. Beide haben bereits auf der Sierra von Madrid an der Spitze einer starken Gruppe Polen Seite an Seite mit der Zenturie Gastone Sozzi gekämpft.
Natürlich gibt es bei der Aufstellung jeder neuen Einheit, sei es nun ein Zug, eine Kompanie oder ein Bataillon, immer ein wenig Unruhe unter den bereits aufgestellten Einheiten; denn diesen entnehmen wir den Stamm für die neue Formation, die dann mit den Neuankömmlingen der Nationalitäten aufgefüllt wird, die bei ihnen überwiegen oder ihnen verwandt sind. Das trägt gewiß nicht dazu bei, der Organisation Stabilität zu verleihen; doch der Grundsatz, die Freiwilligen nach nationalen und sprachlichen Verwandtschaften einzugliedern, muß allen anderen Erwägungen voranstehen, da die Sprachenverwirrung wirklich ein Kreuz ist. Andererseits können wir nicht von einem rationell vorgefaßten Schema der Einteilung nach Nationalitäten ausgehen und es in dem Maße anwenden, wie die Freiwilligen dieser oder jener Nationalität eintreffen. Unter anderem haben wir keine Ahnung, wieviel Freiwillige welcher Nationalität in den folgenden Tagen eintreffen werden. Außerdem werden wir von Madrid gedrängt, uns zu beeilen, damit die größtmögliche Anzahl an Kämpfern in Marsch gesetzt werden kann, auch wenn es noch nicht gelungen sein sollte, größere organische Einheiten als ein Bataillon aufzustellen.
Wir fühlen, daß diese Anforderungen recht bald kommen werden. Wir befinden uns in den ersten Novembertagen, und wir haben ja drei oder vier Bataillone, die an die Front abrücken könnten. Es ist beabsichtigt, aus diesen Bataillonen die erste Internationale Brigade, die XI. des neuen spanischen Volksheeres, zu bilden. Wir schätzen jedoch, daß wir noch mindestens zehn bis vierzehn Tage Zeit benötigen, um dieser Brigade ein Minimum an Organisation und Geschlossenheit zu geben. Bisher sind weder der Kommandeur noch der Kommissar, noch der Stab, noch die Männer für die übrigen Dienststellen der Brigade bestimmt worden. Vorläufig besteht eine Organisation nur im Rahmen der Bataillone. Wir stellen uns vor, welche Katastrophe es wäre, wenn wir alle diese Menschen in diesem Zustand plötzlich in Marsch setzen müßten, ohne ihnen etwas mehr an Zusammenhalt und Gliederung zu geben. Aber gerade das ist es, was man dann tatsächlich von uns verlangt und was wir auch ausführen. Glücklicherweise passiert kein Unglück.
Den Befehl, alle bereitstehenden Bewaffneten nach Madrid zu schicken, erhalten wir am 5. November. Die Hauptstadt ist in Gefahr. In dieser Lage appellieren die Genossen der Kommunistischen Partei Spaniens dringend an die internationalen Freiwilligen. Es ist zwecklos, daran zu denken, die begonnene Organisationsarbeit zu Ende zu führen. Jetzt kommt es darauf an, sofort alle verfügbaren Kräfte in das Feuer des Kampfes zu werfen. Der entscheidende Augenblick ist da. Morgen könnte es schon zu spät sein.
Wir in Albacete handeln danach, wenn wir auch nicht genau alle Einzelheiten der Lage kennen. Daher verzichten wir ohne weiteres auf unsere so schön ausgedachten Pläne mit all ihren Terminen und beschließen, das französisch-belgische, das deutsche

und das polnische Bataillon sofort nach Madrid in Marsch zu setzen. Diese Bataillone werden die XI. Internationale Brigade bilden. General Kleber wird sie führen, der Genosse Nicoletti (Di Vittorio) wird ihr Politkommissar sein. Das Bataillon Garibaldi bleibt vorläufig in Albacete als Kern für eine zweite Internationale Brigade, die XII. des spanischen Volksheeres, zu der die noch nicht eingegliederten und die noch eintreffenden Freiwilligen zusammengefaßt werden sollen.

Auf diese Weise geht die erste Internationale Brigade, einundzwanzig Tage nach dem Eintreffen der ersten Freiwilligen in Albacete, an die Front ab. Am 8. November ist sie bereits in Vallecas und in Madrid. Mit festem Schritt marschiert sie feierlich und in tadelloser Ordnung durch die Straßen. Die Männer bilden ein geschlossenes, diszipliniertes Ganzes, das das Gefühl einer bewundernswerten Entschlossenheit und Stärke erweckt. Bei ihrem Anblick bricht die Menge in Beifall aus, sie grüßt mit geballter Faust und gibt ihrer Bewunderung und ihrer Begeisterung laut Ausdruck. Es ist das erste Mal, daß Madrid eine straff gegliederte Einheit des neuen Volksheeres vorbeimarschieren sieht; es spürt an diesem bewundernswerten Beispiel, daß die neue Ordnung und die neue Disziplin die Tausende und Zehntausende von Kämpfern und Helden in den Schützengräben unbesiegbar machen werden.

„Männer und Frauen Madrids", heißt es in einem Aufruf der Internationalen Brigade, „wir sind gekommen, um Euch zu helfen, um Eure Hauptstadt mit der gleichen Hingabe zu verteidigen, als ob es die Hauptstadt eines jeden von uns wäre. Eure Ehre ist unsere Ehre; Euer Kampf ist unser Kampf."

Nunmehr sieht Madrid alle Kräfte vereint, die es verteidigen werden. In den Schützengräben stehen Söhne aus allen Teilen Spaniens und Kämpfer aus allen Ländern. Madrid ist wahrhaft das Herz und das Symbol Spaniens, das Weltbanner der Freiheit. Franco kann die Einladungen zu seinem triumphalen Einzug in Madrid am 7. November absagen: sie sind unwiderruflich verfallen. Alle Angriffe seiner Kolonnen zerbrechen jetzt am republikanischen Widerstand. Eine Handvoll Falangisten, denen es gelungen ist, durch den Parque del Oeste bis zur Plaza de la Mancloa vorzustoßen, wird durch einen Feuerhagel von allen Straßenecken und aus allen Häuserfenstern vernichtet.

Die XI. Internationale Brigade eilt herbei, um dort Stellung zu beziehen, wo die Gefahr am größten scheint, wo es feindlichen Truppen überraschend gelungen ist, den Manzanares zu überschreiten. Am 9. November besetzen die beiden Bataillone Commune de Paris und Dombrowski die Straße nach der Universitäts-Stadt und versperren sie den Faschisten. Der Brigadestab richtet sich in der philosophischen Fakultät ein. Um Mitternacht geht das Bataillon Edgar André an der Puente de los Franceses (Franzosenbrücke) zum Gegenangriff über. Nach erbitterten Kämpfen säubern die internationalen Freiwilligen den Parque del Oeste; es gelingt ihnen, die Puente de los Franceses wieder zu besetzen, den Feind über den Manzanares zurückzuwerfen und auf Casa de Campo vorzustoßen.

Sechs Tage dauern die Kämpfe der internationalen Freiwilligen bei der Casa de Campo und die Verteidigung der Puente de los Franceses. Aber auch an der gesamten übrigen Front wird gekämpft. Um Madrid spannt sich ein Bogen aus Feuer und Eisen. Die faschistische Luftwaffe wirft ohne Unterbrechung ihre vernichtenden und tödlichen Lasten auf die Kampflinie und fliegt Terrorangriffe auf die Wohnviertel

Madrids. Unsere Luftwaffe antwortet, sie läßt die gegnerische nicht ungestört und zahlt den feindlichen Stellungen und militärischen Konzentrationspunkten mit gleicher Münze heim. In dieser Hölle von Explosionen bilden Madrider, Basken, Katalanen, Spanier und internationale Freiwillige eine geschlossene stählerne Kette rund um Madrid.

Die Verluste sind schwer. Doch der Erfolg spornt die Kämpfer an und läßt sie ihre Kühnheit und ihren Heroismus verdoppeln. Die Unterlegenheit unserer militärischen Organisation und unserer Bewaffnung ist noch spürbar, doch die Überzeugung, den Feind aufhalten zu können, wird unerschütterlich und verleiht allen Kraft und Mut. Die ersten Freiwilligen der Internationalen Brigade fallen. Ihr Vorbild und ihr Heroismus bilden den Anfang einer Tradition; sie weisen allen, die noch kommen werden, den Weg zu Ehre, Ruhm und Sieg. Ehre für Dutzende und Aberdutzende unbekannter Helden aus Frankreich, aus Belgien, aus Deutschland, aus Polen und vom Balkan, die für immer unter den Bäumen der Casa de Campo ruhen, die sie mit ihrem Blut geweiht haben.

Die Pasionaria, die große Kämpferin, Heldin der spanischen Frauen und des spanischen Volkes, bringt in diesen denkwürdigen Tagen am schönsten den Wert und den Sinn der Teilnahme der internationalen Freiwilligen bei der Verteidigung Madrids zum Ausdruck: „Ihr kämpft und ihr bringt Opfer für die Freiheit und die Unabhängigkeit Spaniens. Doch Spanien opfert sich für die ganze Welt. Für Spanien kämpfen heißt für die Freiheit und für den Frieden in der ganzen Welt kämpfen."

Diese Worte fallen in einer unvergeßlichen Umgebung: in den unterirdischen Gängen des Institutes für Architektur, die von Soldaten, Waffen, Modellen und Statuen überfüllt sind und in denen sich Frauen und Kinder drängen, die hier Zuflucht vor den faschistischen Bomben und Granaten suchen. Draußen dröhnen die Kanonen, nicht weit entfernt krepieren Granaten, und das schnelle „Tak-tak-tak" der Maschinengewehre begleitet die Rede. Der Faschismus hat die Eroberung Madrids noch nicht aufgegeben; am Pflaster der Stadt und an den Steinen ihrer Häuser und Denkmäler beißt er sich die Zähne aus. Umgeben von den Werken der spanischen Kunst und Wissenschaft, erscheint die Pasionaria, groß, imposant, inmitten der Kämpfer, Frauen und Kinder, von einer nicht zu bändigenden Glut beseelt, wahrhaftig wie das Symbol des lebendigen und beherzten Spaniens, das nicht sterben will, das sich vor dem Faschismus nicht beugen will und das bis zuletzt die teuersten Schätze des nationalen Lebens und des nationalen Genius verteidigen wird.

Eine Brigade entsteht unterwegs

Madrid leistet heldenhaften Widerstand; doch die Verteidiger der Hauptstadt beschränken sich nicht mehr auf den Widerstand, sie denken auch an Gegenangriff. Bei Cerro de los Angeles, auf der rechten Flanke der Truppen, die Madrid berennen, wird die Aktion vorbereitet. Zu ihrer Durchführung werden drei neue Brigaden des spanischen Heeres und eine zweite Internationale Brigade, die XII., befohlen.

Für diese letztgenannte trifft der Befehl am 9. November ein; die Abfahrt ist auf den darauffolgenden Tag festgesetzt. Aufgestellt sind lediglich das Bataillon Garibaldi

und sieben Kompanien verschiedener Nationalitäten, die noch nicht zu Bataillonen zusammengefaßt sind. Natürlich ist nicht einmal die Spur eines Brigade-Stabes und der übrigen Dienststellen vorhanden. Alles befindet sich noch im Stadium der Planung, als der dringende Marschbefehl nach Madrid eintrifft. Wir müssen also auf unsere klugen Vorsätze verzichten, die wir sofort nach der stürmischen Abfahrt der XI. Brigade gefaßt haben. Es sind noch keine vier Tage seit unserem unwiderruflichen Beschluß vergangen, mit größerer Ruhe vorzugehen und keine Brigade mehr abfahren zu lassen, die nicht fertig aufgestellt ist und die nicht wenigstens einige gemeinsame Übungen durchgeführt hat, und schon müssen wir alle verfügbaren Männer sofort nach Madrid in Marsch setzen.
Wieder muß alles improvisiert werden, in noch größerer Eile und natürlich in noch größerer Unordnung als zuvor. Doch Madrid ruft. Die Nachrichten sind anfeuernd. Nicoletti ruft an, daß die XI. Internationale Brigade in der Universitäts-Stadt Seite an Seite mit den spanischen Brigaden, Milizen und den Männern und Frauen aus dem Volk ruhmvoll kämpft. Natürlich will keiner hinter diesen Kameraden zurückstehen. Beim Stab in Albacete wagen selbst die eifrigsten Verfechter der Notwendigkeit, alles ordentlich durchzuführen und jede Improvisation zu vermeiden, keinen Widerspruch. Wie kann man fern von Madrid bleiben, wenn gerade in diesen Tagen, vielleicht in diesen Augenblicken, die Geschicke der Freiheit in Spanien entschieden werden? Daher soll der Marschbefehl so schnell wie möglich durchgeführt werden! So lautet der Beschluß.
Seit einigen Tagen befindet sich der ungarische General Lukács (Maté Zalka) in Albacete. Er ist Schriftsteller und ehemaliger Offizier der österreichisch-ungarischen Armee, war als Kriegsgefangener in Rußland und kämpfte dann im Bürgerkrieg an der Seite der Bolschewiki gegen die „Weißen“ und die ausländischen Aggressoren. Er wird aufgefordert, das Kommando der neuen Brigade zu übernehmen. Ich bitte darum, ebenfalls mit an die Front gehen zu dürfen. Der neuen Brigade gehört das italienische Bataillon an, und zu diesem gehöre ich. Alle sind einverstanden. Ich werde als Politkommissar der neuen Internationalen Brigade mitgehen. Ohne viel Umstände vertausche ich die Rangabzeichen eines Kommandeurs, die ich im Stab in Albacete trug, mit denen eines „bevollmächtigten Kriegskommissars“ der Brigade: ein fünfzackiger Stern in einem Kreis mit einem Streifen darunter, alles in Gold.
Die neue Brigade ist „beschlossen“, aber sie existiert fast noch gar nicht und soll dennoch am nächsten Tag in Marsch gesetzt werden. In aller Eile werden so viele Menschen wie möglich eingekleidet und bewaffnet. Die heute eingetroffenen Freiwilligen werden schon morgen mit uns abfahren. Die Kompanien werden zu Bataillonen zusammengestellt; die Bataillons-Kommandeure und -Kommissare werden ernannt; sie haben dafür zu sorgen, daß die Einteilung jedes Bataillons zu Ende geführt wird. An die Aufstellung der Brigade werden wir unterwegs denken. Jetzt müssen wir die Abfahrt vorbereiten und die notwendigen Züge und Lastautos beschaffen, um die Männer aus den verschiedenen Unterkünften abzuholen und zum Bahnhof zu bringen.
Es geht los. In der Nacht wird das neuaufgestellte französisch-belgische Bataillon in einen langen Zug verladen. Es folgt ein gemischtes deutsch-slawisches Bataillon,

das von dem deutschen Schriftsteller Ludwig Renn geführt wird, der am Morgen aus der Universitäts-Stadt zurückgekehrt war. Das in Madrigueras untergebrachte Bataillon Garibaldi wird mit LKW zur Eisenbahn in La Gineta geschafft. General Lukács und ich setzen uns mit einigen Offizieren in Verbindung, das ist alles, was wir im Augenblick für die Aufstellung unseres Stabes tun können. Der bulgarische Genosse Bielow (C. Lukanow), ein Artillerist und Veteran des Balkankrieges, übernimmt die Verantwortung für diesen sich bildenden Stab. Nachdem der letzte Transport abgefahren ist, rasen wir in höchster Geschwindigkeit im Auto nach Villacañas, wo die Brigade ausgeladen wird.

Dort finden wir schon das italienische Bataillon vor, das in der Dunkelheit auf den Bahnsteigen antritt, während die Küchen den Kaffee kochen. Auch für die später eintreffenden Bataillone muß Kaffee gekocht werden. Die italienischen Köche lassen sich nicht lange bitten; sie gehen ins Dorf, um weitere Kessel zu suchen, sie sammeln Holz in den nahe gelegenen Höfen und kochen Kaffee für die ganze Brigade. Nacheinander treffen die Bataillone ein. Die Freiwilligen überschwemmen die kleine Station und das Dorf Mancha, wo wir ausgestiegen sind.

Aber wir können uns nicht sofort in Marsch setzen, wie es vorgesehen war: die versprochenen Lastautos sind noch nicht da. Der Morgen graut noch nicht; wir sind unruhig und wecken alle. Wir telefonieren mit Albacete, mit Madrid, überallhin. „Wir warten auf die Lastautos! Schickt die Lastautos!“ Wir müssen am Morgen am befohlenen Ort sein. Wir wissen nicht, welche Befehle uns dort erwarten. Doch wir glauben, daß zwischen unserem Eintreffen und unserem Eingreifen in den Kampf nicht viele Stunden liegen werden. Wir wollen unsere Zusagen pünktlich einhalten und wollen keinen schlechten Eindruck machen. Daher schlagen wir am Telefon Krach und bestehen darauf, daß man uns sofort genügend Lastautos schickt, um die ganze Brigade verladen zu können.

Da sind endlich die LKW! Es ist elf Uhr vormittags; das Verladen der Männer klappt nicht so gut, wie wir gerne möchten. Schließlich fährt das Bataillon Garibaldi als erstes ab, die Männer auf einige Dutzend Lastautos zusammengepfercht. Die Fahrer machen viele lästige Umwege, um der feindlichen Luftwaffe auszuweichen. Die Front ist nicht fern. Die staubigen und holprigen Straßen verzögern die Fahrt. Während der Nacht haben wir fast nicht geschlafen; den Tag über wird fast nichts gegessen. Trotz allem nimmt die Begeisterung in dem Maße zu, in dem wir uns der Front nähern. Von allen LKW erklingen die Lieder der Freiwilligen. Es sind Lieder in allen Sprachen, aus allen Kämpfen der Völker. Bei der Durchfahrt durch die Dörfer eilen die zurückgebliebenen Frauen, Greise und Kinder herbei, jubeln uns zu, grüßen mit der Faust, rufen uns „No pasaran!“ zu und bieten uns zu essen und zu trinken an. Aber es gehört mehr dazu, um eine ganze Brigade zu sättigen und ihren Durst zu löschen! Andererseits wollen wir nicht, daß die Begeisterung des Volkes unsere Fahrt verzögern soll.

Um sieben Uhr abends kommt das Bataillon Garibaldi in der zugewiesenen Unterkunft an; um zehn Uhr treffen das französisch-belgische Bataillon und um Mitternacht das gemischte deutsch-slawische Bataillon ein. Wir haben richtig vorausgesagt. Noch in der gleichen Nacht sollen wir angreifen. Um vier Uhr morgens soll die ganze Brigade mit Lastautos in die Ausgangsstellung gebracht werden. Die Operation soll noch vor Sonnenaufgang beginnen, damit die Dämmerung noch für die Annäherung an den Feind ausgenutzt werden kann.

Daran ist nichts zu ändern. Alle Vorbereitungen der Operation sind bereits im Gange, und wir sind nur ein Teil der Kräfte, die an ihr teilnehmen. Wir müssen wieder losfahren. Um vier Uhr morgens muß die ganze Brigade bereits unterwegs sein. Doch wo bleiben die Lastautos? Wo sind die Fahrer? Die uns hierhergebracht haben, sind verschwunden. Sie gehören nicht dem Heer an. Sie haben unseren Transport durchgeführt wie irgendeinen privaten Auftrag. Müde von der langen Fahrt, haben sie sich sofort nach der Ankunft irgendwo im Dorf ein Eckchen gesucht, wo sie sich ausstrecken und schlafen können. Niemand hat daran gedacht, sie zu unserer Verfügung zusammenzuhalten.

Jetzt müssen wir sie überall suchen. Wir gehen von Haus zu Haus, von Heuboden zu Heuboden. In Französisch, Italienisch, Deutsch und Polnisch werden die wenigen Worte Spanisch, die wir kennen, geradebrecht: „Los chóferes! Los chóferes!“ Mit großer Mühe finden wir einige Dutzend von ihnen. Dann müssen wir in den finsteren und krummen Straßen des Dorfes die Kompanien und die Bataillone suchen, die sich aufs Geratewohl überall einquartiert haben. Wir müssen Melder mit Befehlen an die Kompanien und Bataillone in den anderen Dörfern schicken, die sich in der gleichen Lage wie wir befinden.

Der Hauptplatz von Chinchón, wo wir uns befinden, wimmelt in der Nacht von Freiwilligen. Unglücklicherweise rücken die Zeiger der Kirchturmuhr viel zu schnell vorwärts. Jede Viertelstunde scheinen uns die regelmäßigen und langsamen Schläge der Glocke grausam zu verhöhnen. Es schlägt drei, halb vier und vier. Es ist zwecklos, wütend zu werden, zu schreien und mit den Säumigen zu schimpfen. Einige Züge und Kompanien, die weiter entfernt untergebracht sind, haben zu diesem Zeitpunkt noch nicht einmal den Abmarschbefehl erhalten. Genosse Leone, ein Hauptmann im Bataillon Garibaldi, meldet, daß die Italiener nur über die Hälfte der notwendigen Lastautos verfügen. Jeder fühlt sich gedemütigt durch das Unvermögen, alles so zu erledigen, wie es sein müßte. Wenn es uns wenigstens gelingen würde, um fünf... um halb sechs... vor Sonnenaufgang abzufahren.

Zum Glück trifft schließlich ein Gegenbefehl ein. Die Operation ist auf den nächsten Tag verschoben. Wir stoßen einen Seufzer der Erleichterung aus. Die Nacht ist vorüber; eine weitere Nacht ohne Schlaf. Doch jetzt haben wir einen ganzen Tag vor uns. Wir werden ihn nutzen, um die Aufstellung der Kompanien, der Bataillone und der Brigade zu beenden. Wir machen einen Rundgang durch die Unterkünfte. Die Freiwilligen leiden unter der Kälte; es ist kein Stroh da, es fehlt an Decken. Wir veranlassen das Notwendige, damit im Laufe des Tages alle etwas Warmes essen können. Wir sorgen dafür, daß die Offiziere und Kommandeure ernannt werden und daß sie sich den Freiwilligen vorstellen.

Wir versuchen, alle erforderlichen Maßnahmen zu ergreifen, um in der kommenden Nacht den Transport der Männer, der Munition und der Lebensmittel zu gewährleisten. Durch die Erfahrung der vergangenen Nacht gewitzigt, halten wir die Fahrer zusammen und befehlen ihnen, die Benzinbehälter vollzutanken und festzustellen, ob Wasser in den Kühlern und genügend Abschmieröl vorhanden ist, denn das waren

die Gründe, die viele von ihnen in der letzten Nacht vorgebracht haben, um die Abfahrt zu verweigern.
Hier in Chinchón kommen wir uns wie verlassen vor; wir kennen niemanden, es ist unser erster Kontakt mit dem spanischen Militärapparat. Der Kommandeur des Abschnitts ist General Casado. Dieser hält es nicht für nötig, uns Sinn und Einzelheiten der Operation zu erklären, zu der wir herangeholt worden sind. Wir erbitten einige topographische Karten des Geländes, auf dem wir operieren sollen; er zeigt uns eine an der Wand aufgehängte Karte, die wir natürlich nicht mitnehmen können. Mit Mühe und Not erhalten wir einige Pausen, die nicht besonders klar und nicht besonders detailliert sind. Dieser General erscheint uns skeptisch, verschlagen und gleichgültig gegenüber der Operation; er flößt uns keinerlei Sympathie ein. Man erzählt mir, er sei nur deshalb Republikaner, weil er sich im Augenblick der Rebellion auf republikanischem Territorium befand und Franco nicht erreichen konnte. Er sucht die Unterstützung der Anarchisten, um sie gegen die Kommunisten auszuspielen. Sicher ist, daß er für unsere Internationalen Brigaden keine Sympathie, sondern nur schlecht verhohlene Feindseligkeit hegt.
Von dieser Seite haben wir daher nichts Gutes zu erwarten. Wir versuchen, uns so gut es geht selbst einzurichten. Es gelingt uns nicht, Fühlung mit dem Genossen Gallo aufzunehmen (das ist der richtige Name eines spanischen Genossen, der nicht mit meinem nur angenommenen zu verwechseln ist); er befehligt die spanischen Brigaden, mit denen wir gemeinsam operieren sollen, und wird in strategischer Hinsicht auch unsere Formation leiten. Wenn wir Hilfe brauchen, wenden wir uns stets an den Ortsausschuß der Volksfront. Wir bitten und protestieren und erreichen das Menschenmögliche.
Inzwischen ergänzen wir unseren Brigadestab; wir ziehen neue Offiziere heran und setzen Verantwortliche für die verschiedenen Brigade-„Dienste" ein. Ein Jugendlicher, der erklärt, daß er Maschineschreiben und rechnen kann, wird zum Sekretär befördert. Wir treiben auch einige Schreibmaschinen und einige Übersetzer auf, die uns helfen, uns im Sprachenbabel der Brigade zurechtzufinden. Man vergegenwärtige sich, daß der General Lukács und der Stabschef Bielow außer ihrer Muttersprache nur Russisch und Deutsch verstehen, während die große Mehrheit der Brigade-Angehörigen Italienisch und Französisch spricht. Kurz und gut, als es Nacht wird, hat es fast den Anschein, als hätten wir einen fertigen Stab, als hätten wir eine Intendantur-Dienststelle, als hätten wir einen Sanitätsdienst. Das Dringendste ist erledigt, das Unerläßliche getan, um in die Schlacht eingreifen zu können. Wir ziehen etwas müde, aber etwas weniger ungeordnet als am Tage zuvor in den Kampf.

Feuertaufe

Dies ist die dritte Nacht nach unserer Abfahrt aus Albacete, doch auch sie ist eine schlaflose Nacht. Um zwei Uhr morgens sollen wir losfahren, das heißt, daß wir spätestens um Mitternacht mit den Vorbereitungen für die Verladung beginnen müssen. Dieses Mal geht es jedoch wirklich los, nicht ganz fahrplanmäßig, aber es geht los. Die Straßen sind mit Autos, Truppen und Material der spanischen Brigaden vollgestopft, die mit uns zusammen operieren. Das Gewühl ist so groß, daß wir vier Stunden brauchen, um mit gelöschten Scheinwerfern die wenigen Dutzend Kilometer zurückzulegen, die uns vom Sammelpunkt trennen.

Dieser Punkt ist La Marañosa; der Cerro de los Angeles ist das Angriffsziel. Der Feind macht jetzt den vergeblichen Versuch, Madrid einzunehmen, indem er sich auf seiner rechten Flanke, bei Carabanchel, am Kilometerstein 8 der Straße von Madrid nach Getafe, entfaltet. Er hält den Cerro de los Angeles, das heißt „den Punkt", den Mittelpunkt Spaniens, und sichert von hier seine Flanke. Gerade hier sollen wir angreifen und wenn möglich ihm den Cerro de los Angeles entreißen, eine Art natürlicher Festung in Gestalt eines umgestülpten Glases, die die gesamte umliegende Ebene beherrscht.

Der Morgen des 13. November graut. Wir operieren zusammen mit drei anderen spanischen Brigaden. Auf den Hügeln La Marañosas wimmelt es von Kämpfern und Waffen. Es sind auch schwere Geschütze dabei. Die XI. nimmt die Ausgangsstellung ein, die ihr angewiesen ist. Doch das Bataillon Garibaldi, das in vorderster Linie vorgehen sollte, wird in die zweite gelegt. In der Nacht hat etwa ein Dutzend ihrer Lastautos den Weg verfehlt und ist direkt nach Madrid hineingefahren. Hieraus ergibt sich ein Verlust von einigen Stunden und eine Änderung der Gefechtsordnung für die Brigade.

Der Angriff beginnt. Alle vier Brigaden, die drei spanischen und die internationale, gehen auf breiter Front vor. Die Männer des Bataillons Garibaldi wollen nicht als Reserve zurückbleiben; sie wollen die vorderste Linie gewinnen, die ihnen ursprünglich angewiesen worden war. Trotz der Anstrengungen, der Märsche und der schlaflosen drei Tage und Nächte nahmen die Garibaldiner Höhen und Senken fast im Laufschritt, wobei sie die schweren Maschinengewehre und das hinderliche Bündel der Brotbeutel, Tornister, Decken und Spaten hinter sich herziehen. In raschen Sprüngen gewinnen sie ständig an Boden und reihen sich bald in die vorderste Linie ein.

Bei herrlichem Sonnenschein geht es so einige Kilometer lang weiter vorwärts. Die Sonne meint es allzu gut, sie badet Mitte November die vorgehenden Soldaten in Schweiß und gestattet den Faschisten, vom Cerro de los Angeles aus in aller Ruhe den Angriff ganz genau zu beobachten. Sie haben reichlich Zeit, ganz bequem die erforderlichen Maßnahmen zu ergreifen, um unseren Vormarsch aufzuhalten. Tatsächlich finden wir bei unserem Vorrücken über die Ebene in Schützengräben, die in aller Eile aufgegeben wurden, zurückgelassene Patronentaschen, Spaten und Spitzhacken der Faschisten. Diese haben sich in betonierte Gräben, hinter die Erdwälle und die Schulterwehren des Cerro de los Angeles zurückgezogen, wo sie uns gewiß mit angelegter Waffe erwarten.

Beim weiteren Vormarsch besetzen wir Perales del Rio ohne einen Schuß. Behutsam nähern wir uns den ersten Häusern. Unnötige Vorsicht! Wir treffen nur die Frauen des Dorfes, die uns zu trinken anbieten. Wir fragen sie, wo die Faschisten sind; sie antworten uns: „Da drüben" und zeigen auf den Cerro. Plötzlich hören wir von jener Seite her den Widerhall der ersten Gewehrschüsse. Es sind die Kameraden des „Französisch-Belgischen", die auf den ersten Widerstand des Feindes stoßen.

Daraufhin nimmt das gesamte Bataillon Garibaldi den Vormarsch wieder auf; es ändert seine Marschrichtung und stößt ebenfalls direkt auf den Cerro vor, anstatt

in der bisher verfolgten Richtung weiterzugehen, um ein Umgehungsmanöver von rechts zu versuchen. Wir kommen in einen Olivenwald. Hier erreichen uns pfeifend die ersten feindlichen Kugeln. Berauscht von dem Gefühl, endlich auf dem Schlachtfeld zu sein und die Feuertaufe zu erhalten, beachten wir sie kaum.
Wir springen von einem Olivenbaum zum anderen; ein Blick in die Runde, dann folgt der nächste Sprung. Uns begleiten drei Panzer; diese kompakten Stahlmassen verbreiten bei allen ein Gefühl der Sicherheit und heben die Begeisterung. Auf Schußweite herangekommen, schießen die Panzer aus ihren Kanonen und Maschinengewehren. Jetzt wird von allen Seiten geschossen. Die große Ebene, auf der sich der Cerro de los Angeles erhebt und die bis vor einigen Augenblicken schweigsam war, dröhnt jetzt von Explosionen aller Art. Gewehre, Maschinengewehre, Kanonen, Mörser und Handgranaten sind an diesem Konzert beteiligt. Über unseren Köpfen platzen die Explosivgeschosse der Faschisten mit ihrem charakteristischen Knall. Auf dem Cerro zeugen starkes Grollen und große Erd- und Rauchsäulen von jedem Schuß unserer schweren Artillerie, die aus La Marañosa schießt.
Die republikanischen Truppen greifen auf der ganzen Linie an und rücken kämpfend bis an den Fuß des Cerro vor. Links von uns sieht man in der Ferne bei Getafe, wie die Bataillone der spanischen Brigaden ein großes Umfassungsmanöver versuchen. Der Flugplatz liegt unter dem Feuer ihrer Vorhuten. Die Internationale Brigade greift den Cerro von rechts an. Unsere Maschinengewehre sind bereits an den höchsten Rändern der kleinen Senken in Stellung gegangen, die sich am Fuße des Cerro befinden, und unterhalten ein lebhaftes Feuer gegen die feindlichen Stellungen.
Jetzt wird jede kleinere Geländefalte ausgenutzt. Die Kugeln pfeifen dichter und öfter. Es wird nicht mehr marschiert; man kriecht an der Erde entlang und rollt sich fort, um von einer Seite zur anderen zu kommen; es werden Löcher gegraben, um den Kopf zu schützen; die vom Feind verlassenen Gräben werden streckenweise besetzt. Maschinengewehrnester werden eingerichtet. Man schießt und schießt pausenlos gegen den Cerro, der sich jetzt in seiner ganzen Größe vor uns erhebt.
Er stellt eine gewaltige Festung dar, die von einer Reihe von Gräben geschützt wird, welche an den geeignetsten Stellen der nackten und abschüssigen Flanken ausgehoben wurden, an denen die Panzer nicht hoch können. Unsere Männer liegen fast unter den Stützmauern einer Straße, die sich an den Flanken des Cerro entlangzieht, doch es fehlt an Handgranaten und Granatwerfern, um einen vorschriftsmäßigen Angriff einleiten zu können. Wir nutzen die erste Dunkelheit aus, um Leitern herbeizuschaffen und mit ihrer Hilfe zu versuchen, die feindliche Stellung zu erklimmen. Diese heroischen und verzweifelten Anstrengungen sind jedoch erfolglos. Der Gegner ist wachsam und schlägt zurück. Der Cerro wird aus der Nähe angegriffen, doch er gibt nicht nach.
Es ist Nacht. Unsere Panzer haben sich bereits zurückgezogen. Das überrascht die Freiwilligen. Die Sachkundigen erklären, daß die Panzer nachts auf unebenem Gelände nicht manövrieren können und daß die Vorsicht anrät, sie in rückwärtige Stellungen zurückzunehmen. Doch das Verschwinden dieser Stahlmassen, die den Kämpfern so große Sicherheit gaben, die dichter werdenden Schatten unter den Oliven und die ungewisse Lage machen die Männer besorgt. Der Angriff ist

eingestellt. Einige vorgeschobene Beobachtungsposten werden zurückgelassen, und man versucht, einige hundert Meter weiter rückwärts eine Stellung zu beziehen, in der die Männer sich ausruhen und die Einheiten sich wieder sammeln können.
Wo kurz vorher die Luft von Feuer und Explosionen zerrissen wurde, hat sich nunmehr eine tiefe nächtliche Stille herabgesenkt, die lediglich in langen Zwischenräumen von vereinzelten Schüssen oder vom entfernten dumpfen Dröhnen einiger Handgranaten unterbrochen wird, was die Stille noch unheimlicher macht. Dann und wann stößt man unter den Oliven auf den erstarrten Körper eines Toten, hier und da begegnet man einem stöhnenden Verwundeten, der sich mühsam dahinschleppt, und Gruppen von Freiwilligen, die die Schwerverwundeten tragen. Doch sie tasten sich nur vorwärts; sie können sich in der Nacht schlecht zurechtfinden; sie versuchen, den Weg zurück zu finden, den sie am Tage nach vorn gegangen sind; nicht immer gelingt es ihnen, und sie verirren sich unter den Oliven. Die Männer vom „corvée“[3] suchen nach Lebensmitteln für das Abendessen, doch auch sie wissen nicht genau, wohin sie sich wenden sollen. Niemand kann mit Sicherheit angeben, wo sich die Bataillons-Verbandplätze, die Küchen und die Intendanturen befinden.
Nun zeigen sich die furchtbaren organisatorischen Mängel unserer improvisierten Brigade in ihrer ganzen tragischen Deutlichkeit. Mit General Lukács wandere ich die ganze Nacht auf dem Schlachtfeld umher. Wir suchen – nicht immer mit Erfolg – die Bataillons-Gefechtsstände; doch auch diese haben nicht immer Verbindung mit ihren Kompanien. Wir ordnen überall an, die Verwundeten in die „corvées“ zur Kirche von Perales zu leiten, wo die Brigade-Intendantur eine ihrer vorgeschobenen Basen eingerichtet haben muß und wo wir, falls es noch nicht geschehen sein sollte, die Erste Hilfe und den Abtransport der Verwundeten organisieren werden.
Doch auch wir können recht wenig tun. Wir haben nicht einmal einen Melder bei uns, und die Brigade hat auch kein Pferd oder auch nur einen Meter Telefondraht zur Verfügung, um die Verbindung mit den verschiedenen Einheiten und dem rückwärtigen Dienst einigermaßen rasch herzustellen. Wir weisen alle zur Kirche von Perales, weil dies der einzige, leicht auszumachende Punkt ist, den alle beim Vormarsch am Tage gesehen haben. Dennoch sind wir ganz und gar nicht sicher, daß dort etwas vorbereitet ist. Vorläufig nehmen wir uns nur vor, die Kirche zu unserem Gefechtsstand und zum Sammelpunkt für alle rückwärtigen Dienste zu machen.
Zum Glück ist es der Brigade-Intendantur bei der Kirche von Perales gelungen, Lebensmittel, Brot und Wein heranzuschaffen und auch eine ausgezeichnete heiße Suppe und heißen Kaffee zu kochen. Leider gelingt es nicht allen „corvées“, diese Verpflegungsstelle zu finden. Zusammen mit einem der Brigade-Ärzte und ein paar Sanitätern, die wir in der Nacht gefunden haben, improvisieren wir eine erste Verbandstelle für die hier eintreffenden Verwundeten. Die Leichtverwundeten schicken wir zu Fuß auf der Straße nach La Marañosa weiter. Zum Transport der Schwerverwundeten lassen wir in derselben Nacht die wenigen Autos, die wir auffinden konnten, hin- und zurückfahren.
Die Kämpfe um den Cerro de los Angeles waren die Feuertaufe der zweiten Internationalen Brigade, der XII. des spanischen Volksheeres. Sie haben den Opfer-

[3] Arbeitskommando.

geist und den Opferwillen unserer Freiwilligen, nach vier Tagen und vier Nächten Anstrengungen, Schlaflosigkeit und Hunger, auf eine harte Probe gestellt. Wir beginnen zu begreifen, daß es im Krieg nicht immer das feindliche Feuer ist, was am schwersten zu ertragen ist: häufig bereiten Hunger, Durst und Anstrengung viel schlimmere Qualen als Verwundung und Todesgefahr. Es gibt den Heldenmut der Kämpfer, die den feindlichen Maschinengewehren trotzen, und es gibt den Heldenmut und den Stoizismus derer, die mutig alle Schwierigkeiten und alle Härten des Krieges bestehen. In diesem ersten Gefecht haben unsere Freiwilligen bewiesen, daß sie unerschrocken dem feindlichen Feuer zu trotzen vermögen und daß sie fähig sind, jedwede Anstrengung und Entbehrung für die Sache der Freiheit zu ertragen.
Die militärische Operation gegen den Cerro de los Angeles hatte nur einen Ablenkungszweck; sie sollte die faschistischen Kolonnen, die Madrid angreifen, in der Flanke bedrohen, um den Druck auf Madrid zu lockern und um den republikanischen Kräften, die die Hauptstadt verteidigen, die Aufgabe zu erleichtern. Das ist recht und schlecht gelungen. Die Faschisten mußten sich sehr anstrengen, um den Cerro de los Angeles zu halten und ihn mit allen Mitteln zu verteidigen. Tatsächlich verstärken sie nach unserem Angriff die Verteidigung dieser Stellung und versuchen, uns weiter zurückzudrängen.
Doch das Oberkommando hat beschlossen, auch die zweite Internationale Brigade in die Hauptstadt zu verlegen, damit sie gemeinsam mit den Brüdern der ersten und allen Spaniern die Verteidigung Madrids fortsetzt und verstärkt. Zur Besetzung der Stellungen zwischen La Marañosa und dem Cerro de los Angeles bleiben die spanischen Brigaden und Milizen zurück, mit denen wir in den ersten Kämpfen zusammengewirkt haben.

Luftkampf

Am Morgen des 17. November kommen wir in Madrid an. Der Transportdienst funktioniert jetzt einigermaßen normal. Lange Kolonnen von Lastautos bewegen sich auf den Straßen nach der Hauptstadt, in jedem LKW dreißig bis vierzig Mann, von Wagen zu Wagen fünfzig bis sechzig Meter Abstand und dazwischen riesige Staubwolken, eine Folge der nicht asphaltierten Straßen zweiter Ordnung. Wir kommen jedoch nur mit nervenaufreibender Langsamkeit vorwärts. Alle Berechnungen erweisen sich als äußerst optimistisch; wofür zwei Stunden vorgesehen waren, dazu braucht man vier oder fünf.

Als wir die ersten Häuser der Vororte erreichen, ist es Mittag. Der Himmel ist klar und sonnig. Doch da werden wir von einem Fliegeralarm überrascht. Sofort hören wir das Dröhnen der Flugzeuge. Sie sind direkt über uns. Es sind Bomben- und Jagdflugzeuge. Plötzlich sehen wir, wie von Norden her einige republikanische Staffeln der faschistischen Formation entgegenjagen. Diese löst sich auf; die Bomber machen kehrt, und die Jäger nehmen den Kampf auf.

Beim ersten Anzeichen der Gefahr halten unsere Lastautos an. Die Fahrer suchen unter einigen Bäumen und im Schatten einiger Mäuerchen Deckung. Doch die Bäume sind rar und rachitisch und bieten so gut wie keinen Schutz. Die Mannschaften hatten Anweisung erhalten, sich im Falle eines Luftangriffs über die Felder zu verteilen und schleunigst in den Stoppelfeldern, in Querrinnen und Geländefalten volle Deckung zu nehmen. Statt dessen stecken sie nun alle die Nase in die Luft, um den Kampf zu beobachten, um den rasend schnellen Bewegungen der Flugzeuge zu folgen und mit ihrer Stimme die anzuspornen, die sie für unsere Piloten halten; als ob die uns da oben hören könnten!

Niemand kann richtig unterscheiden, welches unsere und welches die feindlichen Maschinen sind. Die Formationen haben sich jetzt in Einzelkämpfen aufgelöst; im Sonnenglast sind die pfeilschnell hin und her jagenden Maschinen weder nach ihrer Form noch nach den Hoheitszeichen zu unterscheiden. Dessenungeachtet nehmen unsere Freiwilligen lebhaft, geräuschvoll und mit der gleichen Leidenschaft und Überzeugung Anteil an diesem Kampf, mit der die Zuschauer den aufregendsten Phasen eines Fußballspiels folgen. Natürlich sind für die Freiwilligen alle Flugzeuge, die fliehen, feindliche, und jeder Jäger, der einen anderen erfolgreich verfolgt, ist einer der Unseren.

Der Kampf zieht sich mehrere Minuten hin. Ich glaube, es ist der erste große Luftkampf, der an Spaniens Himmel stattfindet. Wir können von der Erde aus seinen Verlauf nicht verstehen; doch ich frage mich auch, wie es ein Pilot dort oben fertigbringt, sich in dem völligen Durcheinander zurechtzufinden, Freund von Feind zu unterscheiden, sofort die gegnerische Bedrohung zu bemerken und prompt zu manövrieren, um ihr zu entgehen und seinerseits die Mündung des eigenen Maschinengewehrs hinter oder unter den Rumpf des feindlichen Flugzeuges zu bringen. Er muß mit einem Blick die Situation überschauen und mit sicherer Berech-

nung blitzschnelle vollendete Manöver durchführen, um nicht vom Feuerstoß des Gegners getroffen und aus Tausenden Metern Höhe brennend zur Erde geschickt zu werden.
Wir unterscheiden von der Erde aus nur die Bewegungen der kämpfenden Maschinen und hören nur das wütende und kurze „Tak-tak-tak" der Bordwaffen. Plötzlich sehen wir, wie ein Flugzeug abstürzt, als sei es tödlich getroffen; jede Sekunde erwarten wir, daß es am Boden zerschellt. Doch wenige Meter über der Erde fängt es sich auf und kehrt sofort in den Kampf zurück. Es ist nur eine List gewesen, um der feindlichen Verfolgung zu entgehen. Ein anderes Flugzeug streift fast den Boden, als ob es einen Platz zur Landung suche; doch plötzlich stößt es wieder in die Höhe, richtet sich fast senkrecht auf, fliegt unter einen gegnerischen Jäger und beschießt ihn mit seinem Maschinengewehr. Eine Maschine schert aus dem Kampfgetümmel aus. Eine lange Rauchfahne hinter sich herziehend, fliegt sie auf feindliches Gebiet zu, es ist sicherlich eine faschistische. Starker Beifall von der Erde begrüßt ihre Flucht. Und der Beifall, das Geschrei und die Begeisterung werden noch allgemeiner und noch stärker, als ein Jäger, von zwei anderen überrascht und von oben beschossen, rettungslos abstürzt, wobei er am Himmel eine feurige Spur beschreibt. „Ein Faschist! Ein Faschist! Prima! Hurra!" brüllen die Freiwilligen. Leider erfahren wir am Abend, daß es einer von uns war.
Doch die republikanischen Jäger haben in diesem Luftkampf ihr Ziel erreicht. Sie haben den Feind gezwungen, für diesen Tag auf die Bombardierung Madrids zu verzichten. Ich weiß nicht, ob der feindliche Angriff sich auch gegen unseren Militärtransport richten sollte. Jedenfalls haben die faschistischen Bomber nicht einmal versucht, Bomben auf die Stadt und auch nicht auf unsere Lastautos abzuwerfen. Die feindlichen Jäger beschränken sich darauf, den Rückflug der Bomber, die sie begleiteten, zu decken und den Angriff der Unsrigen abzuwehren, um dann ganz schnell zu ihren Basen zurückzukehren, ohne herunterzustoßen und uns zu beschießen. So können wir in den ersten Nachmittagsstunden in die Stadt einziehen und in Chamartin die uns angewiesenen provisorischen Unterkünfte beziehen. Der Kampf, dem wir bei unserem Einzug beigewohnt haben, zeigt, daß nicht nur die Häuser, die Straßen und Plätze, sondern auch der Himmel Madrids von den republikanischen Kräften gut verteidigt wird. Überall werden die Aufrührer in Schach gehalten und zurückgewiesen.
Jetzt zeigt es sich sehr deutlich, wie gut es war, daß wir die beiden Ruhetage in Chinchón vor der Abfahrt nach Madrid ausgenutzt haben, um die Organisation der Brigade zu verbessern. Die Bataillone und Kompanien stehen nicht mehr nur auf dem Papier, sie sind etwas Organisches: sie werden von wirklich Verantwortlichen geführt, und diesen stehen eigene Unterführer, Dienststellen und Mittel zur Verfügung. Jedes Bataillon hat einen richtigen Stab, eine eigene Intendantur und eine eigene Waffenmeisterei, die imstande ist, in jedem Augenblick die Munition für die kämpfenden Formationen heranzuschaffen, für eine schnelle Instandsetzung der Waffen sowie für die Auffüllung der Gurte und Munitionskästen zu sorgen: alles Dinge, die man in der Feuerlinie nicht so gut und ruhig erledigen kann.
Nach der Erfahrung am Cerro de los Angeles wurde den Verantwortlichen und den Angehörigen des Sanitätsdienstes eine strenge Anweisung gegeben: sie müssen an

ihren Verbandplätzen, in den Sanitätsstuben und in den Feldlazaretten bleiben und nicht neugierig in der vordersten Linie herumlaufen und kämpfen. Sie müssen wählen: entweder Sanitäter oder Frontkämpfer. Am Cerro befanden sich die wenigen Ärzte und Sanitäter mit dem Gewehr in der Hand in den vordersten Linien, und niemand kümmerte sich darum, arbeitsfähige Verbandplätze einzurichten. Für den Such- und Transportdienst von Verwundeten hat nunmehr jede Kompanie ihre Sanitätstrupps aufgestellt, die über eine Tragbahre und eine Bereitschaftstasche mit Gaze und Watte verfügen, um wenigstens die gefährlichsten Blutungen provisorisch abbinden zu können.
Der Brigadestab und die Bataillonsstäbe sind so ausgestattet worden, daß sie das Kommando auch ausüben können: ihnen ist eine gewisse Anzahl Offiziere zur Leitung der wichtigsten Dienststellen und als Verbindungs-Offiziere zugeteilt worden; sie haben Meldertrupps zusammengestellt, von denen jeder die Verbindung mit einer unterstellten Formation hält. Diese müssen dem Stab, dem sie zugeteilt sind, bei jedem Stellungswechsel folgen und stets in der Lage sein, die Formationen zu finden, mit denen sie Verbindung halten sollen. Ihre Aufgabe ist eine der verantwortlichsten und der gefährlichsten, denn auf die Melder kommt es vor allem in den schwierigsten Momenten des Kampfes an. Sie müssen auch dann, wenn am erbittertsten gekämpft wird, im Hagel der Geschosse und Granaten offenes Gelände überqueren und den Stab suchen, mit dem sie Verbindung halten sollen. Vielleicht ist dieser in Bewegung, vielleicht hat er in der Zwischenzeit einen Stellungswechsel vorgenommen. In unserer Lage, in der es uns noch an allen technischen Verbindungsmitteln – Fernsprechern, Radio usw. – fehlt, ist der Melder der wesentliche und entscheidende Faktor in der Führungstätigkeit der Stäbe. Am Cerro de los Angeles haben wir gesehen, wohin es führt, wenn dieser wesentliche Dienst nicht besteht.
Doch etwas in der Brigade ist noch nicht in Ordnung. Dieses Mal sind die Lastautos nicht nur zu einer einmaligen Dienstleistung bei uns befohlen, sondern uns zur ständigen Verfügung zugeteilt worden. Das ist schon ein beachtlicher Fortschritt. Aber nachdem wir die provisorischen Unterkünfte in Chamartin bezogen haben, benutzen die Fahrer, die alle aus Madrid sind, die Gelegenheit, um ihre Familien zu besuchen. Wir befinden uns in der gleichen Lage wie nach der Ankunft in Chinchón. Ein plötzlicher Stellungswechsel wäre wegen der Abwesenheit der Fahrer nicht möglich. Wir beschließen, die Fahrer der Brigade einzugliedern, sie der militärischen Disziplin zu unterwerfen und der Kontrolle durch die einzelnen Bataillonsstäbe zu unterstellen.
Wir müssen auch auf die legitimen Ansprüche und die möglichen Eifersüchteleien zwischen den einzelnen Bataillonen achten; das ist eine wichtige Angelegenheit bei jeder Truppe, bei einer Organisation von Freiwilligen verschiedener Nationalitäten und mannigfacher politischer Strömungen ist es aber von entscheidender Bedeutung. Jede unfreiwillige oder zufällige Bevorzugung der einen oder anderen Einheit wird sofort als eine absichtliche Parteinahme aus nationalistischen oder parteilichen Gründen aufgefaßt. Beim Beziehen der Quartiere von Chamartin suchen sich natürlich die zuerst Angekommenen die besten Räume aus und raffen das ganze zur Verfügung gestellte Stroh zusammen; die später Eintreffenden müssen sich mit dem begnügen, was übrigbleibt. Unglücklicherweise ist das später eingetroffene Bataillon Garibaldi zahlreicher als die anderen, und es muß sich nun in engen und unbequemen Räumen

zusammenquetschen. Durch Erfahrung wird man klug, man lernt die Probleme lösen, sobald sie auftauchen. Von jetzt ab werden wir die der Brigade zur Verfügung gestellten Räume den Bataillonen nach ihren wirklichen Bedürfnissen zuweisen, wobei wir eventuell einen Vorzugsturnus einrichten werden. Das gleiche geschieht von seiten der Bataillone für die Kompanien.

Diese Erkenntnisse können wir sofort in die Praxis umsetzen; denn in Chamartin halten wir uns nur wenige Stunden auf. Dann trifft der Befehl ein, die ganze Brigade nach Fuencarral zu verlegen, einem kleinen Dorf einige Kilometer nordwestlich von Madrid, in der Nähe der Stellungen der Republikaner in der Universitäts-Stadt gegenüber der Casa de Campo. Wir begreifen, daß wir von hier aus in das Feuer des Kampfes um Madrid gehen werden.

Zwischen den Pavillons der Universitäts-Stadt

Der Feind, der bis vor die Tore Madrids vorgedrungen war, glaubte nun in einem einzigen Sprung die letzte Verteidigung wie ein Kartenhaus zum Einsturz bringen und die republikanischen Kräfte, die seit Talavera, wenn auch kämpfend, nur zurückgegangen waren, endgültig zerschlagen zu können. Doch der überraschend starke Widerstand und der Angriffsgeist der Verteidiger Madrids, die ihm keine Ruhe lassen, warfen seine Pläne über den Haufen. An seiner Angriffsfront in Schach gehalten, muß er an den Flanken Gegenangriffe abwehren; während er an einer Stelle drückt, muß er Kräfte abziehen, um eiligst gefährliche Bedrohungen abzuwenden, die sich an anderen Abschnitten abzeichnen; er ändert die Angriffsfront, doch der Widerstand der Republikaner wird an keiner Stelle schwächer.

Franco hatte sich vorgenommen, über die Casa de Campo auf die Moncloa vorzustoßen und dann zwischen dem Carcel Modelo und dem Cuartel de la Mantaña nach Madrid einzudringen. Da er hier zurückgewiesen wird, verlegt er den Schwerpunkt auf seine rechte Flanke und versucht nun, den Manzanares zwischen den Brücken de la Princesa, de Toledo und de Segovia zu überschreiten. Als er auch hier zurückgeschlagen wird, verlegt er den Angriff wieder auf die entgegengesetzte Seite, auf seine linke Flanke, in Richtung auf die Universitäts-Stadt. Die ganze Woche nach den Tagen des 7. und 8. November, als ihm Halt geboten wurde, sucht der Feind verbissen wie ein gieriges Raubtier nach einem Durchschlupf, einem Weg in die Stadt, die sich schön und majestätisch einige Hundert Meter jenseits des Manzanares erhebt. Die Republikaner halten stand und versperren ihm unerbittlich den Weg.

Eines Tages hören an der Puente de los Francéses „die Angriffe von Tagesanbruch an nicht auf; eine Einheit des ‚tercio' greift an, eine zweite folgt; dann stürmt ein ‚tabor'[1] von Regulären, noch einer, drei weitere, unterstützt von sechs, zehn, zwanzig Panzern. Mit allen Waffenarten beharrlich wiederholte Angriffe werden alle zurückgewiesen. Doch einigen Gruppen gelingt es, durchzukommen. Sofort springen die Unsrigen vor, gehen zum Gegenangriff über und zwingen die Angreifer, auf die andere Seite des Flusses zurückzugehen" (V. Rojo). Franco verlegt noch einmal die

[1] Heerhaufen.

Angriffsfront; er versucht, Massen von „moros" und Falangisten auf Usera vorgehen zu lassen, aber ein Bataillon Lehrer und Angestellte versperrt ihnen den Weg; er versucht, die Front auf Humera und Aravaca zu auszudehnen, doch die Bataillone Edgar André und Dombrowski lassen ihn nicht durch.
Es gelingt den Faschisten nicht, eine Bresche zu schlagen und den Ring zu sprengen, der sie zusammendrückt und sie gefesselt hält. Sie lassen lediglich überall zwischen den beiden Feuerlinien Leichen zurück, die niemand holt oder begräbt. Sie bleiben liegen, als stumme Zeugen des erbitterten Kampfes, die nun im Regen und im Schlamm verwesen und die ganze Luft ringsumher verpesten. Doch auch die Kräfte der Verteidiger sind stark zusammengeschrumpft. In den ersten Tagen verfügt das Militärkommando der Stadt als Reserve nur noch über fünfundvierzig Mann, zwei Maschinengewehre und einen Mörser mit zwanzig Schuß. Später sind zwar Leute da, aber keine Waffen. Diese unbewaffneten Reserven gehen als Verstärkung in die vordersten Linien, um die Gewehre der Gefallenen aufzunehmen oder um die am stärksten mitgenommenen Gruppen abzulösen, die ihnen vorübergehend die Waffen überlassen.
Am 15. und 16. November stürmen die Faschisten noch einmal mit allen ihren Kräften gegen die Manzanares-Brücken. Der Durchbruch gelingt ihnen, sie besetzen Casa Velazques und dringen zwischen den Pavillons der Universitäts-Stadt vor. Diese erhebt sich am Rande der Hauptstadt, dort wo das Wohngebiet an die Gärten angrenzt, die sich bis zu den Ufern des Manzanares hinabziehen. Auf der anderen Flußseite liegen die Casa de Campo und die dichtbewachsene Anhöhe von Garabitas. Die Universitäts-Stadt besteht ganz aus modernen, nüchternen Gebäuden. Zwischen ihnen liegen Höfe und Durchgänge, die mit Kies oder Sand bestreut sind. Im Grün der Landschaft ringsum vermitteln die so schön angelegten Gärten und Alleen ein Gefühl der Sammlung, das zum Nachdenken und zum Studium anregt. In Kürze aber wird der Krieg das alles in ein Feld grausamer Kämpfe und mörderischer Hinterhalte verwandeln. Und von Fenster zu Fenster, von Pavillon zu Pavillon werden sich die Gegner homerische Herausforderungen entgegenschleudern.
Die XI. Internationale Brigade nimmt an der Aktion des Madrider Generalstabs teil, die die Faschisten aus der Universitäts-Stadt verjagen soll. Zwischen dem Fluß und der Universitäts-Stadt gehen die Bataillone Dombrowski und Edgar André zum Gegenangriff über. Das Bataillon Commune de Paris rückt gegen die Pavillons der Universität vor. Es soll den Pavillon der Philosophie und Literatur besetzen und die Faschisten aus der Casa Velazquez werfen, das im Feuer der Granaten „cae ardiendo" (brennend zusammenstürzt), wie es in dem Lied heißt.
Die internationalen Bataillone gehen unter dem Schutz unserer Artillerie gegen das feindliche Feuer vor. Jedes Fenster und jede Nische der Fassaden, wo ein Faschist auf der Lauer liegen kann, werden von Kugeln durchsiebt. Unsere Freiwilligen arbeiten sich im Schutz der Bäume oder auch über offenes Gelände vor. Sie bahnen sich den Weg mit Handgranatenwürfen. Das Bataillon Commune de Paris dringt in den Pavillon der Philosophie und Literatur ein. Die Männer stürzen zu den Fenstern und Türen und verbarrikadieren sich dort mit allem, was sie finden können: Tische, Bänke, Pulte und Bücher. Die Werke Kants und Goethes, Voltaires und Pascals, Cervantes' und Dantes, Shakespeares und Platos, die gesamte Philosophie, die ganze

Literatur, die ganze antike und moderne Kultur werden aufgeboten, um den faschistischen Horden den Weg zu versperren. Sofort wird auf dem Dach des Pavillons der Philosophie und Literatur eine Fahne gehißt, um unseren Artilleristen und den anderen Bataillonen zu zeigen, daß das Gebäude unser ist. Der „Pavillon der Wissenschaften" gehört uns auch schon; Durruti hat ihn besetzt.
In der Zwischenzeit kämpfen die anderen Bataillone der XI. Brigade weiter unten, nach dem Manzanares zu, zwischen Bäumen und Beeten, um die Gebäude von Palacete. Der Kampf tobt in den Häusern selbst, von Zimmer zu Zimmer. Zuweilen trennt die Kämpfenden lediglich eine Wand, ein Stockwerk. Im Park schießen die im Laubwerk unsichtbaren Baumschützen der „moros" auf die Angreifer.
Zwischen den Pavillons der Universitäts-Stadt nimmt der Kampf an Erbitterung zu. Das Bataillon Commune de Paris soll jetzt auf „Medizin" vorgehen. Bei der Casa Velazquez vollbringen die „Asturier" mit ihren „dinamiteros" Wunder an Heldentaten. Ihr Kommandeur wird getötet, und es gelingt ihnen nicht, das Ziel zu erreichen. Trotz aller Anstrengungen bleiben die Pavillons der Klinik und die Casa Velazquez in der Hand des Feindes. Die Republikaner halten die Pavillons der Medizin, der Philosophie und Literatur, der Wissenschaften; sie liegen vor Palacete und in den Gärten, die den Manzanares säumen. An mehreren Punkten steht man den Faschisten von Angesicht zu Angesicht gegenüber. Aus den Pavillons der Universitäts-Stadt beobachtet und beschießt man sich von Fenster zu Fenster. Die Höfe, die Durchgänge und die Alleen sind Niemandsland: jeder, der sie überqueren wollte, würde beim ersten Schritt tödlich getroffen niederstürzen.

Erbitterte Kämpfe in Parks und Gärten

An diesem Abschnitt werden am 18. November die Freiwilligen der XII. Brigade eingesetzt, um die am stärksten mitgenommenen Einheiten, die seit etwa zehn Tagen ununterbrochen zwischen den Pavillons und in den Gärten der. Universitäts-Stadt kämpfen, tatkräftig zu unterstützen und abzulösen. Nachdem sie den ersten Teil der Strecke im Lastauto zurückgelegt haben und dann ein Stück zu Fuß marschiert sind, nähern sich die Bataillone der XII. dem Schlachtfeld und besetzen zunächst die Anhöhen des Polofeldes, von Buena Vista und von Fuente de la Reina. Eine herrliche Gegend für Sommerfrische und Erholung! Aber unsere Freiwilligen können sie nicht lange genießen. Kaum eingetroffen, müssen sie sich unter den Bäumen für die Nacht einrichten, Löcher ausheben, aus Zweigen und Laubwerk Hütten bauen und sich aus Blättern und trockenen Gräsern ein einigermaßen weiches Lager herrichten.
Der Feind ist noch drei bis vier Kilometer entfernt, doch muß man auf Deckung achten vor den Luftangriffen und dem Artilleriefeuer, das nicht aufhört, auch hier nicht, im unmittelbaren rückwärtigen Gebiet des Schlachtfeldes. Die feindliche Artillerie hat es besonders auf die von der Brigade besetzten Punkte abgesehen, weil von diesen Anhöhen aus unsere Artillerie die faschistischen Stellungen und Formationen beschießt. Tatsächlich entbietet ein Artillerieduell nach allen Regeln der Kunst am Morgen des 19. den Neueingetroffenen den Morgengruß, und am frühen Nachmittag kreist ein Schwarm feindlicher Bomber und Jäger hinterhältig über ihren Köpfen.

Jetzt werden die Vorschriften über das Verhalten bei Fliegergefahr strenger beachtet. Die Männer dürfen nicht weglaufen; sie müssen bleiben, wo sie gerade sind, sich hinwerfen, so gut es geht unter Bäumen Deckung suchen oder sich auch nur mit etwas Laub tarnen. Die feindlichen Maschinen schwärmen ein wenig in der Luft umher, als ob sie etwas suchen und es nicht finden können; dann geben sie es auf und fliegen direkt auf die Stadt zu. In diesem Augenblick eilen unsere Jagdflugzeuge herbei und vereiteln die Pläne der faschistischen Piloten. Die Bomber lassen ein paar schwere Bomben auf das Wohngebiet fallen und schlagen dann sofort einen anderen Kurs ein. Unsere Jäger verwickeln die feindlichen in einen langen Luftkampf. Doch das spielt sich weit weg von uns ab. Wir sehen in der Ferne lediglich zwei, drei Feuerspuren schnell den Himmel furchen: dieses Mal müssen die Faschisten ihre barbarischen Bombenangriffe auf das Wohngebiet der Stadt, die nur terroristischen Zwecken dienten, teuer bezahlt haben.

In der Nacht verläßt die XII. Brigade ihre provisorischen Stellungen, um näher an die Front, in die zweite Linie zu rücken. Das Wetter wird schlecht. Ein feiner, dichter und lästiger Nieselregen setzt ein, der binnen kurzem alles durchnäßt und durch die Decken und die Kleider bis auf die Haut dringt. Das Wasser weicht den Boden auf, sammelt sich in vielen kleinen Pfützen und spritzt bei jedem Schritt unter dem Gras der Wiesen wie aus einem Schwamm hervor. Es ist unmöglich, sich an die Erde zu legen. Auch der Versuch, sich auf einen Baum zu hocken, ist zwecklos, weil auch hier das Wasser herunterrinnt und von den Zweigen und Blättern tropft. Trotz der Müdigkeit kann niemand schlafen; die Kälte dringt bis auf die Knochen und läßt die Zähne zusammenschlagen.

Beim ersten Tageslicht kann man sich ein bißchen besser orientieren. Zwischen den Bäumen entdecken die Männer einige kleine Häuschen. Sie werden sofort besetzt, da sie Schutz vor dem Regen bieten. Man versucht, sich dort an einem behelfsmäßigen Feuer zu trocknen. Doch bald nimmt die feindliche Artillerie das ganze von der Brigade besetzte Gelände unter Feuer; anfangs detonieren die Granaten in kurzen Zwischenräumen, dann geht der Beschuß in Trommelfeuer über. Die Häuser sind ein gefährlicher Ort. Sie sind ein leichtes Ziel für die faschistischen Artilleristen, und ein Volltreffer kann ein Blutbad anrichten. Doch die Männer fürchten jetzt den Regen mehr als das Artilleriefeuer und bleiben zusammengekauert in ihren behelfsmäßigen Deckungen. Zum Glück wird kein Haus getroffen, die Granaten krepieren nur ringsumher zwischen den Bäumen und auf den Wiesen.

Franco versucht, von dieser Flanke her zwischen der Puerta de Hierro und der Universitäts-Stadt durchzubrechen. Er stößt auf die Höhen von Buena Vista und des Polofeldes vor, um Fuencarral zu nehmen und auf diese Weise Madrid von Norden her zu umgehen. Der versuchte Bombenangriff und der Artilleriebeschuß am Vortage und vor allen Dingen das Artilleriefeuer heute früh sollten die Aktion vorbereiten, unsere Zufahrtsstraßen zerstören, die Reserven in der zweiten Linie treffen und den Nachschub der Verstärkungen unterbinden. Doch, wie wir gesehen haben, sind die Erfolge gering. Nach der ersten Überraschung gewöhnen sich unsere Leute auch an das Artilleriefeuer, das vorläufig praktisch ohne ernsthafte Wirkung bleibt.

Durch den Stellungswechsel in der Nacht sind die Kräfte der XII. Brigade nunmehr bis auf wenige Hundert Meter an die Feuerlinie herangekommen. Das Artilleriefeuer wird durch ein lebhaftes feindliches Gewehr- und Maschinengewehrfeuer ergänzt. Eine Kompanie des Bataillons Garibaldi erhält den Auftrag, die San-Fernando-Brücke, über die die Straße nach Las Rozas und nach der Sierra führt, zu besetzen und sie gegebenenfalls zu verteidigen. Doch der faschistische Druck konzentriert sich diesseits des Manzanares, zwischen Palacete und der Universitäts-Stadt. Hier soll die XII. Brigade Stellung beziehen. Das Bataillon Garibaldi löst das Bataillon Dombrowski der XI. Brigade längs des Manzanares und an der Puerta de Hierro ab und nimmt nach rechts Verbindung mit dem Bataillon der „carabineros" (Gendarmerietruppe) auf; das Thälmann-Bataillon löst „Edgar André" in den Gärten bei Palacete ab. Das französisch-belgische Bataillon wird dann in die Universitäts-Stadt vorrücken, wo es „Commune de Paris" ablösen soll.

Gegen Mittag verdichtet sich das Feuer auf das Bataillon Garibaldi, das sich der Feuerlinie genähert, aber noch keine Gefechtsstellung bezogen hat. Die Männer wissen nicht genau, in welcher Lage sie sich befinden, wer vor ihnen liegt, wer rechts und links von ihnen kämpft und wo der Feind ist. Bald werden sie in der vordersten Linie sein, ohne die geringste Verbindung aufgenommen zu haben. Sie spüren, daß sie in eine gefährliche Lage geraten sind; sie bemerken verdächtige Bewegungen vor sich: kleine Trupps zurückgehender Kämpfer, die ängstlich nach rückwärts und nach allen Seiten blicken, Sanitäter mit ihrer schmerzlichen Last, die besorgt nach Verbandplätzen suchen, und das dichte Infanteriefeuer, das aus nicht allzu weiter Entfernung kommen muß.

Die Freiwilligen mit Fronterfahrung, die bereits mit der Zenturie Gastone Sozzi gekämpft haben, in erster Linie Hauptmann Leone, schlagen Alarm: es ist der Anfang zu einem „chaqueteo" (Zurückweichen). Offiziere und Kommissare halten mit der Pistole in der Hand die Flüchtenden auf, sie schelten sie und befehlen ihnen, kehrtzumachen. Inzwischen lassen sie die eigenen Kompanien ausschwärmen und sich vorsichtig in kurzen Sprüngen vorarbeiten, da sie nichts über die Lage wissen und auch keinerlei Befehl erhalten haben, ob sie vorgehen, Widerstand leisten oder zurückgehen sollen. Man richtet sich ganz danach, was der gesunde Menschenverstand und die Eingebung des Augenblicks vorschreiben. Inzwischen fassen diejenigen, die sich schon davonmachen wollten, wieder Mut und kehren um. So arbeiten sich die Kompanien des Bataillons Garibaldi sprungweise etwa dreihundert bis vierhundert Meter vor und stoßen bald auf die Falangisten und die Mauren, die ohne zu schießen vorgehen, in der Annahme, die Front durchbrochen zu haben und ungehindert vorrücken zu können.

Das plötzliche und regelmäßige Feuer der Garibaldiner überrascht sie mehr oder weniger ungedeckt, ihre vordersten Gruppen geraten in Verwirrung, sie springen Deckung suchend zurück und verbarrikadieren sich in einigen kleinen, verstreut im Wald liegenden Häuschen. Diese Verwirrung nutzen die Garibaldiner aus, um ebenfalls in Bodenfalten und hinter Bäumen Deckung zu suchen, um eine erste und zweite Linie herzustellen und sich ernsthaft auf den Kampf vorzubereiten. Sie nehmen Verbindungen auf, organisieren den Munitionsnachschub, ziehen die Verpflegungsstellen so nahe wie möglich an die Frontlinie heran und geben Wein und andere Getränke an die Männer aus. Den ganzen Nachmittag über hält das Feuer von beiden Seiten an.

Am Abend ist die Lage klar. Den Faschisten ist es gelungen, im Abschnitt von Palacete zweihundert oder dreihundert Meter an Boden zu gewinnen. Die Garibaldiner bleiben da liegen, wo sie ihr spontaner Vorstoß hingeführt hat, d. h. ein wenig hinter der ursprünglichen Frontlinie. Jetzt haben alle Bataillone der XII. Brigade ihre Stellungen bezogen und die vorgesehenen Ablösungen durchgeführt. Die Verbindungen zwischen den verschiedenen Einheiten in der vordersten Linie sind hergestellt. Der Brigadestab richtet seinen Gefechsstand an der San-Fernando-Brücke ein, die nicht bedroht ist. Die am Morgen aus Vorsicht dorthin abkommandierte Kompanie wird zurückgezogen und zur Verstärkung der vordersten Linie vorgeschickt.

Der Regen dauert an. Die Männer sind pudelnaß. Sie wissen nicht, wo sie sich unterstellen, hinsetzen oder hinlegen sollen. Sie zittern vor Kälte und Nässe. Der Feind gibt keine Ruhe. Während der ganzen Nacht wird geschossen. Es ist das erste Mal, daß die Freiwilligen der XII. Brigade in der vordersten Linie, wenige Meter vom Feind stehen. Die Müdigkeit und Ungewißheit lassen Nervosität aufkommen. Jede Kugel, die gegen die Baumstämme klatscht, erzeugt in der Nacht einen Knall wie eine Bombe. Man befürchtet einen Nachtangriff, weiß aber nicht, aus welcher Richtung er kommen könnte. Daher schießen alle bei dem kleinsten Geräusch in die Richtung, aus der es kommt; auch die Maschinengewehre leiern dann und wann ihren tödlichen Rosenkranz herunter.

Inzwischen beginnen die Umsichtigen, auch in der Dunkelheit ihre Stellung herzurichten. Es sind weder Schützengräben noch Verteidigungsanlagen vorhanden, lediglich kleine Rinnen für den Abfluß des Wassers. Man nutzt sie trotzdem aus, erweitert sie hier und vertieft sie da; es werden Schützenlöcher ausgehoben, die, so gut es geht, Deckung bieten oder die schweren Maschinengewehre aufnehmen. Die Faschisten vor uns sind besser dran: sie haben verschiedene kleine Bauten zur Verfügung, in denen sie vor dem schlechten Wetter unterschlüpfen oder sich vor unserem Feuer schützen können.

Der Befehl für den nächsten Tag lautet: Gegenangriff mit dem Ziel, die wenigen Geländegewinne der Faschisten zu annullieren und Palacete zurückzuerobern. Für die Aktion werden besonders das Bataillon Garibaldi und das deutsche Bataillon eingesetzt, denen man die Unterstützung einiger Panzer verspricht. Die unmittelbaren Ziele sind genau festgesetzt: die Häuser von Palacete und vor der Front der Bataillone ein rotes Häuschen hier, ein weißes Häuschen dort, die die Faschisten zu kleinen Festungen ausgebaut haben. Es kommt darauf an, zwischen Bäumen, Beeten und einer dichten Vegetation in einem Gelände vorzugehen, das nicht mehr als einige zehn Meter Sicht bietet.

In kurzen Sprüngen von Baum zu Baum und unter dem Schutz eines lebhaften Gewehr- und Maschinengewehrfeuers wird vorgegangen. Anfänglich reagieren die Faschisten fast gar nicht; die italienischen und die deutschen Freiwilligen arbeiten sich an die Ziele heran und verstärken ihr Feuer. Im Abschnitt des Thälmann-Bataillons feuern einige Panzer ihre Kanonen gegen die Punkte ab, an denen man faschistische Ansammlungen vermutet. In die Mauern werden Breschen geschlagen, einige Dächer gehen in Flammen auf. Unversehens antworten die Faschisten mit heftigem Gewehrfeuer und Handgranaten gegen unsere vordersten Gruppen. Doch

sie werden aus einigen Schlupfwinkeln herausgeworfen, und die Unsrigen besetzen einige Gebäude.
In diesem Augenblick reagiert die feindliche Artillerie heftig auf unseren Angriff. Sie konzentriert das Feuer auf die von uns eroberten Gebäude. Eine kleine Kaserne, die gemeinsam von italienischen und deutschen Freiwilligen genommen worden ist, verwandelt sich in eine Hölle von Explosionen und geht in Flammen auf. Die Deutschen, die sie besetzt halten, müssen sie aufgeben Dieses Ereignis zwingt die weiter vorgeschobenen Gruppen, ein wenig zurückzugehen, um nicht Gefahr zu laufen, von der Flanke her angegriffen und abgeschnitten zu werden. Praktisch gesehen, endet der Tag in den Ausgangsstellungen. Unser Gegenangriff ist nicht gelungen; vielleicht hat er dazu beigetragen, den tags zuvor mit beträchtlicher Artillerievorbereitung und mit ehrgeizigen Vorsätzen begonnenen faschistischen Angriff aufzufangen.
Die Verluste während der Annäherungsgefechte dieser beiden ersten Tage sind äußerst schwer: Dutzende und Aberdutzende von Toten und mehrere Hundert Verwundete sind für die ganze Brigade zu beklagen. Den Sanitätern war es oft nicht möglich, die Verwundeten zu bergen und sie zu den Lastautos zu tragen, die nicht weit weg in Deckung warteten, um sie zum nächsten Verbandplatz zu bringen. Hin und wieder hörte man mitten im Park die Stimmen der Kameraden, die nach Sanitätern riefen, damit ein Verwundeter geholt würde. Häufig sorgten die nächsten Freunde mit Hilfe einiger Decken für den Abtransport. In der Nacht können sich die Sanitäter vor Anstrengung nicht mehr auf den Beinen halten. Es ist auch der Schmerz, so viele teure Freunde und Kameraden vom feindlichen Blei niedergemäht und entstellt zu sehen, der sie niederdrückt. Es sind die ersten rauhen Visionen des Krieges, nicht alle Freiwilligen können sofort damit fertig werden.
Mehr als zwanzig Prozent Verluste in nur zwei Kampftagen ist wirklich eine hohe Ziffer, nicht nur wegen des vergossenen Blutes, sondern auch wegen des ganzen Durcheinanders, das diese Ausfälle bei den kämpfenden Einheiten hervorrufen. Unter den Gefallenen sind zahlreiche Unteroffiziere, Offiziere und Kommissare. Sie müssen ersetzt werden. In der Stellung müssen die Kämpfer befördert werden, die sich am meisten ausgezeichnet haben. Das erledigen die Bataillone während der Nacht, wobei sie die relative Ruhe auf dem Schlachtfeld ausnutzen.
Begünstigt durch die Finsternis, wird auch für die Verpflegung der Leute gesorgt. Nicht etwa, daß es der Intendantur nicht gelungen sei, während des Gefechtes das Essen hinter die Stellungen zu bringen. Im Gegenteil! Alle Bataillons-Intendanturen haben ihre Tüchtigkeit unter Beweis gestellt, als sie zur festgesetzten Stunde und an der festgesetzten Stelle die warme Verpflegung bereithielten. Scarselli, der Verpflegungsoffizier des Bataillons Garibaldi, erweist sich als ein praktischer und vorausschauender Mensch, der unerschöpfliche Hilfsmittel zu erschließen vermag. Doch wer mochte mitten im Kampf essen? Erst in der Nacht wird die Verpflegung an der ganzen Front ausgegeben: warme Suppe, Fleisch und um Mitternacht ein guter Becher Glühwein gegen die Kälte und die Feuchtigkeit.
Inzwischen hält der Regen an. Es ist immer der gleiche durchdringende feine Regen. Es ist nicht daran zu denken, daß die Männer eine weitere Nacht stehend zubringen. Sie haben das Bedürfnis, sich auszustrecken. Sie fallen vor Müdigkeit und Schlaf buchstäblich um und werfen sich hin, wo sie gerade stehen: in den Schlamm, auf den

nassen Boden. Sie versuchen nicht einmal, es sich etwas bequemer zu machen, indem sie ein paar Zweige abschneiden und so gut es geht ein Lager herrichten, so daß sie nicht direkt im Schlamm und im Wasser liegen müssen.
Die Kommandeure und Kommissare unternehmen etwas gegen diesen Zustand äußerster Erschöpfung und Willensschwäche. Beim Anmarsch zur Front haben sie in den Häusern von Buena Vista und den Gebäuden am Polofeld Teppiche, Strohmatten und reichliche Vorräte an Handtüchern und Servietten gesehen. Sie schicken sofort einige „corvées" los, um all diese wertvollen Dinge zu holen und sie an die Freiwilligen zu verteilen. Die weniger Erschöpften nutzen das sofort aus, um sich etwas Trockenes unterzulegen oder sich irgendwie vor dem niederfallenden Regen zu schützen. Nach und nach folgen die übrigen ihrem Beispiel.
Am Morgen haben sich die Männer ein wenig erholt. Eine tüchtige Portion heißen Kaffees und ein Schluck Kognak vertreiben das letzte Frösteln. Wir können den Dingen mit Ruhe entgegensehen. Unsere Seite hat beschlossen, die Leute an diesem Tag ausruhen und Atem schöpfen zu lassen. Die Faschisten rühren sich auch nicht aus ihren Stellungen. Man sieht, daß sie ebenfalls auf eine harte Probe gestellt worden sind.
Das will jedoch nicht besagen, daß die Front völlig untätig ist. Dann und wann fällt ein Schuß aus dem Laubwerk, und leider sind es häufig Treffer. Der Verdacht kommt auf, daß oben in den Bäumen ein paar Mauren hocken, die nur darauf warten, daß sich einer von uns eine Blöße gibt. Zweig für Zweig wird abgesucht, und bald wird der Verdacht Gewißheit. Daraufhin beginnt unsere Gegenaktion, und hin und wieder lassen wohlgezielte Schüsse einige Mauren wie Kartoffelsäcke zur Erde plumpsen.
Der 22. November wird dazu verwandt, um die besetzte Linie zur Verteidigung einzurichten. Es werden tiefe Schützenlöcher gegraben, Hütten gebaut, einige Laufgräben und auch einige Anfänge von Schützengräben an den offensten Stellen ausgehoben. Die Freiwilligen lernen, daß dies das erste ist, was man in einer neubezogenen Stellung tun muß, auch wenn sie nur vorübergehend besetzt wird. Für den Augenblick wird es ihnen selbst und später vielleicht ihrer Ablösung nützen.

Rote Häuschen und weiße Häuschen

Am 23. November wollen wir mit den Faschisten aufräumen, die die verschiedenen Gebäude im Park besetzt haben. Im allgemeinen liegen diese Bauten auf Anhöhen, von wo aus man das von unseren vordersten Kräften besetzte Gelände kontrollieren und unter Feuer nehmen kann. Deshalb sind wir im Nachteil und mußten auch gestern, an einem „ruhigen" Tag, Verluste an Verwundeten und Toten beklagen, die sich gegen Abend bereits auf einige Dutzend beliefen. Wir müssen also die Faschisten unbedingt aus den Häusern werfen, um ihnen diese vorteilhafte Stellung nehmen und um wenigstens einen Teil unserer Leute dort in Deckung bringen zu können.
In der Nacht wird die Aktion vorbereitet. Wieder sollen das Bataillon Garibaldi und das Bataillon Thälmann gemeinsam operieren. Ihr Ziel ist vor allen Dingen

das sogenannte rote Häuschen, das eine Art Schweizerhaus mit einem weiten Platz ringsum und einer steilen Böschung auf der Seite, wo die Garibaldiner angreifen, zu sein scheint. Angriffskompanien werden mit Handgranaten und Panzergranaten ausgestattet. Auch dieses Mal werden die Deutschen von einigen Panzern unterstützt, während sich die Garibaldiner mit drei etwas veralteten Panzerabwehr-Geschützen begnügen müssen; diese werden auf der Straße, die durch den Park und unter dem roten Häuschen entlang verläuft, nach vorn gebracht und stehen nun feuerbereit, für den Fall, daß faschistische Panzer auftauchen sollten.
Die Aktion beginnt in den frühen Morgenstunden. Die Garibaldiner gehen erneut zum Angriff auf die vor zwei Tagen bereits erreichten und dann wieder aufgegebenen Stellungen vor. Sie gehen jetzt behutsamer, vorsichtiger vor. Sie kennen das Gelände und die Hinterhalte; sie erreichen ungefähr die gleichen Punkte wie zuvor, doch sie können sich nicht entfalten, weil ihre ganze linke Flanke wieder offenbleibt. Den Deutschen gelingt es nicht, in ihrem Abschnitt voranzukommen. Die Panzer, die sie unterstützen sollten, sind nach einer halben Stunde bereits außer Gefecht; zwei sind vom feindlichen Feuer getroffen, und der dritte ist wegen einer Panne gezwungen, sich zurückzuziehen.
Die Garibaldiner versuchen bei lebhaftem feindlichem Gewehrfeuer, sich in dem Gelände festzusetzen, sie heben Schützenlöcher aus und graben sich ein. Sie sind entschlossen, das eroberte Gelände nicht wieder aufzugeben; sie halten stand und hoffen, die Aktion noch fortsetzen und die Faschisten aus dem roten Häuschen und aus den anderen vor ihnen gelegenen Bauten verjagen zu können. Gegen Mittag nimmt das Feuer auf beiden Seiten ein wenig ab. Die Kommandeure unserer beiden Bataillone kommen zusammen und beschließen, die Aktion am frühen Nachmittag noch einmal zu versuchen; sie legen die Einzelheiten fest und vergleichen die Uhren, damit es nicht zu Unstimmigkeiten kommt.
Während der Bereitstellung läßt der Kommandeur das Bataillon Garibaldi das einzige noch einsatzfähige der drei ihm zustehenden Geschütze vorrücken und einige an der Straße gelegene Bauten beschießen, die beim Angriff auf das rote Häuschen gefährliche Hinterhalte in den Flanken der Angreifer sein könnten. Das Geschütz rückt fast bis an die Böschung des roten Häuschens vor, es überschreitet sogar unsere vorderste Linie und gibt einige Schüsse ab. Dann aber wird es von einem Feuerstoß eines faschistischen Maschinengewehrs von der Flanke her erfaßt, der vier von den fünf Schützen zu Boden streckt. Dem einzigen Überlebenden gelingt es, gedeckt von dem Panzerschutzschild des Geschützes, die Kanone zurückzuziehen und sich zu retten.
Die Lage ist nicht ermutigend. Der Sprühregen hält an. Die Kälte und die Feuchtigkeit dringen bis auf die Knochen. Man merkt, daß der Feind wachsam ist, daß er gut bewaffnet ist und daß er in einer guten Stellung sitzt. Das Fehlen von Geschützen und Panzern hebt nicht das Vertrauen der Freiwilligen, die in Kürze zum Sturmangriff antreten sollen. Ich begreife, daß man etwas tun muß, um die Moral zu heben. Ich gehe zurück, und es gelingt mir, einen Panzer zu bekommen, auf dem ich triumphierend zu den Garibaldinern in die vorderste Linie zurückkehre. Der Panzerfahrer ist schlauer als die Artilleristen. Er fährt hinter unserer Linie auf, tarnt sich zwischen dem Laubwerk und feuert einige Dutzend Schüsse aus seiner Kanone gegen

die kleineren Bauten vor uns. Einige gehen unter dem Hurra der Unsrigen in Flammen auf.
Inzwischen ist es soweit, daß der Angriff losgehen kann. Eine Gruppe Freiwilliger soll, mit Gewehren und Handgranaten ausgerüstet, bis dicht an die Mauern des roten Häuschens vorgehen und es dann stürmen. Das Gros der beiden Kompanien Garibaldiner soll die Linie halten und mit ihrem Feuer die gegenüberliegenden Faschisten niederhalten und nach Möglichkeit zum Schweigen bringen. Das deutsche Bataillon soll seinerseits in seinem Abschnitt das gleiche tun und das rote Häuschen von der anderen Seite angreifen.
Hauptmann Leone führt die Gruppe der angreifenden Garibaldiner. Ich schließe mich ihnen an. Ohne Schwierigkeit gehen wir auf allen vieren zwischen den Bäumen vor. Das Feuer unserer gesamten Linie deckt unsere rechte Flanke; nach den ersten Sprüngen schützt uns die Böschung, auf der sich ein wenig weiter zurück das rote Häuschen erhebt, vor dem Feuer der Faschisten aus dem Haus. Unter diesem Schutz kommen wir rasch vorwärts. Dann kriechen wir die Böschung hinauf, bis wir in wenigen Metern Entfernung die ersten Ziegel, die Dachrinnen und dann auch die Mauern und Fenster sehen können, deren Läden geschlossen und verriegelt sind.
Auf ein Zeichen springen alle Angreifer vor, bringen schnell die wenigen Meter des freien Platzes, der sie vom Gebäude trennt, hinter sich, schießen in die Fenster und werfen Handgranaten über die Dächer, die das Innere des Hauses treffen sollen. Fürwahr eine Szene wie nach einem alten garibaldinischen Öldruck. Ich sehe Albino Marvin, wie er aufrecht stehend ein Frontfenster aufs Korn nimmt, wie andere mit dem Gewehrkolben versuchen, die Läden einzuschlagen, und wieder andere einige Vorsprünge in der Mauer auszunutzen versuchen, um aufs Dach zu steigen und von dort aus Bomben ins Innere des Hauses zu werfen. Explosionen, Schreie, Krachen. Das Schwierigste scheint getan; man glaubt bereits, den Erfolg sicher zu haben. Illusion eines Augenblicks!
Bis zu diesem Moment hat der Feind sich nicht gerührt. Wir glauben, daß er die Beine in die Hand genommen hat, als er unsere Vorbereitungen und den Sturmangriff sah. Statt dessen reagiert er ganz plötzlich und mit unerhörter Heftigkeit auf den Angriff. Die Kugeln pfeifen von allen Seiten, die Handgranaten fallen wie Hagel auf den freien Platz und die Böschung nieder. Wir können nicht verstehen, von wo die Faschisten schießen: vielleicht durch die Ritzen der geschlossenen Jalousien, vielleicht aus dem kleinen Zwischenraum, der das Dach von der Mauer trennt, die es trägt, vielleicht vom Hof des Hauses selbst, indem sie die Bomben über die Ziegel werfen.
Von der heftigen Reaktion des Feindes überrascht, räumen die Garibaldiner den freien Platz und werfen sich auf der Böschung hin, von deren Rand aus sie weiterhin schießen und Handgranaten gegen das Haus schleudern. Vielleicht wäre es das klügste gewesen, dicht an der Mauer zu bleiben und von dort aus zu versuchen, die Fenster und Türen einzuschlagen. Doch nur mit dem Gewehrkolben ist das keine leichte Sache. Wir hätten Äxte und Brandmaterial mitnehmen müssen; wir hätten den Angriff nicht mit Handgranatenwürfen, die zwar viel Krach machen, doch praktisch unschädlich sind, vorbereiten müssen, sondern mit schwereren und wirksameren Bomben, die wirklich imstande sind, Breschen zu schlagen und Brände zu

entfachen, gegen die Mauern, die Nischen und das Dach des Hauses vorgehen müssen. Doch jetzt ist es zu spät. Der Mißerfolg des Angriffs ist unverkennbar. Das rote Häuschen liegt dort vor uns, zugesperrt und uneinehmbar wie eine Festung, die von allen Seiten Blei speit und von deren Mauern unsere Gewehrschüsse und unsere Handgranaten wirkungslos zurückprallen.

An meiner Seite liegt Nevicati, mit einem Loch mitten in der Stirn und schon totenstarr. Ich nehme sein Gewehr und seine Munition an mich und schieße ebenfalls auf die Fenster. Leone, der die Aktion leitete, ist bereits mit einem Beindurchschuß zurückgebracht worden. Weitere Verwundete werden von der Böschung heruntergezogen, in der Hoffnung, daß die Sanitäter sie holen werden. Es wird weitergeschossen, aber wir machen uns keine Illusionen; es wird nur noch geschossen, um den Rückzug und den Abtransport der Verwundeten und Gefallenen zu decken.

Wir kehren enttäuscht, jedoch nicht niedergeschlagen zu unseren Linien zurück. Die Erregung und der Stolz über den so kühn durchgeführten Sturmangriff herrschen noch vor, und schon hört man die ersten Bemerkungen über das Unternehmen: „Wenn die Deutschen rechtzeitig eingetroffen wären, um von der anderen Seite anzugreifen... Wenn wir es so gemacht hätten... Und wenn wir das getan hätten..." Inzwischen schauen wir uns um und berichten, welche Verluste wir persönlich festgestellt haben. Doch Tonucci fehlt. Er ist Verbindungsoffizier und hat freiwillig beim Angriff mitkommen wollen. Niemand hat ihn fallen gesehen, und unter den Überlebenden ist er nicht. Ob er vielleicht verwundet zurückgeblieben ist? Zweifel bestürmt uns; einige bieten sich an, auf Erkundung zu gehen und das zurückgelegte Gelände zu durchkämmen. Sie kriechen vorsichtig zwischen den Stämmen und den Pflanzen nach vorn, kommen bis dicht an die Böschung und suchen sie nach allen Seiten hin ab. Nichts. Sie finden keinen Verwundeten

Die Männer und die Stäbe gelangen zur Überzeugung, daß eine Verlegung der Front in diesem Abschnitt jetzt schwierig ist, und zwar sowohl für uns als auch für die Faschisten. Unsere Verluste haben sich noch erhöht. Sie belaufen sich auf fast dreißig Prozent der Kämpfer. Deshalb wird beschlossen, keine Veränderung der vordersten Linie vorzunehmen, dafür aber die Stellung besser zur Verteidigung einzurichten und zu diesem Zweck die ersten Gruppen von Pionieren einzusetzen, in denen die ältesten, weniger kampftauglichen Freiwilligen zusammengefaßt sind.

Wie man sieht, führen die Erfahrungen des Kampfes zu einer Auswahl und einer Spezialisierung unter der Masse der Freiwilligen, die alle zusammen ungeordnet angekommen sind und die leider nicht sofort richtig ausgebildet und vorteilhaft aufgeteilt werden konnten. Auf diese Weise schälen sich die Kommandeure und die Kommissare heraus – diese werden also nicht nur von oben eingesetzt, sondern qualifizieren sich in der Praxis –, ebenso die Maschinengewehrschützen, die Waffenmeister, die für Stoßtruppunternehmen Geeigneten und die mit den Bodenverhältnissen Vertrauten, die schnell und sicher die Stellungen verteidigungsbereit zu machen verstehen. Guerrini ist beauftragt, die Waffenmeisterei des Bataillons Garibaldi einzurichten, die gleich von den ersten Tagen an wie ein kleiner vorgeschobener Betrieb wenige Hundert Meter hinter der vordersten Linie arbeitet; Maniera organisiert die Anfänge eines Verpflegungsamtes.

Während die Bataillone Garibaldi und Thälmann – wie geschildert – die roten und weißen Häuschen in den Gärten des Parks nehmen sollten, der sich zwischen der Universitäts-Stadt und dem Manzanares nach Norden erstreckt, hat das französisch-belgische Bataillon, das dritte der XII. Brigade, Stellung im Medizin-Pavillon der Universitäts-Stadt bezogen. An diesem Teil der Front sind die Fronten jetzt stabil. Man beobachtet und bekämpft sich von Fenster zu Fenster, von Gebäude zu Gebäude, ohne jedwede ernste Absicht, die feindliche Stellung nehmen zu wollen.
Nur der Kommandeur des französisch-belgischen Bataillons versucht am 27. November aus eigener Initiative einen Ausfall aus seinem Pavillon gegen die faschistischen Stellungen in den gegenüberliegenden Gebäuden, in denen Maschinengewehrnester eingerichtet sind und verschiedene Scharfschützen an den Fenstern auf der Lauer liegen. Es ist ein heroischer, tollkühner Versuch. Für die Angreifer kommt es darauf an, im Schutz des letzten Schattens der Nacht durch den Kies und Sand des Hofes bis an die Mauern der von den Faschisten besetzten Gebäude zu kriechen, um dann überraschend Türen und Fenster einzuschlagen, in die Häuser einzudringen und in den Räumen und Korridoren zu kämpfen. Natürlich wird der Versuch bereits bei den ersten Bewegungen entdeckt und abgewehrt, wobei die Männer, die sich ins Freie gewagt haben, erbarmungslos niedergemäht werden.
Ich treffe an Ort und Stelle ein, als bereits alles zu Ende ist und die Verwundeten und Toten in den unterirdischen Gängen des Pavillons zusammengetragen werden. Aus einem der Fenster wohne ich einer Episode heroischer Kühnheit und Todesverachtung bei, die typisch für diesen Krieg ist. Mitten auf dem Hof liegt die Leiche eines spanischen Kämpfers im Arbeitsanzug, der sich vielleicht der kühnen Aktion der Freiwilligen des „Französisch-Belgischen" angeschlossen hatte. Im Schutze der Treppe, über die man vom Hof her den Pavillon betritt, macht ein Spanier unerhörte Anstrengungen, um die Leiche zu bergen.
Das Unterfangen ist hoffnungslos. An Dutzenden und Aberdutzenden Fenstern wachen die Faschisten mit angelegten Gewehren. Sobald sich der Spanier auch nur eine kleine Blöße gibt, prasseln um ihn herum die Kugeln; er antwortet darauf mit einer Flut der grimmigsten spanischen Schimpfwörter, die, wörtlich wiedergegeben, jeden wohlerzogenen Menschen erschauern lassen würden. Er wirft einen langen Strick mit einer Schlinge, um einen Arm oder um ein Bein der Leiche zu erfassen. Er wirft und wirft – immer vergeblich. Endlich legt sich die Schlinge beinahe um ein Bein, nur ganz wenig noch müßte nachgeholfen werden, und alles wäre in Ordnung. In diesem Augenblick trägt der Spanier ein langes und dickes Brett herbei und benutzt es als Schild gegen den faschistischen Beschuß. Hinter dieser Deckung kriecht er in kurzen Intervallen über den Boden, nähert sich der Leiche, wickelt die Schnur um den Körper und kehrt dann in der gleichen Weise zurück.
Während dieses ganzen Unternehmens hört das Feuer der Faschisten nicht auf. Die Geschosse prasseln wie Hagelkörner rund um den Spanier, das Brett und die Leiche. Dem Spanier gelingt es aber, seinen Ausgangspunkt wieder zu erreichen und durch kräftiges Ziehen an der Schnur die Leiche zu bergen. Ein erhabenes Beispiel von Solidarität und Heroismus, doch sicherlich war der Einsatz für diesen Zweck zu hoch. Es ging nicht darum, ein Menschenleben zu retten, sondern lediglich eine Leiche zu bergen, was man in der Nacht sicherer hätte tun können. Dennoch zeigen

Gesten bedeutungsloser Hingabe und kühnen Heldenmutes wie diese, in welcher Atmosphäre unser Krieg ausgetragen wird. Wenn man aber die Frage der Nützlichkeit beiseite läßt und alles das, was das spanische Volk in seinem unbändigen Haß und in seinem Zorn gegen die faschistischen Verräter und Verbrecher bewegt, einer genaueren Betrachtung unterzieht, dann erscheint diese Geste vielleicht nicht mehr als unnütz und als ein zu großes Wagnis, sondern lediglich als Offenbarung der unbezwinglichen Volksseele und als Ansporn zu größeren und nützlicheren Heldentaten.

Ich treffe den Spanier am Verbandplatz im Kellergeschoß des Gebäudes: zwei oder drei Kugeln haben ihn am Schulterblatt, an den Armen und Beinen getroffen. Er wird behandelt und verbunden. Er sitzt auf dem Behandlungstisch, mit vor Fieber und Aufregung glänzenden Augen. Er schimpft weiter auf die Faschisten, die ihm den Freund getötet haben und ihm nicht erlauben wollten, die Leiche zu bergen. „‚Los cabrones.‘[2] Sie wissen nicht, mit wem sie es zu tun haben“, schreit er, während ihm die Zähne im Fieber klappern. „No pasarán! No pasarán!“ das ist sein abschließendes Kommentar zu seinem gefährlichen und heroischen Abenteuer.

Eine unüberwindliche Frontlinie

Sechs Tage Stellung und Kampf, unter Verhältnissen, wie sie die Bataillone Garibaldi und Thälmann vorgefunden haben, stellen die Einheiten auf eine harte Probe, desorganisieren sie und entkräften die Männer. Seit sechs Tagen haben sich die Freiwilligen nicht mehr gewaschen, sie waten in Schlamm und Wasser, sie leiden unter der Kälte und befinden sich in ständiger Spannung wegen der überall lauernden Gefahr. Sie verlangen einen Augenblick der Erholung. Wegen der Nähe des Feindes und der besonderen Lage, wegen der vielen Hinterhalte ist es unmöglich, in vorderster Linie Ruhe zu finden. Deshalb bitten wir um Ablösung der Brigade. Das geschieht auch, um eine organisatorische Überprüfung vornehmen und die Verstärkungen einreihen zu können, die beim Sammellager der Internationalen Brigaden in Albacete angefordert wurden.

Zuerst wird das deutsche Bataillon abgelöst; es ist stärker mitgenommen als die anderen. Dann folgen das italienische und dann das französisch-belgische. Es sind Bataillone der XI. Internationalen Brigade, die unseren Platz einnehmen. Wir werden zusammen mit anderen spanischen Einheiten abgelöst. Doch jetzt ist klar, daß die Stellungen in diesem gesamten Abschnitt, der unmittelbar an das Wohngebiet Madrids anschließt und von der Princesa-Brücke stromabwärts über die Universitäts-Stadt bis zur San-Férnando-Brücke stromauf reicht, überall stabil sind, auch wenn der Kampf von beiden Seiten erbittert und unbarmherzig weitergeführt wird.

Nach zwanzig und mehr Tagen heldenhafter und härtester Kämpfe ist Madrid gerettet. Drei Wochen lang tobte die verheerende Schlacht in den Straßen der Vororte, zwischen den Pavillons, die für die Kultur und die Wissenschaft erbaut wurden,

[2] Böcke, Hahnreie.

in den Gärten und in den Parks an den Ufern des Manzanares, die seit dem Sturz der Monarchie dem Volke offenstanden. Die Ereignisse, Episoden und Heldentaten, die wir geschildert haben, sind nur einige von vielen, die zusammen das wunderbare und heroische Bild der ersten großen Schlacht um Madrid ausmachen, welche für die Faschisten so katastrophal endete.

Durch die Straßen, die Pavillons und die Gärten, in denen diese große Schlacht ihre blutigen Spuren hinterlassen hat, verläuft jetzt die Demarkationslinie zwischen den Angreifern und den Verteidigern Madrids. Beide haben endgültige, feste Stellungen bezogen. Auf der einen Seite Falangisten und „moros", auf der anderen Kämpfer aller politischen Richtungen aus allen Bezirken Spaniens und Freiwillige aus der ganzen Welt, die nach Spanien geeilt sind, um, wie Stalin es ausdrückte, die Sache der gesamten fortschrittlichen Menschheit zu verteidigen.

Hinter diesem Wall von Helden atmet Madrid frei. Trotz des feindlichen Beschusses aus den Geschützen auf den Höhen von Garabitas, trotz der Bomben aus den faschistischen Flugzeugen, die Häuser und ihre Bewohner vernichten, fühlt sich Madrid sicher und stolz, und die ganze Welt betrachtet es als das am weitesten vorgeschobene Bollwerk im Kampf für die Freiheit und die Unabhängigkeit der Völker.

Madrid ist durch den Willen, den Heroismus und den Opfergeist des spanischen Volkes gerettet worden. Die kommunistischen, sozialistischen und anarchistischen Arbeiter sowie die republikanischen Werktätigen haben den Anstoß gegeben und die gesamte Bevölkerung mitgerissen. In der Führung einiger Parteien hat es Verirrung und Unschlüssigkeit gegeben, aber nicht unter der Masse der einfachen Mitglieder. Die energische Aktion der Kommunistischen Partei und der Formationen des Fünften Regimentes zur Verteidigung Madrids um jeden Preis hat die schlummernden nationalen Energien wieder erweckt und das Volk für den Kampf gestählt und zusammengeschlossen. Dieses Beispiel hat auch die ehrlichen Führer der anderen Parteien verpflichtet, im Kampf nicht fahnenflüchtig zu werden und der zersetzenden und demoralisierenden Tätigkeit der Defätisten entgegenzutreten.

Als die faschistischen Kolonnen Madrid angriffen, hatte die Umwandlung der Milizen in ein reguläres Heer gerade begonnen. Wenn wir uns die Liste der Einheiten ansehen, die an der Verteidigung Madrids teilgenommen haben, stellen wir fest, daß die Mehrzahl von ihnen noch „Kolonnen", „Bataillone" und „Zenturien" sind, alles typische Organisationsformen der Miliz. Brigaden des neuen spanischen Volksheeres gibt es erst wenige, nur einige vom Fünften Regiment aufgestellte und die Internationalen. Es ist unverkennbar, daß nicht nur die Organisationsformen der Milizen, sondern auch ihre Gewohnheiten, Fehler und Mängel geblieben sind.

Die Gewerkschafter der CNT und die Anarchisten des FAI hängen nicht nur besonders stark an diesem militärischen Organisationstypus, sondern sie machen auch aktive Propaganda gegen jede Art der regulären Armee, wobei die radikalsten ihrer Gruppen zu offener Sabotage und sogar zu Aktionen nach der Art der „Fünften Kolonne" übergehen. Die Minister werden auf ihrer Fahrt von Madrid nach Valencia von einer anarchistischen Kolonne, die Tarancón besetzt hat, angehalten und mit Verhaftung bedroht; man weiß nicht recht warum, da doch anarchistische Vertreter bereits der Regierung beigetreten und mit dem Beschluß, die Hauptstadt zu verlassen, einverstanden gewesen sind. Unter dem Vorwand, keine Munition zu haben, plündert eine andere anarchistische Kolonne einen Regierungszug aus und raubt siebzig- bis achtzigtausend Schuß. In Wahrheit geschieht dies, um zu verhindern, daß die Regierung diese Munition gerecht an die Einheiten aller anderen politischen Strömungen verteilt. Es ist leicht zu verstehen, daß solche Vorgänge nicht zur zentralen Organisation und Führung des Krieges beitragen.

Aber einige Führer des FAI planen einen noch größeren Coup gegen den Staatsschatz der Bank von Spanien, um der Regierung die für die Kriegführung notwendigen finanziellen Mittel zu nehmen. Zu diesem Zweck werden, wie ein anarchistischer Führer schreibt, in Madrid Tausende von „zuverlässigen" Bewaffneten eingesetzt. Lediglich wegen des Widerstandes einiger wohlbekannter Genossen des CNT wird, wie jener Führer weiterhin schreibt, dieser Plan nicht durchgeführt. Es ist sinnlos, hier an die provokatorische und die Republik diskreditierende Tätigkeit einiger anarchistischer Formationen zu erinnern, die nicht an die Front eilen, um gegen die Faschisten zu kämpfen, sondern es vorziehen, im Hinterland herumzustreifen, die Güter der Bauern zu „sozialisieren" und alle möglichen Gewalttätigkeiten und Ausschreitungen zu verüben.

Es sind dies der Abschaum, die Schlacken, die unvermeidlich zusammen mit den sauberen und anständigen Elementen bei jeder sozialen Umwälzung zum Vorschein kommen. Je gründlicher diese Umwälzung ist, um so eher kommen diese Schlacken anfangs an die Oberfläche, aber um so sicherer werden sie dann auch im Prozeß der Organisation und Konsolidierung der neuen Ordnung ausgeschieden. Zur Zeit der Verteidigung Madrids hat dieser Scheidungsprozeß kaum begonnen; zahlreich sind die Schlacken, die noch aus dem alltäglichen Leben und insbesondere aus der militärischen Organisation ausgeschieden werden müssen, wo sie eine wirkungsvollere Kriegführung hemmen.

Selbst Durruti, der mit seinen CNT-Leuten aus Katalonien nach Madrid gekommen ist, wird vom Feuer des Kampfes erfaßt. Um gegenüber den anderen Formationen, die bereits seit einer Woche heroisch kämpfen, nicht allzusehr abzufallen, muß er den Forderungen seiner Leute scharf entgegentreten, die sich vor jeder Aktion, zu der sie berufen werden, kollegial zusammensetzen und diskutieren wollen, selbst dann, wenn die Faschisten von allen Seiten vorrücken und gewiß nicht mit dem Angriff warten werden, um die Beschlüsse ihrer Gegner kennenzulernen. Durruti will seinen Leuten ein Minimum an Disziplin und an militärischem Stil beibringen. Es ist nicht leicht für ihn. Er stößt auf allzu verhärtete Gewohnheiten, die von einigen anarchistischen Propagandisten sogar theoretisch begründet werden. Diese erklären die Umwandlung der Milizen in reguläres Militär für eine konterrevolutionäre Tätigkeit, der gegenüber sie „die systematische Disziplinlosigkeit, den ständigen Aufruhrgeist und das Chaos in den äußeren Erscheinungen" lobpreisen. (D. Abad de Santillan: „Por que perdimos la guerra" [Warum wir den Krieg verloren], S. 145.) Während der Schlacht um Madrid hatte Durruti viele heftige Zusammenstöße wegen dieser Mentalität seiner Leute, so daß das später umlaufende Gerücht glaubhaft erscheint, sein Tod sei nicht durch eine faschistische Kugel verursacht, sondern das Werk einiger Verräter und Meuchelmörder, die sich in seinen eigenen Milizen eingenistet hatten, beziehungsweise einiger Hüter des „ständigen Aufruhrgeistes", denen die Disziplin nicht behagte, die er ihnen aufzwingen wollte.

Doch bei all diesen Gegensätzen der politischen Vorstellungen, Anschauungen und Ziele herrschte in den heroischen Tagen der Verteidigung nur „das brennende Verlangen des Volkes nach Kampf für die Freiheit, nach Erlösung und nach Opfermut“ (V. Rojo). In diesem gemeinsamen Streben vereinten sich im Feuer der Schlacht Kommunisten und Sozialisten, Republikaner und Anarchisten, Madrider und Katalanen, Spanier und Internationale, und zwar sechzehn- bis siebzehntausend Bewaffnete, die vom Fünften Regiment kamen, einige Tausend Angehörige der Formationen, die von der Sozialistischen Partei und der Republikanischen Partei aufgestellt waren, sieben- bis achttausend Kämpfer aus den Formationen des CNT und ebenso viele Freiwillige der zwei Internationalen Brigaden. Madrid wurde gerettet, obwohl es an Kanonen, Waffen, Verteidigungsanlagen und an einem regulären Heer fehlte. Es wurde gerettet wegen des Heldenmutes des Volkes, das geschlossen auf den Appell der Kommunistischen Partei und der anderen Führer antwortete, die entschlossen waren, vor dem Faschismus nicht zu kapitulieren, und das sich das Wort der großen Pasionaria zu eigen machte: „Lieber stehend sterben als kniend leben.“ Madrid ist nicht gefallen, es hat widerstanden und leistet auch weiterhin Widerstand.

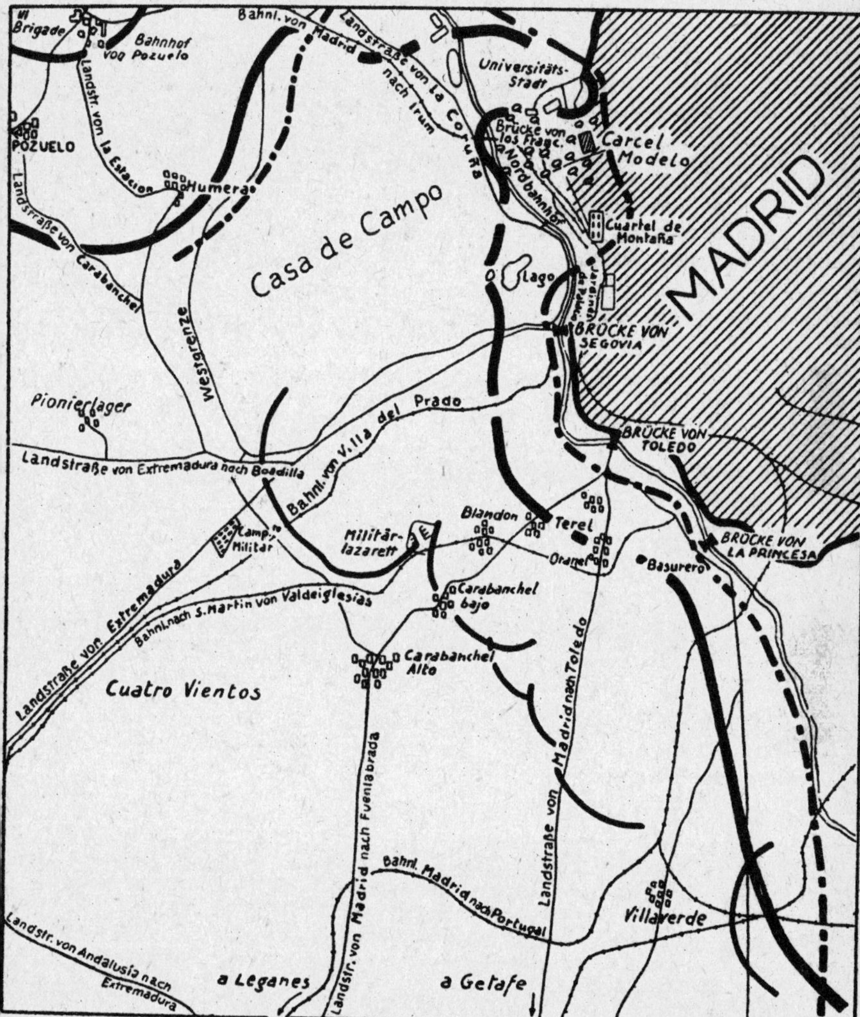

Die Etappen des Franco-Vormarsches gegen Madrid

Wieder dringend an die Front

Am 27. November sind alle Bataillone der XI. Internationalen Brigade an der Front im Park und in den Pavillons der Universitäts-Stadt eingesetzt, während alle Bataillone der XII. Brigade Ruhestellung in den Marställen, den Kasernen und den Palästen der ehemaligen königlichen Residenz in El Pardo, wenige Kilometer hinter der Front, bezogen haben und bereit sind, beim ersten Alarm nach vorn zu eilen.
Aber die beiden Schwesterbrigaden werden jetzt umgruppiert. Das Bataillon Thälmann, das in der Mehrheit aus deutschen Freiwilligen besteht und bisher zur XII. Brigade gehörte, geht zur XI. über, wo sich bereits das Bataillon Edgar André befindet, das ungefähr die gleiche nationale Zusammensetzung aufweist. Der Kommandeur des Bataillons Edgar André, der deutsche Genosse Hans[1], übernimmt das Kommando über die gesamte Brigade, ihr Kommissar bleibt der Genosse Nicoletti.
Dafür geht das Bataillon Dombrowski, das aus polnischen Freiwilligen besteht und bisher zur XI. Brigade gehörte, zur XII. über und bildet zusammen mit dem italienischen und dem französisch-belgischen Bataillon eine Brigade. Natürlich verstehen weder die Italiener noch die Franzosen oder die Belgier ein Wort Polnisch, doch die Beziehungen zwischen diesen verschiedenen Nationalitäten sind sehr herzlich und brüderlich, sei es, weil die Mehrzahl der Italiener und viele Polen, die in Frankreich und Belgien gewesen sind, Französisch verstehen und sprechen, sei es, weil sich das polnische Temperament – ich weiß nicht wieso – mit dem romanischen und insbesondere mit dem italienischen sehr gut verträgt.
Die Front ist jetzt im Abschnitt der Internationalen ruhig. Nur dann und wann fallen einzelne Schüsse von beiden Seiten. Die Männer in Ruhestellung in El Pardo haben den ganzen Tag des 28. für sich, um sich selbst und ihre Sachen in Ordnung zu bringen und um die Waffen nachzusehen und zu reinigen. Alle haben Gelegenheit, ein warmes Bad zu nehmen, frische und neue Wäsche anzuziehen und den Geist und die Nerven zu entspannen. Sie haben es nötig. Jeder Freiwillige kostet diese elementarsten Annehmlichkeiten eines soeben erst wiedergewonnenen zivilen Daseins mit der Wollust eines Nabob aus.
Doch bereits am 29. beginnt für die Leute in Ruhestellung wieder das kollektive Leben, das aus militärischer Ausbildung und Übung besteht. Es gibt etwas Neues in der Bewaffnung. Jedes Bataillon der XII. Brigade erhält sechzehn einfache, leicht zu handhabende Granatwerfer, die wirksam zur Bekämpfung von nicht allzuweit entfernten Maschinengewehrnestern und feindlichen Ansammlungen eingesetzt werden können. Wir werden also nicht nur klüger durch Erfahrungen wie zum Beispiel die, die wir jüngst bei dem roten Häuschen machten, auch unsere Kampfmittel werden besser, und sie werden so, wie sie eintreffen, an die Einheiten ausgegeben werden, die den besten Gebrauch davon machen können. Es versteht sich

[1] Hans Kahle.

von selbst, daß auch diese Waffen dieselbe Marke tragen wie die „manteca", von der José Diaz vor ein oder zwei Monaten sprach.
Zum Abschluß des Tages, der mit militärischer Ausbildung und mit Versammlungen der Kommissare zur Organisierung der politischen Arbeit ausgefüllt war, ist zur Unterhaltung und Zerstreuung der Freiwilligen ein Fest vorgesehen. Das ist bei den verschiedenen Einheiten der Madrider Front so Brauch und nebenbei auch eine Gelegenheit, die Verbrüderung zwischen der Bevölkerung und den Kämpfern zu fördern. Das Festprogramm soll von Künstlern aus der Hauptstadt bestritten werden, ferner sind die Vorführung des Films „Die Matrosen von Kronstadt" und Volkslieder und -tänze vorgesehen. Selbstverständlich werden zu dem Fest die Einwohner El Pardos, Delegationen der anderen militärischen Einheiten, die im gleichen Ort in Ruhe liegen, sowie örtliche Militär- und Zivilbehörden eingeladen. Das Bataillon Garibaldi nimmt die Gelegenheit wahr, auch Nicoletti und Carlos vom Fünften Regiment zu Gast zu bitten, und natürlich bin auch ich als Kommissar der Brigade mit von der Partie.
Im schönsten Augenblick, gerade als das Fest anfangen soll und Garibaldi-Offiziere, Kommissare und Kameraden sich um den Genossen Nenni drängen, der auch zu Besuch gekommen ist, trifft ein dringender Befehl ein: die Truppe sofort zusammenzuziehen und sie so schnell wie möglich mit allen Mitteln nach dem Abschnitt von Porzuelo de Alarcón in Marsch zu setzen, etwa zehn Kilometer von El Pardo entfernt, an der Basis und auf der linken Flanke des Frontvorsprunges, der durch den faschistischen Vorstoß auf Madrid und die Universitäts-Stadt gebildet wird.
Hier haben die Faschisten ganz unerwartet in voller Stärke angegriffen. Die Absicht ist klar: sie wollen die Basis ihres gegen die Stadt vorgetriebenen Keils verbreitern, um jede unmittelbare Gefahr eines Angriffs unsererseits an dieser Stelle abzuwenden, der die gesamte faschistische Front Madrids von hinten fassen und im Erfolgsfalle eine Katastrophe für sie bedeuten würde.
Die Faschisten greifen in dem Abschnitt an, der Garabitas, Humera und Pozuelo umfaßt. Das Bataillon Garibaldi muß auf der Straße, die von der San-Fernando-Brücke herkommt, an der linken Flanke der Faschisten vorbeischlüpfen, die an einigen Punkten nur wenige Kilometer von der Straße entfernt ist, und dann über Aravaca nach Pozuelo fahren. Der Stellungswechsel erfolgt in der Nacht, selbstverständlich mit gelöschten Scheinwerfern und in größter Ruhe, aber auch mit der ganzen Aufregung und Angst, die aufkommen, wenn man sich auf unbekanntem Gelände in der Nähe der Front und des vorrückenden Feindes bewegt.
Der spanische Stab dieses Abschnitts liegt in Aravaca. Er wird vom Kommandeur Galan geführt. Nachdem wir ihn gefunden haben, erhalten wir von ihm den Befehl, das italienische Bataillon in der Nähe der Ortschaft zu seiner Verfügung zu halten. Die Garibaldiner sollen mit dem Bataillon Dombrowski und mit den anderen spanischen Einheiten an einem Flankenangriff gegen die Faschisten teilnehmen. Am frühen Morgen, noch vor Tagesanbruch, soll es losgehen. Wir sollen noch einige Kilometer in Richtung Feind marschieren und dann versuchen, die Höhe von Garabitas von hinten zu nehmen.
Doch der Angriffsbefehl wird widerrufen, kaum daß wir mit seiner Durchführung begonnen haben. Die Kompanien der Bataillone Garibaldi und Dombrowski müssen

zurückgehen, um eine Reserve für die spanischen Truppen zu bilden, die vor Pozuelo in ernste Kämpfe verwickelt sind. Im Verlauf des Tages werden zwei italienische Züge mit zwei schweren und zwei leichten Maschinengewehren als Verstärkung zu den spanischen Formationen an der Front geschickt, denen es an diesen Waffen mangelt.

Ich erreiche das Bataillon Garibaldi am Morgen des 1. Dezember. Rund um den Bahnhof von Aravaca ist eine große Truppenbewegung im Gange: Garibaldiner auf dem Marsch in ihre neuen Stellungen und spanische Formationen, die als Verstärkung an die Front gehen. Da taucht in der Ferne eine Formation schwerer Junkers-Bomber auf. Sie kommen in Dreiecksformation aus einem Loch im wolkenverhangenen Himmel. Sie fliegen nicht sehr hoch, etwa tausend Meter im Höchstfall; sie dringen langsam, wie bleiern vor und brummen dumpf in der Luft.

Außerhalb der Ortschaften machen die Flugzeuge keinen Eindruck. Man kann in Ruhe ihren Kurs abschätzen und sich deshalb rechtzeitig in Sicherheit bringen. Doch innerhalb der Ortschaften ist das eine andere Sache. Im Labyrinth der schmalen Dorfwege hat man keine Bewegungsfreiheit, und die krepierenden Bomben verwandeln Dächer und Mauern in Myriaden von Geschossen. Aus diesem Grunde liebt die Truppe keine Quartiere in Ortschaften, die von Bombenangriffen bedroht sind, und wenn sie dort von feindlichen Luftüberfällen überrascht wird, macht sie sich schleunigst davon und verstreut sich auf den Feldern.

Vielleicht haben die faschistischen Piloten den Auftrag, Aravaca und den Bahnhof zu bombardieren, da diese Punkte für die gegenwärtige Schlacht von großer Bedeutung sind; vielleicht ziehen die starken Truppentransporte und der rege LKW-Verkehr in diesem Gebiet ihre Aufmerksamkeit auf sich, da man diese Bewegungen nicht ohne weiteres tarnen kann. Jedenfalls gelingt es mir gerade noch, aus dem Wagen zu springen und Deckung zu nehmen, als auch schon die Bomben herabregnen. Man kann sie ganz deutlich sehen, wenn sie ausgeklinkt werden; sie fliegen eine Strecke lang in fast horizontaler Lage, dann richten sie sich auf und sind bald nicht mehr zu erkennen, da sie zu schnell fallen. Die Flugzeuge werfen alle auf einmal ihre mörderische Last ab, ein anhaltendes dumpfes Donnergrollen folgt, als ob hoch vom Himmel eine Wagenladung riesiger Steine heruntergekippt worden wäre. Sogleich steigen von der Erde dicke Rauchsäulen und Erdfontänen auf, die sich dann langsam nach oben ausdehnen, so daß sie eine weite Strecke des Horizontes bedecken.

Nachdem die Gefahr vorüber ist, kehren alle an ihre Plätze zurück. Die Truppenbewegungen werden beschleunigt, die Stellungen und das sperrige Material werden besser getarnt, da man im Zweifel ist, ob nicht weitere Bomber aufsteigen werden, um die Aktion der ersten zu vollenden.

In einem Kloster zwischen Aravaca und Pozuelo finde ich den Bataillonsstab. In einem riesigen Saal, der geräumig wie ein Schiff wirkt, sind einige Frauen mit Näharbeiten beschäftigt. Sie erzählen mir, daß sie Nonnen sind. Pacciardi und Roasio unterhalten sich recht herzlich mit ihnen. Die Nonnen scheinen durch die Anwesenheit der Garibaldiner im Kloster ganz und gar nicht beeindruckt. In dieser Hölle von Explosionen ringsum wirkt sie im Gegenteil vielleicht beruhigend, und das veranlaßt die Frauen, mit Interesse und Freude an der Unterhaltung teilzunehmen.

Kaum habe ich die ersten Worte mit den Verantwortlichen des Bataillons Garibaldi gewechselt, als durch die Glasfenster des Saales das nunmehr schon vertraute

Brummen der Junkers an unser Ohr dringt. Nur wenige Sekunden später stürzen die Bomben ab und explodieren in der Nähe. Davon erzittern die Scheiben, die Mauern und der Fußboden. Ich sehe, wie sich die Nonnen instinktiv mit fragenden Augen aneinanderschmiegen. Doch ihre Lippen öffnen sich nicht, nicht einmal zu einem Ave. „Auch das ist vorbei", unterbricht Roasio mit seiner gutmütigen und ruhigen tiefen Stimme die plötzliche Stille; die Gesichtszüge der Nonnen glätten sich, ihr Blick wird wieder heiter.

Es ist vorüber, doch diesmal galt der Bombenangriff uns; das heißt, er galt Pozuelo, wo die Garibaldiner und andere spanische Truppen stehen und jetzt von Falangisten und „moros" erneut angegriffen werden. Der Luftangriff sollte diesen Angriffen den Weg ebnen. Vorläufig hat er aber nur zahlreiche Häuser in Trümmerhaufen verwandelt und Frauen und Kinder mit den wenigen Habseligkeiten, die sie fortschleppen können, in die Felder gejagt.

Signal auf Halt bei Pozuelo

Nach mehreren Luftüberfällen auf unser unmittelbares rückwärtiges Gebiet und nach einer kurzen und intensiven Artillerie-Vorbereitung bricht der faschistische Angriff am frühen Nachmittag mit voller Wucht los. Marokkaner und Panzer rücken vor. Sie durchbrechen die vordersten Widerstandslinien und jagen die Spanier und ihre Verstärkung, die beiden Maschinengewehrzüge des „Garibaldi", in die Flucht. Die Faschisten dringen bis zum Friedhof vor und besetzen einige Häuser gleich außerhalb des Dorfes. Doch vorläufig machen sie keine weiteren Fortschritte.

Kurz nach dem Luftangriff wird die alarmierende Nachricht zum Kloster gebracht. Der Bataillons-Kommandeur beschließt sofort, die beiden Reservekompanien rasch an das entgegengesetzte Ende des Dorfes zu werfen, wo die Faschisten einzudringen drohen. Ich verlasse das Kloster und durchquere die Ortschaft, um nachzusehen, was los ist. Auf halbem Weg treffe ich einige Garibaldiner, die zurückgehen und die Maschinengewehre hinter sich herziehen. Ich befehle ihnen umzukehren und verlange, daß sie mich dorthin führen, wo die Faschisten angreifen. Verschiedene Spanier folgen uns. Wir erreichen den Ausgang des Dorfes und finden nur einige Spanier vor, die aus der Deckung hinter einem niedrigen Mäuerchen das vor ihnen liegende Gelände besorgt beobachten. Man hört das Pfeifen und den Aufprall einiger Geschosse.

Hier gabelt sich die Straße; der eine Weg läuft in eine Senke hinunter und entschwindet in zweihundert Meter Entfernung bei einer Kurve aus dem Blickfeld; der andere Weg, der fast senkrecht zum ersten verläuft, steigt wenige Meter weit leicht an und senkt sich dann langsam in Richtung auf den Friedhof zu. Zwischen den beiden Wegen liegt ein freier Platz, dahinter eine kleine Erhebung, auf der man zwischen Bäumen die Mauern und Dächer einiger Villen erkennt.

Es ist schwierig, die genaue militärische Lage zu erkennen. Werden die Faschisten die Straße hochkommen, die vor uns liegt? Dringen sie vom Friedhof her vor? Halten sie die Häuser besetzt? Eins ist gewiß: die Schüsse kommen vom Friedhof her. Man wagt nicht, die Deckung des Mäuerchens zu verlassen, das die Fortsetzung der Ortschaft bildet und bis zur Straßengabel reicht. Gerade zwischen den beiden Armen dieser Gabel, acht oder zehn Meter von uns entfernt, steht mitten auf dem freien Platz ein verlassenes Maschinengewehr, und daneben liegt bäuchlings mit ausgebreiteten Armen die starre Leiche seines Schützen.

Die Szene lädt nicht dazu ein, sich auf diesen ungedeckten freien Platz zu wagen. Ich lasse ein Maschinengewehr an der Ecke der Mauer in Stellung bringen, daß es beide Straßenarme unter Feuer nehmen kann, schicke die anwesenden Männer los, um die benachbarten Häuser zu besetzen, die nach dem Friedhof liegen, und befehle allen, auf die vor uns liegenden Häuser zu schießen und das feindliche Gewehrfeuer zu beantworten. Rasch belebt sich der kurze Abschnitt. Es wird von beiden Seiten geschossen.

Inzwischen treffen neue Verstärkungen ein, Spanier und Garibaldiner. Auch ein Panzer kommt vor. Er postiert sich ebenfalls dicht neben das Mäuerchen und schießt aus seiner Kanone auf die Häuser und die Villen vor dem Dorf. Das Geknatter der Schüsse wird plötzlich von dem begeisterten Gebrüll unserer Leute in den höher gelegenen Stellungen übertönt: „Sie türmen! Sie türmen!" ist der allgemeine Schrei, der mit dichteren Salven auf die Flüchtenden untermalt wird.

Die anwesenden spanischen und garibaldinischen Kommandeure erfassen intuitiv die Lage und nutzen sie sofort aus. Sie lassen die Männer aus ihrer Deckung vorspringen, im Laufschritt die kurze Wegstrecke zurücklegen und sich dann links, entlang einer ganz kurzen, von Mauern eingefaßten Straße entfalten. Diese führt zu einer oder zwei Villen, von denen wir vorher angenommen hatten, sie seien von den Faschisten besetzt. Von dieser Stellung aus beherrscht man das Gelände bis zum Friedhof, wo die Flüchtenden in Deckung gegangen sind. Die Häuser zur Linken werden durchgekämmt und besetzt, ebenso wie die kurze Straße, von der man glaubt, daß sie eine sehr gute Deckung vor dem faschistischen Beschuß abgeben kann.

Auch ich schlage diesen Weg ein; außer vielen Kämpfern befinden sich Roasio und ein spanischer Kommandeur bei mir. Doch die Straße, die als eine so sichere Deckung erschien, liegt bald unter lebhaftem Feuer der Faschisten. Die Geschosse aus den Gewehren und Maschinengewehren gehen hoch darüber weg oder klatschen gegen die Mauern des Hauses vor uns, die uns decken. Doch auf dem steinigen Grund der Straße krepiert mit lautem Getöse eine Granate nach der anderen. Bei jedem Schuß werfen wir uns instinktiv hin. Jedes Mal werden wir mit Erde und Staub bedeckt. Wir können nicht begreifen, worum es sich handelt; es kann kein Feuer aus Haubitzen sein, weil diese Granaten nicht senkrecht in die Straße fallen könnten, die doch seitlich von den Mauern eingefaßt und vorne durch das Haus und die Gartenmauer geschützt ist. Es muß sich um Steilfeuer aus irgendeinem Granatwerfer handeln.

Wir haben uns bereits ein dutzendmal hingeworfen und sind mit Staub und Erde an den Uniformen wieder aufgestanden. Jedesmal wechseln wir einen Blick des Einverständnisses und freuen uns mit einem Achselzucken, ungeschoren davongekommen zu sein. Doch dieses Mal ist es schiefgegangen. Roasio und der spanische Kommandeur sind verwundet, und auch ich blute an einem Arm und an einer Hand und spüre einen warmen Faden von der Leiste das Bein hinunterlaufen. Eine einzige Granate hat uns alle drei getroffen. Im großen und ganzen nichts Ernstes. Einige Freiwillige bieten uns ihre Hilfe an; es ist nicht nötig. Wir können allein zurückgehen. Da ist eine ungedeckte Stelle, wo es ein bißchen gefährlich ist. Es ist die gleiche Stelle,

wo wir vor kurzem das verlassene Maschinengewehr mit dem niedergestreckten Schützen gesehen haben. Doch wir überqueren sie im Laufschritt, fast auf allen vieren, wobei wir Blut verlieren. Es dauert nur einen Augenblick, und sofort befinden wir uns außerhalb des feindlichen Beschusses im Schutz der Ortschaft.
Am Verbandplatz zeigt sich, daß meine Verwundung sehr leicht ist: nur Splitter und Steinstückchen. Roasio und der spanische Kommandeur haben etwas mehr abbekommen und werden ins Lazarett gebracht. Bei mir ist das nicht nötig. Die Wunden müssen nur ausgewaschen und die Splitter, die alle nur in der Haut steckengeblieben sind, herausgezogen werden. Das geschieht sofort. Der linke Puls und die rechte Hand werden anständig verbunden. Auf die Leiste ein bißchen Alkohol, ein bißchen Watte und zwei über Kreuz geklebte Streifen Leukoplast. Als Leone, der noch verwundet im Krankenhaus liegt, von meinem Unfall hört, meint er boshaft: „Jetzt wird er wenigstens ein paar Wochen lang keine Befehle und keine Anweisungen schreiben." Wie offenherzig und enttäuschend!
Bei Pozuelo gelingt es den Faschisten nicht, Fortschritte zu machen. Sie versuchen noch einmal, vom Friedhof aus vorzustoßen; doch ihre Angriffe werden stets im Kreuzfeuer der spanischen Kämpfer und der Garibaldiner sofort gestoppt und zerschlagen. Weiter links, in Richtung Humera, gelingt es den „moros", an eine beherrschende Anhöhe heranzukommen. Sie arbeiten sich kriechend den Höhenrücken hinauf. Wieder einmal klären einige Züge von „Garibaldi", die zur Verstärkung spanischer Miliz-Bataillone dorthin geschickt wurden, die Lage. Sie beobachten das Vordringen der „moros" und eröffnen ein lebhaftes Flankenfeuer gegen sie, das sie zurücktreibt und zersprengt.
Die Faschisten geben sich nicht geschlagen. Immer wieder jagen die Offiziere mit der Pistole in der Hand die „moros" zum Angriff vor. Noch einmal gelingt es diesen, sehr nahe an unsere Gräben heranzukommen und Panik unter den Verteidigern zu verbreiten. Auf der Höhe bleibt lediglich eine Handvoll Spanier zurück. Um das Unglück voll zu machen, schießt nun auch noch unsere Artillerie auf sie. Schon zeigen sich die „moros" auf der Anhöhe und besetzen einen Teil unserer Gräben: feste und tiefe Gräben, die nach allen Regeln der Kunst angelegt wurden. Aber wieder einmal halten die Garibaldiner ihre Stellung auf dem Hügel zur Rechten. Sie halten das Gelände unter Feuer und führen dann alle anderen Formationen zum Gegenangriff, durch den die Stellung wieder vollkommen genommen wird.
Am nächsten Tag habe ich Gelegenheit, den Kampfplatz zu besichtigen. Die Spanier erklären voller Stolz die einzelnen Phasen des Kampfes und zeigen mir, wo sie Widerstand geleistet und bis wohin die „moros" gekommen sind. Gasmasken der Faschisten und Leichen unbestatteter Mauren wenige Meter vor uns, die einen unerträglichen Gestank verbreiten, markieren die vom Feind erreichten Grenzen.
Auch hier kommen die Faschisten nicht durch; das Signal steht auf Halt. Der Widerstand und die wiederholten Gegenangriffe unserer Kräfte zwingen den Feind, sich in den darauffolgenden Tagen auf einige Handstreiche zu beschränken, die durch den Mut und die Tapferkeit der republikanischen Kämpfer – Spanier und Internationale – leicht vereitelt werden.
Die Garibaldiner werden aufs wärmste beglückwünscht, zuerst von den spanischen Offizieren und Milizionären, mit denen sie gemeinsam gekämpft haben, und später

in einem Schreiben an den Bataillonskommandeur vom Stab des ersten Abschnittes von Madrid. „Dank der glänzenden Aktionen des Bataillons Garibaldi können wir sagen, daß die durch Luft- und Artillerieangriffe sorgfältig vorbereiteten und von zahlreichen Panzern unterstützten heftigen Angriffe des Feindes nach viertägigem Widerstand restlos zerschlagen wurden und unsere Linien fester als je zuvor in unserer Hand sind ... Der Unternehmungsgeist des Bataillons Garibaldi – das alle Verteidiger fest um sich zu scharen verstanden hat, legt Zeugnis ab von den großen revolutionären Fähigkeiten der italienischen Volksmassen."

„No pasa nadie"[2], auch nicht in Majadahonda

Während die XII. Brigade in Pozuelo eingesetzt ist, bezieht die XI., zusammen mit den spanischen Einheiten, die Wache in der Universitäts-Stadt. Hier bleibt sie, bis sie am 7. Dezember von der VI. Brigade des spanischen Kommandeurs Gallo abgelöst wird. Am 9. Dezember verläßt auch die XII. die Stellungen im Abschnitt von Pozuelo, nachdem sie durch die Formationen des Majors Perea abgelöst worden ist. Beide Internationalen Brigaden gehen nach El Pardo, das mittlerweile zum Sammel- und Reservezentrum für den gesamten nordwestlichen Frontabschnitt Madrids geworden ist, um sich auszuruhen und zu reorganisieren.

Dank der relativen Ruhe an der Front können die Freiwilligen der beiden Internationalen Brigaden einige Tage lang ausspannen. Sie säubern sich, wechseln die Wäsche und begeben sich kompanieweise im besten Anzug auf Urlaub in das nahe Madrid, um es zu besichtigen. Seit einem Monat wandern sie um diese Stadt herum, vergießen Blut zu ihrer Rettung, sehen sie von weitem, heute von dieser Anhöhe, morgen von einer anderen, hören sie immer wieder die Namen ihrer bekanntesten Plätze, „Paseos" (öffentliche Anlagen) und „Barrios"[3] und kennen sie noch nicht. Die Überlebenden der jüngsten Kämpfe wollen die Bekanntschaft mit dem Gegenstand ihrer Liebe machen, für dessen Verteidigung sie alles aufgegeben haben und von so weit hergekommen sind, um ihr Blut und ihr Leben hinzugeben.

Inzwischen schickt die Base der Internationalen Brigaden in Albacete etwa siebenhundert neue Freiwillige als Verstärkung, um die erlittenen Verluste auszugleichen. Sie werden nach Nationalitäten auf die verschiedenen Bataillone der XI. und XII. Brigade aufgeteilt. Es sind vor allem Italiener und Franzosen; die Slawen, Engländer und Amerikaner werden an der Base zurückbehalten, wo zwei weitere Internationale Brigaden aufgestellt werden. Allein auf das Bataillon Garibaldi entfallen etwa dreihundert Mann, die unter dem Kommando Guido Picellis bereits gut aufeinander eingespielt sind.

Die Ankunft der Verstärkung ruft Begeisterung hervor und stärkt die Zuversicht. Die Neuen finden schnell Kontakt mit den zuerst Angekommenen. Viele kennen sich bereits von der Abreise aus den Heimatorten her, sie bringen Nachricht von den zurückgelassenen Familienangehörigen und Freunden und erfahren Neues über die

[2] „Niemand kommt durch."

[3] Stadtviertel.

abwesenden, gefallenen und verwundeten Kameraden. Sie wollen etwas über die jüngsten Kämpfe und über die „Geheimnisse" der Front wissen.
In militärischer Beziehung bedeutet das Eintreffen der Verstärkungen ein bißchen Durcheinander in der Organisation. Doch dieses Mal gereicht es zum Guten, da es gestattet, die Zusammensetzung der verschiedenen Einheiten zu überprüfen, ihre Einteilung und ihren Mannschaftsbestand zu vervollkommnen und neue Organisations- und Kampfwerkzeuge zu schaffen. Das Bataillon Garibaldi stellt sogar eine Gruppe von Arditi[4] zusammen, die für schwierige Unternehmen, für gefahrvolle und gewagte Aktionen eingesetzt werden. Ihr Kommandeur wird Braccialarghe, ein anarchistischer Intellektueller aus Argentinien.
Die Verstärkungen aus Albacete sind leidlich eingekleidet und ausgerüstet, doch ohne Waffen. Daher sind sie, wenn nicht Waffen beschafft werden können, nur dem Namen nach Verstärkungen. Das ist in diesen Wochen das Drama der gesamten republikanischen Militärorganisation. Menschen in Hülle und Fülle, aber kaum Waffen und fast nur Gewehre verschiedener Fabrikate und Kaliber, für die die passende Munition schwer zu beschaffen ist. Unseren Kommandeuren gelingt es nicht gleich und nicht leicht, an Ort und Stelle die notwendigen Waffen für die Neuankömmlinge aufzutreiben, obwohl ihr Prestige so groß ist und es den örtlichen Behörden schwerfallen dürfte, die neuen Freiwilligen unbewaffnet zu lassen. Doch was die Waffen anbetrifft, schwimmen auch sie nicht im Überfluß. Ganz im Gegenteil!
Es ist unser Schicksal, daß die Pläne für die Ruhetage und die militärische Ausbildung, die stets mit den besten Absichten ausgearbeitet werden, wobei die Rechnung nicht ohne den Wirt gemacht wird (hier ist der Ausdruck wirklich angebracht), fast immer zum größten Teil nur auf dem Papier stehen. Bereits am 15. Dezember, nach knapp sechs Ruhetagen in El Pardo, geht die XI. Brigade erneut an die Front. Gleich darauf folgt die XII.
Die Faschisten versuchen erneut, die republikanische Front um Madrid zu durchbrechen. Sie ändern noch einmal die Angriffsrichtung. Immer weiter im Westen, zwischen Pozuelo und Boadila, versuchen sie einen Durchbruch, um Majadahonda und Las Rozas zu besetzen und auf diese Weise die Straße abzuschneiden, die die Sierra mit der Hauptstadt verbindet.
Bei der neuen Operation setzt Franco alle verfügbaren Panzer ein. Seine Luftwaffe greift massiert in den Kampf ein. Unter Ausnützung des Überraschungsmoments und der Kräftekonzentration erzielt die faschistische Offensive anfänglich einige Erfolge. Boadilla del Monte fällt in die Hand der Rebellen. Sie nehmen auf ihrer linken Flanke die Anhöhen von Romanillos und stoßen auf die Majadahonda beherrschenden vor.
Um diesen Riß in der Front zuzustopfen, werden die beiden Internationalen Brigaden zusammen mit spanischen Einheiten in aller Eile an die Front geworfen. Die Bataillone der XI. Brigade treffen von Romanillos her als erste ein und leisten Wunder an Widerstand. Sie kämpfen auf ungedecktem Gelände, und ganze Züge und Kompanien lassen sich lieber an Ort und Stelle dezimieren, als daß sie zurückweichen. Das Bataillon Commune de Paris wird hart mitgenommen. Einige Dutzend Freiwillige

[4] Wörtlich Kühne; Soldaten der Sturmtruppe.

werden eingekesselt und gefangengenommen. Von einem Zug des Thälmann-Bataillons bleiben nur drei Mann übrig; alle anderen sind auf ihrem Posten gefallen, im Bemühen, den Befehl, den Rückzug des Bataillons zu decken, auszuführen.
Eine Kompanie Garibaldiner wird am 17. Dezember als Verstärkung zur XI. Brigade geschickt, doch sie wird nicht gebraucht. Für den 20. ist ein Gegenangriff auf der rechten Flanke der vorspringenden Front der Faschisten geplant. Zwei internationale Bataillone, das „Garibaldi" und das „Dombrowski", und zwei spanische nehmen daran teil. Die Operation wird von Pacciardi geleitet. Sie müssen von den Wäldern bei La Remisa aus in Richtung auf Boadilla del Monte vorgehen, bis sie auf den Feind stoßen und ihn dann aus dem Dorf vertreiben.
Wie fast immer bei diesen mehr oder weniger improvisierten Operationen, bleiben alle Zeitpläne leider fromme Wünsche. Das kommt entweder daher, weil sie oft leichtfertig aufgestellt oder weil die Entfernungen und die Zeiten falsch berechnet werden oder auch wegen unvorhergesehener Schwierigkeiten, die sich aus der Unkenntnis des Geländes und der Lage ergeben, oder aber weil etwas von allen diesen Gründen zutrifft. Allzuoft marschiert man ins Ungewisse, weil es vor allem an Informationen fehlt, weil es keine ununterbrochene Frontlinie und kein zuverlässiges Abschnitts-Kommando gibt, das enge und gut funktionierende Verbindungen zu allen Einheiten und den vorgeschobenen Punkten hat.
Mit Ausnahme der Stellungen in der Universitäts-Stadt besteht die Front fast überall nur noch aus einzelnen Widerstandsnestern, die von verschiedenen Einheiten gehalten werden, welche kaum untereinander Verbindung haben. Die Abschnitts-Kommandos werden fast immer nur von Fall zu Fall gebildet, und ihre Tätigkeit beschränkt sich auf den Befehl, der einige Einheiten in operativer Hinsicht einer anderen Einheit unterstellt, im allgemeinen der wichtigsten beziehungsweise der am stärksten in Anspruch genommenen. Diese prekäre Organisation ist die Ursache für die Anfangserfolge vieler faschistischer Angriffe. Doch offensichtlich verfügen auch diese nicht über große Reserven an Menschen und Waffen. Einige Verstärkungen auf unserer Seite und der wahrlich unerschöpfliche Heroismus und Opfergeist der republikanischen Kämpfer genügen meist, um sie in Schach zu halten und zurückzuweisen.
Auch dieses Mal kann die für sieben Uhr früh angesetzte Operation gegen Boadilla nach mehrstündigen Annäherungsmärschen erst um zwei Uhr nachmittags beginnen. Das ist gewiß nicht die Schuld der beteiligten Männer oder Stäbe; die Ursache dafür sind die übliche Improvisation und Leichtfertigkeit bei der Berechnung, von der ich oben sprach. Natürlich haben die Faschisten reichlich Zeit gehabt, den Angriff, der sich vor ihnen entfaltet, zu beobachten. Sie schicken ihre Flugzeugstaffeln, die die anrückenden Truppen bombardieren, sie versperren ihnen mit Artilleriefeuer den Weg und bereiten sich, gedeckt durch den Wald vor Boadilla, darauf vor, die Angreifer zu empfangen.
Unser Angriff wird durch einige Panzer unterstützt. Doch kaum lassen diese sich sehen, kaum sind sie in Schußweite der Faschisten, so werden sie auch schon von Panzerabwehrkanonen unter Feuer genommen. Auch die Bewaffnung des Feindes wird moderner. Hitler und Mussolini beliefern die Faschisten mit neuen Waffen. Unsere im offenen Gelände überraschten Panzer müssen kehrtmachen. Sie fürchten

den Hinterhalt des Waldes und das Feuer der Geschütze, die eigens dazu erfunden wurden, sie aufzuhalten.
Die Kompanien des „Garibaldi", des „Dombrowski", die spanischen Einheiten halten nun alleine tapfer im faschistischen Gewehr- und Maschinengewehrfeuer aus. Doch heute ist es zu spät, um den Angriff zu Ende zu führen. Den ganzen Tag lang sind die Männer marschiert und haben gekämpft; man kann von ihnen nicht ausgerechnet jetzt die größte Anstrengung verlangen. Sie richten sich daher in den erreichten Stellungen zur Abwehr ein in Erwartung des folgenden Tagesanbruchs, der den entscheidenden Angriff gegen Boadilla bringen soll.
Am nächsten Tag jedoch wird der Angriff auf Befehl des Kommandos der XII. Brigade eingestellt. Es genügt, die Stellungen zu halten und die Faschisten zurückzuweisen, falls sie angreifen sollten. Lediglich die feindliche Luftwaffe und Artillerie belästigen die Unsrigen. Doch die Faschisten haben ihre Vorstoßversuche aufgegeben. Von Romanillos bis nach Pozuelo de Alarcón haben Wachsamkeit und Heroismus der spanischen und internationalen Republikaner die feindlichen Pläne zum Scheitern gebracht. Den seit eineinhalb Monaten durch harte und mörderische Kämpfe stark mitgenommenen faschistischen Truppen ist der Atem ausgegangen. Auch Franco muß seine Einheiten reorganisieren, neue Verstärkungen herankommen lassen und reichlicheres Material zusammenziehen. Am 22. Dezember kehren die Internationalen Brigaden nach El Pardo zurück.
Man kann sagen, daß mit den Kämpfen bei Boadilla del Monte der Zyklus der ersten großen Schlachten um das Herz und die Hauptstadt Spaniens abgeschlossen ist. Die Front bei Madrid, die in diesen eineinhalb Monaten blutiger und erbitterter Gefechte soviel Heldentum sah und das Herz aller Spanier und der freiheitsliebenden Menschen in der ganzen Welt zwischen Hangen und Bangen hielt, hat jetzt einige Wochen relativer Ruhe: eine Atempause, Vorbote neuer, noch härterer und großartigerer Kämpfe.

Ehrensöhne Madrids

Die Schlappe der Faschisten, das Scheitern ihrer Absicht, nach Madrid durchzubrechen, sind offensichtlich und unwiderruflich. Aus Ärger und Wut bombardieren sie Tag und Nacht die schöne Hauptstadt, die sie nicht nehmen können. Von den Höhen Garabitas senden sie aus mächtigen, auf stählernen Plattformen drehbaren Kanonen ganz methodisch einen Granathagel auf die Häuser, die Plätze und die Straßen der Stadt. Die Verrätergeneräle und die fremden Eindringlinge glauben, auf diese Weise die Moral und den Widerstand der prächtigen Madrider Bevölkerung brechen zu können. Sie täuschen sich zutiefst. In den Straßen gehen Männer und Frauen ruhig ihres Weges, in den Häusern setzen sie ihre übliche Beschäftigung fort, und in den Gärten spielen die Kinder wie bisher.
Die faschistischen Granaten gehen in regelmäßigen Abständen nieder. Von der „Telefonica", einem schlanken Wolkenkratzer, der sich mitten in der Hauptstadt erhebt, kann man die ganze Stadt, die Parks und die Hügel im Hintergrund übersehen. Man kann in der Ferne den Abschuß beobachten und gleich darauf die Einschläge rundherum. Wenn die ersten Schatten der Nacht niedersinken, blitzt es dort hinten

kurz auf; in der Nähe ein trockener Knall und bizarre, hohe Rauchsäulen, zerstörte Dächer, niedergerissene Häuser und erschreckend große Löcher in den geschlossenen Wohnblocks.

Wie der Name sagt, ist die „Telefonica" die Fernsprechzentrale und der Sitz des Rundfunksenders. Aus diesem Grunde wird sie von den faschistischen Artilleristen oft aufs Korn genommen, zumal sie ein gutes Ziel abgibt. Ihre Fenster und ihre geborstenen Mauern zeugen von dieser Bevorzugung. Man erzählt mir, daß einmal eine Granate durch ein Fenster eines Sendesaals und dann durch mehrere Zimmer flog, um als Blindgänger in einer Wand steckenzubleiben.

Der spanische Rundfunk hat für unsere Internationalen Brigaden eine Reihe von Sondersendungen vorbehalten. Ich habe die Ehre, sie eröffnen zu dürfen. Ich verurteile die barbarischen Angriffe der Junkers- und Caproni-Bombenflugzeuge auf Madrid: „Während die Diplomaten von Neutralität reden, schicken die faschistischen Regierungen Italiens und Deutschlands ihre angeblichen faschistischen Freiwilligen weiter nach Cádiz. Es handelt sich wohlverstanden nicht um Freiwillige!... Vielleicht befinden sich unter diesen Soldaten einige Unglückliche, die die faschistische Demagogie betrogen hat. Allen sagen wir: wir verspüren keinen Haß gegen euch. Auch ihr seid Söhne des Volkes, das wir lieben und das wir in Spanien und überall frei und glücklich wissen wollen. Die wir hassen, das sind die Ausbeuter des Volkes, die Faschisten und die Generäle, die mit der Pistole in der Faust die Soldaten gegen die Freiheit des Volkes treiben.

Wir wollen kein faschistisches Spanien. Es würde ein geteiltes Spanien sein, ein Sklave der italienischen und deutschen Großbourgeoisie. Diese Tatsache würde wegen der Rivalitäten und der Widersprüche an der Basis eines jeden Imperialismus zu einem neuen Krieg führen. Ein freies Spanien dagegen, ein Volksspanien, wird ein Faktor des Friedens in der Welt sein, weil die Völker aller Länder untereinander in Frieden leben und einander brüderlich im gemeinsamen Bestreben für ein besseres Leben helfen wollen.

Das ist es, wofür das republikanische Heer des freien Spaniens kämpft. Das ist der Grund, warum wir zu Tausenden nach Spanien geeilt sind, um in das Heer des Volkes und der Freiheit einzutreten. Wir haben unsere Arbeit, unsere Stellung und unsere Familien im Stich gelassen, um mitzuhelfen bei dem großen Werk des Fortschritts, das das republikanische Spanien in diesem Augenblick vollbringt: um die Freiheit und die Unabhängigkeit Spaniens zu retten, um die Freiheit und die Unabhängigkeit aller Völker zu retten, um den Frieden der Welt zu retten. Für uns gibt es keine anderen Ziele!"

Das weiß die Bevölkerung Madrids recht gut, wenn sie in den Kinos, in den Theatern und bei den verschiedenen gemeinsamen Kundgebungen, auch während der Luft- und Artillerieangriffe, voller Enthusiasmus und Entschlossenheit ihren Widerstandswillen bekräftigt und die Kämpfer, die Helden von Casa de Campo, von der Universitäts-Stadt, von Pozuelo und von Boadilla feiert. Natürlich sind die internationalen Freiwilligen auch unter den Gefeierten. Sie sind die Meistbegehrten und die Meistumjubelten.

Tapferkeit und Heroismus haben die Bewunderung aller Madrider erregt. Ihre großen Opfer haben im Herzen der Bevölkerung Madrids tiefe Anerkennung und grenzen-

lose Zuneigung zu den tapferen Abgesandten aller Völker erzeugt, die von so weit hergekommen sind, um die Leiden und das Martyrium Spaniens zu teilen. Bei den Volksversammlungen und bei den Kundgebungen werden die Internationalen Brigaden als Vorbild hingestellt, ihre Tapferkeit, ihre Organisation, ihre Disziplin und ihre politische Einheit werden gepriesen, und sie werden als das Muster bezeichnet, nach dem das neue spanische Volksheer geschaffen werden muß.
An der Front fühlen sich die Einheiten sicherer, und sie kämpfen besser, wenn sie „Internationale" neben sich haben. Viele spanische Milizionäre bitten einzeln oder in Gruppen um Aufnahme in die Internationalen Brigaden. Ja sogar ganze Bataillone, die noch nicht in größere Einheiten eingegliedert sind, haben dasselbe Anliegen. Daraus entsteht ein heikles politisches und militärisches Problem, dem man nicht ausweichen darf und das gelöst werden muß.
Überall sind die internationalen Freiwilligen Gegenstand rührender Sympathiekundgebungen von seiten der Bevölkerung. Die Organisationen der Volksfront, die Zivil- und Militärbehörden veranstalten großartige Kundgebungen, um den Helden der internationalen Solidarität zu huldigen. Die Freiwilligen der Internationalen Brigaden werden zu Ehrensöhnen Madrids ernannt. Sie sind dessen würdig.
„Madrid con vuestro nombre se agranda y se ilumina" (Durch euch wird Madrid größer und leuchtender) – so besingt der Dichter Rafael Alberti die Freiwilligen der Internationalen Brigaden. Für die vielen aus der Heimat Verjagten und Verbannten unter ihnen ist es ein ungeheurer Trost und eine Ehre, hier ein so großartiges zweites Vaterland zu finden, in das sie trotz aller Leiden und Opfer der Vergangenheit geeilt sind, um für die Ideale ihres ganzen Lebens zu kämpfen, zu leiden und – falls erforderlich – zu sterben.
Zahlreich sind bereits die Helden, die für die Verteidigung Madrids gefallen sind. Sie gehören allen Nationalitäten und allen sozialen Schichten an. Der gleiche Tod hat Söhne aller Völker, die für das gleiche Freiheits- und Fortschrittsideal kämpfen, vereint. Der kleine Friedhof von Fuencarral wird stets im Gedächtnis der Völker bleiben; denn hier ruhen die sterblichen Überreste der Gefallenen, von mitfühlenden und oft heldenhaften Kameraden auf den Schlachtfeldern geborgen. Eine französische Inschrift auf einer Marmortafel an der Friedhofsmauer erinnert mit knappen Worten an die Gefallenen: „Freiwillige der Internationalen Brigaden – als Helden gefallen – für die Freiheit des spanischen Volkes – für das Wohl und den Fortschritt der Menschheit." Jedes Grab trägt eine Marmorplatte mit dem Namen, der Nationalität und dem Datum des Opfertodes des Gefallenen.
Nebeneinander liegen Franzosen und Deutsche, Italiener und Polen, Belgier und Söhne der tapferen Balkanvölker. Ihr gemeinsames Opfer symbolisiert die Einheit aller Antifaschisten. Als die reaktionären Kräfte sich zusammenschlossen, um Schande und Elend des Faschismus über Spanien und Europa zu bringen, haben sie sich erhoben und gesagt: – Nein, das darf nicht sein!
Ihr Opfer besagt: Das Deutschland Goethes, Kants und Hegels, das Deutschland, das wegen der schöpferischen Fähigkeiten seiner Techniker und Arbeiter bekannt ist, das Deutschland, das so viele Errungenschaften für das Wohl und den Fortschritt der Menschheit aufzuweisen hat, wird nicht von Hitlers „Junkers" verkörpert, die Tag und Nacht das schöne Spanien bombardieren, verwüsten und mit Blut beflecken,

sondern von den Menschen, die für das Ideal der Freiheit und des Fortschritts zu kämpfen wissen wie die, deren sterbliche Überreste auf dem Friedhof von Fuencarral ruhen.
Ebenso wird das Italien Dantes und Galileos, Leonardo da Vincis und Garibaldis sicherlich nicht von den „Capronis“ und den Söldnern Mussolinis verkörpert, sondern von den beherzten und tapferen Garibaldinern. Das aufgeklärte und fortschrittliche Frankreich, das Erbe der großen Revolution, besteht gewiß nicht in den traurigen Erfindern der Nichteinmischung fort, sondern in den Werktätigen und den Demokraten von Paris und aller Provinzen Frankreichs, die dort nicht fehlen können, wo für die Freiheit gekämpft wird.
Sie alle, Franzosen und Deutsche, Italiener und Polen, Skandinavier und Menschen des Balkans, sind wohl würdig, an der Seite der prächtigen Söhne des spanischen Volkes zu stehen, die in den Schützengräben Madrids die Zukunft nicht nur Spaniens, sondern die ganze Menschheit verteidigen und an die patriotischen Überlieferungen ihrer alten „guerilleros“ (Guerillakämpfer) anknüpfen. Alle Freiwilligen der Internationalen Brigaden sind sehr stolz darauf, daß man sie als Ehrensöhne Madrids ansieht und zu den Helden des großen spanischen Volkes zählt.

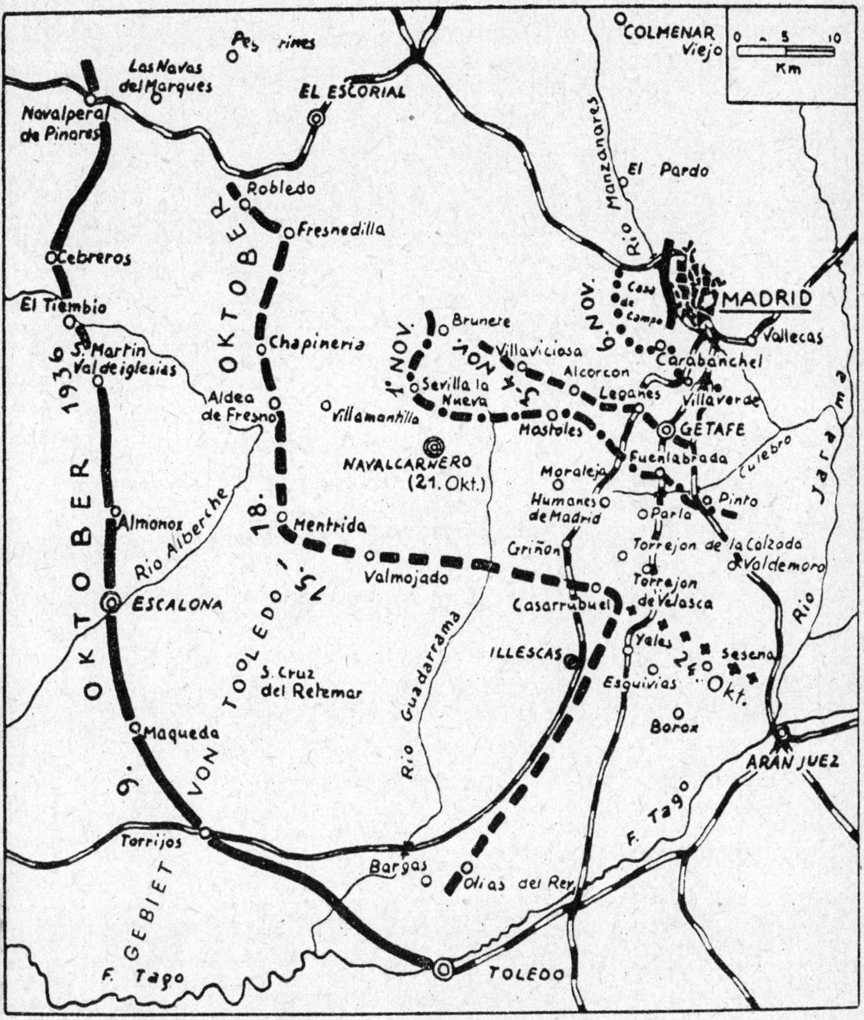

Die Franco-Stellungen um Madrid im Oktober 1936

Gefahr vom Süden

Die Tapferkeit und der Heroismus der beiden ersten Internationalen Brigaden in den kritischsten Augenblicken und an den kritischsten Punkten der Schlacht entfachen in allen Ländern die Begeisterung all derer, die bereit sind, ihre Kraft und ihr Können für die Zerschlagung des Faschismus einzusetzen. Während im Vorgelände der Hauptstadt die Freiheitskämpfer kämpfen und fallen, treffen in Albacete immer weitere Freiwillige ein, zahlreicher noch als in den ersten Tagen. Sie kommen aus immer entfernteren Gegenden. Jetzt sind es wöchentlich etwa sechshundert bis siebenhundert.

Mit den ersten beiden Internationalen Brigaden sind sechs Bataillone an die Front abgegangen. Aus den verstärkt eintreffenden neuen Freiwilligen können bald vier weitere Bataillone aufgestellt werden: das 7., französisch-belgische in Mahora, das 8., deutsch-polnisch-balkanische in Tarazona de la Mancha und das 9., italienische in La Roda; einige Tage später wird ein weiteres französisches Bataillon zwischen Villanueva de la Jara und Quintanar de la Orden gebildet. Neben diesen Infanterie-Einheiten werden vier Batterien Artillerie aus Freiwilligen zusammengestellt, die bereits mit der Waffe vertraut sind. Auf diese Weise entsteht auch die zweite, italienische Batterie, deren erster Politkommissar der Genosse Timone (Moneti) ist. Die zugeteilten Waffen sind veraltete deutsche 10,5-cm-Kanonen, die den Krieg 1914 bis 1918 mitgemacht haben und deren empfindlichste Mechanismen bereits ausgeleiert sind.

Nach den ersten harten Kämpfen in der Universitäts-Stadt fordern die beiden Brigaden an der Front dringend Verstärkungen an. Wie wir bereits gesehen haben, werden ihnen gegen Ende November das 7. und das 9. Bataillon zugewiesen, weil diese Einheiten am einheitlichsten zusammengesetzt und am besten organisiert sind. Auf diese Weise bleiben das 8., 10. und 11. Bataillon bei der Base in Albacete verfügbar. Sie sind dazu ausersehen, eine dritte Internationale Brigade, die XIII., zu bilden.

Man ist bemüht, aus der Erfahrung Lehren zu ziehen. Um nicht wieder im letzten Augenblick improvisieren zu müssen, beginnt das Kommando der neuen Brigade sofort mit der Aufstellung seines Stabes und der Einrichtung der wichtigsten Brigade-Dienste. General Gomez, ein deutscher Revolutionär, der an den Aufstandsbewegungen in Deutschland nach dem ersten Weltkrieg teilgenommen hat, wird zuerst damit beauftragt, die militärische Ausbildung aller Freiwilligen bei der Base zu leiten, und dann zum Kommandeur der entstehenden Brigade bestimmt.

In den ersten Dezembertagen ist sie – was die Effektivstärke anbetrifft – schon einsatzbereit für die Front. Eines ihrer Bataillone, das 8., hat sogar schon ein Manöver im Beisein Garcia Olivers, Führer des CNT und Justizministers der spanischen Regierung, durchgeführt und ist dafür von ihm beglückwünscht worden. Die Brigade schickt sich an, nach Madrid abzufahren. Doch ein Luftangriff auf den Kriegshafen Cartagena verursacht die alarmierendsten und phantastischsten Gerüchte.

Aus Valencia, dem Sitz der republikanischen Regierung und des zentralen Generalstabs, kommt in der Nacht ein dringender Anruf beim Stab der Internationalen Brigaden in Albacete, die Faschisten seien im Süden gelandet. Man weiß zwar nicht wo, doch es wird gesagt, die Straßen an der Südküste seien voller Flüchtlinge, der zentrale Generalstab habe Flugzeuge geschickt, um die Lage zu erkunden, es müßten jedoch eiligst alle verfügbaren Kräfte alarmiert werden. Die sofortige Bewaffnung der XIII. Brigade, die bereits abfahrbereit ist, wird befohlen. Im Arsenal von Albacete können die Freiwilligen jedoch nur die Hälfte der Gewehre und ein Drittel der Maschinengewehre empfangen, die sie benötigen.
Aber es ist nichts Ernstes. Es war nur ein falscher Alarm. Die Faschisten sind nirgendwo gelandet. Dennoch will sich die Regierung jetzt vor jeder Überraschung sichern. Am 8. Dezember befiehlt sie, das 8. Bataillon und zwei 10,5-Batterien nach Valencia zur besonderen Verfügung des zentralen Generalstabs in Marsch zu setzen. Die neue Brigade verliert somit eines ihrer besten Bataillone, wodurch die Ausbildung und das Zusammenwirken der neuen Einheit erschwert wird. Einige Tage später werden die beiden in Albacete verbliebenen Bataillone erneut alarmiert. Auch sie müssen sich bereit machen, nach Valencia abzugehen. Dann wird der Befehl widerrufen, und die beiden Bataillone kehren in ihre Unterkünfte zurück, wo sie die militärische Ausbildung fortsetzen.
Diese ständigen Alarme, dieses Hin und Her an Befehlen und Gegenbefehlen irritiert die Freiwilligen und macht sie nervös. Sie sind zwischen dem 13. und dem 20. November in Spanien eingetroffen. Sie waren alle davon überzeugt, daß sie nach etwa vierzehntägiger Ausbildung und Eingewöhnung an die Front kämen. Sie vergehen vor Ungeduld, zu kämpfen. Jede Meldung über die Abfahrt wird mit großen Freuden- und Begeisterungskundgebungen aufgenommen, jeder Gegenbefehl ist eine bittere Enttäuschung. Die Neuankömmlinge wissen, daß die Freiwilligen, die vor ihnen eingetroffen sind, in den Kämpfen von Madrid, Casa de Campo und in der Universitäts-Stadt eingesetzt sind. Sie begeistern sich an den Nachrichten über die Taten ihrer Kameraden an der Front. Sie begreifen nicht, warum sie die Abreise immer wieder aufschieben und zurückbleiben müssen, um den Morast Albacetes zu zertrampeln.
Endlich kommt der ersehnte Augenblick. Auch die neue Brigade erhält am 19. Dezember den Befehl, an die Front zu gehen. Die Abfahrt erfolgt jedoch erst am 21. Aber es geht dieses Mal nicht nach Madrid, sondern in die gleiche Richtung, die das zuerst abgegangene Bataillon eingeschlagen hat: nach Valencia.
Sofort nach der Abfahrt der XIII. Brigade wird die XIV. aufgestellt. Die inzwischen eingetroffenen Freiwilligen werden zu neuen Bataillonen zusammengefaßt. Das 9. Bataillon, das der XII. Brigade als Verstärkung zugewiesen wurde und völlig in das Bataillon Garibaldi aufgegangen ist, wird durch ein neues 9. Bataillon ersetzt, das aus drei Maschinengewehr- und einer Schützenkompanie besteht. Zur gleichen Zeit werden zwei weitere Bataillone, das 12. und das 13., eine Schwadron Kavallerie, eine neue Batterie Artillerie und zwei Pionierkompanien aufgestellt.
Am gleichen Tag, an dem die Verfügung des zentralen Generalstabes eintrifft, in der die Aufstellung der neuen Brigade genehmigt wird, ergeht gleich darauf der Befehl der Regierung, sie unverzüglich in Marsch zu setzen. Es bleibt kaum Zeit,

die Bataillons-Kommandeure und Kompanieführer zu ernennen, ehe die Einheit an die Front geht. Das neue 9. Bataillon rückt am 22. Dezember als erstes ab; die anderen folgen am 23. beziehungsweise am 24. Dezember.
Auch diese internationalen Bataillone werden nicht nach Madrid geschickt. Sie stoßen zunächst bis zum Manzanares vor und biegen dann nach Süden ab. Die Faschisten, die an der Madrider Front nicht vorankommen, versuchen einige Erfolge im Süden zu erringen, die ihre Schlappe wettmachen und den Zustrom neuer republikanischer Kräfte nach der Hauptstadt verhindern sollen. Es sieht so aus, als ob von Córdoba her Gefahr droht. Die Bataillone, die getrennt abgefahren sind, vereinigen sich wieder auf dem Schlachtfeld und rufen im Feuer des Kampfes die neue Internationale Brigade ins Leben: die XIV. Ihr Kommandeur ist General Walter (Karol Swerczewski), ein Pole, der nur aus Haut und Knochen besteht und der am Bürgerkrieg in Rußland teilgenommen hat. Politkommissar der neuen Brigade ist ein Pariser Arbeiter.

Beim Sturm auf Teruel

Teruel ist in der Hand der Faschisten wie ein Stachel im Fleisch des republikanischen Körpers. Nur 140 Kilometer von Valencia entfernt, ist es ein gefährlicher Punkt. Hier kommen die faschistischen Stellungen dem Mittelmeer am nächsten. Es sind in der Luftlinie knapp hundert Kilometer. Teruel kann daher Ausgangsbasis für eine Offensive werden, durch die das republikanische Heer gespalten und Katalonien vom übrigen Spanien isoliert werden könnte. Andererseits dürfen sich die Faschisten in Teruel auch nicht sehr sicher fühlen. Ihre Front bildet hier eine vorgeschobene Spitze, deren Verbindungen mit dem Hinterland durch einen schmalen Geländestreifen verlaufen, der im Falle einer Offensive der Republikaner sehr gefährdet ist.
Bereits beim Ausbruch der Militärrevolte hatten zwei Milizkolonnen von Valencia und von Castellón de la Plana aus versucht, den Faschisten die Stadt wieder zu entreißen. Es war ihnen lediglich gelungen, dicht an die Stadt heranzukommen und sie fest einzukreisen. Doch die Faschisten in ihren hoch gelegenen Schützengräben und ihren befestigten Stellungen hielten stand und konnten die Straße und die Bahnlinie nach Zaragoza behaupten.
Wenn es gelänge, diese Verbindungswege abzuschneiden, würde Teruel vom übrigen faschistischen Spanien isoliert und zum Fall verurteilt sein. Dies würde ein beachtlicher Erfolg sein. Franco würde eine strategische Position erster Ordnung verlieren, und vor aller Welt würden die militärischen Fähigkeiten des Volksheeres nicht nur in der Verteidigung, sondern auch im Angriff bewiesen werden. Das Unternehmen ist das Risiko wert. Ende Dezember beschließt der Generalstab, es zu wagen. Zum mindesten kann es dazu dienen, den faschistischen Druck auf Madrid zu lockern, da es den Feind zwingen würde, seine Reserven von dort abzuziehen. Vielleicht führt das Unternehmen auch dazu, daß die militärische Initiative in die Hände der Republik übergeht.
Bei Teruel wird unsere Front noch von Milizen gehalten, die in der Mehrzahl unter dem Einfuß des CNT und des FAI stehen. Sie besitzen keine zuverlässige

militärische Organisation und haben seit einigen Monaten eine Art Waffenstillstand mit dem Feind geschlossen. Es ist überhaupt nicht daran zu denken, mit diesen Kräften allein irgendeine offensive Tätigkeit durchzuführen. Deshalb appelliert man an die Internationalen Brigaden.
Die XIII. wartet ungeduldig darauf, eingesetzt zu werden; eins ihrer Bataillone ist bereits nach Valencia abkommandiert. Sie ist für das geplante Unternehmen ausgewählt worden. Die beiden Bataillone, die sich noch im Ausbildungszentrum Albacete befinden, werden in Marsch gesetzt; den beiden internationalen Batterien, die bereits in Valencia sind, folgen die anderen, die bisher noch in ihren Unterkünften geblieben waren. Diese internationalen Kräfte werden durch einige Panzer und durch zwei weitere spanische Einheiten, die sich bereits an Ort und Stelle befinden, unterstützt. Alle diese Kräfte bilden zusammen die Gruppierung, die den Sturmangriff auf Teruel durchführen soll. Das ist recht wenig für ein Objekt von so großer Bedeutung, das nicht wenige und nicht unerhebliche Geländeschwierigkeiten aufzuweisen hat. Aber es wird trotzdem gewagt.
Am Morgen des 27. Dezember, gegen sechs Uhr, beginnt unsere Artillerie die faschistischen Stellungen zu beschießen. Während der Nacht sind die Bataillone der XIII. Brigade in die Ausgangsstellung gebracht worden. Gegen acht beginnt der Angriff der Infanterie. Das 8. Bataillon Tschapajew rückt entlang der Straße vor, die von Alambra nach Teruel führt. Rechts von ihm greifen die Bataillone der spanischen Einheiten an, links das französische 10. Bataillon. Das 11. Bataillon, ebenfalls ein französisches, bleibt in Reserve.
Ein Wildbach muß überquert werden, um an den Cerro del Cementerio heranzukommen. Trotz des feindlichen Artilleriefeuers machen die internationalen Freiwilligen Fortschritte. Die überraschten Faschisten geben ihre Stellungen auf und fliehen. Unsere Panzer gehen vor; das 8. und das 10. Bataillon erreichen die Straße nach Corbola. Dann haben die Faschisten sich wieder gefangen. Sie antworten mit lebhaftem Artilleriefeuer und schicken die Infanterie zu heftigen Gegenangriffen vor.
Das 8. internationale Bataillon ist gezwungen, rechts von der Straße abzubiegen, während das 10. ein heftiges Flankenfeuer aus der feindlichen Stellung von Santa Barbara erhält. Wegen der Schwierigkeiten des Geländes, das von tiefen Gräben durchzogen ist, kommt es langsam vorwärts. Mit zwei Kompanien des 11. Bataillons zu seiner Linken rückt das 8. Bataillon zügig vor, überquert den Friedhof und erreicht am Nachmittag die Wasserwerke der Stadt, etwa fünfhundert Meter nördlich Teruels. Die am weitesten vorgeschobenen Gruppen stürzen sich auf die feindlichen Linien, doch starkes Artilleriefeuer zwingt sie in Deckung und zerschlägt ihren Ansturm. Der rechte Flügel, der weiter vorgedrungen ist, gerät einen Augenblick sowohl in das feindliche Feuer als auch in das eigene, da unsere Batterien das Feuer noch nicht vorverlegt haben.
Der Angriff bleibt jetzt in den erreichten Stellungen stecken. Die Faschisten nützen das aus, um sich zu reorganisieren und die Abwehr vorzubereiten. Ihre Artillerie trommelt auf die Angreifer. Ein wütendes Maschinengewehrfeuer wirkt wie eine Barriere aus Feuer und Eisen zwischen den Freiwilligen und der Stadt. Diese sehen Teruel, seine Brücken, den Bahnhof und die Häuser vor sich liegen. Sie beobachten die Ankunft der faschistischen Verstärkungen mit der Bahn. Unsere Artillerie nimmt

sie mit bewundernswerter Treffsicherheit unter Feuer. Doch im Winter wird es schnell Nacht; es ist die Zeit der kürzesten Tage des Jahres. Trotzdem wird versucht, den Angriff in der Dunkelheit fortzusetzen. Das ist etwas Neues in diesem Kriege, doch die Brigade gerät in ein mächtiges feindliches Feuer von vorn und von der Seite. Die anderen Einheiten, die ihren Angriff unterstützen sollen, rücken nicht vor; sie ist daher isoliert und ungedeckt.

Der weitere Angriff wird eingestellt und auf den nächsten Tag verschoben. Dieses Mal nehmen alle Kräfte der Brigade daran teil. Viele Male dringen die Freiwilligen, trotz des Widerstandes des Feindes und trotz seiner erdrückenden Überlegenheit an Waffen, bis an die ersten Häuser der Stadt vor. Doch es fehlen die Reserven, um die erreichten Stellungen zu halten und um den Angriff zum siegreichen Durchbruch zu erweitern. Die spanischen Einheiten, die das Unternehmen unterstützen sollen, rücken zwar einige hundert Meter vor, werden aber am Nachmittag zum Rückzug gezwungen. Auf dem linken Flügel ist es ihnen gelungen, die Anhöhe von Santa Barbara zu besetzen, doch sie müssen sie wegen Munitionsmangel wieder aufgeben. Gegen Ende des Tages können die Bataillone der XIII. Brigade ihre Stellung nördlich des Friedhofes noch ein wenig verbessern, doch die Faschisten halten auch weiterhin die beherrschenden Punkte, sie erhalten laufend Verstärkungen und wehren sich erbittert.

Die Nacht und der folgende Tag werden dazu benutzt, um den Freiwilligen ein wenig Ruhe zu gönnen, die erreichten Stellungen zu befestigen und die Bataillone zu reorganisieren, die stark unter den Verlusten gelitten haben. Doch das geplante Unternehmen ist noch nicht aufgegeben. Bei Tagesanbruch des 31. Dezember erfolgt ein neuer Angriff gegen die Anhöhen um den Friedhof, der uns endgültig einen Weg zur Stadt bahnen soll. Der Angriff wird mit äußerster Härte geführt. Das feindliche Feuer faßt unsere Einheiten von allen Seiten. Trotzdem gehen unsere Leute vor: am rechten Flügel nur wenig, am linken Flügel erreichen sie unsere Panzer, die bei den vorangegangenen Angriffen in den feindlichen Linien geblieben sind.

Der Angriff wird am nächsten Tag, dem ersten Tag des neuen Jahres, nochmals wiederholt. Wie üblich macht die Artillerie den Anfang, dann springt das 8. Bataillon aus seiner Deckung hervor. Es gelingt ihm, in die feindlichen Stellungen einzudringen. Doch unsere physisch erschöpften Freiwilligen können dem faschistischen Gegenangriff nicht widerstehen und weichen zurück.

Für den 2. Februar wird ein sechster Angriff vorbereitet. Es ist der letzte Durchbruchsversuch. Alle Reserven werden mobilisiert, alle an Ort und Stelle verfügbaren Kräfte nehmen daran teil. Es wird ein Stoßtrupp aus Freiwilligen gebildet, die in allen Einheiten und sogar in allen Nachschubdiensten und in den Batterien der Artillerie ausgewählt werden. Dieser Trupp arbeitet sich mit Handgranaten vor, er säubert das vor ihm liegende Gelände und besetzt einige feindliche Gräben. Unsere Panzer unterstützen ihn wirkungsvoll. Unsere Artillerie nimmt alle mutmaßlichen Sammelpunkte und die Bunker des Feindes unter Feuer. Doch das Gros der Infanterie kann nur sehr langsam folgen.

Die feindliche Verteidigung ist wachsam und aktiv. Das letzte Gefecht dauert zwei Stunden. Es ist ein infernalisches Krachen von Bomben, Granaten, Minen und automatischen Waffen. Es wird auf allernächste Entfernung gekämpft. Der Abtransport der Verwundeten vom Schlachtfeld ist nur unter großen Schwierigkeiten und schweren Verlusten möglich. Schließlich müssen wir auf die Fortsetzung des Angriffs verzichten. Die Faschisten behaupten ihre Hauptstellungen, in denen sie sich eingegraben haben, die stark befestigt und reichlich mit Waffen aller Art ausgestattet sind. Wir haben empfindliche Verluste. Eine Woche harter und ununterbrochener Kämpfe hat unsere Leute geschwächt und unsere Reihen dezimiert.

Teruel bleibt in den Händen der Faschisten. Die bei dem Unternehmen eingesetzten Kräfte reichten nicht aus. Wir waren nicht in der Lage, auf einem genügend breiten Abschnitt anzugreifen, um dadurch den Feind zu zwingen, seine Kräfte zu zersplittern. Es standen nicht genügend Reserven zur Verfügung, um die überanstrengten Männer und die allzusehr mitgenommenen Einheiten abzulösen und um jeden erzielten Fortschritt restlos auszunutzen. Während der gesamten Operation gab es kein wirklich einheitliches Kommando, und es bestand keine enge und echte Zusammenarbeit zwischen den verschiedenen Einheiten, insbesondere zwischen den spanischen und den internationalen. Es hat sich erwiesen, daß die letzten auf dem Schlachtfeld nahezu isoliert geblieben sind und alle Anfangsschwierigkeiten aus eigener Kraft überwinden mußten, wobei die höheren Stäbe und die anarchistischen Einheiten, mit denen zusammen sie operieren mußten, ihre Feindseligkeit nur schlecht verhehlten.

Nach den ersten Kämpfen hat in den Reihen der internationalen Formationen eine Kampagne begonnen, die Unzufriedenheit und Mißtrauen gegen die Führer verbreiten will, wobei man die harten Verluste zum Vorwand nimmt. Die Freiwilligen werden zur Fahnenflucht oder zum Überlaufen zu den anarchistischen Kolonnen aufgefordert, wo – so sagen die Verbreiter der Demoralisation – sie bessere materielle Bedingungen und häufiger Urlaub hätten und nicht so oft bei derart blutigen Angriffen eingesetzt würden.

Diese Kampagne wird durch die Umstände erleichtert, in denen sich die Brigade augenblicklich befindet. Sie bleibt bis zum 27. Januar in den eroberten Stellungen. Auf Grund der wenigen verfügbaren Kräfte ist es nicht möglich, eine Ablösung zu organisieren. Vier Wochen lang können die Leute nicht zur Ruhe kommen. Sie liegen mitten im Winter und bei schrecklichem Wetter in fast tausend Meter Höhe. In der Nacht sinkt das Thermometer zudem bis fünfzehn Grad unter Null. Unter diesen Verhältnissen biwakieren unsere Freiwilligen Tag und Nacht im feindlichen Feuer, kaum durch die Deckung geschützt, die sie in den gefrorenen Boden gegraben haben. Die wenigen zur Verfügung stehenden Decken bilden überhaupt keinen Schutz gegen die Kälte.

Vor ihnen erstreckt sich Teruel unangetastet. Im Niemandsland liegen noch die unbestatteten Leichen vieler Gefallener. Den Kummer über die erlittene Schlappe, über die verlorenen Kameraden und über das ungnädige Wetter wollen die falschen, schmeichlerischen kleinen Hyänen der Spaltung und der Zersetzung unter den republikanischen Kräften ausnutzen. Jedoch vergeblich. Unsere Freiwilligen ertragen stoisch die härtesten Opfer und weisen alle Lockungen der Prediger der Fahnenflucht und Selbstaufgabe von sich.

Aus Córdoba greifen die Faschisten im Abschnitt zwischen Villa del Rio und Porcuña an. Dorthin wurden die Bataillone der XIV. Internationalen Brigade von Albacete aus geschickt. Die Faschisten haben die Absicht, in Richtung der Fahrstraße vorzudringen, die von Cádiz nach Madrid führt; die Hauptziele sind Andujar und Jaén. Für diese Operation hat Franco ein halbes Dutzend Bataillone „moros“ und „regulares“, einige Schwadronen Kavallerie und einige Panzer zusammengefaßt: das Ganze wird von Artillerie und Flugzeugen unterstützt.
Der fragliche Abschnitt wird nur vom 11. Regiment aus Jaén und von einigen Formationen örtlicher Milizen gesichert, die in der Mehrzahl aus anarchistischen Elementen und aus CNT-Kräften bestehen. Von dem Heroismus, der die Epopöe Madrids kennzeichnete und eine größere Ordnung und Disziplin möglich gemacht hat, ist hier noch nichts zu spüren. Jede militärische Einheit macht, was sie will. Die Abschnitts-Kommandos kümmern sich recht wenig um die tägliche Leitung der Menschen und der Operationen.
Die Faschisten greifen überraschend an, sie durchbrechen die Front und marschieren in Richtung auf Bujalance, Montoro und Villa del Rio. Die Lage ist ernst. Die vorhandenen republikanischen Kräfte können dem faschistischen Druck nicht standhalten. Unter der Bevölkerung bricht eine Panik aus, sie flieht vor dem Angreifer. Die Straßen sind angefüllt mit Maultieren, Eseln und kleinen Karren, die mit Kranken, Alten und turmhohen Bündeln beladen sind. Hinter den wenigen und ärmlichen Habseligkeiten marschieren Männer, Frauen und Kinder, die kleinsten auf dem Arm oder dem Rücken der größeren, weil auch die Eltern sich mit Bündeln und Gerät abschleppen. Es ist das übliche traurige Schauspiel des Elends, der Verwirrung und der Angst, das sich auf allen Straßen abspielt, wenn die faschistische Gefahr unmittelbar droht.
Die örtlichen republikanischen Stäbe fordern Hilfe an. Die in der Nähe liegenden spanischen Brigaden und Bataillone eilen herbei. In Albacete ist die XIV. Internationale Brigade in der Aufstellung begriffen. Ein Bataillon steht bereits in voller Kriegsstärke. Es wird unverzüglich an die Front in Marsch gesetzt, wobei man auch auf die wenigen Ausbildungstage verzichtet, die eigentlich vorgesehen waren. In diesem Bataillon gibt es zahlreiche Freiwillige, die noch nicht wissen, was Krieg heißt, und die noch keinen einzigen Schuß aus einem Gewehr oder einer Feuerwaffe abgegeben haben. Doch es sind etwa sechshundert Mann voller Begeisterung, die sechsunddreißig Maschinengewehre mit sich führen. Sie fühlen sich als eine starke Macht; und unter den Bedingungen dieses Krieges, mit den improvisierten Formationen und der verschiedenartigen Bewaffnung, die fast immer nur aus Gewehren besteht, sind sie es auch wirklich. Sechsunddreißig Maschinengewehre für ein einziges Bataillon sind eine bei den republikanischen Formationen noch nie gesehene Feuerkraft.
Die Ankunft dieser internationalen Freiwilligen an der Front von Andujar flößt den Milizionären wieder Vertrauen in die eigenen Kräfte ein und hebt den Mut und die Begeisterung der Bevölkerung. „Die Internationalen kommen! Die Internationalen kommen!“ so lautet der freudige Ruf der Kämpfer und der Flüchtlinge.

Die Tatsache, daß die Kräfte der Internationalen Brigaden, die so viel zur Verteidigung Madrids beigetragen haben, anwesend sind, wird gleichsam als eine Garantie für Widerstand und Sieg angesehen. Auch hier gilt für die Faschisten: „No pasarán."
Aber wo sind denn die Faschisten? Beim Stab in Andujar weiß der Abschnittskommandeur Oberst Sarabia nicht viel von ihnen. In der gleichen Lage befindet sich der Stab von Villa del Rio, wo alles in allem nur eine einzige Karte des Bezirks vorhanden ist. Sofort nach seiner Ankunft werden dem internationalen Bataillon einige Milizionäre, die behaupten, die Lage und das Gelände zu kennen, als Führer zugeteilt. Bei Tagesanbruch des 24. Dezember sollen sie die internationalen Freiwilligen in die Stellung führen.
Ohne Zeit zu verlieren, wird die für den nächsten Tag vorgesehene Verlegung des Bataillons in die Frontlinie vorbereitet. Da stellt sich heraus, daß von den sechsunddreißig Maschinengewehren, die bei der Abfahrt von Albacete neu empfangen wurden, lediglich vier schußfertig sind. Doch auch die Gurte sind noch nicht gefüllt, ja es fehlen die passenden Gurtfüller. Im Durcheinander der Ankunft und der provisorischen Einweisung des Bataillons werden alle Mechaniker unter den Freiwilligen mobilisiert, damit sie sofort die Maschinengewehre in Ordnung bringen. Im Laufe des Abends sind bereits fünfundzwanzig schußfertig. Die Gurte werden mit der Hand gefüllt, wobei jede einzelne der Laschen, die aus grober Leinwand bestehen und sich der Form des Geschosses noch nicht angepaßt haben, oft mit Gewalt aufgezwängt werden muß. Die mit dieser Arbeit beauftragten Freiwilligen verwünschen diejenigen, die die passenden Gurtfüller nicht mitgegeben, und die, die sie nicht angefordert haben; sie schnauben vor Wut, fluchen und scheuern sich die Finger wund, aber am Ende gelingt es ihnen doch, einige Dutzend Gurte zu füllen. Am nächsten Tag wird man mit den mehr oder weniger in Ordnung gebrachten Maschinengewehren abrücken können.
Bei Tagesanbruch besteigen die Freiwilligen die Lastautos, die sie in die Nähe der Frontlinie bringen sollen. Es ist Heiligabend. In der Welt warten die Kinder voller Ungeduld auf das große Fest und auf die Überraschungen, die die Eltern ihnen bereitet haben. Hier aber gehen sechshundert Männer, sechshundert Väter und Brüder, die freiwillig in den Krieg gezogen sind, dem Feind, dem Ungewissen und vielleicht dem Tod entgegen. An einer Straßenkreuzung verlassen die Freiwilligen die LKW. Sie schwärmen zwischen den Oliven aus und versuchen schnell, die ihnen angewiesenen Stellungen zu besetzen. Sie erwarten, frontal auf den Feind zu stoßen. Aber schon nach einigen hundert Schritten, nachdem sie einige Landhäuser hinter sich gelassen haben, schießt ihnen der Feind in den Rücken.
Allgemeine Überraschung, Durcheinander und Verwirrung und Schießerei von allen Seiten. Die Maschinengewehrschützen bringen ihre Waffe in die Richtung in Stellung, aus der die Schüsse kommen. Die Freiwilligen reagieren instinktiv auf das Feuer, das sie überrascht hat. Hinter der ersten besten Deckung werfen sie sich lang an die Erde, sie nutzen die Bäume, die Häuser, die Getreidespeicher und Futterhaufen aus. Sie leisten Widerstand, gehen zum Gegenangriff über und ergreifen die dringendsten Maßnahmen; doch sie verstehen nicht, in welcher Lage sie sich befinden, sie können sich nicht orientieren und wissen nicht, in welcher Richtung sie vorgehen sollen.

Die ortskundigen Führer sind verschwunden. In diesem unvorhergesehenen Kampf gelingt es lediglich den Zugführern, eine gewisse Führung und Kontrolle über ihre eigenen Leute auszuüben; doch die Verbindung zwischen den Zügen und den Kompanien ist praktisch unterbrochen, der Bataillons-Stab ist völlig gelähmt. In dieser Situation greift unerwartet die feindliche Luftwaffe ein; sie stößt im Sturzflug herab, fliegt dicht über den Boden und beschießt unsere Leute aus Bordwaffen, während die faschistische Kavallerie weit ausschwenkt, um diese Handvoll Helden vollkommen einzukreisen.
Der Tag neigt sich schnell seinem Ende zu. Die Nacht bricht herein. Es ist die Heilige Nacht, in der man nach alter Tradition besinnliche Stunden in Gedanken an die Familie und an den Frieden verbringt. Doch unter den Oliven und in den Wäldern Montoros, in denen das Knattern der Waffen nachgelassen hat, beginnt jetzt die tragische Odyssee unserer Freiwilligen. Sie wandern wie in einem Labyrinth umher, lassen die Toten dort liegen, wo sie gefallen sind, und wissen nicht, wohin sie sich wenden sollen. Sie wissen nicht, wie sie den verwundeten Kameraden helfen sollen, die sie mühsam hierhin und dorthin schleppen, auf dem Rücken tragen oder unter den Armen stützen.
Von Gruppe zu Gruppe wird die Parole durchgegeben, sich in Richtung auf Montoro zurückzuziehen. Doch wenige wissen genau, wo sich diese Ortschaft befindet und welche Straßen dorthin führen. Den ganzen Tag lang sind die internationalen Freiwilligen gelaufen und gekrochen. Sie haben nur geschossen und nichts gegessen. Nur wenige haben Wasser gefunden, um ihren Durst zu löschen. Im Schutz der Dunkelheit müssen sie sich jetzt vom Feind absetzen und ohne gesehen zu werden verschwinden. Einer nach dem anderen muß versuchen durchzukommen, ohne die Verbindung mit den übrigen zu verlieren, ohne zu sprechen und ohne zu rauchen. Den Rückzug deckt ein Zug mit vier Maschinengewehren.
Bei ihrem Umherirren kommen die Unsrigen in der Nacht an das Ufer des breiten, tiefen und majestätischen Guadalquivir. Doch sein Wasser ist eiskalt und die Strömung reißend. Unmöglich, daran zu denken, ihn schwimmend zu überqueren. Einige Freiwillige bauen ein plumpes Floß, auf dem ein paar Leute auf das andere Ufer übersetzen. Aber man würde mehrere Tage brauchen, um alle mit diesem Transportmittel zu befördern, und die Faschisten können sich jeden Augenblick auf die Wartenden stürzen.
Es stellt sich heraus, daß Montoro bereits in der Hand der Faschisten ist und daß es daher unmöglich ist, die dortige Brücke zu benutzen. Unsere Freiwilligen sind in der großen Schleife zusammengedrängt, die der Guadalquivir zwischen Montoro und Villa del Rio bildet, zwischen zwei Ortschaften, die beide in den Händen der Faschisten sind. Der Ausweg führt nur über die Flußseite, die noch frei ist. Sonst müßte man sich einen Weg durch die faschistischen Linien bahnen.
Flußauf- und flußabwärts wird nach Übergängen gesucht. In der Nähe muß sich der Staudamm eines Elektrizitätswerkes befinden. Er wird gesucht und gefunden. Doch man kann ihn nicht zu Fuß überqueren, weil er in seiner ganzen Länge von Wasser überflutet ist. Die Maschinen werden in Betrieb gesetzt, um den Wasserstand des Flusses zu senken: er veringert sich um einige Zentimeter, mehr wird nicht erreicht. Es werden neue Flöße gebaut. Im ersten Licht der Morgendämmerung bemerken

einige Freiwillige auf dem gegenüberliegenden Ufer ein Boot; ein Mutiger stürzt sich ins Wasser, und nach übermenschlichen Anstrengungen erreicht er es schwimmend und bringt es den Kameraden. An anderen Stellen treffen Gruppen von Versprengten zusammen, die versuchen, sich durch die faschistischen Linien zu schlagen; wieder andere lassen sich an Ort und Stelle töten, um bis zuletzt den Rückzug der Kameraden zu decken.
Doch auch für diejenigen, denen es gelingt, den Fluß zu überqueren und jenseits der faschistischen Linien zu gelangen, bedeutet das noch keine Rettung. Sie wissen nicht, wohin sie sich wenden sollen. Nachts orientieren sie sich recht und schlecht nach den Sternen und beim ersten Morgendämmern nach der Sonne. Die einen ziehen in diese, die anderen in jene Richtung, wie es ihnen der Augenblick eingibt oder der Zufall es will. Am Ende ihrer Kräfte und ihrer Hoffnung, legen sich einige zum Schlafen nieder, ohne sich zu fragen, was noch kommen mag, so gleichgültig ist ihnen bereits alles geworden.
Für die Mehrzahl der Davongekommenen dauert diese schreckliche Odyssee vierzig, fünfzig, siebzig Stunden. Einige kehren erst nach fünf oder sechs Tagen Umherirren über Hügel und durch Senken zurück. Sie haben alle verdächtigen Bewegungen vermieden und haben sich von Kräutern und schwärzlichen Oliven genährt, die sie von den Bäumen gepflückt und die bitterer als Galle schmecken. Viele kehren nicht mehr zurück. Man wartet voll Sorge vergeblich tage- und wochenlang auf sie. Die Fluten des Guadalquivir oder die Wälder an seinen Ufern kennen ihr Märtyrertum. Ihre sterblichen Hüllen sind von den Wassern weit fortgerissen worden oder liegen unbestattet zwischen den Stämmen und den freien Wurzeln der Olivenbäume.
Eine ganz aus italienischen Freiwilligen bestehende Kompanie ist bei dieser Tragödie fast vollständig verschwunden. Sie ging voll Selbstvertrauen an die Front, im Glauben, ihre Feuertaufe zu erhalten. Sie hat dort ihr Grab gefunden. Ihr Kommandeur war der Genosse Bocchi, ihr Kommissar der junge Genosse Locatelli, ein Lombarde, der von der sozialistischen Bewegung zur Kommunistischen Partei gekommen und wenige Tage zuvor von der Leninschule in Spanien eingetroffen war.
Ich erinnere mich an den Genossen Bocchi. Während des Weltkrieges war er Unteroffizier und in den letzten Jahren Maurer in Paris, wo er sich auch eine gewisse wirtschaftliche Position geschaffen hatte. Als ich ihn in Albacete sah, konnte ich meine Überraschung nicht verbergen. Er las in meinen Gedanken und war unangenehm berührt. „Warum", fragte er mich ernst und betrübt, „warum? Glaubst du, daß ich nicht mehr fähig bin, Waffen zu tragen? Ich habe immer gearbeitet und scheue keine Mühe!"
Ich merkte, daß ich ihn in seinem Stolz als Mann und Genosse verletzt hatte, und verbesserte mich sofort mit einigen heiteren Komplimenten über seine Stattlichkeit. Doch sein Fall hatte mich gerührt. Selbstverständlich sind alle Freiwilligen der Bewunderung würdig. Der Entschluß eines jeden legt Zeugnis ab von hohem politischem und moralischem Mut. Doch das Beispiel dieses einfachen, bescheidenen, nicht mehr jungen Genossen führte mir wieder den unerschöpflichen Reichtum der Arbeiterbewegung und der Kommunistischen Partei vor Augen.
Für uns revolutionäre Führer, für uns Berufsrevolutionäre, so dachte ich bei mir, bedeutete es keinerlei Verdienst, nach Spanien zu gehen, im Gegenteil, für uns ist

es ganz einfach eine Pflicht. Ja, es würde geradezu Feigheit sein, sich dieser Pflicht zu entziehen. Wir würden dann genauso verwerflich handeln wie Männer, die das Waffenhandwerk erlernt haben und im Augenblick der Gefahr versuchen wollten, sich vor der Bewährungsprobe zu drücken. Doch Bocchi steht nicht mehr im militärpflichtigen Alter, ist moralisch nicht verpflichtet, ein Beispiel zu geben, ihn lockt auch nicht der ferne Ruhm. Für einen solchen Genossen bedeutet der Entschluß, nach Spanien zu gehen, um dort für den Sieg seines Lebensideals zu kämpfen und – falls nötig – sein Leben dafür hinzugeben, nichts anderes als Gehorsam gegenüber dem edelsten und uneigennützigsten Pflichtgefühl, das er zuinnerst und zutiefst empfindet. Solche Menschen – sie sind um so größer, je weniger sie selbst danach trachten, aus der Menge der Ungenannten und der Bescheidenen herauszuragen – machen den Reichtum einer politischen Partei und ihre unüberwindliche Stärke aus.

Jetzt sind Bocchi und alle die anderen einfachen und großartigen Freiheitskämpfer, die mit ihm gingen, für immer verschwunden. Bei der ersten Fühlungnahme mit dem Feind wurden sie von einem widrigen Geschick von uns gerissen. Ein paar Abende nach der schrecklichen Heiligen Nacht verkündet der General Queipo de Llano mit der lallenden Stimme des Betrunkenen über Radio Sevilla selbstgefällig, daß in der Gegend von Córdoba etwa vierzig italienische Gefangene erschossen worden sind. Er nennt dies Verbrechen eine „gerechte Strafe für ihren Verrat". Das ist die Vorzugsbehandlung, die die Franco-Truppen den italienischen Gefangenen unter Mißachtung jeglichen Kriegs- und Menschenrechtes angedeihen lassen, um dem mächtigen Bundesgenossen in Rom gefällig zu sein. „Die Toten erzählen die Geschichte nicht", sagt Mussolini. Sie erzählen sie nicht, doch sie schreiben sie mit Blut, denn die Opfer der Helden und der Märtyrer verleihen der großen Sache einen hellen Glorienschein, der den Massen und den Völkern auf ihrem Weg leuchtet und sie leitet.

Von den sechshundert Mann, die bei der Abfahrt aus Albacete das 9. Bataillon bildeten, finden sich nach diesen tragischen Tagen nur wenig mehr als zweihundert in Andujar wieder ein. Alle anderen sind in alle Richtungen versprengt worden oder – vielleicht auch infolge Verrats – durch faschistisches Feuer gefallen. Diese Verluste sind schwer und schmerzlich, aber dennoch waren das Opfer und das Märtyrertum des 9. Bataillons nicht umsonst. Indem es sich quer vor die vorrückenden faschistischen Kolonnen warf, hat es den Schwung ihrer Offensive aufgefangen und sie so lange aufgehalten, bis die gesamte XIV. Internationale Brigade sowie die spanischen Verstärkungen auf dem Schlachtfeld eingetroffen waren und dort eine unüberwindliche Barriere errichtet hatten.

Bei Lopera werden die Faschisten aufgehalten

Am 23. Dezember, fast im gleichen Augenblick, da der Leidensweg des 9. Bataillons beginnt, fahren die anderen Formationen der XIV. Brigade aus Albacete nach dem gleichen Schlachtfeld ab. Sie sind nicht mehr auf den Kampf vorbereitet als das Bataillon, das vor ihnen Albacete verlassen hat. Während der Fahrt unterrichten

die Erfahreneren die Unkundigen in der Handhabung der Waffe: wie sie zusammengesetzt und auseinandergenommen wird, wie man zielt. Jedes einzelne Maschinengewehr wird überprüft, weil man bereits weiß, wie es dem 9. Bataillon in dieser Hinsicht ergangen ist. Die Gurte der Maschinengewehre werden mit den dazu vorgesehenen Gurtfüllern für den Einsatz hergerichtet.
Auch diese internationalen Kräfte sammeln sich in Andujar. In der Heiligen Nacht werden sie in großen und bequemen Wagen nach vorn gebracht. Doch auch dieses Mal weiß man nicht recht, wo die Front ist. Selbst heute sind die Informationen des Stabs von Andujar unbestimmt und widersprechend. Man hat zwar etwas davon gehört, daß das 9. internationale Bataillon im Verlaufe des Tages stark gelitten haben soll, doch man weiß nicht, wo es sich jetzt befindet. Bekannt ist, daß der Feind Villa del Rio besetzt hat, doch man weiß nicht genau, welche Absichten er hat. Wird er ein Umgehungsmanöver durchführen, um die Ortschaft von Norden her zu erreichen? Wird er direkt auf Andujar vorgehen? Wird er den Schwerpunkt seines Angriffs nach rechts, in Richtung Porcuña verlegen? Auf diese Frage weiß der Stab von Andujar keinerlei Antwort.
Leider ist die Wirklichkeit viel ernster, als es das republikanische Kommando annimmt. Einige Fragen sind bereits durch die Tatsachen grausam beantwortet worden. Der Feind hat bereits Montoro genommen, und das 9. internationale Bataillon sucht verzweifelt der Einkesselung zu entgehen. Die spanischen Einheiten sind zerstreut und rücken demoralisiert an. Ganz allein teilt der Abschnitts-Kommandeur, Oberst Sarabia, den neu Eingetroffenen die Aufgabe zu, die Linie Lopera–Marmolejo zu halten und damit die Nationalstraße Montoro–Andujar zu sichern. Bei ihrem Vorgehen sollen sie feststellen, wo die Stellungen der Faschisten verlaufen, und sich in ihren Bewegungen danach richten.
Der Stab der XIV. Internationalen Brigade schickt berittene Spähtrupps vor, die das Gelände erkunden und Fühlung mit dem Feind aufnehmen wollen. In Lopera finden sie die Häuser leer und die Ortschaft verlassen vor. Sie reiten in Richtung Villa del Rio weiter. Doch einige Kilometer vor der Ortschaft werden sie vom rasanten Feuer der Faschisten empfangen, die sie bis auf wenige Meter herankommen ließen, um sie dann niederzumähen. An einem Punkt weiß man also mit Gewißheit, wo sich der Feind befindet. Der Kommandeur und der Kommissar der Brigade, der Stabschef, die Bataillons-Kommandeure und ein spanischer Offizier gehen nach vorn, um sich persönlich über die Lage zu orientieren. Sechs Mann, fünf Nationalitäten: ein Pole, zwei Franzosen, ein Italiener, ein Luxemburger und ein Spanier.
Sie erreichen den Kilometerstein 339 der Nationalstraße, wenden sich dann nach links zwischen die Olivengärten und gehen noch einige Kilometer längs einem schmalen Feldweg weiter vor. Hier gehen in der Nacht zum 27. Dezember die Bataillone der XIV. Brigade und die ihr zugeteilte Batterie in Stellung. In der gleichen Nacht versucht eine Gruppe faschistischer „regulares“ auf der Straße nach Andujar vorzudringen, doch sie muß ihre Absicht aufgeben.
Die internationalen Freiwilligen gehen in Richtung auf Lopera vor. Von vier Uhr morgens bis um elf Uhr wird um diese Ortschaft gekämpft. Feindliche Aufklärer klinken ihre Bombenlast aus und beschießen die vorrückenden Kolonnen aus ihren Bordwaffen. Die englische Kompanie marschiert an der Spitze der Brigade. Die

jungen Werktätigen und Studenten aus London und Lancashire gelangen bis zu den ersten Häusern des Dorfes, müssen aber dann vor einem Hagel aus Feuer und Eisen zurückweichen. Sie müssen weiter rückwärts Stellung beziehen. In der weichen Erde unter den Oliven heben sie behelfsmäßige Deckungen aus. Sie verstecken sich zwischen den dicken Wurzeln an der Erdoberfläche und in den Höhlungen der Stämme. Stunde um Stunde leisten sie Widerstand, ohne zu weichen und ohne zu wanken.

Unsere Artillerie unterstützt sie; doch sie verfügt weder über Beobachter noch über Feldfernsprecher. Das Feuer wird durch Freiwillige reguliert, die unter einem wahren Geschoßhagel von Anhöhe zu Anhöhe eilen und mit primitiven Signalen das Ergebnis des Schusses übermitteln und korrigieren. Auf diese Weise vergeht der ganze 28. Dezember. An dieser Stelle ist der faschistische Vormarsch zum Stehen gebracht. Die Stellungen konsolidieren sich.

Die Faschisten merken, daß sich unser Widerstand versteift, und ziehen neue Verstärkungen heran, um ihn zu brechen. Im gesamten Abschnitt verfügen sie nunmehr über eine Kampfkraft von etwa zehn Bataillonen, darunter zwei oder drei Schwadronen Kavallerie. Ihnen stehen fünf Batterien Artillerie zur Verfügung, uns nur eine. Ihre Flugzeuge beherrschen den Luftraum unumschränkt, was die republikanischen Kämpfer nicht wenig entmutigt, die – durch die wiederholten Versprechen enttäuscht – ständig den Himmel absuchen, aber niemals unsere Maschinen ausmachen können.

Es scheint jetzt, als ob der Feind seine Absichten geändert hat und sich von Porcuña her einen Weg bahnen will, um sich so einen Zugang nach Martos zu verschaffen und den Guardias civiles zu Hilfe zu kommen, die zu Beginn der Rebellion gemeinsame Sache mit den Faschisten gemacht und sich dann in die Kloster-Festung Santa Maria de la Cabeza zurückgezogen haben. Sie haben Frauen und Kinder bei sich. Hinter den dicken Mauern des Klosters und anderer Gebäude in der Nähe halten die Guardias civiles seit Monaten der Belagerung durch die Republikaner stand. Durch Flugzeuge werden sie mit Lebensmitteln und Waffen versorgt, und mittels eines Heliographen stehen sie mit den noch weit entfernten Faschisten in Verbindung.

Um den faschistischen Plan zunichte zu machen, muß die XIV. Internationale Brigade nochmals Lopera mit dem Ziel angreifen, in Richtung auf Montoro und Villa del Rio vorzustoßen und so die Flanken der Feindbereitstellung zu bedrohen. Das ist der für den 28. Dezember vorgesehene Operationsplan. Das 12. und 13. Bataillon sollen – von der Maschinengewehr-Kompanie des 10. Bataillons unterstützt – zum Angriff übergehen: Burschen aus Paris und aus Nordfrankreich, einige ganz sehnige und knochige Algerier und eine Handvoll gleichmütiger Engländer.

Zwischen den Oliven pfeifen die Kugeln dicht und wütend. Aus den faschistischen Stellungen schlägt den Angreifern ein Kreuzfeuer aus Maschinengewehren und ein Hagel von Granaten und Schrapnells entgegen. Die Reihen lichten sich, es gibt Tote und Verwundete. Die Freiwilligen suchen vor den Geschossen eine Deckung, von der aus sie weiterschießen können. Sie rücken vor, weichen ein wenig zurück, gehen wieder zum Angriff vor und kriechen über den kahlen Rücken des Hügels bis dicht an die faschistischen Gräben. Hier werden sie von der Seite und im Rücken vom

Feuer aus den seitlichen Stellungen des Feindes gefaßt. Sie lassen sich wieder bis in den Grund der Senken hinunterrollen, mitten zwischen Tote, Sterbende und Verwundete, wobei sie kleine Erdrutsche verursachen und kurze Staubwölkchen aufwirbeln.
Bei den wiederholten Angriffen und Gegenangriffen werden die Kompanien auseinandergerissen und versprengt, sie geraten durcheinander und verlieren die Verbindung mit ihren Kommandos. Es fehlt an Munition. Die Männer sind am Ende ihrer Kräfte, weil sie soviel gelaufen sind und soviel geschossen haben. Den ganzen Tag über haben sie noch nichts gegessen, ihre Kehlen brennen wegen des geschluckten Staubs, und der Durst quält sie.
Die Nacht sinkt herab. Man fürchtet ein Einsickern der Faschisten an den Flanken. Es werden Spähtrupps ausgeschickt und einige Kompanien so postiert, daß sie in der Lage sind, jederzeit einzugreifen. In einem kleinen Tal, an der Kreuzung zweier Straßen, befindet sich der Gefechtsstand unserer Truppe, die die Hügel ringsum besetzt hält. Hierher werden die Verwundeten gebracht, in der Hoffnung, sie bald weiter nach hinten bringen zu können. Hier ruft General Walter die Kommandeure zusammen, hierher läßt der Brigadekommissar die Politkommissare kommen, um die Lehren aus dem Tag zu ziehen.
Es werden Vorkehrungen getroffen, um die Ordnung in den Formationen einigermaßen wiederherzustellen: die Versprengten werden eingruppiert, die Züge und die Kompanien werden formiert, die Verpflegung wird ausgegeben und die beschädigten Maschinengewehre werden instand gesetzt. Die Leute essen und erwärmen sich ein wenig beim Erzählen der Taten des Tages, dann fallen sie vor Müdigkeit um, und an die Olivenwurzeln gelehnt, den Helm auf dem Kopf und das Gewehr in der Hand, schlafen sie fest. Inzwischen stellen Kommandeure und Kommissare den Zustand ihrer Einheiten fest: sie schreiben die Anwesenden auf, tauschen die Versprengten aus und registrieren die Toten auf Grund von Zeugenaussagen und an Hand der Personalpapiere, die den Gefallenen abgenommen wurden.
Niemand weiß etwas über den Verbleib des englischen Schriftstellers Ralph Fox, des Kommissars der XIV. Brigade. Er muß in einem Teil des Hügelgeländes liegen, in dem die englische Kompanie so viele Heldentaten vollbracht hat. Die englischen Kameraden beschließen, ihrer Kompanie den Namen des verschwundenen Schriftstellers zu geben. Wie der große Byron für die Freiheit Griechenlands fiel, so starb Ralph Fox für die Freiheit Spaniens. Auch seine Leiche ist, wie die Byrons, nicht zu finden. Vergebens sucht man unter den Olivenbäumen und den Sträuchern des so hart umstrittenen Geländes. Die Personalpapiere Ralph Fox' werden beim Brigadestab abgegeben, doch der Überbringer erinnert sich nicht mehr, wo er sie gefunden hat. So wird der feinfühlige Schriftsteller, der große Idealist, der Freiheitsheld zusammen mit seinen Arbeiterbrüdern aus Paris und London als Namenloser unter den Olivenbäumen Loperas in spanischer Erde ruhen, die der gemeinsame Heroismus und das gemeinsame Opfer der Freiheit geweiht haben.
Ende Dezember treffe ich an der Front ein. Es ist die erste Mission, die ich in meiner neuen Funktion als Kommissar-Generalinspekteur der Internationalen Brigaden durchführe. Bei der Zentrale sind alarmierende Nachrichten über das Schicksal des 9. Bataillons und über den Zustand der gesamten Brigade nach den harten Gefechten

eingetroffen. Ich komme, um mich über die Lage zu orientieren und um zu sehen, was getan werden muß und was getan werden kann, um der Brigade zu helfen. Von jenseits der faschistischen Linien und vom anderen Ufer des Guadalquivir treffen immer noch die letzten Versprengten des 9. Bataillons ein. In ihren Augen und an ihrem Körper kann man noch die Zeichen ihrer Tragödie lesen. Sie werden in der Nähe Andujars gesammelt, um sich zu erholen und auszuruhen.
Die Lage in der gesamten Brigade ist kritisch. Mit den Überlebenden des 9. Bataillons kann man vorläufig nicht rechnen, und die Kämpfer der übrigen Formationen haben ebenfalls stark unter den Anstrengungen gelitten. Zusammen mit den Führern der Brigade besuche ich die Freiwilligen an der Front. Wir kommen in die Feuerzone, die Kugeln pfeifen dicht an uns vorüber. General Walter und die anderen Führer tragen die größte Verachtung gegenüber der Gefahr zur Schau. Sie suchen keinerlei Deckung und marschieren aufrecht weiter, als ob sie spazierengingen. Sie lachen über einige Freiwillige, die bei jedem Pfeifen instinktiv zusammenzucken: „Wovor hast du Angst? Es ist schon vorbei!"
Auf den ersten Blick scheint das ein prahlerisches und albernes Verhalten zu sein. Und es ist nicht das erste Mal. Man erzählt mir, daß die Hauptverantwortlichen der Brigade in diesen Tagen immer bei ihren Leuten gewesen sind und sich schonungslos der Gefahr ausgesetzt haben, daß sie niemals das Haupt vor dem feindlichen Feuer beugen wollten. Ich sehe, daß die Freiwilligen voller Bewunderung und Achtung zu ihrem General aufblicken. Die infolge der hohen Verluste und der übermenschlichen Anstrengungen erschütterte Moral wird so allmählich wieder gefestigt. Bei dieser schnell zusammengestellten und gleich so hart geprüften Einheit, in der sich Kämpfer und Kommandeure kaum kennen und bei der es nicht möglich ist, die Leute zusammenzurufen, mit ihnen zu reden und ihnen die Geschehnisse zu erläutern, ist vielleicht diese ostentative Verachtung der Gefahr seitens der Führer für den Augenblick das einzige Mittel, das den Kämpfern Zuversicht und Kampfmoral wiederzugeben vermag.
Ich gehe von Kompanie zu Kompanie und spreche mit Kommandeuren, Kommissaren und einfachen Freiwilligen. Ich lasse mich zur englischen Kompanie führen, die noch immer unmittelbare Feindberührung hat. Ich bewege mich auf allen vieren von einem Baum zum anderen, ehe ich den Führer finde: ein Offizier des Empire-Heeres und Weltkriegsteilnehmer. Er liegt an der Erde ausgestreckt, den Kopf an den Stamm einer Olive gelehnt, eine Decke nach Art der Mantilla, wie sie die Spanier tragen, über sich. Hier nutzt keine Deckung viel. Die Faschisten schießen mit Schrapnells; diese krepieren unversehens in der Luft, und die Splitter fliegen überallhin. Ich erkundige mich nach Fox, er macht eine Handbewegung, die bedeutet: er ist da drüben gefallen. „Die Leiche? Unmöglich, sie zu finden!"
Jetzt ist die Front ruhig, trotz der feindlichen „tiroteo" (Schießerei), die aber nicht wenige Opfer verursacht. Die Faschisten rühren sich nicht mehr. Regen und Sonne wechseln in regelmäßigen Abständen. Unsere Freiwilligen bleiben an der Front. Sie versuchen, sie zu verstärken und zu befestigen. Silvester und der erste Tag des neuen Jahres kommen heran. Unsere Freiwilligen liegen immer noch vor Lopera. Auch die Faschisten bleiben in ihren Stellungen. Sie sind ausgezogen, um Andujar und Jaén zu nehmen und auf der Straße von Córdoba nach Madrid vorzurücken. Sie sind gut

ausgerüstet und gut bewaffnet, sie verfügen über Maschinengewehre, Kanonen und Flugzeuge. Sie sind zahlreich, und sie sind gut ausgebildet; doch sie kommen nicht weiter. Sie sind von einigen Tausend Milizionären und internationalen Freiwilligen aufgehalten worden, die übereilt zusammengestellt wurden. Dank des Heldenmuts und der Opfer dieser Freiwilligen sind Andujar und Jaén immer noch in republikanischer Hand, und die Rebellen im Kloster Santa Maria de la Cabeza werden weiterhin belagert.

Ein einheitlicher Plan ist notwendig

Der siegreiche Widerstand Madrids bedeutet eine entscheidende Wende in der Geschichte des spanischen Krieges. Jetzt wird es allen klar, daß der Krieg lang, hart und schwer sein wird. Man hat es mit einem großen und zahlreichen faschistischen Heer zu tun, das gut mit Waffen und Gerät ausgerüstet ist, die von Italien und Deutschland zusammen mit regulären Kampfeinheiten, Technikern und Spezialisten jeder Art geliefert werden.

Man kann dieses Heer nicht zum Stehen bringen und schlagen, wenn man auf republikanischer Seite nicht von der Improvisation zu systematischen Maßnahmen übergeht, wenn der etwas chaotische Schwung der Begeisterung und des Edelmuts nicht in einer festen und zuverlässigen Organisation mündet, wenn nicht anstelle der Verzettelung der Anstrengungen die Konzentration aller Energien und Hilfsquellen auf das einzige Ziel, den Krieg zu gewinnen, tritt.

Der heroische Widerstand Madrids hat bereits bewiesen, daß man auf rein militärischem Gebiet dem Faschismus siegreich widerstehen kann, wenn man einig ist und wenn Disziplin, Organisation und ein wirklich einheitliches Kommando vorhanden sind. Jetzt ist das Problem nicht mehr nur militärischer Natur. Die militärischen Belange müssen für das gesamte wirtschaftliche, soziale und politische Leben der Nation maßgebend sein. Das gesamte Land muß in vielfältigen Formen aktiviert und alle seine Kräfte in den Dienst des Krieges gestellt werden. Die Zivil- und Militärbehörden, die lokale und nationale Verwaltung, die Industrie- und Agrarproduktion, das Verkehrswesen und die Versorgung der Bevölkerung, der Innen- und Außenhandel – alles muß nach einem einzigen nationalen Plan organisiert werden, und dieser kann nur von der rechtmäßig gebildeten Regierung aufgestellt werden.

Diese umfaßt jetzt Vertreter aller politischen, gewerkschaftlichen und nationalen Kräfte, von den Kommunisten bis zu den Anarchisten, von den Sozialisten bis zu den Republikanern aller Richtungen, von den Katalanen bis zu den katholischen Basken, von der Allgemeinen Arbeiter-Union (UGT) bis zum Nationalbund der Arbeit (CNT). Sie ist die wahre Vertretung des Volkswillens. Die Zusammensetzung der Regierung widerlegt restlos die Lügen, die der Feind sowohl in Spanien als auch im Ausland verbreitet, um die Furchtsamen zu beeindrucken, die Demokraten zu spalten und um Sympathien für die faschistische Sache zu wecken. Diese Lügen unterstellen, daß der Kampf, der sich in diesem Augenblick in Spanien abspielt, von seiten der Republikaner für die Einsetzung der Sowjets beziehungsweise des anarchistischen Kommunismus geführt werde und daß das Ziel der Rebellen die Verteidigung der bestehenden Ordnung sei.

Der Kampf, der sich in Spanien abspielt, „ist der Kampf zwischen Demokratie und Faschismus“ (José Diaz, Rede vor den Cortes am 1. Dezember 1936). Nicht nur zwischen Demokratie und Faschismus in Spanien, sondern auch zwischen Demokratie und Faschismus in der ganzen Welt. Die deutschen und italienischen Faschisten helfen den Rebellengenerälen, Spanien zu kolonisieren und dort Stützpunkte für ihre Kriegs- und

Faschisierungspolitik in Europa zu schaffen. Folglich ist der spanische Krieg „ein Krieg nationalen Charakters", sagt José Diaz vor den Cortes, weil man für die Verteidigung des Territoriums gegen die fremde Invasion und für die Unabhängigkeit des Landes, das die faschistischen Generäle dem deutschen und italienischen Faschismus ausliefern möchten, kämpfen muß, um die Entwicklung eines demokratischen, friedlichen und arbeitsamen Lebens für alle ehrlichen Menschen zu gewährleisten.
Aus diesem Grunde muß man auf allen Gebieten – auf dem militärischen wie auf dem politischen, auf dem wirtschaftlichen wie auf dem sozialen – klare Richtlinien und präzise Pläne haben, überall muß Ordnung und Disziplin herrschen. Die in diesem Sinne auf dem Gebiet der Kriegführung erzielten Fortschritte müssen auch auf die Leitung des täglichen Lebens des gesamten Volkes ausgedehnt werden: auf die Fabriken und auf das Land, auf die großen Städte, auf alle Ortschaften und Dörfer.
In der Produktion gibt es noch viele Reste der Improvisation aus den ersten Tagen, als die Parteien, die Gewerkschaften und die demokratischen Organisationen Betriebe und Unternehmen übernahmen, damit sie nach der Flucht der Großindustriellen nicht ausfielen und um jeder Sabotage und allen reaktionären Umtrieben seitens der faschistischen Leiter und Techniker zuvorzukommen. Damals wurden Betriebskomitees ins Leben gerufen, die die Betriebe verwalten sollten. Jedes Komitee regelt nun die Produktion auf eigene Faust, wobei es sich je nach den Umständen entweder nach den Bedürfnissen des Marktes oder nach den Direktiven der jeweiligen Gewerkschaftsleitung oder aber nach den Anforderungen der Behörden und der Front richtet. In keinem Falle handelt es nach einem einheitlichen Plan, und nie gibt es eine Koordinierung der verschiedenen Betriebe und Branchen. Es gibt keine genaue Entwicklungsperspektive, und vor allen Dingen fehlt es an klaren Vorstellungen von den Kriegserfordernissen und der Notwendigkeit, alle Produktionspläne, alle Pläne für die Verteilung der Rohstoffe und alle Arbeitsbestimmungen diesen Bedürfnissen unterzuordnen.
Eine weitere Notwendigkeit ergibt sich nunmehr klar und deutlich sowohl auf politischem wie auch auf wirtschaftlichem Gebiet. Im Überschwang der ersten Tage ist man in einigen Bezirken bei der Requirierung und der Enteignung zu weit gegangen. Man muß bei allen kleinen Industriellen und kleinen Kaufleuten, den Handwerkern und allen Kleinbürgern, die aufrichtige Demokraten und Republikaner sind, das Vertrauen wiedererwecken, um sie zu zuverlässigen Verbündeten des Proletariats und der werktätigen Klassen im Kampf gegen den Faschismus und gegen die fremden Eindringlinge zu machen, die ihre unmittelbaren Interessen bedrohen und ihre patriotischen und demokratischen Gefühle verletzen.
Auf dem Lande gibt es sehr gefährliche Momente, die so schnell wie möglich beseitigt werden müssen, wenn man die Einheit des Volkes nicht zerschlagen will. Der kommunistische Landwirtschafts-Minister Uribe hat in dem Dekret vom 7. Oktober 1936 verfügt, daß „die entschädigungslose Enteignung zugunsten des Staates derjenigen landwirtschaftlichen Betriebe anerkannt wird, die am 18. Juli 1936 denen gehörten, die an der Aufstandsbewegung gegen die Republik teilgenommen haben. Die Nutznießung der enteigneten Betriebe wird den Tagelöhnern und den Bauern des Verwaltungsgebietes übertragen, in denen sie liegen oder denen sie benachbart sind, je nach den Umständen, damit sie sie individuell oder kollektiv bearbeiten können."

Doch in gewissen Bezirken – Aragón, Katalonien, Provinz Valencia – wurden auf Betreiben der Anarchisten und von den Elementen des CNT Formen der „Kollektivierung“, des „anarchistischen Kommunismus“ und „Pflichtablieferungen“ eingeführt, die nichts anderes als Vorwände örtlicher Komitees sind, um die Bauern willkürlich auszubeuten und sie – bewußt oder unbewußt – gegen die republikanischen Institutionen aufzuhetzen. In vielen Ortschaften dieser Bezirke sind die Tagelöhner auf Grund der Willkür und der Eigenmächtigkeiten örtlicher Komitees ihres Tagelohnes nicht sicher. Die Bauern können den Boden nicht nach ihrem Gutdünken bearbeiten, und sie haben keinerlei Gewähr dafür, daß der Ertrag ihnen gehört, daß jedes requirierte Erzeugnis mit einem angemessenen Preis bezahlt wird und daß ihr Land, ihr Haus und ihr Vieh nicht eines Tages in die Hände improvisierter Komitees übergehen, auf die sie keinen Einfluß haben und denen sie kein Vertrauen schenken können.
Nach der Regelung des gesamten gesellschaftlichen Lebens und nach der Bildung der Volksfront-Regierung, an der alle politischen und gewerkschaftlichen Strömungen teilnehmen, sind diese Komitees eine degenerierte Form der Volksausschüsse, die seinerzeit spontan entstanden sind, als nach dem Verrat oder der Fahnenflucht der örtlichen Behörden keine öffentliche Gewalt vorhanden war. Jetzt haben sie keinerlei Funktion noch irgendeine Machtvollkommenheit mehr, aber sie führen sich immer noch wie wirkliche örtliche Regierungen auf. Sie fühlen sich nur stark, weil sie die bewaffnete Unterstützung der Milizformationen genießen, deren Repräsentanten sie sind. Irgend jemand behauptet mit Recht, daß die Anarchisten – Feinde jeglichen Staates – in diesen Gegenden den grausamsten und despotischsten Staat ins Leben gerufen haben.
„Keinem gehört etwas, und alles ist für alle“ lautet die Devise dieser anarchistischen Sozialisatoren. Unter ihrem Einfluß ist in vielen Dörfern das Geld abgeschafft und durch „Gutscheine“ ersetzt worden, die meistens nur durch einen einfachen Handstempel „legalisiert“ sind. Das Dekret des Landwirtschafts-Ministers über die Enteignung der Großgrundbesitzer verbietet jede Art Bodenzins, und niemand ist berechtigt, ihn von den Bauern einzutreiben. Doch einige anarchistische Ortsausschüsse beginnen auf eigene Faust vom Bauern einzutreiben, was dieser früher dem Herrn vertraglich an Pacht, Halbpacht oder in irgendeiner anderen Form bezahlte. „Alle sollen wissen“, warnt der Sekretär der Kommunistischen Partei Spaniens, „der Bauer hat das Land von der Regierung der Republik erhalten, damit er es nach seinem Willen individuell oder kollektiv bearbeiten soll, und niemand darf diesen Willen mißachten. Der Bauer soll für die Nutznießung des Bodens nur das bezahlen, was von der legalen Behörde festgesetzt ist.“

Inseln des Anarchismus

In Aragón findet das Regime der Anarchie und der Willkür, von dem wir oben sprachen, seinen Ausdruck in einem regelrechten Bezirksorgan, dem Rat von Aragón, mit dem Sitz in Caspe. Largo Caballero hat eine große Schuld auf sich genommen, als er aus Schwäche diesen Rat anerkannte und legalisierte. Und nun hat dieser Rat souveräne Vollmachten, obwohl er von niemanden gewählt noch von den verantwortlichen Organen der verschiedenen politischen und gewerkschaftlichen Strömungen anerkannt wurde. Er vertritt ausschließlich die Führer des CNT, der FAI und in gewissem Sinne auch der POUM[1] (einer angeblichen Arbeiterpartei der marxistischen Vereinigung). Sein Herrschaftsbereich erstreckt sich über fünfhundertzehn Ortschaften und Dörfer und über etwa eine halbe Million Bewohner. Seine Macht stützt sich ausschließlich auf die Milizen des CNT und des FAI. Diese bilden sozusagen das private Heer des Rates von Aragón und seiner Führer.

Die größte Sorge dieser Leute ist nicht so sehr der Kampf gegen die faschistischen Kräfte, die einen großen Teil Aragóns besetzt halten und blutig unterdrücken, sondern vielmehr die Einführung des sogenannten anarchistischen Kommunismus in dem von ihnen kontrollierten Gebiet. Aus diesem Grund herrscht an der Aragónfront seit Monaten hartnäckig Ruhe, während rund um Madrid die erbittertsten Schlachten für die Freiheit und die Unabhängigkeit ganz Spaniens geschlagen werden. Hin und wieder gibt es an dem einen oder dem anderen Abschnitt ein geringfügiges Geplänkel, oder es werden einige Ortschaften besetzt, die häufig bereits von Bauern des Ortes befreit worden sind, aber man spürt keinerlei Verlangen, diese gelegentlichen Erfolge mit allen Mitteln auszuweiten. – Man hat bereits länger als acht Stunden gearbeitet, und deshalb muß jede weitere Anstrengung auf den nächsten Tag verschoben werden, so lautet die Argumentation. Doch am nächsten Tag haben die Faschisten bereits neue Stellungen bezogen, und man kann nichts weiter machen.

Unter diesen Umständen schwindet natürlich die anfängliche Kampfbereitschaft der Massen. An einigen Abschnitten werden mit den Faschisten überdies ausdrückliche oder stillschweigende Nichtangriffspakte und Abkommen gegenseitiger Achtung abgeschlossen, wenn man mit ihnen nicht gar Zigaretten austauscht und zwischen den Linien Fußballfreundschaftsspiele veranstaltet. Auf diese Weise fällt es den Faschisten nicht schwer, Provokateure und Spione in das republikanische Lager zu schleusen. Diese dringen sogar in die Kommandostellen ein, suggerieren dort die verhaßtesten Maßnahmen und mischen sich dann unter die Bevölkerung, um diese aufzustacheln, sich gegen die gleichen, von ihnen selbst suggerierten Maßnahmen zu empören. Sie gelangen auch nach Barcelona, wo sie Verbindungen mit den Elementen der Fünften Kolonne aufnehmen und unterhalten.

Der Rat von Aragón hat sich lediglich darum gekümmert, den sogenannten anarchistischen Kommunismus einzuführen. Die Ergebnisse für die Wirtschaft und in bezug auf die Gewinnung der Bauern für die republikanische Sache sind katastrophal. Die republikanische Regierung hat das Land den Bauern gegeben, hat sie von den Steuern, die sie zugrunde richteten, von den „caciques“ und den Wucherern befreit. Die Führer des Rates von Aragón möchten die Bauern dazu verpflichten, das Land kollektiv zu bebauen und ihren ganzen Besitz zu einer Art riesigen Latifundiums zusammenzulegen, das sie selbst gegen ein einheitliches Gehalt bearbeiten sollen, welches sich oft auf einfache Gutscheine für „comer, beber y arder“ (Essen, Trinken und Heizen) beschränkt. Eine politische, wirtschaftliche und praktische Absurdität!

[1] Partido Obrero de Unificación Marxista.

Ohne Rücksicht auf die Richtlinien und die Anordnungen der zentralen Volksregierung, ja fast immer im Widerspruch dazu, versucht dieser Rat, eine unabhängige Wirtschaft und einen unabhängigen Innen- und Außenhandel zu schaffen, so wie er bereits ein eigenes Heer und eine eigene Miliz aufgestellt hat. Das Öl, die Mandeln, der Safran und andere örtliche Produkte, die die Hauptreichtümer des Bezirkes bilden, werden der Kontrolle durch die Zentralregierung entzogen. Diese könnte sie ins Ausland verkaufen und dafür Devisen erhalten, um Waffen, Maschinengewehre, Kanonen und Flugzeuge zu kaufen. Der Rat von Aragón benutzt sie statt dessen, um für eigene und besondere Zwecke direkt mit dem Ausland Handel zu treiben, sehr oft in der einzigen Absicht, sich selbst und die Organisationen des CNT und des FAI zu bereichern – wenn nicht gar Abenteurer und ausgesprochene Diebe den Rahm abschöpfen. Etwas Ähnliches geschieht in der Provinz Valencia mit den Apfelsinen, die pures Gold für die Republik sein könnten, falls die Regierung frei darüber verfügen könnte, ohne Dazwischentreten der Ortskomitees und raffinierter Betrüger, die nur deshalb vor Strafverfolgung geschützt sind, weil sie den rot-schwarzen Ausweis des CNT besitzen.

In Katalonien herrscht unter der Regierung der Generalidad[2] größere Ordnung. Doch in der Regierung der Generalidad sind die wichtigsten Ressorts in den Händen von Anarchisten: Krieg, innere Ordnung, Wirtschaft und Industrie. Sie versuchen, diese Ressorts nach ihren sozialen Ansichten zu leiten. Diese Versuche komplizieren im Verein mit dem katalanischen Partikularismus, an dem alle Parteien Kataloniens mehr oder weniger kranken, die Lage und beschränken die Möglichkeiten der Zusammenarbeit mit der Zentralregierung.

Katalonien ist das am stärksten industrialisierte und am meisten entwickelte Gebiet der Republik. Die vierhundert kleinen und großen Fabriken, die seine Rüstungsindustrie bilden, könnten ganz Spanien mit Waffen, Munition und Fliegerbomben beliefern. Doch diese Möglichkeiten werden nicht mit allen Mitteln ausgeschöpft, sie werden im Gegenteil häufig wegen Unfähigkeit, wegen phantastischer sozialer Experimente oder wegen zweideutiger Absichten nicht ausgenutzt. Es wird planlos darauflosproduziert, ohne genaue Kenntnis der Bedürfnisse der Front und der Bevölkerung. Einige Betriebe verbrauchen Tonnen über Tonnen an Kohle und Stahl für die Produktion von Gütern für den zivilen Bedarf, die dann am Lager liegenbleiben; andere, die jeden Tag Tausende und Abertausende Geschosse jeden Kalibers liefern könnten, produzieren auch weiterhin zierliche Verschlüsse für Damenhandtaschen. Einige Fabriken können nicht alle Rohstoffe verwerten, über die sie verfügen, andere stehen still wegen Mangel gerade an diesem Rohstoff.

Um die Dinge noch komplizierter zu machen, werden bei diesem Mangel an Planung und zentralisierter Leitung Versuche unternommen, den anarchistischen Pseudo-Kommunismus einzuführen. Einige Fabriken, die unwesentliche Erzeugnisse herstellen, werden ohne jede soziale Notwendigkeit requiriert, häufig nur wegen schändlicher Parteiinteressen oder der Habsucht irgendeines Leiters des FAI. Zahlreiche und bedeutende Fabriken arbeiten nur für den CNT und legen der Regierung der Generalidad keinerlei Rechenschaft ab. Der anarchistische Wirtschaftsminister will in den

[2] La Generalidad de Cataluña (Katalanische Autonome Landesregierung).

Fabriken für alle den gleichen Einheitslohn von 10 Peseten einführen und lehnt jede zentralisierte Kontrolle, jede Verstaatlichung der Industrie ab, weil solche Maßnahmen die angeblich sozialisierten Fabriken seiner Willkür entziehen und der Regierung unterstellen würden.

In dieser Desorganisation und mangelnden Einheitlichkeit zeigt der Sekretär der Kommunistischen Partei Spaniens den einzigen Ausweg, was er auch bereits für die militärische Organisation getan hat. „Um den Krieg zu gewinnen", sagt er am 1. Dezember 1936 vor den Cortes, „ist eine einheitliche Leitung in der nationalen Produktion von Waffen und Munition erforderlich. Nicht nur die örtlichen, sondern auch die allgemeinen Bedürfnisse an allen Fronten müssen befriedigt und nach einem Plan beliefert werden ... Man sollte sich nicht allzusehr bei Experimenten dieser oder jener Wirtschaftsdoktrin, dieses oder jenes theoretischen Systems und bei dem Wunsche aufhalten, allzusehr für die Zukunft zu bauen, und darüber die Gegenwart vergessen. Die Gegenwart sagt uns, daß es vorrangig, unverzüglich, dringend und unumgänglich nötig ist, den Krieg zu gewinnen. Für dieses Ziel", so erklärt José Diaz, „ist die Kommunistische Partei bereit, jede andere Forderung zurückzustellen."

Es ist offensichtlich: um den Krieg zu gewinnen, braucht man nicht nur eine einheitliche Leitung auf militärischem und wirtschaftlichem Gebiet, sondern man muß auch jeder Willkür, jedem Mißbrauch und jeder Gewalttätigkeit auf allen Gebieten ein Ende bereiten. Die kleinen „Regierungen", die in Form der „Komitees" als Notlösung allenthalben gebildet worden sind, müssen jetzt der Volksfront-Regierung, ihren Direktiven und den örtlichen „ayuntamientos" (Magistraten, Gemeinderäten) weichen, die Gerechtigkeit walten lassen und die Politik der Regierung und nicht der einen oder der anderen Partei durchsetzen müssen. „Wir haben eine Volksfront-Regierung, die die Regierung des gesamten Volkes ist", sagt José Diaz. „Unsere ganze Hilfe, alles, was wir sind und was wir als Regierungspartei, als Menschen und als Antifaschisten vertreten, müssen wir in den Dienst der Regierung stellen."

Der Weg zum Sieg führt über folgende Etappen: Verstaatlichung aller kriegsnotwendigen Industrien, um sowohl die Bedürfnisse der Front als auch die innere Nachfrage zu befriedigen; Arbeiter- und Gewerkschaftskontrolle, um die Produktion unter der alleinigen Leitung der Regierung zu organisieren und zu intensivieren; Achtung der Bauern, ihres Vermögens und ihrer Produktion und Befriedigung ihrer rechtmäßigen Ansprüche; Achtung der kleinen Industriellen, der kleinen Kaufleute, der Kleinbürger und all derer, die Freunde der Republik sein können, sowie Schutz ihrer Interessen. Eine einzige Macht und eine einzige Justiz: die der Volksfront-Regierung; ein starkes, mächtiges und diszipliniertes reguläres Heer; ein wirklich einheitliches Kommando; Beseitigung aller Reste der Milizen, ihres Partikularismus und jedes Überrestes sozialer Experimente, die im Widerspruch zu dieser Regierungspolitik stehen.

Die Kommunistische Partei ist die hartnäckigste und konsequenteste Verfechterin dieser Forderungen. Ihre Führer bemühen sich nicht nur, sie den Massen zu erklären, damit diese sie sich zu eigen machen, sondern wirken auch bei den Hauptverantwortlichen der anderen Parteien und Gewerkschaftsbewegungen darauf hin, daß jede Reibung und jeder Widerspruch zwischen den Kräften ausgeschaltet werden, die für die Freiheit und die Unabhängigkeit Spaniens kämpfen. Gerade mit den Anarchisten

und den Mitgliedern des CNT ist es schwierig, zu einem Übereinkommen und zur Zusammenarbeit zu gelangen. Der Sekretär der Kommunistischen Partei und der Vertreter des Nationalkomitees des CNT, Mariano Vasquez, kommen Ende Dezember zusammen und unterzeichnen ein gemeinsames Manifest, dessen Zweck es ist, „so zu verfahren, daß alle Kräfte, die gemeinsam gegen den nationalen und den ausländischen Faschismus kämpfen, wenn sie auch an ihren verschiedenen Ansichten festhalten, die eigenen Differenzen in freundschaftlicher Form in den Organisationen der Einheitsfront, in den Verbindungskomitees usw. diskutieren".
Zu diesem Zweck erklärt José Diaz in einem Interview mit der „Mundo Obrero" (Arbeiterwelt) vom 4. Januar 1937, daß er ein besonderes Interesse daran hat, den Genossen des CNT und den anarchistischen Arbeitern verständlich zu machen, daß „die Kommunistische Partei weder ihr Feind noch ihr Gegner ist, daß der einzige Feind der Kommunisten der Faschismus ist" und daß die Kommunisten stets mit den Anarchisten vereint kämpfen wollen, „vereint kämpfen, vereint den Faschismus besiegen und vereint die herrlichen Früchte des Sieges pflücken wollen".

Ein Heer für Spanien!

Die Kommunistische Partei Spaniens propagiert nicht nur die Notwendigkeit der politischen, militärischen und wirtschaftlichen Einheit unter der Führung der Volksregierung, sondern sie geht auch mit gutem Beispiel voran. Nachdem sie für die Umwandlung der Milizen in ein Volksheer gekämpft und ihre besten Kader und Kämpfer für die Aufstellung eines solchen Heeres abgegeben hat, beschließt sie, das Fünfte Regiment aufzulösen, das auf ihre Initiative hin bei Ausbruch der faschistischen Rebellion geschaffen worden war. José Diaz erklärt: „Die Organisation, die Disziplin, alles, was an Opferwille und an Heroismus zu Beginn der Aufstellung des Volksheeres vorhanden war, das war im Fünften Regiment verkörpert. Hunderte von Kommandeuren aus dem Volke sind von ihm ausgebildet worden. In den schwierigsten Augenblicken, vor allen Dingen vor Madrid, konnten siebzigtausend Mann des Fünften Regiments gegen den Feind geworfen werden." Und José Diaz fügt hinzu, daß das Fünfte Regiment nicht geschaffen wurde, damit die Kommunistische Partei ein eigenes Regiment habe. „Die Kommunistische Partei will kein eigenes Heer für sich, sondern sie will, daß Spanien ein Heer hat, ein starkes Heer, das den Krieg gewinnt, den Sieg festigt und die Interessen der Arbeiter, der Bauern und der Antifaschisten überhaupt verteidigt."
Der große Sieg bei Madrid wurde errungen dank der Disziplin, die sich bei allen zur Verteidigung der Stadt herbeigeeilten Einheiten durchgesetzt hatte, und insbesondere dank der bereits aufgestellten Einheiten des neuen republikanischen Heeres. Deshalb setzt die Regierung der Umbildung der Milizen in reguläre Einheiten und der Aufstellung neuer und stärkerer militärischer Formationen jetzt keinen Widerstand mehr entgegen. Den Lobrednern der Milizen, das heißt der „systematischen Disziplinlosigkeit, des ständigen Aufruhrgeistes und des Chaos in den äußeren Erscheinungen" anstelle jeder militärischen Disziplin, gelingt es nicht mehr, irgendwelchen Glauben zu finden. Mit der Bildung des regulären Heeres werden das Prinzip des

Freiwilligenheeres und die Militärdienstpflicht vereinigt. Die ersten Jahrgänge werden einberufen, um ihre Pflicht zur Verteidigung der Republik zu erfüllen. Gleichzeitig werden die Anstrengungen verdoppelt, um Freiwillige der noch nicht einberufenen Jahrgänge zu werben, um die neuen Rekruten auszubilden und um die gesamte Bevölkerung militärisch zu schulen. In den Betrieben und Werkstätten, in den Städten und Dörfern lernen Jugendliche und Ältere auf Anregung der Parteien und der demokratischen Organisationen nach Arbeitsschluß, am Sonntag und in den freien Stunden in Reih und Glied zu marschieren, sich gefechtsmäßig zu entfalten, mit dem Gewehr umzugehen und Jagd auf Panzer zu machen.

Da das republikanische Spanien offensichtlich noch einen langen und schweren Kampf vor sich hat, muß man sich auch über die Zukunft der Internationalen Brigaden klarwerden. Die hinter uns liegenden eineinhalb Monate Gefechte sind reich an Erfahrungen, aber auch sehr hart gewesen. Die Effektivstärken unserer Brigaden sind jetzt äußerst reduziert. Für die Front können wir jetzt etwa nur die Hälfte der Kämpfer stellen, die wir in den ersten Tagen schicken konnten. Dennoch behandelt man bei den höheren Kommandostellen unsere Brigaden und unsere Bataillone, als ob sie noch die volle Kriegsstärke besäßen, und man weist ihnen weiterhin Aufgaben zu, die ihren Kräften nicht entsprechen. Aus diesem Grunde wird die Auffüllung unserer Einheiten und die Verstärkungen ein besonders dringliches Problem.

Dieses Problem muß ich in meiner Funktion als Generalinspekteur der Internationalen Brigaden zusammen mit den spanischen Militärbehörden lösen. Zwei Wege erweisen sich als möglich: den rein internationalen Charakter unserer Brigaden unverändert beizubehalten und deshalb die am stärksten mitgenommenen Einheiten zusammenzulegen; aus je zwei infolge der Verluste sehr zusammengeschmolzenen Kompanien eine mit normaler Kriegsstärke zu machen und bei den Bataillonen und Brigaden ebenso zu verfahren. Das heißt das umgekehrte Verfahren wie in der ersten Periode anzuwenden, wobei wir mit all den negativen Auswirkungen rechnen mußten, die wir später zu beseitigen suchten, indem wir die Einheiten teilten bzw. neu aufstellten, um sie alle in nationaler und sprachlicher Beziehung möglichst gleichartig zu machen. Dieses Verfahren würde auch zur Folge haben, daß das organische Zusammenwirken der Kader, der Dienststellen und der Mittel zerstört würde, das mit soviel Mühe geschaffen wurde und das ein kostbares Kapital jeder militärischen Organisation darstellt.

Die andere Möglichkeit, die sich uns bietet, ist folgende: spanische Freiwillige und Kämpfer in die internationalen Einheiten aufzunehmen. Bei der Umwandlung der Milizen in ein reguläres Heer suchen viele kleinere spanische Einheiten zuverlässigere Formationen, denen sie sich anschließen wollen; ferner müssen die neuen Rekruten eingegliedert werden, und man ist durchaus daran interessiert, sie in bereits erprobte Formationen aufzunehmen, bei denen die Organisation und der innere Dienst einigermaßen in Ordnung ist und die wirklich in der Lage sind, sie schnell zu absorbieren und zu assimilieren.

Diese Möglichkeit wird gewählt, auch weil sie unter anderem den Vorteil bietet, unsere Einheiten stärker mit dem spanischen Heer und Volk zu verbinden und sie auch in bezug auf die Zusammensetzung zu Teilen des neuen Volksheeres mit dem

gleichen Recht wie alle anderen Einheiten zu machen. Nach diesem Prinzip werden der XI. und der XII. Internationalen Brigade in feierlicher Form je zwei Milizbataillone der Sierra als Verstärkung zugeteilt. Bei ihrem Eintritt in die Internationalen Brigaden bleiben die ursprüngliche Zusammensetzung, das Offiziers- und Unteroffizierskorps sowie die Einteilung der Politkommissare unverändert.
Die Beziehungen zwischen den internationalen Freiwilligen und den spanischen Kämpfern in der gleichen Einheit sind von Anfang an sehr gut, wie sie es ja auch bereits zwischen den verschiedenen internationalen und den spanischen Einheiten sind. Unter allen Dienstgraden der Organisation herrscht der Geist gegenseitiger aufrichtiger Verehrung, große Höflichkeit und der beste Wille, sich gegenseitig zu helfen und gefällig zu sein. Es muß betont werden, daß insbesondere von unserer Seite alles getan wird, um die Zuneigung und die Achtung der Spanier zu gewinnen und um in keiner Weise ihre Empfindsamkeit und ihre Gefühle zu verletzen. Dafür haben vor allen Dingen die Politkommissare und die Kommandeure zu sorgen. Die Inspektion der Internationalen Brigaden setzt sich an erster Stelle gerade die Aufgabe, darüber zu wachen, daß von allen Internationalen die genauen Direktiven beachtet werden: sich als beste Freunde des spanischen Volkes zu benehmen und sich seiner Volksfront sowie seinen militärischen und politischen Behörden vorbehaltlos zur Verfügung zu stellen.
Diese Richtlinien stimmen völlig mit den Motiven überein, aus welchen wir nach Spanien gekommen sind, und sie entsprechen auch offensichtlichen politischen und militärischen Notwendigkeiten, außerdem sind sie geeignet, dem Volk deu Unterschied zwischen der Natur unserer Hilfe und der Unterstützung des faschistischen Italiens und Deutschlands für die Rebellengeneräle klar vor Augen zu führen und auf diese Weise die ganze verleumderische Propaganda der Fünften Kolonne zu widerlegen. Aus diesem Grunde wachen wir aufmerksam darüber, daß diese Direktiven strikt befolgt werden, und diejenigen, die sie dennoch übertreten, werden streng zur Rechenschaft gezogen und bestraft. Das geht so weit, daß die Verantwortlichen der Internationalen Brigaden selbst Ende Dezember durch die Kommunistische Partei Spaniens die Abberufung des Generals Kleber, des ersten Kommandeurs der XI. Brigade, vorschlagen und auch erreichen, weil er anscheinend ohne jede Bescheidenheit als Retter Madrids auftrat und die unbestreitbaren Verdienste der spanischen Kommandeure und Kämpfer sowie des spanischen Volkes in den Schatten stellte.
Die technischen und organisatorischen Erfordernisse des neuen Heeres sind größer und auch vielfältiger geworden. Dasselbe gilt, besonders in unseren internationalen Formationen, für die politischen und moralischen Bedürfnisse der Freiwilligen. Die Arbeit des Politkommissars erlangt daher erstrangige Bedeutung. In den ersten Tagen war der Kommissar ein wenig „Mädchen für alles". Auch er hat für das Dringendste gesorgt: er hat dem Kommandeur geholfen und das Einrichten sowie das Funktionieren der wichtigsten Abteilungen überwacht. Eigentliche politische Arbeit hat er weniger geleistet. Nun verlangt der Kämpfer, daß die Lehren aus den Schlachten gezogen werden, an denen er teilgenommen hat; er will die politische und militärische Lage verstehen, er will eine Perspektive des hartnäckigen Kampfes sehen, an dem er so stark beteiligt ist.

Durch mündliche Agitation und mit Hilfe der Presse müssen all diese Forderungen befriedigt und das moralische und politische Band zwischen den verschiedenen Einheiten der gleichen Brigade und zwischen unseren Freiwilligen und dem spanischen Volk immer fester geknüpft werden. Es muß gelingen, auch während der Kämpfe Bücher, Zeitschriften und Zeitungen der verschiedenen Länder bis in die vordersten Linien zu bringen. Das gilt vor allem auch für die Post, die den Freiwilligen ein tröstliches Wort der fernen Angehörigen und Freunde bringt, welche voller Spannung und Stolz unsere Kämpfe verfolgen.
Um diesen Forderungen zu genügen, sind nicht geringe Schwierigkeiten zu überwinden. Doch in kurzer Zeit besitzt jede Brigade ihren politischen Apparat, ihr hektographiertes tägliches Bulletin, ihren Verteilerdienst für die spanische und ausländische Presse und ihre Poststelle. Der Solidarität des Volkes und der demokratischen Organisation Spaniens verdanken unsere Freiwilligen Radioapparate, verschiedene Spiele, Grammophone und Ziehharmonikas, die ihnen zur Zerstreuung und Unterhaltung dienen, wenn nicht gerade Künstlergruppen aus den größeren Zentren und aus der Hauptstadt anwesend sind, die Vorstellungen in den Unterkünften geben.

Schluß mit der Unsicherheit und der Improvisation!

Innerhalb der Internationalen Brigaden bemüht man sich, auf dem eigentlichen militärischen und organisatorischen Gebiet den neuen und höheren Anforderungen eines regulären Heeres zu entsprechen. Viele gute Ergebnisse sind bereits im Feuer der Kämpfe erzielt worden. Doch vieles muß noch erreicht werden. Vor allem muß dem ganzen administrativen Durcheinander schnellstens ein Ende bereitet werden. Weder die einzelnen kleineren Einheiten noch die Brigade besitzen eine genaue Namenliste der Männer; die Freiwilligen gehen ohne Erkennungsmarke und Personalpapiere ins Feuer. Aus diesem Grunde wird an jeden Freiwilligen eine Marke aus Metall ausgegeben, und jede Kompanie richtet eine eigene Schreibstube ein, die mit der Führung der gesamten Verwaltung beauftragt ist: angefangen bei den Eingangs- und Ausgangslisten, den Zahlungs-, Ankaufs- und Requirierungsanweisungen über die Registrierung der anwesenden, ankommenden und abgehenden Freiwilligen, einschließlich der Verwundeten, Toten und Vermißten, bis zur Aufbewahrung der persönlichen Dokumente und Sachen der letztgenannten.
Dank der internationalen Solidarität und der Lieferungen der regulären spanischen Militärorgane ist die Intendantur unserer Brigaden in der Lage, fast den gesamten Bedarf an Verpflegung und Bekleidung zu befriedigen. Der Transportdienst, der anfangs fast gar nicht existierte, weshalb wir in dieser Beziehung ganz auf die Gewerkschaftsorganisationen angewiesen waren, ist schnell durch Lastautos, leichte Fahrzeuge und Motorräder angewachsen. Die Bewaffnung läßt jedoch noch stark zu wünschen übrig. Nicht alle Männer können bewaffnet werden, nicht einmal mit einem einfachen Gewehr; die Anzahl der Maschinengewehre, die den Bataillonen zur Verfügung stehen, ist geringer als die in der „plantilla“ (Kriegsstärkenachweis) festgesetzte. Den Offizieren fehlt es an Ferngläsern, Pistolen, topographischen Karten und anderen Orientierungs- und Beobachtungsmitteln. Anfang Dezember können

an fast alle Freiwilligen, die in der vordersten Linie kämpfen, Gasmasken und Stahlhelme ausgegeben werden. Leider sind sie die einzigen Soldaten des gesamten spanischen Heeres, die über diese Ausrüstung verfügen.
Die Base in Albacete wird nach und nach ein regelrechtes Sammellager für die Aufnahme, die Eingliederung, die Ausbildung und die Inmarschsetzung der Freiwilligen an die Front sowie für den Aufbau aller allgemeinen Brigadedienste im rückwärtigen Gebiet. Zur Zeit der Aufstellung der beiden ersten Internationalen Brigaden war es noch nicht klar, welche Aufgaben die Base eigentlich zu erfüllen hatte. Übrigens machte sich damals niemand Gedanken darüber, ihre Aufgaben und Obliegenheiten zu definieren; jeder half da, wo es am dringendsten nötig war jeder arbeitete mit Elan in einem sehr malerischen und nicht unfruchtbaren Durcheinander. Doch jede neuaufgestellte Brigade nahm bei ihrem Abmarsch das wenige an Organisation, das geschaffen worden war, mit sich: Dienststellen, Kader, Material. Nach jedem Abmarsch mußte man wieder von vorne anfangen. Eine Sisyphusarbeit, wenigstens für den Aufbau der Base!
Endlich wurde auf Befehl des Kriegsministeriums die Base in Albacete zu einer von den Internationalen Brigaden unabhängigen Einheit umgestaltet. Ihre Aufgabe war es, als Mobilisierungszentrum für die Einheiten an der Front und für die in der Aufstellung begriffene Truppe zu dienen. Zugleich sollte sie das Ausbildungs- und allgemeine Verwaltungszentrum für alle Dienststellen sein. In Ausführung dieses Befehls werden ein regelrechter Stab und die verschiedenen Dienststellen der Base geschaffen. Doch es bleiben nur wenige der verantwortlichen Genossen in Albacete. Marty übernimmt die Kontrolle der politischen Arbeit und der Hilfsdienste; ein französischer Offizier, ein Weltkriegsteilnehmer, ist mit der Aufstellung, der Organisation und der militärischen Leitung der neuen Einheiten beauftragt. Der Genosse Platone wird sofort nach seiner Ankunft ebenfalls dem Stab zugeteilt. Wegen des großen Kadermangels mußten wir sogar für einige Wochen die Dienste des amerikanischen Schriftstellers und Journalisten Louis Fischer in Anspruch nehmen, der sich den Internationalen Brigaden zur Verfügung gestellt hat; es wurde ihm sogar die Verantwortung für die Intendantur übertragen.
Nunmehr wird in Albacete mit einer weiten Perspektive gearbeitet und organisiert. Die Unterkünfte werden bedeutend erweitert und besser ausgestattet, es wird repariert, abgerissen, aufgebaut, vergrößert und verschönert, es wird Platz für fünf- bis zehntausend Freiwillige geschaffen. Die Bezirkshauptstadt bietet Unterkunft für die Leitungen und die Stützpunkte der verschiedenen Dienste, die Genesungskompanie, die durchreisenden Freiwilligen und das Büropersonal. Die neu zu bildenden Einheiten werden auf die Nachbardörfer Mahora, Madrigueras, Tarazona de la Mancha, La Roda, Quintanar de la Republica, Villanueva de la Jara, Chinchilla und Almansa verteilt, und in den Wäldern von Pozorubio werden Ausbildungslager und Militärschulen für Offiziere und Kommissare eingerichtet.
Die gesamte Tätigkeit der Base wird der gebieterischen Notwendigkeit untergeordnet, so schnell und so gut wie möglich neue Freiwillige auszubilden. Um jeden Preis soll vermieden werden, daß die neuen Einheiten und die Verstärkungen so an die Front gehen wie die ersten Formationen. Man will eine solide Arbeit auf lange Sicht leisten. Jeder neue Transport von Freiwilligen wird mitten in der großen Arena der

Plaza de Toros von Albacete empfangen. Zwei-, dreimal in der Woche treffen auch weiterhin die Freiwilligen aus den näher gelegenen Ländern ein, die bisher schon den größten Beitrag zur Aufstellung der ersten Internationalen Brigaden geleistet haben. Aber auch die Gruppen aus den fernen Ländern, aus Kanada, aus den Vereinigten Staaten, aus den Republiken Mittelamerikas, aus Argentinien, aus Südafrika und sogar aus Australien und Chile, kommen nun immer zahlreicher an.
Das Schauspiel ist stets eindrucksvoll und erhebend. Auf der einen Seite stehen die Freiwilligen in den verschiedensten Anzügen. Sie sind in Reih und Glied angetreten – ein erster Versuch militärischer Ordnung – und haben vor sich ihre Köfferchen und Säcke abgestellt. Auf einem Tisch stehend, begrüßt sie Marty oder der Kommandeur oder auch der Kommissar der Base. Häufig geschieht das im schwankenden Licht einiger Fackeln, weil die Freiwilligen gewöhnlich eintreffen, wenn sich die Abendschatten oder auch die Dunkelheit der Nacht bereits herabgesenkt haben. Die Freiwilligen werden an die Größe der übernommenen Verpflichtung erinnert, wobei der Mut und das Opfer der Kämpfer, die ihnen vorangegangen sind, als Vorbild gepriesen werden. In diesen kurzen Augenblicken spüren die Neuankömmlinge und die Alten stets die Größe der heiligen Sache, für deren Sieg sie auf Spaniens Erde kämpfen wollen. Von diesem Augenblick an beginnt die Geschichte jedes Freiwilligen als Freiheitskämpfer.

Lazarette und Genesungsheime der Internationalen Brigaden

Die Verwundeten der Internationalen Brigaden sind anfänglich in allen Krankenhäusern Madrids untergebracht worden. Später ist es gelungen, sie in zwei oder drei Krankenhäuser in besonderen Sälen zusammenzulegen, die von den antifaschistischen Frauen Madrids, den Delegationen von der Front und den Kommissaren regelmäßig besucht werden. Im ersten Augenblick hatte man geglaubt, daß wir uns auf den Sanitätsdienst bei den kämpfenden Einheiten und in Albacete beschränken könnten. Für alles andere, für den Abtransport der Verwundeten von der Front, für die Lazarette, für die Genesungsheime usw., hätte der allgemeine Sanitätsdienst des spanischen Heeres genügen müssen. Man ging bei dieser Überlegung davon aus, daß in den ersten Tagen der mobilisierte zivile und militärische Sanitätsdienst sehr gut organisiert war. Es waren genügend Ärzte, Krankenhäuser und Sanitätsmaterial vorhanden. Die Einrichtung der Hauptstadt, die im Mittelpunkt der Kampffronten lag, genügte.
Doch dann erfolgte die Evakuierung Madrids durch die Regierung und alle zentralen Verwaltungen. Um die Bedürfnisse der Stadt zu verringern und um die Verwundeten aus dem Bereich der Bombenangriffe zu bringen, wurden auch alle Krankenhäuser der Hauptstadt evakuiert. Die augenblickliche Stärke der kämpfenden Streitkräfte, die stets wachsende Zahl der Verwundeten und der Neuaufnahmen in den Lazaretten, die Folgen der schlechten Jahreszeit und die epidemischen Krankheiten nehmen den Sanitätsdienst in einem Maße in Anspruch, daß es nicht mehr gelingt, allen Erfordernissen gerecht zu werden. Die Krankenhäuser sind überfüllt, der Abtransport der Verwundeten in das Hinterland erfolgt schleppend und unter großen

Schwierigkeiten. Internationale Freiwillige kämpfen an allen Fronten: in Madrid, in Teruel und in Andalusien. Unsere Verwundeten werden in alle Krankenhäuser des republikanischen Gebietes verstreut.

Die Mehrzahl der Freiwilligen kennt die spanische Sprache noch nicht und kann sich nicht mit dem Personal verständigen. Die zentralen Organe der Brigaden können unmöglich verfolgen, wohin sie verlegt werden, unter anderem auch deshalb, weil sie davon nicht benachrichtigt werden. Viele Verwundete verlieren somit den Kontakt mit ihrer Einheit und mit ihren Kameraden. Sie kommen sich einsam und verlassen vor und empfangen weder die Zeitungen ihres Landes noch die der Brigade und auch nicht die Korrespondenz von zu Hause. Sie sind sich selbst überlassen und können so ein Opfer der hinterhältigen Propagandatätigkeit der Fünften Kolonne werden. Dieser Zustand darf nicht andauern.

Aus diesem Grunde wird ein umfassender Dienst der Internationalen Brigaden geschaffen, der sich um den Verwundeten kümmert, und zwar vom Augenblick der Verwundung an bis zur völligen Wiederherstellung bzw. bis zur Rückkehr an die Front oder bis zur Überweisung in ein Ausbildungszentrum oder – falls er nicht mehr tauglich ist – bis zur Repatriierung. Zu diesem Zweck werden von Fall zu Fall in unmittelbarer Nähe der Front „internationale" chirurgische Lazarette eingerichtet; Möbeltransportautos, die als Operationssaal ausgestattet sind, folgen den kämpfenden Einheiten an die verschiedenen Brennpunkte der Schlacht; Krankenträgertrupps werden gebildet, Behandlungslazarette in der Frontzone und im rückwärtigen Gebiet eingerichtet sowie Genesungs- und Ausbildungszentren geschaffen. Wenn alle diese Sanitätsformationen auch zu den internationalen Einheiten gehören, so nehmen sie natürlich alle Verwundeten auf, die ihnen zugewiesen werden, ganz gleich ob Internationale oder Spanier. Die „internationalen" Verwundeten werden dann in die rückwärtigen Lazarette abtransportiert, wo es leichter für sie ist, mit den Ärzten und den Kameraden ihrer Brigade Kontakt zu finden, aber auch mit ihren Familienangehörigen in Verbindung zu treten.

Der Sanitätsdienst der Internationalen Brigaden nahm im Oktober seine Arbeit in sehr bescheidenem Umfang auf. Er umfaßte insgesamt sechs Ärzte: zwei französische, zwei deutsche und zwei polnische. Von den sechs verfügte nur einer über Erfahrungen als Truppenarzt. Von den übrigen war einer Spezialarzt für Kinderkrankheiten, einer Gynäkologe und einer Psychiater. Doch die Zahl der freiwilligen Sanitäter und Ärzte nimmt rasch zu: unter ihnen sind Studenten, Anfänger und berühmte Kapazitäten. Der französische Genosse Dr. Rouquès legt die ersten Grundlagen zum Sanitätsdienst. Bei seiner Rückkehr nach Frankreich wird er durch Dr. Neumann ersetzt; dann treffen aus Frankreich die Chirurgen Catalette, Cachin und Coudère ein; aus England kommen die Doktoren Jolly und Hardt, aus Amerika Dr. Barska und später der belgische Arzt Dr. Marteaux, die bulgarischen Doktoren Franek und Telge und Dutzende und Aberdutzende andere. Durch die Initiative Dr. Norman Bethunes aus Kanada entsteht eine besondere Einrichtung zur Bluttransfusion, die sogar in den vordersten Linien angewandt wird, eine wundervolle Neuerung, die zum ersten Mal in Spanien eingeführt wurde.

Nach ihrer Ankunft in Albacete werden die Ärzte in den verschiedenen Sanitätsdiensten der Base eingesetzt. Gleichzeitig nehmen sie an besonderen Konferenzen teil, um die notwendigen Kenntnisse für den Frontdienst zu erwerben und sich mit den sanitären Erfahrungen der ersten Internationalen Brigaden vertraut zu machen. Auf diese Weise werden die Lazaretteinrichtungen der Base immer umfangreicher. Ursprünglich nur geschaffen, um die örtlichen sanitären Bedürfnisse zu befriedigen, werden sie rasch erweitert, um die ersten verwundeten Freiwilligen von der Front aufzunehmen. Im Provinzkrankenhaus von Albacete und im Krankenhaus von Hellin, fünfzig Kilometer vom Hauptort entfernt, werden besondere Säle für die Internationalen eingerichtet.

Doch hierbei handelt es sich nur um eine erste, vorläufige Einrichtung. Es ist nicht ratsam, aus Albacete, das nunmehr in der ganzen Welt als Organisations- und Ausbildungsbase der Internationalen Brigaden bekannt ist, nun auch noch ein Lazarettzentrum zu machen. Es droht ständig die Gefahr faschistischer Luftüberfälle, die sicherlich weder Lazarette noch Genesungsorte verschonen würden. Deshalb werden Murcia und die schönen Küstenorte zwischen Alicante und Castellón de la Plana als die geeignetsten Orte für die Lazarettzentren der Internationalen Brigaden ausgewählt.

Ende November beginnen die Arbeiten zur Einrichtung des internationalen Lazaretts von Murcia. Die polnische Ärztin Dr. Struzeska wird beauftragt, das Institut „de segunda enseñanza“ (Höhere Schule) in ein Lazarett umzuwandeln und es zu leiten. Rasch wird dieses Zentrum erweitert. In der gleichen Stadt und in den umliegenden Ortschaften werden vier weitere Lazarette geschaffen. In Voraussicht der republikanischen Offensive gegen Teruel wird auf Betreiben der französischen Genossin Yvonne Robert im herrlichen Badeort Benicassim eines der besten internationalen Genesungslazarette eingerichtet. Zum Politkommissar dieses wichtigen Sanitätszentrums wird der Garibaldiner Suardi ernannt, der im Dezember bei Boadilla del Monte schwer verwundet wurde und als Rekonvaleszent nach Benicassim gekommen ist.

Bei der Ausstattung dieser Lazarette erfreuen wir uns der oft weitgehenden und spontanen Unterstützung der örtlichen Behörden und der Volksfront-Organisationen. Auch die Freiwilligen beteiligen sich daran, indem sie alle anfangs auf zwei Drittel ihres Soldes verzichten, der zehn Peseten täglich beträgt. Außerdem hilft uns die Solidarität der Völker in großzügiger Weise. Das Sanitätszentrum in Paris „Hilfe für Spanien“, das diese Hilfe organisiert und lenkt, versorgt uns mit Bahren, Ambulanzen, Auto-Ambulatorien, „auto-chir“, das heißt auf Autos montierte Operationssäle, und Sanitätsmaterial aller Art. In kurzer Zeit erhalten wir alles Notwendige zur modernen und kompletten Ausstattung unserer Lazarette, so daß wir auch dem spanischen Sanitätsdienst helfen können. Alles ist vorbereitet, um unsere Verwundeten aufzunehmen, zu heilen und ihnen Mut zuzusprechen; um sie mit Hilfe der Wissenschaft und dank der aufopfernden Pflege des Sanitätspersonals den Leiden und dem Tod zu entreißen.

Siegreiches Neujahr in Mirabueno

Ende Dezember ist die Front vor Madrid ruhig. Der Feind ist bemüht, seine Stellungen auszubauen, und er gibt auch einige allzu exponierte und schwer zu verteidigende Punkte auf. Er richtet sich zur Verteidigung ein. Der republikanische Generalstab nutzt das aus, um etwa hundert Kilometer nördlich von Madrid, längs der Straße von Guadalajara nach Sigüenza, anzugreifen. Der Angriff hat das Ziel, dem Feind gute Ausgangspositionen für eine eventuelle Offensive gegen die Hauptstadt zu entreißen und zu verhindern, daß faschistische Verstärkungen von diesem Abschnitt abgezogen und zum Schutz Teruels eingesetzt werden, das von der XIII. Internationalen Brigade gemeinsam mit spanischen Truppen angegriffen wird. Es handelt sich also um zwei gleichzeitige Offensivoperationen an verschiedenen, weit voneinander entfernten Fronten. Sie zeigen, daß das republikanische Oberkommando glaubt, eine gewisse Bewegungs- und Initiativfreiheit erlangt zu haben, die es unverzüglich auszunutzen beabsichtigt.
Der Plan ist folgender: von den Stellungen bei Las Inviernas aus, die von spanischen Milizen gehalten werden, überraschend Almadrones, Mirabueno und Algora zu besetzen, die Nationalstraße nach Zaragoza bis zum Kilometerstein 113 frei zu machen und später den Angriff gegen den Monte San Cristobal vorzutragen, der mit seiner Höhe von 1888 Metern das gesamte umliegende Gebiet bis Sigüenza beherrscht. An dem Unternehmen sollen die drei Bataillone der XII. Brigade, eine spanische Brigade, zwei Schwadronen Kavallerie, ein Dutzend Panzer, eine internationale und eine spanische Batterie Artillerie und einige Flugzeug-Staffeln teilnehmen. Die gesamte Operation wird von General Lukács von der XII. Brigade geführt, der im Brigadestab von Pacciardi und dieser durch Picelli im Stab des Garibaldi-Bataillons ersetzt wird.
Der Vormarsch der Truppe soll am frühen Neujahrsmorgen beginnen. Die Silvesternacht verbringen die Freiwilligen im Feuereifer der Angriffsvorbereitungen. Wecken ist um fünf. Rechts sollen die Franzosen auf Algora vorstoßen; das Angriffsziel der Garibaldiner in der Mitte ist Mirabueno; und links werden die Polen in Richtung Almadrones vorgehen. Die bis zur Feindberührung zurückzulegende Strecke ist lang. Fahrbare Straßen gibt es in dem schwierigen Gelände nicht. Der Vormarsch geht durch Wälder und über Felder. Um die Kameraden nicht zu ermüden, werden die Granatwerfer, die Munitionskästen und die Maschinengewehre eine lange Strecke auf Pferderücken transportiert. Später müssen alle ihr Bündel an Waffen und Ausrüstung selbst tragen.
Nach einigen Marschstunden erkennen die garibaldinischen Vorhuten ein oder zwei Kilometer voraus den Kirchturm der Ortschaft, die sie erobern sollen. Einige unserer Jagdflugzeuge erkunden Himmel und Erde, werfen ein paar Bomben und gehen herunter, um die faschistischen Stellungen und ihre Verteidiger mit Maschinengewehren zu beschießen. An der Straße Madrid–Zaragoza stoßen die Garibaldiner auf den ersten Widerstand. Die republikanischen Panzer gehen vor, gefolgt von unseren

Arditi unter Führung Braccialarghes. Nach kurzen Feuerstößen aus den Maschinengewehren und einigen Kanonenschüssen unserer Panzer nahmen die Faschisten die Beine in die Hand. Sie geben die Stellungen auf, der Weg für die Unsrigen ist frei. Mirabueno wird frontal angegriffen, während Gruppen von Garibaldinern den Ort von rechts und von links umgehen. Nach weniger als einer Viertelstunde ist die Ortschaft ganz in unserer Hand. Einigen zehn Faschisten ist es gelungen, sich durch die Flucht zu retten, doch etwa zwanzig sind tot oder verwundet am Boden geblieben, und etwa sechzig geben sich gefangen. Ein großer Teil von diesen ist aus Almadrones entkommen, das von den Polen angegriffen wird. Mit den Lastautos, auf denen sie befördert wurden, sind sie nun in die Hände der Garibaldiner gefallen.
Die Straßen und die Häuser der eroberten und gesicherten Ortschaft werden sofort durchkämmt. Im örtlichen faschistischen Stab überrascht man den Telefonisten, der seinen Vorgesetzten gerade das Eintreffen der Garibaldiner mitteilt. Die Pistole an der Schläfe, ist er „ipso facto" gezwungen, sich zu berichtigen: „Die Roten greifen Mirabueno an, wir können noch kurze Zeit Widerstand leisten; sendet uns sofort Verstärkungen, andernfalls sind wir gezwungen, uns zurückzuziehen." Die Kriegslist gelingt nur halb. Die faschistischen Verstärkungen gehen ab, aber unterwegs erfahren sie von den Geflüchteten die wahre Lage, machen kehrt und entgehen dadurch der ihnen gestellten Falle.
Die Durchsuchung der Höfe und Häuser erbringt eine reichhaltige Beute: zwei Autobusse, drei Autos, achtzig Gewehre, Ersatzteile für ein Dutzend Maschinengewehre, Revolver, Gewehrmunition und Granaten, ferner Wein, Reis, Mehl, Brot, Konserven und Kleidungsstücke; außerdem eine ausgabefertige warme Mahlzeit und die Geschenkpakete zu Neujahr. Ein wahres Festessen. Die Mahlzeit wird an die Bevölkerung ausgegeben, die Geschenkpakete werden an unsere Freiwilligen verteilt, und die gesamte Kriegsbeute behält das Garibaldi-Bataillon, das auf diese Weise unversehens reich an Waffen, Verpflegung und Gerät wird. Eine originelle und charakteristische Note dieses Krieges: in die Hände der Garibaldiner sind auch die Ehefrau, das Töchterchen und der Schoßhund des faschistischen Kommandanten gefallen, der bei der ersten Vorahnung der Gefahr alles und alle im Stich ließ und zu Pferde über die Felder flüchtete.
Picelli läßt die Ortschaft sofort in Verteidigungszustand bringen. Bisher ist alles ausgezeichnet gegangen, alle Ziele sind vollständig erreicht worden, die Verluste belaufen sich auf nur zwei Leichtverwundete. Doch jetzt fängt das Unglück an. Die republikanische Luftwaffe erscheint wieder. Die Unsrigen begrüßen sie voller Freude, sie schwenken die Waffen und die Mützen und zeigen sich auf den Straßen und den Feldern. Die Flugzeuge kreisen und kreisen, doch sie erkennen die vereinbarten Signale nicht, sie glauben nicht, daß Mirabueno bereits in der Hand der Republikaner ist. Nach kurzem Zögern stoßen sie daher herab, um die Ortschaft und die über die Felder verstreuten Bewaffneten mit Maschinengewehren zu beschießen.
Es ist eine regelrechte Menschenjagd. Die republikanischen Maschinen gleiten fast über den Erdboden hinweg, schießen die mörderischen Gurte ihrer Bord-Maschinengewehre leer und verfolgen sogar hartnäckig den einzelnen Mann über die Felder. Roasio, dem Bataillonskommandeur, passiert folgendes: Eine Viertelstunde lang wird er von einem Jäger gehetzt und beschossen, bis es ihm gelingt, dem unangeneh-

men Verfolger zu entgehen. Er springt von einem Mäuerchen zum anderen, geht hinter Steinhaufen in Deckung und versucht, sich im Gelände zu tarnen. Nichts zu machen. Die Maschine kommt bis auf wenige Meter an ihn heran, fliegt über ihn hinweg, nimmt die Schießerei bald von vorn, bald von hinten wieder auf. Es ist zum Rasendwerden.
Diese tragische Jagd endet erst, als Roasio sich in einem Haus in Sicherheit bringen kann und aus der Sicht und dem Schußfeld des erbarmungslosen Jägers verschwunden ist. Das gleiche passiert Pelosi und verschiedenen anderen Freiwilligen. Der Stab des Garibaldi-Bataillons hat den Fehler gemacht, der Luftwaffe nicht in der abgesprochenen Art und Weise die beim Vormarsch erreichte vorderste Linie anzugeben. Das kostet ein Dutzend Tote und ebensoviel Verwundete, mehr als die ganze siegreiche Operation, die zur Eroberung der Ortschaft führte.
Inzwischen geht rechts von den Garibaldinern die Aktion der Franzosen und links der Angriff der Polen gegen die jeweiligen Ziele weiter. Das französisch-belgische Bataillon besetzt Algora. Doch die Lage ist in diesem Abschnitt nicht ganz beruhigend. Zwischen Algora und Mirabueno erstreckt sich auf etwa fünf Kilometer ein Wald, den niemand kontrolliert. Aus diesem Grunde wird die Offensive der Garibaldiner am ersten Tage bei der besetzten Ortschaft angehalten. Das ist sehr schade, denn faschistische Deserteure berichten, daß die erlittene Schlappe in den feindlichen Reihen ungeheure Demoralisierung, Konfusion und Verwirrung verursacht hat.
Am nächsten Tag, dem 2. Januar, durchkämmt die Kompanie der garibaldinischen Arditi, von zwei Panzern begleitet, den Wald bis Algora. Sie findet keine Menschenseele. Doch dieser Erkundungsvorstoß ist trotzdem von Nutzen für die Franzosen, die das Dorf halten. Gerade in diesem Augenblick müssen sie einen wütenden, von Panzern unterstützten Gegenangriff zurückweisen. Ihre Lage wird bereits kritisch. Das unerwartete Erscheinen der Unsrigen beruhigt und ermutigt sie und verwirrt die Faschisten, die zum Rückzug blasen.
Diese Zusammenarbeit zwischen Franzosen und Garibaldinern veranlaßt die Faschisten zu einer für uns tragischen List. In der Nacht hört eine Streife des französisch-belgischen Bataillons, die die vorgeschobenen Posten überwacht, Menschen näher kommen. Sie ruft: „Wer da?“ – „Wir sind Garibaldiner“, lautet die Antwort. Die Gestalten nähern sich und geben sich plötzlich zu erkennen. Es sind Faschisten. Sie nehmen alle Männer der Streife gefangen, darunter den Politkommissar des Bataillons, und erschießen sie kurz darauf. Ihre Leichen werden bei Tagesanbruch wenige Meter von dem Ort entfernt aufgefunden, wo sie in die Falle gegangen sind. Auch hier fällt die Verantwortung auf die höheren Kommandostellen, die versäumt haben, eine Parole für den gesamten Abschnitt auszugeben.
Die Polen sind bei ihrem Vormarsch auf die größten Schwierigkeiten gestoßen. Am 2. Januar setzen sie mit Unterstützung einer spanischen Brigade den Angriff gegen Almadrones fort. Doch die Faschisten verteidigen die Straße aus gut angelegten Maschinengewehrnestern. Es ist unmöglich, weiter vorzurücken. Während des Gefechtes steigt Major Kochanek auf einen Panzer, um seine Leute anzufeuern. Ein Feuerstoß trifft ihn tödlich. Die Verzögerung des polnischen Vormarsches bringt sogar die von den Garibaldinern erreichte Stellung in Gefahr, da die linke Flanke offenbleibt.

Am 3. Januar kommen zwei Kompanien und die Arditi des Garibaldi-Bataillons dem „Dombrowski" zu Hilfe. Almadrones wird rechts von den Italienern, in der Mitte und links von den Polen angegriffen. Die Faschisten haben sich von der ersten Überraschung bereits wieder erholt; sie sitzen in ausgebauten Stellungen und verfügen über einige Maschinengewehrnester. Doch Polen und Garibaldiner umgehen die Ortschaft von rechts und von links. Dem mit Unterstützung einiger Panzer vorgetragenen Angriff können die Faschisten nicht standhalten. Sie werden überwältigt und zur Flucht gezwungen.
Auch Almadrones ist erobert. Alle ersten Ziele sind erreicht. Am nächsten Tag, dem 4. Januar, durchkämmen Streifen französischer, italienischer und polnischer Freiwilliger die nahen Wälder und richten Beobachtungsposten ein. In der Ferne, in der Talebene vor uns, sieht man die Faschisten bei der Arbeit; sie heben Gräben aus und bereiten freie Plätze für Maschinengewehre und Kanonen vor. Nachts hört man das Motorengeräusch der feindlichen Lastautos, die Waffen und Verstärkungen in die neue faschistische Widerstandslinie bringen.

Der Tod Guido Picellis

Am 5. Januar lebt die Offensivtätigkeit am gesamten Abschnitt wieder auf. Der Schwerpunkt liegt beim Bataillon Dombrowski, das auf den Monte San Cristobal, den höchsten Punkt des Gebietes, vorrücken soll. Das Garibaldi-Bataillon soll die Polen lediglich unterstützen, in dem es links eine Anhöhe besetzt, um ihnen die Flanke und den Rücken zu decken. Zwei Kompanien Garibaldiner unter dem direkten Befehl Guido Picellis übernehmen diese Aufgabe.
Der Marsch durch Wälder und Senken ist mühsam, schwierig und langsam. Die Freiwilligen müssen das übliche schwere Bündel schleppen. Die Träger der schweren Waffen und der Munitionskästen plagen sich beim Hinauf- und Hinabsteigen im unwegsamen Gelände, stets behindert durch das Gewirr der Äste und durch die umgehängten Decken. Die Luft ist kalt, der Wind peitscht, doch der Schweiß rinnt reichlich den Rücken hinunter. Man bewegt sich ruhig eine Stunde und länger weiter vor, doch als die Steigung des zu besetzenden Berges beginnt, wird der Schritt vorsichtiger; man fürchtete einen Hinterhalt, und man will sich nicht der Gefahr aussetzen. Niemand weiß, ob die Kuppe des Hügels von den Faschisten besetzt ist oder nicht.
Guido Picelli geht allen voran, das Gewehr in der Hand, als ob er auf Jagd ginge. Pacciardo, der zusammen mit Rosaio den Gang der Operation verfolgt, hat ihn bereits mehrere Male streng zurückgerufen. Er sei der Kommandeur und nicht der Spähtrupp der Vorhut, erklärt er ihm. Doch das sind in den Wind gesprochene Worte. Picelli ist mit allem einverstanden, doch dann treiben ihn Instinkt und Schwung des beherzten Kämpfers wieder nach vorn, und er wird sich nicht einmal bewußt, daß er undiszipliniert handelt.
Die Kuppe der Anhöhe wird ohne große Schwierigkeiten erreicht. Die paar Faschisten, die sie halten, geben einige Flintenschüsse ab und machen sich dann angesichts der überlegenen angreifenden Kräfte davon. Die Garibaldiner gehen

vor, um die Stellung zu besetzen. Picelli ist natürlich unter ihnen und sucht sofort günstige Plätze für die Maschinengewehre. Da streckt ihn ein feindlicher Feuerstoß wie vom Blitz getroffen zu Boden. Das faschistische Maschinengewehr, unter dessen Feuer er fiel, steht auf einer Anhöhe in etwa fünfhundert Meter Entfernung. Im Augenblick ist es unmöglich, seine Leiche zu bergen.

Die Nachricht vom Tode Picellis wird sofort von Gruppe zu Gruppe weitergegeben und erreicht alle auf den Abhängen verstreuten Garibaldiner. Picelli ist nicht mehr! Die Meldung erschüttert alle und ruft Unglauben und Staunen hervor. Man befindet sich im Gefecht; in jedem Augenblick kann das Leben des nächsten Freundes, des nächsten Kameraden ausgelöscht werden. Man weiß: jeder hat bereits mehr als einmal die Grausamkeit des Krieges kennengelernt. Doch daß das Schicksal heute Guido Picelli dahingerafft haben soll, scheint allzu grausam, im höchsten Grade, ungerecht, unmöglich.

Picelli ist noch nicht einmal einen Monat bei der Brigade gewesen. Er hat dem Garibaldi-Bataillon die Verstärkung der dreihundert Mann zugeführt, die er in Albacete aufgestellt und ausgebildet hat. Er hat sofort ihr Herz und ihre Achtung erobert mit seiner knappen und gleichzeitig herzlichen Art. Äußerlich sehr streng und militärisch, vermag er jedoch nicht, sein tiefes Verständnis für die Gefühle und die Belange der Freiwilligen zu verbergen. Er faßt die in Reih und Glied angetretenen Männer hart an, aber er versteht es auch, den Geist mit einem Witz oder einer freundlichen Bemerkung zu erfreuen. Picelli ist der energische, spöttische und furchtlose Führer, wie man ihn gerade in diesem Krieg braucht. Die Männer verstehen und lieben ihn; mit ihm gehen sie gerne zum Sturmangriff vor.

Jetzt erfahren sie, daß Picelli nicht mehr ist, daß er vor ihnen, vor allen, für immer gefallen ist. Seine sterbliche Hülle kann im Augenblick nicht einmal geborgen werden. Das Schicksal ist dieses Mal noch grausamer als sonst. Es ist ein großer Führer, eine große schöpferische Persönlichkeit, ein großer Freund, der von uns ging.

Doch für den, der die Geschichte des antifaschistischen Kampfes in Italien kennt, bedeutet Guido Picelli viel mehr. In seiner Person ist eine ganze Periode des revolutionären Kampfes der italienischen Antifaschisten verkörpert, eine Periode des Heroismus, der Treue und der Standhaftigkeit. Picelli ist der Organisator und der Held des antifaschistischen bewaffneten Widerstandes der Männer und Frauen aus dem Volke von Oltre Torrente de Parma[1] im Jahre 1922. Damals wurde die Stadt von den Horden Balbos angegriffen und besetzt; es sind über zwanzigtausend Faschisten, Karabinieri[2] und Königliche Polizisten. Picelli, der Führer der Arditi des Volkes, ruft die Männer und Frauen von Oltre Torrente, die er organisiert und erzogen hat, zu den Waffen und zum Kampf. Barrikaden wachsen aus dem Boden, die von Picelli geführten Arditi des Volkes weisen jeden Angriff zurück, dann stürmen sie über den Fluß und jagen die faschistischen Kolonnen samt ihrem stolzen Würdenträger aus der Stadt. Picelli, der kommunistische Abgeordnete, spielt den Faschisten von Montecitorio einen lustigen Streich. Auf der Spitze des Turmes über

[1] Wörtlich: jenseits des Flusses; Stadtteil Parmas, der jenseits des gleichnamigen Flüßchens liegt.

[2] Mit Karabinern ausgerüstete Gendarmerietruppe.

dem Eingang des Palastes hißt er am 7. November 1934 zu Ehren der russischen Revolution eine rote Fahne als Herausforderung und zum Hohn des Mussolini-Regimes. Picelli, der Agitator, spricht noch am Vorabend der Ausnahmegesetze der Polizei zum Trotz zu den Arbeitern der eisenverarbeitenden Fabriken Liguriens.
An diese verschiedenen Züge des Charakters und der Persönlichkeit Guido Picellis erinnern sich die Garibaldiner bei der Meldung über seinen Tod. Dadurch wird sein Verlust noch bitterer empfunden. Der Genosse Albino Mervin ersetzt sofort Picelli in der Führung der Kompanie; doch eine halbe Stunde später wird auch er an einem Bein verwundet und weggetragen. An seine Stelle tritt der Genosse Ferrari, der wenige Stunden später wegen Erkrankung durch den sozialistischen Genossen Bianchi abgelöst werden muß.
Die Faschisten gehen nicht zum Gegenangriff über. Sie beschränken sich darauf, mit ihren Maschinengewehren die Kuppe unter Feuer zu halten. Doch die Unsrigen haben sich ein wenig tiefer festgesetzt und lösen trotzdem ihre Aufgabe, die Flanke der vorgehenden Polen zu schützen. Die Stellung ist jedoch isoliert und liegt mehr als zwei Marschstunden von der Base des Bataillons entfernt. Es gibt weder Straßen noch gangbare Pfade, sondern nur Wälder und Senken. Es fehlt an Wasser, und es ist schwierig, die Verpflegung herbeizuschaffen.
Roasio gelingt es, in Mirabueno ein Dutzend Maultiere aufzutreiben, die mit Wasser, Büchsenkonserven und der warmen Mahlzeit beladen werden. Die „corvée" zieht los, von einer Gruppe Arditi eskortiert und von einem Melder geführt, der den Weg kennt. Doch es ist bereits Abend, und es ist schwer, sich in der Finsternis und im Walde zurechtzufinden. Während der ganzen Nacht irrt die „corvée" zwischen Sträuchern und Stämmen, über Gräben und Erdbuckel umher. Die Männer gehen vorsichtig, mit angespannten Sinnen vor. Bei jedem Geräusch halten sie den Atem an. Sie finden sich nicht mehr zurecht, fürchten, in einen Hinterhalt oder auf feindliches Gebiet zu geraten. Nach stundenlangen Märschen und Pausen kehren sie endlich mit ihrer ganzen Ladung wieder nach Mirabueno zurück.
Die beiden Kompanien an der Front bleiben somit ohne Verpflegung. Nachts leiden sie unter der Kälte. Erst am folgenden Morgen gelingt es einer neuen Expedition, reichlich Kaffee, Kognak, Brot und Büchsenfleisch herauszuschaffen. Auf dem Rückweg nimmt diese „corvée" die in der Nacht geborgene Leiche Picellis mit. Auf einer Bahre wird sie abwechselnd von einigen Freiwilligen getragen und dann in Mirabueno aufgebahrt. Dorthin begeben sich alle Garibaldiner, um Picelli den letzten Gruß zu erweisen, bevor die Leiche nach Madrid befördert wird, wo ihr die Bevölkerung der Hauptstadt eine feierliche Ehrung bereiten wird.
In der Nacht vom 6. zum 7. werden alle internationalen Einheiten aus dem Abschnitt herausgezogen und nach Madrid geworfen. Die Stellungen werden von den Spaniern gerade in dem kritischen Augenblick übernommen, als die Faschisten zum Gegenangriff übergehen. Auf dem Transport ruht das Garibaldi-Bataillon einen Tag in Guadalajara. In der Nacht fahren die Garibaldiner wieder ab, werden jedoch von einem Luftangriff überrascht. Die Orte dieser Zone werden nämlich seit einigen Nächten von den faschistischen Flugzeugen bombardiert, als Vergeltung für ihre Schlappe an der Front. Wahrscheinlich haben die Faschisten auch den stärkeren Verkehr auf den Straßen festgestellt.

Dieses Mal ist ausgerechnet Guadalajara das Ziel des Angriffs. Die Flugzeuge sind über der Stadt. Um besser sehen zu können, werfen die Piloten Leuchtkörper ab, die den ganzen Himmel erhellen. Darauf wird plötzlich das elektrische Licht wieder eingeschaltet (das ist gewiß das Werk irgendeines Provokateurs), und alle Straßenlampen flammen auf und markieren auf diese Weise genau die Ziele für die faschistische Luftwaffe.
Sofort fallen die Bomben. Sie vernichten Wohnungen, pflügen den Friedhof um und schleudern einige dreißig Gräber in die Luft. Unschuldige Opfer unter der Bevölkerung sind zu beklagen: Frauen, Greise und Kinder werden schrecklich entstellt, verstümmelt und zerrissen. Der Hauptplatz, auf dem bis vor wenigen Minuten noch die mit Garibaldinern beladenen Lastautos dicht gedrängt standen, wird von einer schweren Bombe getroffen. Der Genosse Canapino (Giacomo Calandrone) wird durch Splitter am Bein verwundet, und – was noch schlimmer ist – durch den Luftdruck wird ihm fast der ganze Brustkasten eingedrückt, so dicht ist die Bombe detoniert. Glücklicherweise ist er das einzige Opfer unter den Internationalen. Die LKW sind in aller Eile losgefahren, und es ist ihnen gelungen, die Männer der Brigade aus dem Stadtgebiet zu bringen. Sie fahren mit gelöschten Scheinwerfern langsam weiter, um Unfälle in der Nacht zu vermeiden. Am frühen Morgen trifft die ganze Brigade in Colmenar Viejo, in der Nähe von El Escorial ein, wo sie in Erwartung weiterer Befehle Unterkunft bezieht.

Die zweite faschistische Offensive gegen Madrid

Die kurze Ruhepause, die Ende Dezember an der Madrider Front auf beiden Seiten eingetreten war, näherte sich ihrem Ende. Schon in den ersten Januartagen werden die Bataillone der XI. Brigade, die im rückwärtigen Gebiet zusammen mit der Bevölkerung und den Mädchen aus Madrid fröhlich das neue Jahr feiern, plötzlich alarmiert. Einer nach dem anderen müssen die Freiwilligen stillschweigend, mit einem Lächeln auf den Lippen und ein klein wenig Bedauern im Herzen, ihre Tänzerinnen verlassen, um wieder das Gewehr, den Helm und die Gasmaske aufzunehmen. Von Brunete her kommt der Alarm. Die XI. Brigade eilt dorthin, doch es ist ein blinder Alarm. Er gilt noch nicht für heute.
Es gibt jedoch zahlreiche unmißverständliche Anzeichen dafür, daß die Faschisten sich rühren und daß die Kampftätigkeit an der Front wiederauflebt.
Auf den Straßen ist ein starker Verkehr von Fahrzeugen beobachtet worden, der Staubwolken verursacht wie beim Durchzug einer riesigen Herde. Wie Vögel, die den Sturm fühlen, kommen Flüchtlinge zu den Kommandostellen und erzählen, was sie gesehen und was sie gehört haben. Es ist klar: die Faschisten bereiten eine große Offensive gegen Madrid vor. Zwischen der Universitäts-Stadt und dem Guadarrama-Fluß haben sie einige zehntausend Mann und zahlreiche Panzer zusammengezogen. Schwärme von Flugzeugen und Unmengen Artillerie stehen zu ihrer Verfügung. Es sieht so aus, als ob sie im gesamten Abschnitt angreifen wollten, um die Straße nach La Coruña zu erreichen und auf diese Weise die gesamte republikanische Verteidigung auf der Sierra zum Zusammenbruch zu bringen, damit sie über El Pardo und

den Norden ein großes Einkreisungsmanöver gegen die Hauptstadt durchführen können.

Angesichts der unverkennbaren Vorbereitungen des Feindes zeigen sich beim republikanischen Kommando wieder Schwächen und Fahrlässigkeit. Unsere Linien werden nicht verstärkt. Es werden keine Reserven bereitgestellt, die im kritischen Augenblick an den entscheidenden Punkten eingesetzt werden können. Im Gegenteil! Wir haben gesehen, daß ausgerechnet am Vorabend des faschistischen Angriffs die XII. Internationale Brigade von diesem Abschnitt abgezogen wird, um an einem kühnen, aber wirklich nicht dringenden Unternehmen teilzunehmen.

Die neue faschistische Offensive beginnt am 3. Januar. Von den ersten Morgenstunden an trommeln die feindliche Artillerie und die Luftwaffe erbarmungslos auf unsere vordersten Linien, die Verkehrsknotenpunkte und die unmittelbar hinter der Front liegenden Ortschaften. Aravaca, Pozuelo, Majadahonda, Las Rozas und El Plantio werden durch faschistische Bomben und Granaten vernichtet. Die erschreckten Bewohner flüchten und lassen alles im Stich: Häuser, Vieh, Geräte und Produkte. Wo vor wenigen Stunden das Leben noch relativ geregelt und ruhig verlief, wütet jetzt nur Verderben und Tod. Unsere vordersten Linien werden umgewühlt, die Befestigungen zerstört. Die Verbindung mit dem rückwärtigen Gebiet wird durch die Bombenangriffe unterbrochen oder erschwert. Die Telefonverbindungen mit den Kommandostellen funktionieren nicht mehr. Die Explosionen zerreißen und verbrennen die Drähte, alles geht drunter und drüber.

In diesem Augenblick tauchen die ersten feindlichen Panzer in der Feuerlinie auf. Sie sind vorn, rechts und links. Sie bestreichen das Gelände mit Feuerstößen aus den Maschinengewehren. An einigen Punkten überrollen sie unsere Linien in der Absicht, sie von hinten zu nehmen, Panik zu verbreiten und unseren Leuten jede Rückzugsmöglichkeit abzuschneiden. Doch die Unsrigen leisten Widerstand, obwohl sie überrascht, verwirrt und durch die Explosionen betäubt sind. Pausenlos feuern sie aus ihren Maschinengewehren, bis die Läufe glühen, sie verbrauchen ihre Reserven an Handgranaten, sie fordern und erwarten Verstärkungen. Sie hoffen, daß jeden Augenblick unsere Luftwaffe eintrifft und das unerbittliche Dröhnen der feindlichen Flugzeuge vertreibt, die ohne Pause ihre Bomben aus der Höhe abwerfen und dann tief herunterstoßen, um aus ihren Maschinengewehren zu schießen.

Pozuelo wird von den Faschisten besetzt, Aravaca ebenfalls. Einige Bataillone „Asturier" weichen auf Majadahonda zurück; eine spanische Brigade hält zwischen El Plantio und La Remisa stand. Die XI. Internationale Brigade steht mit stark reduzierten Kräften an der Front: eintausendfünfhundert Mann im Höchstfalle. Sie geht in Richtung auf Majadahonda zum Gegenangriff vor, und ihr Schwung reißt die zögernden oder bereits zurückweichenden Elemente mit. Das Bataillon Edgar André verläßt, von einigen Panzern unterstützt, als erstes seine Deckung. Daraufhin geht auch das Bataillon Commune de Paris zum Sturmangriff auf die faschistischen Stellungen vor. Es ist ein verzweifelter Kampf. Der Feind greift wütend an und bricht auf dem rechten Flügel durch. Auf vielen Gesichtern ist Beunruhigung zu lesen; doch Kommandeure und Kommissare gehen mit gutem Beispiel voran, sie spornen die Männer an, ordnen sie neu und führen sie wieder zum Angriff.

Das Gefecht zieht sich in die Länge. Der Munitions- und Verpflegungsnachschub kommt schlecht durch, das Fortschaffen der Verwundeten ist schwierig und gefährlich, die Anstrengung ist groß. Während des ganzen 3. und auch des 4. Januar bleibt der Feind im großen und ganzen in denselben Stellungen, die er zu Beginn überraschend erreicht hat. Einen Augenblick entsteht die Gefahr, daß das Bataillon Edgar André eingekesselt und vernichtet wird. Es ist von fünf oder sechs faschistischen Panzern eingekesselt, die feindliche Infanterie besetzt bereits einen Teil unseres Grabens, unsere Freiwilligen haben keine Spezialmunition und auch keine Panzerabwehrgranaten mehr. Sie schießen mit gewöhnlichen Patronen. Die faschistischen Panzer sind etwa nur noch fünfzehn Meter entfernt.
Doch unsere Freiwilligen wanken und weichen nicht; sie feuern weiter aus Gewehren und Maschinengewehren. Sie wissen, daß gewöhnliche Geschosse die Panzerung nicht durchschlagen können, dennoch gehen sie nicht zurück, sie schießen und schießen ... Den feindlichen Panzerschützen wird das Trommeln auf den sie umschließenden Metallwänden unheimlich; sie fürchten, daß ihre Panzer zu Särgen werden, sie machen eine halbe Wendung und kehren um. Die Freiwilligen des „Edgar André" sind gerettet, sie können geordnet zurückgehen und günstigere Stellungen beziehen.
Das Bataillon Commune de Paris und das Thälmann-Bataillon erleben ebenso harte und kritische Augenblicke. Am ersten Tag des faschistischen Angriffs werden die Männer des Thälmann-Bataillons überrannt. Sie verlieren den Mut nicht, greifen den vorgehenden Feind im Rücken an, jagen zwei faschistische Bataillone in die Flucht, und während der Nacht gelingt es ihnen, sich einen Weg nach Westen, in Richtung auf El Escorial zu bahnen. Der 7. Januar ist der schwarze Tag des Thälmann-Bataillons: es wird eingekesselt und nahezu vernichtet. Allein in einem Graben bleiben mehr als achtzig Tote zurück. Das Bataillon Commune de Paris hat nur noch zweihundert Mann an der Front. Nur unter solch hohen Opfern gelingt es diesen Bataillonen, den Feind aufzuhalten.
Die Faschisten haben zwischen El Plantio und Las Rozas die Straße nach La Coruña erreicht, aber sie machen keine weiteren Fortschritte. Hinter den Mauern des riesigen Parks, der die Straße säumt, halten die internationalen Freiwilligen und die Spanier stand, bis frische Kräfte eintreffen, um sie abzulösen und den Gegenangriff vorzubereiten.

Schlacht im Nebel

Alle Hilfskräfte, über die die Armee im Zentrum verfügt, sind jetzt im Abschnitt der faschistischen Offensive zusammengezogen. Die Linie, die bei der San-Fernando-Brücke den Manzanares schneidet und längs der Mauern weiter verläuft, die die Straße bis Zarzuela säumen, ist fest in der Hand der republikanischen Kräfte. Gegen diese Linie drücken die Faschisten in der Absicht, nach Fuencarral und Alcalà de Henares vorzustoßen, um hier die Verbindungen zwischen Madrid und den Abschnitten der Sierra sowie dem Norden abzuschneiden. Um den faschistischen Druck gegen diesen Abschnitt zu lockern, plant der spanische Generalstab eine Offensivaktion auf der linken Flanke des Feindes. Die XXXV. spanische Brigade, die von

dem jungen italienischen Genossen Nino Nannetti geführt wird, eine weitere spanische Brigade unter dem Kommando Galans und die XII. und die XIV. Internationale Brigade sollen sie durchführen. Sie werden von einigen Batterien Artillerie und einigen Dutzend Panzern – einer auf republikanischer Seite noch nie gesehenen Menge – unterstützt.
Die XII. Internationale Brigade ist nach dem Vorstoß von Mirabueno in dem Gebiet eingetroffen. Nach einem Ruhetag in Colmenar Viejo wird sie am 11. Januar nach Galapagar und dann an die Provinzialstraße befördert, die nach Majadahonda führt. Die letzten Kilometer werden zu Fuß zurückgelegt, um sich in den Wäldern in Höhe von Kilometer 6 der Straße bereit zu stellen. Hier soll die Brigade das Eintreffen der anderen Kräfte abwarten, mit denen sie zusammen operieren soll, vor allem der XIV. Brigade, die noch von der Andujar-Front unterwegs ist.
Der Angriffsplan ist folgender: Die XII. Brigade soll mit dem Garibaldi-Bataillon in der Mitte und dem „Dombrowski" links Majadahonda angreifen. Das französisch-belgische Bataillon bleibt in Reserve. Rechts von der XII. operiert die Brigade Nino Nannettis, die auf Villanueva del Pardillo vorstoßen soll. Links operieren in Verbindung mit dem polnischen Bataillon die XIV. Internationale und die Brigade Galans mit der Aufgabe, die Straße zwischen Majadahonda und Las Rozas abzuschneiden und die letztgenannte Ortschaft zu besetzen.
Beim ersten Tageslicht des 12. Januar soll der Angriff beginnen. Die Aktion ist dieses Mal gut durchdacht und wickelt sich anfangs auch ordnungsgemäß ab. Von den Panzern begleitet, marschiert die Infanterie vor, die Artillerie trommelt auf die faschistischen Stellungen, die Bataillone stehen durch Feldfernsprecher mit dem Brigade-Gefechtsstand und dieser mit den Gefechtsständen der Panzer und der Artillerie in Verbindung. Nach mehr als zweistündigem Marsch sind die Unsrigen auf Schußweite an die faschistische Linie herangekommen, die aus tiefen, mit Maschinengewehr- und Granatwerfernestern gespickten Gräben besteht.
Die Unsrigen machen sich zum Sturmangriff bereit. Die Panzer beginnen mit ihren Kanonen die Maschinengewehrnester zu beschießen, um der Infanterie Feuerschutz zu geben. Im ersten Augenblick machen die Faschisten Anstalten zur Abwehr, doch dann lassen sie sich durch die Gegenwart so vieler Panzer beeindrucken und geben die Stellungen auf. Die ersten feindlichen Gräben werden schnell und ohne Verluste besetzt, ebenso die dahinterliegenden Gräben. Die erbeuteten Maschinengewehre und anderen Waffen, die aufgelesene Munition werden nun gegen die Faschisten eingesetzt, und der Angriff geht erfolgreich in Richtung auf Majadahonda weiter.
Im Verlauf dieser Kämpfe fällt Piero Jacchia, ein Professor, Philosoph und Dichter, einer der Gründer des Fascio[3], der freiwillig nach Spanien gekommen ist, um mit seinem Gewehr sein schönstes Gedicht zu schreiben und um im Kampf und durch sein Opfer sein Vergehen, Faschist gewesen zu sein, wiedergutzumachen. Sein nicht mehr jugendliches Alter, seine Bildung, der Adel seines Gemütes erwarben ihm vom ersten Tage an die Sympathie aller Garibaldiner. Der große, etwas ungelenke Mann

[3] Wörtlich Bündel. Das Liktorenbündel, ein lederumschnürtes Rutenbündel, aus dem ein Beil hervorragt (von den altrömischen Liktoren als Zeichen der Gewalt über Leben und Tod geführt), war das Abzeichen der italienischen Faschisten. Im übertragenen Sinne bedeutet Fascio die Faschistische Nationalpartei (P. N. F.).

mit den dicken Brillengläsern und dem noch dichten, aber schon ganz weißen Haar wurde aufgefordert, in den Schreibstuben des Bataillons Dienst zu tun. Er lehnte entrüstet ab. „Ich bin nach Spanien gekommen, um zu kämpfen, und nicht, um den Angestellten zu spielen", lautete seine Antwort. Als Junger unter den Jüngsten hat er mit den Garibaldinern den Sturmangriff auf Majadahonda angetreten und ist, von drei Kugeln tödlich getroffen, als tapferer Held gefallen.
Im weiteren Verlauf der Aktion gegen Majadahonda bemerkt man, daß der auf dem Papier festgesetzte Zeitplan nicht mehr eingehalten wird. Man hatte berechnet, daß man in drei Stunden bis an die Ortschaft herankommen könnte; man braucht aber sechs. Es ist ein schwieriges, offenes Gelände zu überwinden, das von Senken und lästigen Steilabhängen durchzogen ist, wodurch die mit Waffen und Munition beladenen Männer zu ständigen Umwegen im feindlichen Feuer gezwungen werden. Die ersten Häuser der Ortschaft werden sichtbar, aber die Leute können nicht mehr, und gerade jetzt wären die äußerste Anstrengung und der äußerste Schwung nötig. Wie zu erwarten, wird die Abwehr der Faschisten gerade in diesem Augenblick so ungestüm wie nur möglich. Sie schießen aus kleinkalibrigen Kanonen ein heftiges Sperrfeuer, das unsere Infanterie nicht durchbrechen kann. Notgedrungen muß sie in den erreichten Stellungen bleiben, sich eingraben und den nächsten Tag abwarten.
In der Tat hatte das Oberkommando die Eroberung Majadahondas nicht für den ersten Tag vorausgesehen. Es sollte vielmehr zuerst Las Rozas und dann erst Majadahonda besetzt werden. Doch die Kräfte, die Las Rozas nehmen sollten, sind mit Verspätung an Ort und Stelle eingetroffen: es handelt sich, wie gesagt, um Einheiten der XIV. Brigade, die eine Fahrt von über fünfhundert Kilometern, davon ein gut Teil in Lastautos über staubige und verwahrloste Straßen, hinter sich haben. Die Männer sind erschöpft und hätten eine Ruhepause nötig, um sich in Ordnung zu bringen, anstatt sofort zum Sturmangriff eingesetzt zu werden. Daher ist die gesamte Aktion gegen Las Rozas, die bedeutendste des Tages, schleppend und ohne Schwung verlaufen. Die Panzer, die sie unterstützten, konnten zwar in die Ortschaft eindringen, doch die Infanterie ist ihnen nicht gefolgt. Deshalb müssen die Unsrigen auch an diesem Abschnitt haltmachen, als der Abend hereinbricht. Alles wird auf den folgenden Tag verschoben.
Doch der nächste Tag, der 13. Januar, ist scheußlich. Das Wetter ist schlechter geworden. Über den Feldern und in den Wäldern lagert ein dichter, kalter, undurchdringlicher Nebel. Man sieht keine zwei Schritte weit, der Boden ist glitschig. Die Orientierung ist selbst für erfahrene Offiziere, die mit Karten und Instrumenten versehen sind, schwierig. Unsere Dienstgrade verfügen aber weder über Karten noch über Instrumente, und für die Offiziere der XIV. Brigade ist der Abschnitt völlig neu. Dennoch wird die Aktion gegen Las Rozas fortgesetzt. Vorübergehend zerreißt der Nebel, so daß man hier und da einen Abschnitt der Front erkennen, das Feuer lenken und die Verbindung zwischen den Einheiten wiederherstellen kann. Doch dann versinkt alles wieder in noch dichterem Nebel. Eine Maschinengewehr-Kompanie des 12. Bataillons landet bei den Garibaldinern; über einen Tag lang weiß man überhaupt nichts von einem anderen Bataillon der XIV. Brigade, das als letztes auf dem Schlachtfeld eingetroffen ist.

Während des Tages hält das lebhafte Feuer auf der ganzen Linie von Las Rozas nach Majadahonda und Villanueva del Pardillo an. Doch am Abend ist die Lage praktisch dieselbe wie am Morgen. Jetzt kommt zu dem Nebel noch die strenge Nachtkälte. Die Männer bleiben da, wo sie sich gerade befinden. Sie schlafen im Freien, unter einer elenden Decke, in der Kälte und der Feuchtigkeit einer eisigen kastilischen Nacht in etwa achthundert Meter Höhe. Auch am nächsten Morgen ist noch alles in dichten Nebel gehüllt. Mangels Sicht und sicherer Verbindungen ist der Nachschub an Verpflegung und Munition in die vordersten Linien immer noch sehr schwierig. Nur wenige Gruppen empfangen warmen Kaffee, während sie alle nach einer derartigen Nacht zumindest Kognak und Glühwein nötig hätten, um wieder zu Kräften zu kommen.
Am 14. und 15. Januar sind keine wichtigen Ereignisse auf der ganzen Linie zu verzeichnen. Schuld daran ist immer noch der Nebel. Es gibt ein paar Vorstöße dieser oder jener internationalen oder spanischen Kompanie gegen das eine oder andere begrenzte Ziel, einige mehr oder weniger lebhafte faschistische Abwehraktionen, aber mehr auch nicht. Am 16. Januar gegen zehn Uhr lichtet sich der Nebel ein wenig. Die Faschisten nutzen das sofort zu einem heftigen Gegenangriff aus. Unversehens tauchen die feindlichen Panzer vor den Bataillonen der XIV. Brigade auf. Sie rücken zügig vor, überwinden alle Hindernisse und kommen bis auf fünfzig, auf vierzig Meter an die Unsrigen heran. Rund um die vorrückenden Stahlkolosse springen Rauch und Erdfontänen empor. Das sind unsere Kanonen und Granatwerfer, die versuchen, ihnen den Weg zu versperren. Tatsächlich zögern die faschistischen Panzer und halten an; dann machen sie schleunigst kehrt und treten den Rückzug an.
Das gleiche passiert vor der XII. Brigade. Doch diese wird nicht mehr durch republikanische Panzer unterstützt. Sie verfügt nur über die Gewehre und die Maschinengewehre ihrer Bataillone. „Schnellfeuer aus allen Maschinengewehren und allen Maschinenpistolen! Feuer aus allen Waffen!“ so lautet der Befehl. Es muß verhindert werden, daß die Panzer vorrücken. Vor allen Dingen müssen der Vormarsch der feindlichen Infanterie aufgehalten, die Panzer von der Infanterie isoliert und dann mit geballten Ladungen in die Luft gesprengt werden. Im ganzen Abschnitt ist die Hölle los. Die Unsrigen weichen langsam auf die Straße zurück. Doch die feindliche Infanterie folgt ihren Panzern nicht, ihr Vorgehen stockt, sie zerstreut sich und geht schließlich zurück. Die faschistischen Panzerschützen werden durch das unaufhörliche Hämmern der republikanischen Geschosse auf ihren Stahlpanzern beeindruckt. Sie befürchten, in einen größeren Hinterhalt zu geraten; sie sehen, daß sie von ihrer Infanterie isoliert sind, und machen ebenfalls kehrt.
Als die faschistischen Panzer vordrangen, haben die Unsrigen dramatische Augenblicke äußerster Spannung durchlebt. Doch von den Kommandeuren und Kommissaren angespornt, sind sie ohne zu wanken auf ihrem Posten geblieben. Dabei stärkte sie die Hoffnung, die allerdings nur eine Illusion war, daß ihnen bald unsere Panzerwaffe zu Hilfe eilen würde. Beim Anblick der flüchtenden faschistischen Panzer bricht auf der ganzen Linie ein Freuden- und Siegesgeheul unserer Freiwilligen los. Sie springen aus den Gräben, heben als Zeichen der Freude die Gewehre in die Höhe und singen aus vollem Halse die „Internationale“. Der schönste und erhebendste Augenblick für jeden Freiwilligen!

Der faschistische Gegenangriff ist somit auf der ganzen Linie restlos zerschlagen worden. Lediglich die Kanonen schießen noch dann und wann bis zum Einbruch der Nacht. Dann herrscht an der Front wieder Ruhe. Trotz der erzielten Fortschritte konnten die republikanischen Einheiten weder Las Rozas noch Majadahonda und Villanueva del Pardillo zurückerobern, sie haben also ihre Angriffsziele nicht erreicht. Doch gemeinsam mit den Einheiten, die vor ihnen in den Kampf eingegriffen hatten, ist es ihnen gelungen, die Faschisten endgültig auf der ganzen Linie aufzuhalten, die von der San-Fernando-Brücke entlang der Straße nach La Coruña bis nach Las Rozas verläuft und die hier, nach Südwesten abbiegend, bis nach Villanueva del Pardillo führt.

Man kann daher sagen, daß die zweite große faschistische Offensive mit dem Ziel Madrid in einer dreizehntägigen sehr blutigen und harten Schlacht von den spanischen und internationalen Einheiten endgültig zerschlagen ist. Die Einheiten, die in diesen Kämpfen am stärksten beansprucht wurden, haben fünfzig Prozent ihrer Kämpfer verloren. Aber auch die Faschisten haben stark gelitten. Wenn sie ihre Anstrengungen hätten fortsetzen können, „dann wäre alles zusammengebrochen, weil es uns an Munition mangelte, und es bestand lediglich die Möglichkeit, sie in einem äußerst langsamen Tempo zu fabrizieren ... Die beiden letzten Brigaden, die in aller Eile aufgestellt wurden, um an die Front zu gehen und die Offensive gegen El Pardo aufzuhalten, konnten mit nur zwanzig Patronen je Gewehr anstelle der dreihundert der normalen Ausrüstung ausgestattet werden“, bemerkt der Stabschef der Mittelfront, V. Rojo. „Es war nicht mehr da!“

Demnach gelang es auch mit diesem wenigen, den faschistischen Angriff zurückzuweisen. Franco hatte bei seinem ersten Großangriff auf Madrid feststellen müssen, daß es unmöglich war, die republikanischen Kräfte innerhalb der Mauern und in den Straßen der Stadt zu schlagen. Diese Erkenntnis hat er mit hohen Verlusten bezahlen müssen. Dann glaubte er, die Republikaner leichter besiegen zu können, wenn er sie zwang, auf freiem Felde, außerhalb der Hauptstadt, zu manövrieren und zu kämpfen. Er ist ein zweites Mal enttäuscht, und zwar furchtbar enttäuscht worden. Das von unausgebildeten Offizieren und Kommandeuren geführte Volksheer hat bewiesen, daß es auf freiem Felde nicht weniger gut als die von den Rebellengenerälen befehligten faschistischen Truppen zu manövrieren und zu kämpfen weiß. Madrid ist ein zweites Mal gerettet worden.

Die italienischen Faschisten nehmen Málaga

Man kann sagen, daß der gesamte Krieg sich bislang rund um Madrid konzentrierte. In der Tat nimmt er gerade hier mehr und mehr den Charakter eines organisierten Kampfes zwischen zwei regulären Heeren an, wobei beide Seiten bestrebt sind, der Front das Beste an Waffen und Kräften zukommen zu lassen, da sie überzeugt sind, daß sich gerade hier, bei der Hauptstadt, das Schicksal des Krieges entscheiden wird. An den anderen Fronten, im Norden wie im Süden, in Andalusien wie in Aragón, sind die gegnerischen Kräfte gering und schlecht ausgerüstet. Sie sind nicht imstande, Aktionen von einer gewissen Weiträumigkeit und Zähigkeit zu unternehmen und

durchzustehen. Wir haben bereits gesehen, daß bisher auf beiden Seiten keiner der Versuche einer Offensive, von den anfänglichen Überraschungsvorteilen abgesehen, zu großen Ergebnissen führte und daß er sich beim Eintreffen der ersten Verstärkungen auf der Gegenseite sofort erschöpft.
Nach den beiden großen faschistischen Offensiven gegen Madrid ist die Mittelfront in der zweiten Januarhälfte ruhig. Die Kälte, der Regen, der Schnee und die Ermüdung der Männer auf beiden Seiten lähmen jede militärische Operation auf der kastilischen Hochfläche. Es hat den Anschein, als ob Franco diese Ruhe ausnutzen will, um mit massierter Unterstützung durch den italienischen Faschismus auch an anderen Fronten bedeutende Aktionen zu versuchen.
Tatsächlich mehren sich im Süden, an der Küste, die Anzeichen intensiver militärischer Vorbereitungen der Faschisten gegen Málaga. Aus Gibraltar, Tanger und Marokko treffen beunruhigende Nachrichten ein. Schiffe aller Art fahren ohne Unterbrechung zwischen Cádiz und den italienischen Häfen hin und her. Sie befördern nicht mehr nur Waffen und Munition, Panzer und Flugzeuge oder Kolonnen von Technikern und Gruppen von Spezialisten. Jetzt treffen reguläre Formationen, vollständig ausgerüstete und bewaffnete Regimenter, Divisionen und faschistische Legionen aus Italien in Spanien ein.
Durch Pressemeldungen und vertrauliche Informationen wird bekannt, daß an einem Tag dreitausend eingetroffen sind, an einem anderen sind es fünftausend, und wieder an einem anderen Tag ist die Rede von einigen zehntausend, die in italienischen Häfen auf den Abtransport warten. Es ist ein regelrechtes Heer, das den Franco-Truppen zu Hilfe kommt, die von den Republikanern an allen Fronten aufgehalten und geschlagen wurden. Andere Ereignisse bestätigen diese Meldungen. Kriegsfahrzeuge, die keine Schiffe der Rebellen sein können, kreuzen vor den Küsten und in den Gewässern der Republik und versenken Regierungsschiffe oder fremde Schiffe, die republikanische Häfen anlaufen. Sie beschießen auch Städte und Dörfer der Republik. Aufgelesene Granatsplitter tragen Bezeichnungen, die beweisen, daß die Munition in Italien fabriziert wurde und daß ihr Kaliber nicht dem der Kanonen auf den Rebellenschiffen, sondern denen der italienischen Kriegsmarine entspricht.
Vergebens hat Alvarez del Vayo, der Außenminister der spanischen Republik, den Völkerbund dringend ersucht, in kürzester Zeit die Verletzungen der Neutralität und die Verstöße gegen das Nichteinmischungsabkommen zu untersuchen, die von Deutschland und Italien, ihren internationalen Verpflichtungen zum Trotz, begangen wurden. Vergebens hat er gefordert, dem spanischen Volke, das für die eigene Unabhängigkeit kämpft, Hilfe zuteil werden zu lassen. Der Völkerbundsrat zeigt keinerlei Verlangen, dem Appell des spanischen Ministers zu entsprechen. Er lädt jede Verantwortung auf den Nichteinmischungs-Ausschuß ab, der ja gerade damit beauftragt sei – so erklärt der Völkerbundsrat – diese Fragen zu untersuchen. Schließlich verpflichtet sich der Völkerbundsrat auf das Ersuchen des sowjetischen Vertreters schweren Herzens, „die Situation zu prüfen". Doch dieser Beschluß ist rein formaler Natur und steht nur auf dem Papier.
Nachdem Deutschland und Italien die Franco-„Regierung" anerkannt haben, nimmt ihre bewaffnete Intervention in Spanien sehr gefährliche Formen an, die die Gefahr internationaler Komplikationen in sich tragen. Die italienischen Diplomaten spielen

zwar auch weiterhin die Komödie der Nichteinmischung, sie vervielfältigen ihre Erklärungen in diesem Sinne, sie ergreifen gesetzliche Maßnahmen, „um die Anwerbung, den Abtransport und den Transit von Freiwilligen für Spanien zu verhindern", und setzen sogar strenge Strafmaßnahmen gegen die Übertreter fest. Sie machen sich einfach über den ehrenwerten Nichteinmischungs-Ausschuß lustig. In Wirklichkeit erfolgt die faschistische Intervention nunmehr völlig ungetarnt in schamloser Offenheit.

In Italien organisieren die offiziellen Organe der Regierung und der faschistischen Partei selbst die Rekrutierung und den Abtransport der angeblichen Freiwilligen nach Spanien. Die Rekrutierung wird in den Büros der Bezirkskommandos und in den Parteilokalen der Fasci vorgenommen. Sie erfolgt „mit unbekanntem Bestimmungsort" beziehungsweise zur Arbeitsleistung in Abessinien. Bei der Einschiffung müssen die „Freiwilligen" ein neues Formular über „die Anwerbung für Spanien" unterschreiben, und der Betrug ist fertig. In den meisten Fällen verzichtet man jedoch auch auf den Schein der Freiwilligkeit, und die Reingefallenen werden – nolens volens – ohne weitere Formalitäten nach Franco-Spanien befördert.

In den Kasernen werden die Soldaten der verschiedenen Sondereinheiten, die Dienstgrade und Unteroffiziere ausgelost, die für die Aufstellung neuer Einheiten aus den Angeworbenen notwendig sind. Alle diese Operationen wurden in großem Umfange bereits Ende Dezember begonnen und während des ganzen Januar fortgesetzt. Fast auf fünfzigtausend Mann belaufen sich die Truppenkontingente, die während dieser Periode von Italien aus in Marsch gesetzt wurden. Der General Mancini, der Kommandeur dieser Truppen, erklärt es selbst in einem seiner offiziellen Tagesbefehle: „Indem der Große Faschistische Rat den Truppen, die zur Verfügung S. E. des Generalissimus Franco kämpfen, seinen Gruß entbietet, hat er vor allem die fünfzigtausend Kameraden vor Augen, die auf spanischer Erde unter den Fahnen und für den Ruhm der Liktorenbündel kämpfen."

Die italienischen Divisionen werden im Süden Spaniens zusammengezogen. Sie unterstehen einem italienischen Kommando, das vollkommen unabhängig vom Oberkommando der Rebellen ist. Das erste schreibt dem zweiten sogar die Befehle und die Pläne vor. Die faschistischen Divisionen kämpfen unter italienischen Fahnen und Insignien, sie kämpfen sogar – wie der zitierte Tagesbefehl besagt – für die Liktorenbündel. Diese Divisionen sind es, die Ende Januar mit großem Materialaufwand an der Südfront Spaniens gegen die schöne Stadt und den wichtigen Hafen Málaga in Aktion treten.

An diesem Abschnitt stoßen die motorisierten faschistischen Kolonnen anfänglich nur auf die schwachen, schlecht organisierten und schlecht ausgerüsteten Formationen der Volksmiliz. Der Generalstab reagiert nur sehr langsam und sehr schwach auf die Gefahr, die sich im Süden infolge des faschistischen Vormarsches abzeichnet. Man spricht von Fahrlässigkeit, von Verrat an höchsten Stellen. Tatsache ist, daß die faschistischen Kolonnen trotz vieler Beispiele persönlichen und kollektiven Heldenmutes der Verteidiger rasch auf die Stadt vorrücken, sie von Norden her einkreisen und am 8. Februar 1937 nehmen können, wobei sie eine große Menge an Material und zahlreiche Gefangene einbringen, von denen viele zusammen mit zahlreichen Zivilisten vor dem Hinrichtungskommando enden.

Angesichts des faschistischen Vormarsches füllen sich die Straßen von Málaga nach Almeriá mit Flüchtlingen. Die italienisch-faschistischen Flugzeuge und Panzer verfolgen sie und beschießen sie mit Maschinengewehren; sie säen Terror und Tod unter die Kinder, die Greise und die Frauen, unter die ganze unbewaffnete, unschuldige, flüchtende Bevölkerung. Die republikanischen Milizen, die sich aus Málaga zurückziehen, sind nicht imstande, wirksamen Widerstand zu leisten. Zu spät treffen die wenigen Verstärkungen ein. In diesem Augenblick liegt die XIII. Internationale Brigade zwischen Utiel und Requeña in der Provinz Valencia in Ruhe. Sie sollte hier reorganisiert werden. Nun wird sie am 11. eiligst als Verstärkung an den Abschnitt von Málaga in Marsch gesetzt. Ihre Fahrt per Bahn und LKW geht über Murcia und Almeriá. Sie dauert zwei Tage und zwei Nächte.

In Almeriá trifft die Kolonne der Lastautos auf die Massen der flüchtenden Bevölkerung. Auf den Plätzen der Stadt, in den Gärten und unter den Brücken warten abgerissene und erschöpfte Flüchtlingsgruppen auf man weiß nicht recht was. Dort, wo Verpflegung ausgegeben wird, bilden sich Schlangen von Hunderten und Aberhunderten wartender Menschen. Alle wollen essen, alle verlangen Brot für die Kinder. Diese Szenen des Elends und der Verzweiflung wiederholen sich auf allen Straßen, die aus dem Gebiet der faschistischen Invasion herausführen. Frauen, Kinder, Männer fliehen erschreckt, wie vor einer Naturkatastrophe, wie vor einem Vulkanausbruch, wie vor einer alles hinwegreißenden Flutwelle.

Die XIII. Brigade setzt ihren Marsch in Richtung Front fort. Sie erreicht Aguadulce. Hier lassen sich der Brigadestab und die Brigadedienste nieder. Die Bataillone verlassen jetzt die Küste und setzen ihren Weg ins Innere fort. Mit ihren geringen Kräften will man alle Lücken in der Front stopfen. Das 8. Bataillon bezieht Stellung in Albunor, etwa vierzig Kilometer von Almeriá entfernt, und stellt sich dem Kommando der V. spanischen Brigade zur Verfügung; das 10., das aus den beiden französisch sprechenden Bataillonen der Brigade, den Resten des alten 10. und des 11., zusammengelegt wurde, wird achtzig Kilometer von Almeriá entfernt eingesetzt und ebenfalls einer spanischen Brigade unterstellt. Auf diese Weise wird die XIII. Internationale Brigade vorübergehend auseinandergerissen.

Wie immer wird auch hier die Moral der Bevölkerung und der Kämpfer durch die Ankunft der internationalen Freiwilligen gestärkt. Die Bewohner, die schon im Begriff waren, ihre Dörfer zu verlassen, bleiben in ihren Häusern, als sie unsere Soldaten erblicken, die singend anrücken. Hunderte, ja Tausende von Soldaten, die aus Málaga flohen, kehren an die Front zurück und bitten, den internationalen Bataillonen beitreten zu dürfen. Diese waren bei ihrer Abfahrt aus Requeña etwa sechshundert Mann stark, jetzt sind sie auf je achthundert bis achthundertfünfzig angewachsen.

Die Internationale Brigade bleibt nur einige Tage an der Málaga-Front. Die einzelnen Bataillone unterstützen die spanischen Brigaden, denen sie zugeteilt sind, und tragen dazu bei, die Frontlinie wiederherzustellen, die Verteidigung zu organisieren und kleine örtliche Unternehmen durchzuführen. Nachdem sich der gesamte Abschnitt bei Málaga wieder stabilisiert hat, wird die XIII. Brigade am 18. Februar an die nahe Granada-Front verlegt, wo faschistische Offensivvorbereitungen festgestellt werden.

DIE SCHLACHT AM JARAMA

Endlich ein bißchen Ruhe

Zweite Hälfte des Januar 1937! Die drei Internationalen Brigaden, die an der Madrider Front gekämpft haben, gehen, hart mitgenommen von allen den zermürbenden Kämpfen, für ein paar Tage in Ruhestellung. Die Freiwilligen verlassen die Gräben, erschöpft von den übermenschlichen Anstrengungen und entnervt von der Erregung und der Spannung des Kampfes. Hinter ihnen liegen ermüdende Angriffe, heftige Nahkämpfe, unvorhergesehenes Auftauchen von Panzern, die Gefahr der Einkesselung durch die maurische Kavallerie, die Maschinengewehrnester, die einen zu Boden zwingen, so daß man stundenlang den Kopf nicht heben kann. Jetzt ist von alledem nichts mehr da. Man ist in Ruhestellung, fern von der Feuerlinie.
Wenn zu einer Einheit, die gerade abgelöst wurde und nun im Begriff ist, die Front zu verlassen, der Politkommissar käme und sagte: „Genossen, die Faschisten greifen an ... sie haben die Front durchbrochen ... Die Regierung, das Volk, Madrid appellieren an euch ... ihr müßt an die Front zurück ...", so ist sicher, daß alle Freiwilligen einer nach dem anderen, ohne zu fluchen, das Gewehr wieder aufnehmen und wie stets umkehren würden, um ihre Pflicht zu erfüllen. Doch glücklicherweise kommt der Politkommissar und sagt: „In diesen Wochen haben wir Übermenschliches geleistet ... der Feind ist in seinen Stellungen festgenagelt ... An der Front herrscht im Augenblick Ruhe. Der zentrale Stab will uns zwei und vielleicht auch drei Wochen herausziehen, damit wir uns wieder in Ordnung bringen und uns reorganisieren können ..." Ein Freudengeheul begrüßt die gute Nachricht.
Die XIV. Brigade bezieht Ruhequartier in Torrelodones, nicht weit von der Las Rozas- und Majadahonda-Front, dem Schauplatz ihrer jüngsten Unternehmen. Die XII. geht zuerst nach Araganda und später nach Vicalvaro und Vallecas, nicht weit vom rechten Flügel der faschistischen Front, die Madrid bedroht und hinter der man besorgniserregende Truppenbewegungen und Materialtransporte feststellt. Die beiden Brigaden werden sich ausruhen, aber immer in Reichweite für alle Eventualitäten bleiben.
Die XI. Brigade, die älteste der Internationalen Brigaden, die am stärksten gelitten hat, wird weiter fort verlegt; sie soll sich in dem milden Klima von Murcia, unter Palmen und Oliven, ausruhen. Diese Brigade ist vor zwei Monaten mit fast zweitausend Freiwilligen in Madrid eingetroffen; in der Zwischenzeit hat sie etwa tausend Mann Verstärkung erhalten. Sie verläßt Madrid mit wenig mehr als tausend Kämpfern. Ihre Gewehre, ihre Maschinengewehre und ihre Kanonen überläßt sie denen, die sie an der Front ablösen und die gar keine Waffen haben.
Viele der Freiwilligen glauben, die Ruhe sei so etwas wie ein Feiertag im Zivilleben. Jedem würde es überlassen bleiben, das zu tun, was er mag und wozu er Lust hat: schlafen, lesen, spazierengehen. Die militärische Disziplin ist gut für die Front; im Hinterland muß man die größte Freiheit genießen. Die Politkommissare müssen sich sehr plagen, um diese Auffassung zurückzuweisen; denn wenn sie die Oberhand gewinnen sollte, wäre es in wenigen Tagen mit der in den vergangenen Monaten

geschaffenen Disziplin und dem Gemeinschaftsgeist vorbei. Sie müssen erklären, daß wir ein Heer sind, das ungeheure politische, militärische und organisatorische Aufgaben zu lösen hat und das noch enorme Schwächen aufweist. Wir sind ein Volksheer, das ist richtig, aber gerade deshalb, gerade weil wir für unsere Sache, für die Sache des Volkes kämpfen, müssen wir jeden Augenblick und jede Pause ausnutzen, um unsere Organisation zu stärken, um unsere Schlagkraft noch zu erhöhen, um sie unaufhörlich und immer mehr zu verbessern.

Die Zusammensetzung der Internationalen Brigaden ändert sich ständig. Die Verwundeten und die Kranken kehren aus den Lazaretten zurück, aus dem Ausland treffen neue Freiwillige ein, in die Reihen unserer Brigaden werden die Milizformationen und die spanischen Rekruten aufgenommen, die eben erst zu den Waffen einberufen wurden. Dadurch vervielfachen sich die Probleme; einige werden leichter, die meisten jedoch komplizierter. Die spanischen Soldaten geben neue Anregungen und bewirken, daß die internationalen Freiwilligen die wirkliche Lage besser kennenlernen. Sie führen den ausländischen Kameraden die Vergangenheit und die Gegenwart Spaniens mit all seinem Elend und all seiner Größe vor Augen. Sie tragen all ihre Begeisterung und all ihren Glauben, aber auch den Widerhall all ihrer Gegensätze in die Internationalen Brigaden hinein.

Die Verbrüderung unter den Freiwilligen genügt nicht mehr, um eine zuverlässige Militärorganisation aufrechtzuerhalten. Mehr denn je bedarf es einer strengen Disziplin, auch einer formalen und äußerlichen Disziplin, um alle die verschiedenen Elemente, aus denen unsere Einheiten bestehen, zu einem einheitlichen und funktionierenden Ganzen zu verschmelzen, um diesem Kollektiv das unerläßliche Maximum an militärischen Kenntnissen zu vermitteln und um es dem Einfluß diversiver Elemente im Hinterland und der Zersetzungstätigkeit der Feinde der republikanischen Sache und der Internationalen Brigaden zu entziehen.

Aus diesem Grunde beginnt in allen unseren Brigaden nach einem oder zwei Tagen absoluter Ruhe die individuelle Ausbildung am Gewehr, am Maschinengewehr und am Granatwerfer. Die Züge und Kompanien werden unterwiesen, wie man im Gelände ausschwärmt und wie man sich gegenseitig besser unterstützen kann. Die Leute sollen begreifen, welch große Bedeutung ein gut ausgebautes Befestigungssystem neben den einzelnen Schützenlöchern hat. Durch Unterricht und Übung werden alle Erfahrungen des jüngsten Kampfes verallgemeinert. Die Internationalen Brigaden wollen sich nicht nur durch ihren Heroismus Verdienste erwerben, sondern auch durch vollkommene Beherrschung der Technik und der Kriegskunst.

Die Arbeit unter den neuen spanischen Rekruten bereitet einige Schwierigkeiten. Diese Rekruten gehören zu den Jahrgängen, die bereits die größte Anzahl an Freiwilligen für die Milizen gestellt haben und bei denen daher die stärksten, bewußtesten und begeistertsten Elemente sozusagen bereits abgesahnt worden sind. Unter den neuen Rekruten können die faschistischen Agenten leichter Einfluß gewinnen. In unseren Brigaden versuchen diese vor allen Dingen, eine Nationalität gegen die andere und im allgemeinen die Spanier gegen die Internationalen auszuspielen. Insbesondere will man die französischen Freiwilligen gegen die deutschen Freiwilligen aufbringen, indem man versucht, die alten Argumente des „jahrhundertealten Hasses“ wieder anzubringen in der eitlen Illusion, die unleugbare Tatsache

zunichte machen zu können, daß in den Internationalen Brigaden und im Spanienkrieg die besten Söhne der beiden Völker fest vereint gegen den gemeinsamen faschistischen Feind und für die gleichen Freiheits- und Friedensideale kämpfen.
Die Poumisten und Trotzkisten nützen die Posten, die sie in den militärischen und politischen Institutionen offiziell noch bekleiden, offen zu ihrer Sabotage- und Diversionstätigkeit aus, ihre giftigsten Pfeile haben sie für die Internationalen Brigaden und für die Freiheitskämpfer aufgehoben. Der Beschluß der Regierung, die Milizformationen in ein reguläres Heer umzuwandeln und alle bewaffneten Einheiten vollständig und unmittelbar der Regierung und ihrem Generalstab zu unterstellen, wird vorbehaltlos nur von der Kommunistischen Partei akzeptiert.
Alle anderen Organisationen verhalten sich nicht so loyal. Von den Poumisten und den Trotzkisten wollen wir gar nicht sprechen; aber selbst die Verantwortlichen des FAI und des CNT versuchen mit allen möglichen Ausflüchten und mit Gewalt, die übriggebliebenen Milizformationen und die Einheiten des Volksheeres unter ihrer Kontrolle zu behalten, die von ihren Anhängern kommandiert werden und denen sie auch weiterhin Befehle und Anordnungen erteilen wollen. Es sind die gleichen Schwierigkeiten, die – wie wir bereits gesehen haben – auch im zivilen Leben und in der Arbeit in den Betrieben und auf dem Lande auftreten.
Alle diese Fragen, alle diese Gegensätze, alle diese Sentiments und Ressentiments werden von den neuen Rekruten in unsere Brigaden hineingetragen, indem sie Diskussionen hervorrufen und damit die Probleme vervielfachen und komplizieren. Dafür werden unsere Freiwilligen besser mit dem Leben des spanischen Volkes bekannt und lernen seine Besonderheiten und grundlegenden Eigenschaften gründlicher kennen.
Die Zeit der Ruhe wird von den Kommandeuren und den Politkommissaren der Internationalen Brigaden dazu benutzt, um viele Solidaritäts- und Verbrüderungskundgebungen mit dem spanischen Volk durchzuführen. Dazu werden stets die Behörden und die Vertreter aller örtlichen Organisationen eingeladen. Diese Veranstaltungen sollen offen zeigen, daß unsere Internationalen Brigaden nicht im Dienste irgendeiner Partei, sondern einzig und allein im Dienste der Regierung und des spanischen Volkes stehen. Überall verbrüdert sich die Bevölkerung spontan und wirklich aufrichtig mit den Freiheitskämpfern.
Doch die Feinde der Republik und der Internationalen Brigaden, die sich in den verschiedenen Organisationen und selbst in den Regierungs-Dienststellen eingenistet haben, geben ihre Versuche nicht auf. Die Regierung hat zum Beispiel beschlossen, die Zahl der Bataillone jeder Internationalen Brigade um drei zu erhöhen, damit sie den Vorschriften der offiziellen „plantilla“ (Kriegsstärkenachweis) entsprechen. Es bedarf großer Anstrengungen, um diese Verstärkungen zu erhalten. Einige Brigaden können nur die Mannschaften für eines der drei versprochenen Bataillone bekommen.
Die XI. Brigade nimmt in Murcia etwa fünfhundert Rekruten in seine alten Bataillone auf und stellt zwei neue Bataillone, nur aus spanischen Rekruten, auf. Ein aus den anarchistischen Formationen kommendes Bataillon bereitet der Brigade alle möglichen Schwierigkeiten. Als es an die Front abfahren soll, weigert es sich unter dem Vorwand, noch keine Waffen empfangen zu haben. In Wirklichkeit wollte

es an Ort und Stelle bewaffnet werden, um sich dann in den Dienst der lokalen anarchistischen Organisationen zu stellen.
Der Stab der XII. Brigade in Vicalvaro genehmigt das Aufnahmegesuch des größten Teils der spanischen Milizionäre, die zuvor dem Bataillon Madrid und Prieto angehörten und die bereits unter dem Kommando der Brigade bei Majadahonda gekämpft haben. Sie werden auf die verschiedenen Bataillone der Brigade aufgeteilt. Die XIII. Brigade erhält vor ihrer Abfahrt an den Málaga-Abschnitt in Utiel Rekruten; ferner wird ihr ein Bataillon zugeteilt, das in der Mehrzahl aus Elementen des CNT besteht. Als die Brigade an die Front abfährt, bleiben diese in ihren Unterkünften. Später schließen sie sich anderen spanischen Brigaden an. Die XIV. Brigade empfängt in Torrelodones Rekruten. Dort stößt auch die PUA (Primera Unidad de Avance)[1] zu ihr, das heißt drei Bataillone bewährter Soldaten der Vereinigten Sozialistischen Jugend, mit denen die Internationale Brigade vorübergehend eine Kampfgruppe bildet.
Während die vier Internationalen Brigaden in Ruhe liegen und aufgefrischt werden, wird in Albacete eine neue Brigade aufgestellt, die XV. Unter anderem gehören ihr das Bataillon Lincoln an, das vorwiegend aus Amerikanern und Kanadiern besteht. Sie sind direkt aus New York gekommen. Sie sind bereits völlig ausgerüstet mit Stahlhelm, Gasmaske und Tornister in Valencia gelandet. Man kann nur sagen, daß die amerikanischen Hilfskomitees für Spanien gut gearbeitet haben. Der Übertritt nach Spanien auf dem Landwege ist jetzt mühsamer und schwieriger. Dennoch reißt der Zustrom der Freiwilligen aus Frankreich, England und vom Balkan auch auf diesem Wege nicht ab. In mondhellen Nächten oder in finsteren Schlechtwetter-Nächten überschreiten sie, vom Wind gepeitscht und mühsam durch eine dichte Schneedecke stapfend, die Pyrenäen.
Die Amerikaner werden in Villanueva de la Jara zusammengezogen. Die Engländer gehen nach Madrigueras zu den „Alten" der englischen Kompanie, die zuvor der XIV. Brigade angehörten. Mit ihnen zusammen sollen sie nun ein Bataillon bilden. Die Franzosen und Belgier versammeln sich wie üblich in Tarazona, um das Bataillon 6. Februar (des Jahres 1934, an dem das Volk von Paris eine faschistische Aggression gegen das französische Parlament auseinanderjagte) zu bilden. Die aus den faschistischen Ländern kommenden Freiwilligen, die Kroaten, Bulgaren, Polen, Italiener, Rumänen, Ungarn, Slowenen und Serben, werden alle in Mahora zusammengezogen und bilden das Bataillon Dimitroff, in dem wenigstens zwölf Sprachen gesprochen werden.
Zum ersten Mal kann man sich bei der Aufstellung einer Brigade ein wenig Zeit und Ruhe lassen. Der zentrale Stab drängt nicht darauf, daß die neu Eingetroffenen unverzüglich an die Front geschickt werden. Jedes Bataillon hat nahezu fünf oder sechs Wochen Zeit für seine innere Organisation und Ausbildung. Kurz vor der Abfahrt kann sogar eine große Besprechung aller Offiziere und Politkommissare der verschiedenen Bataillone einberufen werden. Sie findet am 6. Februar statt. Dort erkläre ich, daß sich die Ausbildungsperiode ihrem Ende zuneigt. Alle merken, daß der Abmarschtag nahe bevorsteht. Tatsächlich geht die Brigade bei Tagesanbruch des 9. Februar an die Front.

[1] Erste Vormarsch-Einheit.

Die Faschisten kommen uns zuvor.

Um die Verteidiger Málagas zu unterstützen und um dem Feind an der Madrider Front die Initiative zu entreißen, hat der republikanische Generalstab in den letzten Januartagen beschlossen, eine Offensive im Mittelabschnitt durchzuführen. Dazu veranlassen ihn auch die Nachrichten aus dem faschistischen Lager. Alles deutet darauf hin, daß Franco in der Nähe der Hauptstadt einen neuen Angriff mit ehrgeizigeren Absichten und größeren Mitteln als bisher vorbereitet. Nun will der republikanische Generalstab dem Feind mit einem kühnen Unternehmen zuvorkommen, das seine Pläne über den Haufen werfen und die Faschisten in die Defensive zwingen soll.
Die vom zentralen Stab geplante Operation ist im großen und ganzen eine Wiederholung des in den ersten Tagen der Verteidigung Madrids versuchten Manövers gegen den Cerro de los Angeles, an dem auch die XII. Internationale Brigade teilnahm, die gerade bei diesen Kämpfen die Feuertaufe erhielt. Der Frontverlauf ist nahezu der gleiche wie damals. Von Perales del Rio am Manzanares aus geht er an den Höhen von La Marañosa vorbei, die in der Hand der Republikaner sind, und verläuft dann einige Kilometer westlich des Jarama fast parallel mit dem Fluß, bis über Ciempozuelos hinaus.
Allerdings hat man vor, diesmal stärkere republikanische Kräfte einzusetzen als das erste Mal. Die Vorbereitungen sind zwar, was Leute, Mittel und Stäbe betrifft, noch nicht abgeschlossen, doch die Kräfte konzentrieren sich bereits im unmittelbaren rückwärtigen Gebiet. Da ist die XII. Internationale Brigade in Vallecas; aus Murcio wird die XI. Brigade erwartet und aus Albacete die XV., sobald ihre Aufstellung beendet ist. Außerdem liegen bereits zahlreiche spanische Einheiten nördlich des Manzanares und östlich des Jarama, der gerade an dieser Stelle seinen Madrider Nebenfluß aufnimmt.
Der republikanische Offensivplan sieht folgendes vor: Vorstoß von San Martin de la Vega und Ciempozuelos aus in Richtung Torrejon, koordiniert mit einem Angriff der Verteidigungskräfte im Nordwesten der Hauptstadt, die von Valdemorillo aus in Richtung auf Brunete und Navalcarnero vorstoßen sollen. Wie man sieht, handelt es sich um ein weiträumiges Vorhaben und um ehrgeizige Absichten, die im Erfolgsfalle dazu beitragen sollen, die gesamte faschistische Front aufzurollen, die gegen Madrid drückt.
Dem republikanischen Oberkommando ist bekannt, daß die Vorbereitungen der Faschisten schon sehr weit gediehen sind, wenn man auch noch nicht weiß, in welcher Richtung, wann und wie sie ihre Offensive beginnen werden. Vielleicht hat das schlechte Wetter Ende Januar die Durchführung der feindlichen Pläne verzögert; doch jetzt muß man jeden Augenblick damit rechnen, daß die Stunde X der Faschisten da ist. Das ist dem republikanischen Oberkommando bekannt geworden. Trotzdem oder gerade deshalb verzichtet es nicht auf die geplante Aktion und beschleunigt ihre Vorbereitung und Verwirklichung.
Am 2. Februar 1937 findet in Quintanar de la Orden eine Zusammenkunft aller Kriegskommissare der spanischen und internationalen Einheiten statt, die an der Operation teilnehmen sollen. Anwesend sind die stellvertretenden Generalkommissare Mije, Pretel, Bilbao und Gil Rodan. Jeder Kommissar berichtet über

den Zustand seiner Einheit. Es erweist sich, daß die Moral im allgemeinen gut ist und die Leute kampfbereit sind. Einige spanische Einheiten, die während der Kämpfe um Madrid stark mitgenommen wurden, haben ihre Leute sogar ein paar Tage in Urlaub geschickt, und sie sind jetzt dabei, sie wieder zu sammeln und auf die neuen Kämpfe vorzubereiten.
Aus allen Berichten ergibt sich jedoch, daß die Ausstattung der spanischen Einheiten ausgesprochen schlecht ist. Die Bewaffnung ist mangelhaft, die Transportmittel sind unzureichend, und ein Sanitätsdienst existiert oft gar nicht. Einige Brigaden verfügen lediglich über zwei, drei Lastautos, mit denen sie all ihre Transporte und ihren gesamten Nachschub bestreiten müssen. Unter derartigen Umständen ist es schwierig, ja oft unmöglich, dafür zu sorgen, daß die Soldaten in vorderster Linie ein warmes Essen erhalten. Es gibt spanische Soldaten, die seit vielen Wochen nur Büchsenfleisch gegessen haben.
Zusammen mit den Kommissaren der Internationalen Brigaden nehme ich an der Zusammenkunft teil. Anhand unbestreitbarer Tatsachen können wir den Abstand ermessen, der zwischen den spanischen Einheiten und den unseren in bezug auf Organisation und Ausstattung besteht. Wir sehen ein, daß dieser Zustand nicht andauern kann. Er ist ein Element politischer und militärischer Schwäche, denn er ruft unter den Spaniern das Empfinden hervor, daß wir im Vergleich zu ihnen bevorzugt würden. Außerdem ist es zwecklos, daß wir vollständig ausgerüstet sind, wenn die spanischen Einheiten, die an unserer Seite kämpfen, nicht imstande sind, ihren Leuten das zu geben, was sie unbedingt für die Offensive brauchen.
Am gleichen Abend rufe ich in Madrid, im Sitz des Generalkommissariats der Brigaden, alle internationalen Kommissare zusammen, die sich bereits an der Mittelfront befinden. Nach einer Überprüfung des Zustandes jeder einzelnen Einheit werden die unmittelbaren Aufgaben festgelegt, die so schnell wie möglich zu lösen sind, um die Kämpfer moralisch und politisch auf die nahe bevorstehende Offensive vorzubereiten. Dann werfe ich das Problem der Transportmittel auf. Ich unterstreiche die Notwendigkeit, daß unsere Brigaden einen Teil ihrer Fahrzeuge an die spanischen abtreten müssen, so daß die bestehenden Ungleichheiten beseitigt werden. Ich sage, daß wir die internationale Solidarität, der wir uns erfreuen, auch gegenüber den Spaniern üben müssen. Ich weiß, daß ich ein ungeheures Opfer verlange; alle Brigaden haben anfänglich erfahren, was es heißt, keine Transportmittel zu besitzen. Deshalb hält jede sie mit eifersüchtigem und grimmigem Egoismus fest. Doch keiner der Anwesenden wagt, mir zu widersprechen, und alle verpflichten sich, zu überprüfen, wie man wenigstens den Nachbarbrigaden helfen kann.
Inzwischen wird die militärische Vorbereitung von unserer Seite aus beschleunigt. Das für die Offensive erforderliche Material wird an Ort und Stelle gebracht, die Truppen nehmen ihre Ausgangsstellungen ein, die vorgeschobenen Lager werden eingerichtet und die Artilleriestellungen vorbereitet. Alles ist fast fertig für den Angriff, da kommen uns die Faschisten zuvor und gehen ausgerechnet im gleichen Abschnitt, in dem der republikanische Angriff beginnen sollte, zu einer wütenden Offensive über. Die Faschisten sind unserem Oberkommando zuvorgekommen. Es ist jedoch ein Vorteil für uns, daß die notwendigen Truppen an Ort und Stelle sind, um den Widerstand zu organisieren und zum Gegenangriff überzugehen.

Am Morgen des 6. Februar 1937 ... Die Faschisten greifen mit drei Kolonnen in Richtung auf La Marañosa, San Martin de la Vega und Ciempozuelos an. Der Angriff wird von einem heftigen Artilleriefeuer und etwa hundert Panzern unterstützt. Unsere vorderste Linie, die nur noch aus einem Schützenschleier besteht, der mehr zur Beobachtung als zum Widerstand dienen soll, wird sofort in allen drei Angriffsrichtungen überrannt. Die Front ist vollständig durchbrochen.

Zum Glück kann das republikanische Kommando sofort auf die Truppen zurückgreifen, die in diesem Gebiet zusammengezogen werden, und sie unverzüglich einsetzen, um den Feind aufzuhalten. Während des 6., 7. und 8. Februar wird erbittert auf den rechten Ufern des Manzanares und des Jarama in dem Winkel gekämpft, den die beiden Flüsse bei ihrem Zusammenfluß bilden. Am 8. gelingt es den Faschisten, eine Brücke über den Manzanares zu besetzen und sich der Straße nach Valencia bedrohlich zu nähern; doch am nächsten Tag werden sie durch einen energischen republikanischen Gegenangriff von den Truppen Modestos wieder davon verjagt. Die Unsrigen stehen fest auf dem rechten Manzanares-Ufer.

In den Kämpfen der ersten drei Tage gelingt es den Faschisten, fast das gesamte Gebiet ihrer Ausgangslinie am Manzanares im Norden und den Jarama im Osten zu besetzen, ohne jedoch den Manzanares zu erreichen. Sie kommen auch nur bis an den Rand der Steilufer, die jäh zum Jarama abfallen und die die gesamte Talebene bis zu den Höhen beherrschen, die sich in vier bis fünf Kilometer Luftlinie gegenüber erheben.

Doch es scheint, als ob die Faschisten hier einen Augenblick unschlüssig und unsicher sind, welche Richtung sie einschlagen sollen und welche Entwicklung ihre Operation nehmen soll: den Manzanares überschreiten, Vallecas nehmen und Madrid sofort aus der Nähe bedrängen oder den Jarama überschreiten, Morata de Tajuna und Arganda erobern und mit einem weiträumigeren Umgehungsmanöver auf Loeches und Alcalà de Henares vorstoßen, um auf diese Weise alle Verbindungen der Hauptstadt nach Osten abzuschneiden?

Die Faschisten haben sich für die zweite Variante entschieden und wollen ihren Plan in einer zweiten Phase der Operation verwirklichen. Nachdem sie die Ziele der ersten Phase – das rechte Jarama-Ufer – relativ leicht erreicht haben, bereiten sie sich darauf vor, den Fluß zu forcieren. Sie ziehen ihre Artillerie vor, konzentrieren die Truppen und sammeln die Panzer. Die Unsrigen, die sich über die Richtung, die die faschistische Offensive einschlagen wird, noch nicht klar sind, haben noch keinen genauen Widerstandsplan. Sie sperren die Straßen, die zur Hauptstadt führen, verschanzen sich auf dem rechten Manzanares-Ufer und überwachen aufmerksam die Brücke über den Jarama, vier Kilometer von Arganda und einundzwanzig Kilometer von Madrid entfernt, über die die Nationalstraße nach Valencia verläuft. Zur gleichen Zeit werden einige Truppen ostwärts des Jarama geschickt, um gegen alle Eventualitäten gewappnet zu sein.

Zu diesen gehört auch die XII. Internationale Brigade. Am Nachmittag des 9. hat sie in Anwesenheit des Generals Lukács Übungen durchgeführt, und es war geplant, diese auch am folgenden Tag fortzusetzen. Doch in der Nacht werden die Befehle geändert. Die Brigade soll schleunigst nach Arganda verlegt werden, um die Brücke und stromabwärts den Lauf des Jarama einige Kilometer weit bis zur Pindoque-

Brücke zu überwachen. Die feindliche Luftwaffe und Artillerie trommeln während des ganzen 10. Februar auf die Arganda-Front, auf unsere Stellungen auf dem rechten Manazanares- und auf dem linken Jarama-Ufer und auf die unmittelbar hinter der Front liegenden Ortschaften. In der Nacht vom 10. zum 11. bezieht das „Dombrowski" unter dem Befehl Barwinskis Stellung am Manzanares und das französisch-belgische Bataillon an der Arganda-Brücke. Es wird eine Kompanie zur Sicherung der Pindoque-Brücke vorgeschickt. Das Garibaldi-Bataillon liegt in der Ortschaft Arganda in Reserve. Man spürt, daß es sich bald herausstellen muß, wozu sich die Faschisten entschlossen haben, und daß die Schlacht dann die ganze Ausdehnung und Heftigkeit annehmen wird, die den Kräften und Mitteln entsprechen, die von beiden Seiten eingesetzt sind.

Eine Bresche in der republikanischen Front

Aus Albacete, wo ich gewesen bin, um die abmarschbereite XV. Brigade zu inspizieren, treffe ich in Arganda ein. In meiner Begleitung befinden sich Billoux, der die französischen Freiwilligen der verschiedenen internationalen Bataillone besichtigen soll, und Camen (Giuliano Pajetta), der zum ersten Mal an die Front kommt. Wir treffen rechtzeitig ein, um Nicoletti zu begrüßen, der gerade für einen kurzen Urlaub nach Frankreich abfahren will.

Nach den ersten Worten, die wir mit den Angehörigen des Stabes der XII. Brigade wechseln, ist es uns schon klar, daß die Dinge nicht nach den festgelegten Plänen verlaufen. Die Faschisten dringen von La Marañosa her vor und sind sehr angriffslustig. Ob sie etwas von unseren Absichten gewittert haben? Bei Tisch behaupten einige, daß wir allzulange mit dem Angriff gewartet haben; andere meinen, daß es doch besser ist, den Feind zu erwarten und ihm dann mit allen verfügbaren Kräften und allen Mitteln einen gebührenden Empfang zu bereiten. Alles in allem beurteilt man die Situation zuversichtlich, und man fühlt sich recht wohl.

Am Nachmittag will ich mit Nicoletti und Camen zum Fluß hinunter. Wir fahren im Auto bis zu den ersten Gebäuden der Zuckerfabrik; doch es ist nicht ratsam, auf der ungedeckten Straße weiter vorzufahren. Wir müssen zu Fuß weitergehen und die Deckung durch die Bäume und den Straßendamm ausnutzen. Von La Marañosa her kontrollieren die Faschisten das Gelände; bei jeder Bewegung schießen sie mit Artillerie herüber.

Die Atmosphäre ist grau, der Himmel regenverhangen und die Landschaft verlassen und schweigsam. Die Unsrigen haben schwache Beobachtungsposten an und jenseits der Brücke längs der Straße aufgestellt. Das übliche Hin und Her der unmittelbaren Frontnähe ist hier nicht zu bemerken. Der Feind sieht unsere Stellungen von oben ein, und wir sind allzu ungedeckt. Im Schutze einer niedrigen Mauer beobachten Nicoletti und ich die Ufer jenseits des Flusses, die steil in die wasserreichen und tosenden Fluten abfallen. Wir können keine Menschenseele erblicken. Doch drüben auf den Anhöhen müssen sie unsere Bewegungen bemerkt haben, denn ihre Artillerie nimmt die Straße und die drei oder vier Häuschen vor der Brücke, zwischen denen wir uns herumtreiben, unter Beschuß. Eine wahre Verschwendung: einige Dutzend Granaten, die keinerlei Schaden anrichten und von denen einige im weichen und sumpfigen Boden der Felder versinken, ohne überhaupt zu krepieren. Ein Beweis jedoch, daß der Feind gut aufpaßt und keine Mittel scheut.

Am Abend werden im Speiseraum des Brigadestabs lange Gespräche über die Lage geführt. Nicoletti, der abreisen will, und Nenni, der zurückgekehrt ist, um das Garibaldi-Bataillon zu besichtigen, sind anwesend. Nenni, Camen und ich kommen in der Nacht in einem großen Zimmer unter, das im Ort für uns besorgt wurde. Der Morgen graut noch nicht, als wir durch Lärmen auf der Straße und durch starken Lastwagen-Verkehr geweckt werden. Aus der Ferne hört man das dumpfe Grollen von Kanonenschüssen. Wir rennen zum Brigadekommando. Dort herrscht große Aufregung.

Schlechte Nachrichten treffen von den vorgeschobenen Posten ein. Man weiß noch nicht recht, was eigentlich geschehen ist, doch bestimmt ist etwas Ernstes vorgefallen. Flüchtende Freiwillige sind von der Pindoque-Brücke bis nach Arganda gekommen. Sie berichten, daß sie in der Nacht überrascht worden sind, daß sie von allen Seiten eingekreist worden seien und keinen anderen Ausweg als die Flucht gesehen hätten. Sie seien zum Stab gekommen, um ihn zu alarmieren.

Unverzüglich werden Befehle erteilt, die gesamte Brigade zu mobilisieren und die verfügbaren Kräfte so schnell wie möglich vorzuschicken, um das feindliche Vordringen aufzuhalten. Die Verteidigung der Arganda-Brücke wird verstärkt; doch im Augenblick ist es dringlicher, neue organisierte Kräfte nach dem linken Jarama-Ufer zu schicken, die hier den faschistischen Horden entgegentreten müssen, welche durch die Bresche an der Pindoque-Brücke in die Ebene fluten. Für diese Operation werden die garibaldinischen Reserve-Kompanien in Arganda bestimmt. In kurzer Zeit sind sie angetreten und marschieren singend dorthin, wo die faschistische Gefahr am größten ist.

In Porcales, das aus einigen über die Ebene unweit des Flusses verstreuten Häusern besteht, treffen die Garibaldiner auf die Kämpfer des französisch-belgischen Bataillons und auf die Überlebenden der Kompanie, die an der Pindoque-Brücke überrascht worden sind. Aus ihren Berichten entnimmt man, was in der späten Nacht geschehen ist und in welcher Gefahr unser ganzer Abschnitt schwebt. Begünstigt durch die absolute Finsternis, ist es den Mauren gelungen, unsere Wachen zu überrumpeln und ihnen die Kehlen durchzuschneiden, bevor sie Alarm geben konnten.

Auf diese Weise gelingt es den Faschisten, die Brücke zu überschreiten und die Kompanie des französisch-belgischen Bataillons, die sie sichern soll, zu überrumpeln und zu vernichten. Durch die geöffnete Bresche strömen schnell fünf von zahlreichen Panzern begleitete feindliche Bataillone, die sich sofort in der Ebene ausbreiten und die Verteidiger des Flußübergangs nach San Martin de la Vega weiter stromabwärts von hinten packen. Die Faschisten bilden auf diese Weise einen ausgedehnten und gut gesicherten Brückenkopf.

Zwischen der von uns besetzten Arganda-Brücke und der in die Hand der Faschisten gefallenen Pindoque-Brücke liegen drei oder vier Kilometer. Doch der Fluß ist hier tief, die Strömung reißend und der Übergang schwierig. Außerdem ist das rechte Ufer abschüssig und fällt an einigen Stellen fast senkrecht zum Wasser hin ab. Von dieser Seite her besteht also keine Gefahr, abgesehen von den Unannehmlichkeiten, die die Faschisten mit ihrem Feuer von den Anhöhen gegenüber denjenigen bereiten können, die sich in der Ebene ungedeckt bewegen. Alles ist wie in einem Amphitheater, in dem die Faschisten die oberen Ränge und wir die Arena besetzt haben. Die Faschisten können deshalb jeden unserer Schritte kontrollieren und decken uns nach Belieben und ohne eigenes Risiko mit Infanterie-, Artillerie- und sogar Granatwerferfeuer ein.

Doch sind im Augenblick wenigstens von dieser Seite her keine Überraschungen zu befürchten. Beunruhigend und ernst ist die Gefahr in der Ebene zwischen dem Jarama und den vier oder fünf Kilometer weiter östlich gelegenen Höhen. Von dieser Seite her könnte die faschistische Flut die Häuser von Porcales überschwemmen, durch die Ebene nach Arganda vordringen, die Straße nach Osten abschneiden und sich in Richtung auf Loeches und Alcalà de Henares ausbreiten. Von dieser Seite aus könnten die faschistischen Horden auch die Richtung auf die gegenüberliegenden Höhen einschlagen, auf Morata de Tajuña vorstoßen und in einer weiter ausholenden Bewegung die gleichen Ziele erreichen.

Es ist keine Zeit zu verlieren. An den Flanken der von den Faschisten über den Fluß geöffneten Bresche stehen republikanische Kräfte; stromauf die der XII. Brigade, stromab von Lister befehligte spanische Einheiten. Doch vor den Faschisten, in Richtung auf die Höhen und auf Morata de Tujaña, besteht im Augenblick ein Vakuum; und je mehr sich der Brückenkopf erweitert, um so mehr vergrößert sich das Vakuum vor ihm und um so leichter wird es den Faschisten, tiefer in das republikanische Gebiet einzudringen. Der Brückenkopf muß also an den Flanken zusammengedrückt und der frontale Widerstand organisiert werden, indem man das Vakuum ausfüllt, das sich vor der geöffneten Bresche gebildet hat.

Im Süden werden Lister und andere spanische Formationen dafür sorgen; im Norden müssen es die Internationalen tun. Wie schon gesagt, wurde das ganze Garibaldi-Bataillon in die Ebene geschickt, um von dieser Seite her einen Damm gegen die Ausbreitung der faschistischen Flut zu bilden. Das Polen-Bataillon, das rechts von der Brigade am Manzanares lag, wird in aller Eile zurückgezogen und links vom Garibaldi-Bataillon mit dem Auftrag eingesetzt, zwischen der Ebene und dem Bergland vorzurücken und die Verbindung mit den anderen republikanischen Einheiten herzustellen. Inzwischen werden weitere republikanische Kräfte, Spanier und Internationale, an diesen Abschnitt geworfen.

Jetzt ist es klar, daß an den Ufern und auf den Höhen des Jarama eine neue große Schlacht um Madrid entbrannt ist. Alle verfügbaren Kräfte müssen eingesetzt werden. Was die Internationalen Brigaden angeht, so ist außer der bereits eingesetzten XII. die XI. von Murcia her im Anmarsch und die neuaufgestellte XV. von Albacete her unterwegs, ferner wird aus Torrelodones die XIV. eintreffen. Gleichzeitig mit zahlreichen weiteren spanischen Batterien werden auch fünf internationale Batterien herangezogen, die mit ihren Geschützen in die beginnende große Schlacht eingreifen sollen.

Doch dies alles sind vorerst nur Pläne und Befehle, die in aller Eile erlassen werden, nachdem die Gefahr in ihrem ganzen Ernst erkannt worden ist. Die Lage an der Front ist ernst. Es ist zu befürchten, daß die Lücke nicht rechtzeitig geschlossen werden kann. Um mir einen Überblick zu verschaffen, will ich auf die Straße von Arganda nach Morata de Tajuña und nach Chinchon entlang fahren, die eine Strecke lang mehr oder weniger über den Kamm der Höhen verläuft, die die Jarama-Ebene im Osten begrenzen. Ich kenne das Gelände, da ich es während unserer ersten Operation gegen den Cerro de los Angeles mehrmals durchkreuzt habe. Ich nehme mir vor, bis zu der Abzweigung zu kommen, die noch ein wenig ansteigt und dann nach San Martin de la Vega abfällt. Ich will unsere Stellungen in diesem Abschnitt kennenlernen und erfahren, wie weit die Faschisten bereits gekommen sind.

Ich fahre mit Camen im Auto los. An der Kreuzung biegen wir nach San Martin de la Vega ein. Am höchsten Punkt der Straße angelangt, bemerken wir eine Bewegung von Lastautos und Leuten. Wir steigen aus und verlangen Auskünfte. Wir erhalten nur spärliche und verwirrte. Man sagt uns, daß Internationale vorbeigezogen sind und sich rechts von der Straße in die Olivenwälder auf den Höhen gewandt haben. Es sind die Männer der XI. Brigade, die so, wie sie aus Murcia eintreffen, sofort dem Feind entgegengeschickt werden. Doch niemand kann uns einigermaßen genau angeben, wo der Feind steht.

Wir gehen zu Fuß zwischen den Oliven in der Richtung weiter, wo wir nach den erhaltenen Auskünften die Leute der XI. Brigade vorfinden müssen. Ich hoffe auch, auf eine Anhöhe zu kommen, von der ich die ganze Talebene übersehen kann, um mir eine Vorstellung von der Lage machen zu können. Jetzt führt uns ein französischer Kommissar, den wir unterwegs getroffen haben. Aber nachdem wir uns vierhundert, fünfhundert Meter von der Straße entfernt haben, bemerken wir links von uns verdächtige Bewegungen. Als ob sie Unrat witterten, weichen Gruppen von Leuten erschreckt, argwöhnisch zurück, ohne eine bestimmte Richtung einzuhalten. Vergeblich versuchen wir, Auskünfte oder Erklärungen zu erlangen. Sie wissen nicht mehr als wir, und zur Antwort erhalten wir nur ein vielsagendes Augenzwinkern oder ein Achselzucken.

Doch plötzlich wird es links von uns lebendig. In der Ferne knallt ein Schuß. Wir glauben, daß irgendein republikanischer Soldat unüberlegt geschossen hat. Doch dann folgt ein zweiter und noch ein weiterer Schuß. Die Leute im Wald zucken zusammen, sie beschleunigen den Schritt und streben instinktiv danach, aus der Feuerzone zu kommen. Es ist klar: wir befinden uns in Schußweite der faschistischen Vorhuten. Diese erklimmen bereits die Anhöhen und werden bald die Kämme erreicht haben. Die republikanischen Soldaten, denen wir begegnen, sind die Überreste und die Versprengten irgendwelcher Einheiten, die von den Faschisten überrannt wurden.

Wir versuchen, die Fliehenden aufzuhalten, sie mit Hilfe der Kommissare und der Offiziere, die wir treffen, wieder zu organisieren und eine Widerstands- und Frontlinie zu bilden. Doch zum Glück treffen aus dem rückwärtigen Gebiet frische, organisierte Einheiten ein. Sie gehen auf den beherrschenden Höhenrücken in Stellung. So entsteht zwar noch keine Linie, aber doch schon eine Reihe von Widerstandspunkten. Es ist noch nicht viel, doch es ist bereits etwas Organisiertes, das an dieser Stelle dem Feind entgegentritt und ihn für den Augenblick aufhält.

Zwischen diesem Punkt und den Stellungen des Garibaldi-Bataillons in der Ebene sowie der Linie, die vom Bataillon Dombrowski gehalten wird, liegen vielleicht drei

bis vier Kilometer. Sie müssen nahezu ungedeckt sein. Um diese Lücke auszufüllen, werden augenblicklich die Kräfte der XI. Brigade aus Morata de Tajuña herangeschafft. Doch die Lücke ist zu groß, die Freiwilligen der XI. reichen nicht einmal aus, um einen Schützenschleier zu bilden. Um mich zu orientieren, versuche ich, das Polen-Bataillon zu finden.
Im Wagen fahre ich fast den halben Weg nach Arganda zurück, dann gehe ich, von Camen gefolgt, zu Fuß über die Felder und durch die Wein- und Olivengärten zwischen den Hügeln vorwärts, um leichter die Ebene und das Polen-Bataillon zu erreichen, das sich in jener Gegend befinden muß. Aber meine Berechnungen erweisen sich als falsch. Die Entfernung ist größer, als ich dachte. Die erst kürzlich bearbeitete Erde ist weich, der Fuß sinkt tief ein, der Marsch wird langsamer und beschwerlicher. Schnaufend vor Anstrengung folgt Camen. Ich muß feststellen, daß ich mich in ein Abenteuer eingelassen habe.
Ringsumher herrscht unheimliche Grabesstille. Wir begegnen lediglich einem Bauern, der versucht, sich vor uns hinter Reihen von Olivenbäumen zu verstecken. Wir schneiden ihm den Weg ab und fragen ihn aus. Er kommt von seinem ein oder zwei Kilometer entfernten Hof. Er hat ihn im Stich gelassen, weil er in der Ferne maurische Kavallerie herumstreifen sah. An dieser Stelle muß also ein völliges Vakuum bestehen.
Wir kehren auf dem gleichen Wege zurück, besteigen den Wagen und fahren nach Arganda. Wir berichten dem Stab der XII. über die Lage, wie wir sie nach den unmittelbaren Beobachtungen und nach den erhaltenen Auskünften beurteilen. Lukács und Bielow unterrichten uns über die Situation in der Ebene und längs des Jarama. Sie sind mit uns der Meinung, daß das Polen-Bataillon am Fuße der Anhöhen allein sein muß und daß es nach links durch einen ziemlich großen, völlig ungedeckten Zwischenraum von den anderen republikanischen Kräften getrennt ist.
Wir wollen unsere Übersicht vervollständigen und uns umsehen, wie die Dinge beim Garibaldi-Bataillon und am Jarama liegen. Eine kurze Strecke fahren wir im Wagen eine Landstraße entlang, die nach Porcales führt. Dann gehen wir zu Fuß weiter, weil man uns sagt, daß von den La Marañosa-Hügeln mit kleinkalibrigen Kanonen auf jedes vorüberfahrende Fahrzeug geschossen wird. Die Genossen geben uns Stahlhelme, und Camen und ich gehen unter der Führung eines Melders über offenes Feld vorwärts, um zu den vorgeschobenen Posten zu gelangen.
Die Warnung war nicht umsonst. Von den La Marañosa-Hügeln herab nahmen die Faschisten nicht nur jedes Fahrzeug, sondern auch jede Gruppe und jeden Mann unter Feuer, die sie in der Ebene bemerken. Auch wir müssen das am eigenen Leibe erfahren, als wir beim weiteren Vorgehen über die Felder beharrlich von einer kleinen Kanone beschossen werden. Bei jedem Pfeifen der Granate werfen wir uns nieder. Dann geht es zwischen dem einen und dem nächsten Schuß im Laufschritt weiter. Wir versuchen, irgendeine Deckung zu erreichen. Aber das Gelände ist eben und frisch gepflügt, und die da oben lassen uns so leicht nicht aus. Wir spüren, wie die Schüsse immer näher herankommen, die aufgeworfene lockere Erde regnet auf uns herab. Zum Glück gelingt es uns endlich, in einem Röhricht am Rande eines Sumpfes unterzuschlüpfen. Von hier aus gelangen wir zu einer Bodenerhebung, die quer über

die Ebene verläuft. Jetzt erst lassen unsere Verfolger von uns ab. Es war auch Zeit!
Die Genossen erklären uns die Lage. Am Morgen sind die Mauren im Gegenangriff aus einigen Gehöften verjagt worden, die jetzt von den Unsrigen besetzt sind. Den ganzen Tag über wurde gekämpft, um die Gegenangriffe zurückzuweisen, um unsere Linie zu verstärken und um die Faschisten aus Stellungen zu vertreiben, die uns besonders gefährlich werden konnten. Während dieser Kämpfe wurde Pacciardi an der Wange und am Ohrläppchen leicht verwundet. Nenni, der in seiner Nähe war, hat ihm behelfsmäßig die Wunden verbunden und ihn dann unter einem Hagel von Schüssen zum Verbandplatz begleitet.
Das Garibaldi-Bataillon hält jetzt fast den gesamten flachen Abschnitt, der vom Fluß bis dicht an die Höhen linker Hand reicht, wo es mit dem Bataillon Dombrowski Verbindung hält. Dieses ist während des ganzen Tages stark beansprucht worden. In der Ferne sehen wir am Fuße der Hügel eine Reihe unserer Panzer, die zur Unterstützung der Polen gekämpft haben und sich nun bei Einbruch des Abends zurückziehen. Sie werden von den faschistischen Kanonen auf den La Marañosa-Hügeln beschossen. Die Granaten pfeifen über unsere Köpfe hinweg und krepieren rund um die Panzer. Doch diese fahren unbekümmert weiter.
Als die Nacht herabsinkt, ist die Lage äußerst ungewiß und bedrohlich. Der Feind greift mit etwa dreißigtausend Mann und Hunderten von Panzern, Kanonen und Flugzeugen an. Es ist sein bisher größter Aufwand an Menschen und Kriegsmaterial. Er besitzt den Vorteil der Initiative, er kann den Schwung des Anfangserfolges ausnutzen, er hat eine Bresche in unsere Front geschlagen, durch die er versucht, in Richtung auf Arganda und Morata de Tajuña vorzudringen. Diese Bresche muß schnellstens geschlossen werden. Die Einzelheiten der Aktionen, mit denen dieses Ziel erreicht werden muß, interessieren nicht – sagt der Stabschef für die Verteidigung Madrids, Vincente Roja, zu den Kommandeuren der eingesetzten Truppen –, es ist vor allen Dingen notwendig, daß man es in der Ebene und in der Bergzone schleunigst erreicht und daß den Faschisten der Zugang zum Straßennetz ostwärts von Madrid versperrt wird.

Das Scheitern der faschistischen Offensive

Der gefährlichste Tag, der Tag der Überrumpelung und des Frontdurchbruchs, ist vorüber. Schon gegen Abend scheint der faschistische Schwung abzuflauen. In der Nacht werden auf der Linie, die von den Unsrigen gehalten wird, fieberhaft Schanzarbeiten durchgeführt, während die zur Verstärkung in Marsch gesetzten Truppen eintreffen. Die gesamte XI. Brigade ist bereits an der Front; am nächsten Tag kommt die neue, die XV. Internationale Brigade an, die auf beiden Seiten der Straße von Morata de Tujaña nach San Martin de la Vega in Stellung geht.
Das ist der Punkt, an dem der Feind am weitesten vorgestoßen ist und wo er am stärksten drückt. Die Unsrigen halten die kleine Hochfläche auf den Anhöhen, die das Jarama-Tal vom Tal des Tajuña trennen. Wir versuchen, die Faschisten auf den Jarama zurückzuwerfen; diese wollen uns in den Tujaña schieben. Die kleine Hoch-

fläche ist ganz mit Oliven bebaut und wird in allen Richtungen von kleinen Mäuerchen aus aufgeschichteten Steinen durchzogen, die die verschiedenen Grundstücke abgrenzen. Dies sind ausgezeichnete Gräben für die Infanterie, aber zugleich auch zusätzliche mörderische Geschoßreserven in Form von Steinsplittern, die bei jeder Explosion von Granaten oder Bomben herumschwirren.
Die XV. Brigade nimmt nach links Verbindung mit Listers Divisionen auf, die aus drei spanischen Brigaden besteht (der I., der XVIII. und der XXIII.), und nach rechts mit der XI. Internationalen Brigade und der V. spanischen. Zwischen diese und die XII. Internationale Brigade wird sich im Verlauf des Tages noch die XIV. Internationale einschieben, die aus Torrelodones anrückt. Nach beendetem Aufmarsch werden sich an der Kampffront volle zwölf republikanische Brigaden, darunter vier Internationale, befinden: etwa dreißigtausend Mann. Das ist ungefähr die gleiche Zahl wie die der Angreifer.
Etwas Neues in dieser Schlacht ist der relative Überfluß an Kriegsmaterial auf beiden Seiten. Die Faschisten setzen etwa hundert Panzer und neue Typen leicht zu bedienender Schnellfeuerkanonen deutscher Herkunft ein. Auch auf unserer Seite gibt es quantitative und qualitative Verbesserungen. Die Artillerie operiert unter einem einheitlichen Kommando und wird durch schnelle Stellungswechsel allen Erfordernissen gerecht. Leider sind einige Batterien zuweilen wegen Munitionsmangel zum Schweigen gezwungen. Zum ersten Male tritt die republikanische Flak-Artillerie in Erscheinung; auf den Höhen zwischen dem Jarama und dem Tajuña überwacht sie erfolgreich den Luftraum. Zu ihr gehört auch eine internationale Batterie, deren Kommissar der Genosse Bruno Rosseti ist. Gleich nachdem diese Batterie in Stellung gegangen ist, gelingt es ihr, unter dem begeisterten Beifall der Freiwilligen und der Bevölkerung, die erste faschistische „Fiat“ herunterzuholen.
Unsere Jagdflieger, die gerade in diesen Tagen eine beträchtliche Anzahl neuer Maschinen erhalten haben, patrouillieren pausenlos am Himmel über dem Schlachtfeld. Im Verlauf eines einziges Tages gelingt es den republikanischen Jägern, fünfmal hintereinander einen Bombenangriff der Faschisten auf unsere Linien zu verhindern. Es sind Piloten darunter, die an einem einzigen Tage sieben Einsätze fliegen – und zwar alle mit Feindberührung. Gerade hier am Jarama entbrennt die bisher größte Luftschlacht, bei der hundert und mehr Maschinen sich gleichzeitig in der Luft befinden und sich gegenseitig bekämpfen.
In der Zeit vom 11. bis zum 15. Februar einschließlich erreicht die Schlacht am Jarama ihre größte Heftigkeit. Der Kampf ist erbittert und wild, denn die Wut und die Entschlossenheit auf beiden Seiten sind groß. Die Faschisten wollen den anfänglichen Durchbruch um jeden Preis erweitern und dann weiter vorstoßen. Wie bereits gesagt, verfügen sie über reichliche Mittel. Sie konzentrieren sie alle an einer Front von höchstens sechs, sieben Kilometer Breite. Ihre Artillerie trommelt aus äußerst günstigen Stellungen auf die vordersten Linien, auf das rückwärtige Gebiet und auf unsere Sammelpunkte. Ihre Maschinengewehrschützen schießen überallhin, in die Olivenwälder und zwischen die Geländefalten. Kühne Spähtrupps maurischer Kavallerie dringen – besonders in den ersten Tagen, als faktisch noch keine Frontlinie auf unserer Seite besteht – in der Talebene vor und erkunden die schwachen und ungedeckten Stellen, gegen die das Gros der faschistischen Kräfte sich richten muß.

Doch nachdem die ersten Augenblicke der Verwirrung vorüber sind, leisten die Unsrigen verzweifelt Widerstand, und sie lassen sich sogar an Ort und Stelle aufreiben, damit die Verstärkungen Zeit haben, in Stellung zu gehen. Der Mangel einer noch nicht gefestigten Organisation wird durch die Tüchtigkeit und den Heroismus der Männer in überreichlichem Maße wettgemacht. Die neuen Kämpfer eifern den Veteranen der Verteidigung Madrids nach; die Spanier wetteifern mit den Internationalen. Die Alten der XI., der XII. und der XIV. kämpfen wie immer. Ihrem Beispiel folgen die Rekruten der XV. – Amerikaner, Engländer, Angehörige der Balkanvölker, Franzosen und eine italienische Kompanie –, die zum erstenmal die Hölle der Schlacht, und zwar an ihrem erbittertsten und kritischsten Punkt, kennenlernen.

Die Männer haben gelernt, sich vor dem feindlichen Beschuß zu schützen. Sie nützen alle natürlichen Deckungen aus: Olivenbäume, Weinberge, Bodenerhebungen, Felsblöcke und Steinmäuerchen. Sobald es möglich ist, graben sie vorschriftsmäßige Mulden und tiefe Schützen- und Laufgräben. Der Kampf ist so erbittert und erbarmungslos, daß er weder Leichtfertigkeit noch Oberflächlichkeit zuläßt. Nach heftigem Feuerwechsel aus allen Waffen greift man an, vor einem unerwarteten Bleihagel weicht man zurück, flieht und nutzt eine Unentschlossenheit des Feindes aus, um die aufgegebenen Stellungen zurückzunehmen. Dann wieder neue Angriffe und neue Gegenangriffe, neue Rückzüge und neue Vorstöße. Es ist ein tödliches Tauziehen, das sich sechs-, acht-, zehnmal an einem einzigen Tag an den verschiedenen Punkten der Front in tagelangen erbarmungslosen Kämpfen wiederholt.

In den ersten Tagen ist das Wetter schön, sogar zu schön. Unsere Freiwilligen steigen durch die Senken hinauf und hinunter, um in Stellung zu gehen; an den ungedeckten Stellen kriechen sie an der Erde entlang. Der Schweiß rinnt über die schmutzbedeckten Gesichter. Man hat Durst, aber es ist kein Wasser da; man hat Hunger, doch der Nachschub kommt schwer und im allgemeinen erst während der Nacht heran. Einige Tage später öffnen sich die Schleusen des Himmels. Nun wird das ganze Gelände morastig, klebrig und rutschig, und die Mulden und die Schützen- und Laufgräben verwandeln sich im Nu in kleine reißende Wildbäche.

Beim Vorstoß und Rückzug verlieren die einzelnen Gruppen manchmal die Verbindung, sie sehen sich plötzlich allein und von der Seite und im Rücken durch überlegene Kräfte angegriffen. Doch sie verlieren den Mut nicht. Sie leisten Widerstand bis zur letzten Patrone. Häufig gelingt es ihnen, sich durchzuschlagen und sich zu retten. Manchmal lassen sich alle zusammenschießen, oder sie werden, nachdem jede Widerstandsmöglichkeit erschöpft ist, von den Faschisten gefangengenommen. Die XV. und die XI. Brigade können von vielen solchen Episoden der Tapferkeit und des Opfergeistes berichten. Allein die italienische Kompanie des Bataillons Dimitroff von der XV. Brigade zählt nach den ersten Kampftagen fast dreißig „Vermißte", unter ihnen den Sozialisten Carloni, einen der bedeutendsten Führer der italienischen Emigranten in Frankreich.

Neben diesen Beispielen äußersten Heldenmutes bei der Verteidigung der Stellungen gibt es auch Taten großzügiger Solidarität und Selbstaufopferung zur Befreiung von eingekesselten Gruppen der Unsrigen. Um einen verwundeten Kameraden zu retten, der zwischen den Linien liegengeblieben ist, oder um die Leiche des gefallenen

Freundes zu bergen, werden Wunder an Findigkeit und Kühnheit vollbracht. Häufig wird der Versuch auf halbem Wege entdeckt; dann ist es unmöglich, weiter vorzugehen, und ebenso unmöglich, zurückzuweichen. Der Mutige muß den ganzen Tag hinter einem Stein liegenbleiben, wo er entdeckt wurde, bis die Dunkelheit es ihm gestattet, seine mutige Tat zu vollenden.

Im Verlauf des 14. Februar gelingt es den Rebellen, für eine gewisse Zeit ein oder zwei Kilometer auf Morata vorzustoßen und sich der Straße Chinchon–Arganda zu nähern. Die feindlichen Panzer tauchen unversehens vor der XV. Brigade auf und rücken, Feuer und Eisen speiend, ungehindert vor. Die überraschten Verteidiger haben keine Panzerabwehrgranaten, -geschosse und -geschütze. Sie schießen mit gewöhnlichen Patronen, und die Geschosse prallen an den Metallpanzerungen ab. Sie müssen zurückweichen. Doch dann schalten sich aus der Ferne unsere Artillerie und unsere Luftwaffe ein. Auch die Infanterie geht zum Gegenangriff über, und die Faschisten sind gezwungen zurückzugehen.

Während des 15. und des 16. Februar dauern die Kämpfe an der gesamten Front mit unverminderter Heftigkeit an. Die Faschisten haben die Hoffnung noch nicht aufgegeben, ihre Ziele zu erreichen. Ein Angriff folgt dem anderen. Doch unser Widerstand versteift sich und wird aktiver. Nunmehr hält eine ununterbrochene Linie von Leuten und Waffen von allen Seiten dem feindlichen Druck stand. Es ist nichts zu machen. Die Bresche ist geschlossen. Die Faschisten rücken nicht weiter vor. Sie verbluten unnütz an den Steinmauern und an der unerschütterlichen Barriere, die der Heroismus der republikanischen Verteidiger, der Spanier und der Internationalen, errichtet hat. Bei diesen verzweifelten Versuchen verlieren marokkanische und faschistische Einheiten vierzig und fünfzig Prozent ihrer Kräfte.

Am Morgen des 17. Februar geht die Initiative eindeutig in die Hände der Republikaner über. Während wir dort, wo der Feind am stärksten drückt, weiter Widerstand leisten, organisiert das zentrale spanische Kommando – nach der klassischen Formel – zwei kraftvolle Angriffe rechts und links von unserem Abschnitt, und zwar an den Flanken beziehungsweise an der Basis des Vorsprunges, der durch den faschistischen Vorstoß geschaffen wurde: im Norden, vom rechten Ufer des Manzanares ausgehend, gegen La Marañosa, im Süden gegen den Berg Pingarron, der auf dem linken Flußufer die Jarama-Ebene abschließt. An den beiden Angriffen nehmen nur spanische Truppen teil: im Norden die Kräfte Modestos, im Süden die Division Listers.

Nach einem wütenden Zusammenstoß gelingt es Modestos Vorhuten, bis in die Nähe des faschistischen Gefechtsstandes von La Marañosa zu kommen. Um sie aufzuhalten, muß der Feind Truppen aus den vordersten Linien des jenseitigen Jarama-Ufers abziehen. Gleichzeitig greift Lister den Pingarron an, kreist ihn ein und gelangt bis in die Nähe von San Martin de la Vega. An diesem kurzen Abschnitt wird drei Tage hintereinander mit äußerster Heftigkeit gekämpft. Der Feind muß dort seine besten Truppen und bedeutende Mengen von Material zusammenziehen. Mehrere Male werden die Stellungen erobert und wieder verloren. Dennoch wird ein erstes Ergebnis erzielt: die Faschisten sind gezwungen, vom Angriff zur Verteidigung überzugehen.

An diesem kurzen Abschnitt kommt eigentlich die große Schlacht am Jarama zum Abschluß. Hier folgen Angriffe und Gegenangriffe schnell aufeinander; das nützen

die republikanischen Kräfte an der gesamten übrigen Front aus, um die Stellungen zu befestigen, das Verteidigungssystem auszubauen und eine ununterbrochene und unüberwindliche Linie herzustellen. Nach dreizehntägigem erbittertem und hartem Kampf, bei dem nicht nur große Massen von Menschen, sondern auch beträchtliche Mengen von Kriegsmaterial eingesetzt waren, sind die Faschisten praktisch auf der Linie festgehalten, die sie am ersten Tage dank der Überraschung erreicht haben. Sie haben einen Geländestreifen von zehn bis zwölf Kilometer Breite und drei bis fünf Kilometer Tiefe besetzt. Er bildet einen Bogen, der vom Zusammenfluß des Manzanares mit dem Jarama ausgeht, dann westlich der Straße Chinchon–Arganda verläuft, um schließlich umzubiegen und den Jarama ein wenig stromabwärts von San Martin de la Vega zu schneiden. Das ist viel zuwenig für die Anstrengungen und die Opfer, die die Offensive kostete.
Am 22. Februar unternehmen wir den Versuch, diesen Bogen noch mehr zusammenzudrücken. Zusammen mit der XXIV. und XXV. spanischen Brigade nehmen die XV. und die XI. Internationale Brigade daran teil. Die XII. Brigade wird von dem Abschnitt abgezogen, an dem sie während dieses ganzen Zeitraumes gekämpft hat. Sie bleibt in der Nähe Moratas in Reserve. Der Angriff beginnt mit einem lebhaften Artilleriefeuer. Wegen des wolkigen Wetters zeigt sich die Luftwaffe kaum. Vor allem wird die XV. Brigade eingesetzt. Ihre Bataillone, das „Lincoln", das „Dimitroff", das „6. Februar" und das englische, legen die größte Kühnheit an den Tag. Die Unsrigen stoßen ein Kilometer und mehr vor, doch die Faschisten antworten mit einem heftigen Gegenangriff. Die XII. Brigade macht sich schon zum Einsatz bereit, als die Operation abgeblasen wird. In der Nacht regnet es in Strömen. Am nächsten Tag strahlt die Sonne herrlich über dem gesamten Abschnitt, der endlich wieder zur Ruhe gekommen ist.
Die neue faschistische Großoffensive gegen Madrid kann als beendet angesehen werden. Sie ist geräuschvoll gescheitert. Dem Feind ist es nicht nur nicht gelungen, Alcalà de Henares zu erreichen, wie er geplant hatte, sondern er hat auch niemals Arganda und Morata de Tajuña besetzen können, wie er es einige Tage lang der ganzen Welt verkündet hat. Den Faschisten ist es nicht gelungen, ihren Fuß auf die Straße Madrid–Valencia zu setzen, sondern sie vermochten nur den Verkehr auf einer sehr kurzen Strecke durch Artilleriebeschuß von den La Marañosa-Höhen her zu belästigen. Es ist ihnen nicht einmal gelungen, bis zu der weit weniger wichtigen Straße Chinchon–Arganda vorzustoßen. Für einen sehr teuren Preis haben sie einige wenige Quadratkilometer Gelände erobert, die jedoch ohne irgendeine militärische Bedeutung sind.

Kampf gegen den Tod

Die Schlacht am Jarama hat wegen der Härte und der Intensität der Kämpfe den Sanitätsdienst der Internationalen Brigaden auf eine harte Probe gestellt. Dieser wird jetzt von dem bulgarischen Antifaschisten Doktor Oskar Telge geleitet, der den deutschen Antifaschisten Doktor Neumann abgelöst hat. Im Hinblick auf die geplante republikanische Offensive war der Sanitätsdienst bereits verstärkt worden, insbesondere der chirurgische Zweig und der Abtransport der Verwundeten in die

internationalen Lazarette, die vor kurzem im Hinterland und an der Küste eingerichtet wurden.
Um dicht hinter der vordersten Linie Operationen vornehmen zu können, verfügt jede chirurgische Abteilung der Brigade jetzt über einen eigenen Wagen, der mit den notwendigen chirurgischen Instrumenten und Medikamenten ausgestattet ist und der einen Vorrat an Sterilisationsmaterial und an sterilisiertem Wasser mit sich führt. In seinem Gefolge befördern zahlreiche kleine Fahrzeuge Wäsche, Matratzen und das Unentbehrlichste, um an Ort und Stelle behelfsmäßige Tischlerarbeiten durchzuführen, Betten aufzustellen, Wäschereien einzurichten, alles, was für das selbständige Wirken einer Verbandstelle und für die Erste Hilfe erforderlich ist. Dazu gehören Heizgeräte, um die Kälte im Operationssaal zu bekämpfen, wenn man den engen Raum, auf dem man im Auto oder in einem provisorischen Zelt operieren muß, Saal nennen kann. Ein Stromaggregat sorgt für elektrisches Licht, falls es zur Operation benötigt wird; dreißig Lampen können daran angeschlossen werden.
Zu jeder chirurgischen Abteilung gehören zumindest ein Chefchirurg, mehrere Assistenzärzte, Krankenpfleger und Hilfspersonal, wie Fahrer, Mechaniker usw. Die XI., die XIV. und die XV. Brigade verfügen jede über einen ambulanten Operationssaal, den die Franzosen autochir (Chirurgie-Auto) tauften, ein Geschenk der internationalen Solidarität, während der XII. Brigade eine Abteilung spanischer Chirurgen zur Verfügung gestellt wurde. Sofort nach Beginn der Kämpfe, sobald die Stellung unserer Einheiten bekannt ist, wird der gesamte Dienst eingerichtet. Am Jarama werden innerhalb von vierundzwanzig Stunden vier Feldlazarette eingerichtet, für jede Brigade eins.
Natürlich beginnen die Sanitäts-Trupps mit ihrer Arbeit, sobald sie an Ort und Stelle eingetroffen sind, also noch bevor alles in Ordnung ist. Während der Kampftage hört die Arbeit der Chirurgen, der Ärzte, der Krankenpfleger nicht einen Augenblick lang auf. Täglich treffen durchschnittlich zweihundert bis zweihundertfünfzig Verwundete ein. Es sind Internationale und Spanier, die alle mit der gleichen Liebe aufgenommen und behandelt werden. Man operiert während der Luftangriffe, inmitten von Verwundeten, die vor Schmerzen schreien, und Sterbenden, die im Todeskampf stöhnen. Häufig mangelt es an Material, auch die Chirurgen und die Operationsassistenten reichen nicht aus; doch niemals mangelt es an Selbstlosigkeit und an Opfergeist.
Alle arbeiten pausenlos. Während der ersten Phase der Schlacht, fünf Tage und fünf Nächte lang, operieren, behandeln und verbinden die Ärzte und Krankenpfleger mit nur kurzen Unterbrechungen, in denen sie ein wenig schlafen, um dann wieder Verwundete zu operieren, zu behandeln, Verbände anzulegen und zu erneuern. Manchmal können sich die Sanitäter vor Anstrengung und Müdigkeit kaum auf den Beinen halten, doch sie legen die Instrumente nicht nieder. Ein anderes Mal gibt es Alarm, aber nicht wegen Gefahr aus der Luft, sondern weil die Behandlungs- und Betäubungsmittel zur Neige gehen. Sie reichen nur noch für eine Stunde oder noch weniger; doch aus Madrid, aus Valencia und aus Albacete trifft stets das Erforderliche ein, um den stummen und fieberhaften Kampf gegen den Tod fortzusetzen.
So bald als möglich werden die Verwundeten ins Hinterland in Sicherheit gebracht und damit Platz für die Neueingänge geschaffen. Sie werden vorzugsweise nach Tarancon geleitet, von wo sie teils im Krankenauto, teils per Bahn in die Lazarette

der Internationalen Brigaden in Murcia und an der Küste weitertransportiert werden. Doch noch steht keine ausreichende Anzahl an Krankenautos zur Verfügung, um allen Anforderungen zu genügen. Und so machen auch die Fahrer Tag und Nacht Dienst. Sie müssen durch Wälder und über Felder, über Feldwege und holprige Straßen fahren, in einem ununterbrochenen Strom und Gegenstrom von Fahrzeugen, bei dauernder Gefahr feindlicher Luftangriffe, die ihnen verbietet, die Scheinwerfer während der Nacht einzuschalten. Sie sind vor Anstrengung und Müdigkeit wie betäubt, die Augen erkennen die Spuren nicht mehr, doch sie fahren weiter, und von Zeit zu Zeit reiben sie sich heftig die Augen, um die Müdigkeit zu überwinden. Gemessen an diesen Umständen sind die Unfälle – im ganzen gesehen – selten und geringfügig.

Auf diese Weise kämpfen über hundert Ärzte und mehrere Hundert Krankenpfleger und -pflegerinnen, Freiwillige aus allen Ländern, während und nach der Schlacht, an der Front und im Hinterland, um unsere Verwundeten den Leiden und dem Tod zu entreißen. Diese höchst verdienstvolle Arbeit ist das Ergebnis des Zusammenwirkens fortschrittlicher Ärzte und Krankenpfleger aus allen Teilen der Welt. Von den französischen Genossen ins Leben gerufen, umfaßt der Sanitätsdienst jetzt Chirurgen, Ärzte und Krankenpfleger aus Frankreich, Deutschland, Belgien, England und den Vereinigten Staaten, aus Kanada, Mexiko und der Tschechoslowakei, aus den skandinavischen Ländern, aus Polen, Bulgarien und aus anderen Ländern. Alle nutzen die chirurgischen und sanitären Erfahrungen aus, die von den verschiedenen Heeren im Weltkrieg und bei den revolutionären Kämpfen gesammelt wurden.

Es bestehen keine Gegensätze, weder der Nationalität noch der Ärzteschulen, weder der Rasse noch der Hautfarbe. Der kreolische Arzt operiert zusammen mit dem europäischen Kollegen, der Jude mit dem Nichtjuden, die schwarze Krankenschwester wetteifert mit der weißen in der liebevollen Pflege der Verwundeten und Kranken. Das Internationale Rote Kreuz, das – mit einigen wenigen Ausnahmen – hier sein Hilfswerk, das weder nationale noch politische Grenzen kennen dürfte, nicht leisten konnte oder wollte, ist weitestgehend durch die spontane und großzügige Solidarität der Völker und durch die Menschlichkeit der fortschrittlichen Ärzte ersetzt worden. Ein weiteres Zeichen der Zeit und eine weitere Folge der sogenannten Nichteinmischung!

Die Verluste der Internationalen Brigaden in der Schlacht am Jarama sind sehr schwer. Jede von ihnen ist mit zweitausend bis zweitausendfünfhundert Mann an die Front gegangen. Am Ende der Schlacht zählen sie etwa eintausendfünfhundert, manchmal noch weniger. Vor allen Dingen haben die kämpfenden Bataillone sehr starke Verluste erlitten: im Durchschnitt zweihundertfünfzig Mann. Es gibt Bataillone, die noch dreihundert bis vierhundert Mann stark sind, doch dafür haben das französisch-belgische der XII. Brigade, das an der Pindoque-Brücke überrumpelt wurde, nur noch einhundertzwanzig, das englische Bataillon nur noch einhundertvierzig, die französisch-belgischen Bataillone der XIV. und der XV. Brigade nur noch je einhundertfünfzig bis zweihundert Mann. Insgesamt beklagen die vier in der Schlacht am Jarama eingesetzten Internationalen Brigaden ungefähr zweitausend Verwundete und sechshundert bis siebenhundert Tote, dazu einige hundert Vermißte und Gefangene.

Unter den Toten und Verwundeten sind zahlreiche militärische und politische Kader: junge Kommissare und tapfere Kommandeure. Einige Kompanien und Bataillone haben ihren Kommandeur mehrere Male an einem einzigen Tag gewechselt. Das Bataillon Lincoln hatte im Verlauf der Schlacht sechs verschiedene Kommandeure. Sein letzter Kommandeur war anfangs nur ein einfacher Zugführer. Hier sind einige der bekanntesten Namen aus der Liste der Verwundeten und Toten: Grebenaroff, Bulgare, Kommandeur des Bataillons Dimitroff, gefallen; Wintringham, Engländer, Bataillons-Kommandeur, verwundet; André Bruger, Franzose, Bataillons-Kommandeur, gefallen; Fort, Franzose, Kommandeur des Bataillons 6. Februar, verwundet und völlig erblindet; Rebière, Franzose, Hilfskommissar der XI. Brigade, verwundet; Azzi, italienischer Sozialist, Kommissar (gemeinsam mit Barontini, der Roasio abgelöst hat) des Garibaldi-Bataillons, verwundet; Galli, Franzose, Bataillons-Kommissar, verwundet; die Liste könnte leider noch seitenlang fortgesetzt werden.

Das Opfer, das so viele internationale Freiwillige gemeinsam mit den vielen spanischen Kämpfern gebracht haben, hat zu einem neuen und bedeutenden Erfolg beim Widerstand und im Kampf zur Verteidigung Madrids und des republikanischen Spaniens beigetragen. Nachdem der im Januar unternommene Versuch fehlschlug, die Hauptstadt von Westen her zu isolieren, und nachdem der neue Versuch, sie im Osten abzuschneiden, ebenfalls vereitelt ist, kann Madrid wieder ruhig atmen und mit größerer Zuversicht arbeiten; denn seine Verteidiger haben in der bisher größten Schlacht (nach der Zahl der eingesetzten Truppen, nach der Modernität und Vielfalt der eingesetzten Waffen) bewiesen, daß sie dem faschistischen Heer auf offenem Felde Widerstand leisten und es bezwingen können.

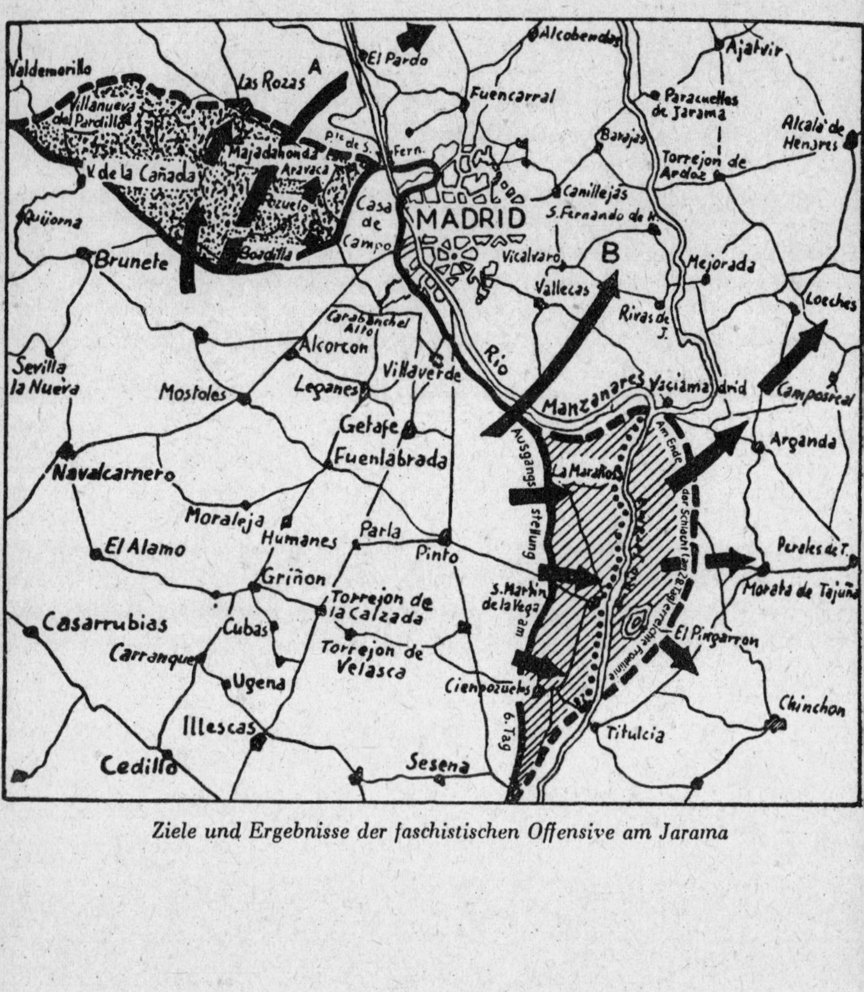

Ziele und Ergebnisse der faschistischen Offensive am Jarama

Die Sorge um Menschen und Waffen

Unsere am Jarama zusammengezogenen Freiwilligen glaubten, daß sie an einer großen Offensivaktion teilnehmen sollten. In diesem Sinne war die politische Vorbereitung in den vorausgegangenen Tagen durchgeführt worden, und das war ja auch die Absicht des zentralen Militärkommandos gewesen. Wir haben gesehen, wie statt dessen die republikanischen Kräfte noch einmal gezwungen wurden, Widerstand zu leisten und zum Gegenangriff überzugehen.

Wir müssen jedoch sagen, daß unsere Kämpfer nach der anfänglichen Enttäuschung sofort die Bedeutung des Kampfes begriffen und den Forderungen der Situation entsprochen haben. Wieder einmal mußten wir erklären, „resistir es vencer“ (aushalten heißt siegen), wie die Losung seit einigen Monaten lautet, wenn es auch angenehmer wäre, mit aller Entschiedenheit anzugreifen, um endlich für immer Schluß zu machen mit den Rebellen und ihren faschistischen italienischen und deutschen Bundesgenossen. Doch eine solche Aktion ist noch nicht möglich, und die beauftragten Kriegskommissare erklären auf allen Versammlungen während der kurzen Augenblicke der Ruhe und selbst in der Feuerlinie den Grund hierfür.

In der Nacht, wenn die Kampftätigkeit ein wenig nachläßt und man dies ausnutzt, um die Einheiten zu reorganisieren und die Frontlinie in Ordnung zu bringen, kommen die militärischen Führer und die Politkommissare zusammen, um die Lehren aus dem Tagesablauf zu ziehen, um die Nöte jeder Einheit kennenzulernen und die Direktiven für den nächsten Tag zu geben. Auf dem Höhepunkt des Kampfes, in der Nacht vom 14. Februar, rufe ich alle internationalen Brigade- und Bataillons-Kommissare in unmittelbarer Nähe der vordersten Linie längs der Straße Arganda–Chinchon zusammen. Ich muß erklären, warum wir gezwungen sind, statt der geplanten Offensive zur Defensive überzugehen, und welche entscheidende Bedeutung unser Widerstand in den Stellungen für die Verteidigung Madrids und für den gesamten Ablauf des Krieges hat.

Es ist jedoch nicht erforderlich, darüber viele Worte zu verlieren. Wichtiger und dringender ist es, die Mängel festzustellen, die sich in den ersten Kampftagen offenbart haben, und die Notwendigkeit zu unterstreichen, sie durch Mobilisierung aller Kräfte der Brigade abzustellen. Bei dieser Zusammenkunft wird die Notwendigkeit des Schutzes der Männer vor dem feindlichen Feuer und der Pflege der Waffen nachdrücklich betont.

Bei dieser Offensive sind die Faschisten sehr gut mit Maschinengewehren und Schnellfeuerkanonen ausgestattet. Unsere Informationen und die bekannten Tatsachen besagen, daß sie eine durchschnittliche Dichte von etwa zweitausend Mann pro Kilometer haben, das heißt, auf jeden Meter Angriffsfront kommen zwei Faschisten. Das ist eine nie zuvor gekannte Dichte und Feuerkraft. Wie kann man dem widerstehen? Wie kann man allzu schwere Verluste vermeiden?

Indem man sich besser schützt – lautet die Antwort. Ich mache die Kommissare darauf aufmerksam, daß unsere Leute in der ersten und der zweiten Linie allzu

ungedeckt und allzu dicht gedrängt liegen. Eine Granate kann in einer Gruppe eine Katastrophe anrichten. Bei den gegenwärtigen Kämpfen sind die meisten Verwundungen durch Granatsplitter verursacht. Das ist zum großen Teil unsere Schuld. Wir haben noch nicht gelernt, uns in den ersten und zweiten Linien richtig einzugraben. Wir müssen uns und alle Freiwilligen davon überzeugen, daß der Krieg – gerade jetzt, bei den Mitteln, über die der Feind verfügt – eine äußerst ernste Angelegenheit ist und daß es verbrecherisch ist, ihn auf die leichte Schulter zu nehmen.
Insbesondere die Politkommissare müssen alle Kämpfer und – falls erforderlich – die Offiziere und die Kommandeure ermahnen, damit sie niemals, auch nicht einmal während der Kämpfe, die Schanzarbeiten vernachlässigen. Jeder Mann, jede Kompanie und jedes Bataillon muß sofort nach Besetzung der Stellung daran denken, sich einzugraben. Ohne Verzug müssen tiefe und bombensichere Deckungen in den Stellungen angelegt werden, die dem feindlichen Artilleriebeschuß am stärksten ausgesetzt sind. Man muß Unterstände bauen, in denen die Männer während des Artilleriefeuers auf die vordersten Linien Deckung suchen können. Man darf damit jedoch nicht warten, bis die Artillerie zu schießen beginnt, weil es dann zu spät ist. Alle diese Schutzmaßnahmen müssen sofort nach Besetzung der Stellung ergriffen werden, auch wenn man sie einige Stunden später wieder aufgeben muß.
Zum Schluß mache ich darauf aufmerksam, daß jede Mißachtung der Schutzmaßnahmen teuer zu stehen kommen kann. Das Leben unserer Freiwilligen ist das kostbarste Gut, und wir müssen es mit allen Mitteln schützen. Es ist die besondere Aufgabe der Politkommissare, zu kontrollieren, daß auf diesem Gebiet nichts vernachlässigt wird. Die Kriegskunst besteht nicht darin, sich töten zu lassen, sondern den Feind mit der kleinstmöglichen Anzahl eigener Verluste zu vernichten.
Die Kommissare werden aber auch noch auf eine andere Frage aufmerksam gemacht: die grobe Vernachlässigung der Waffen und der anderen militärischen Ausrüstungsgegenstände, die den Kämpfern anvertraut sind. Das darf nicht geduldet werden. Es darf nicht zugelassen werden, daß unsere Freiwilligen, die ununterbrochen ihre Selbstaufopferung und ihren Opfergeist unter Beweis stellen, noch nicht begreifen, von welch großer Bedeutung die Pflege der Waffen und der anderen militärischen Ausrüstungsgegenstände ist. Der Krieg wird nicht nur durch Heroismus gewonnen, sondern es ist auch nötig, daß reichlich vorhandene Waffen und Munition die Tapferkeit der Kämpfer unterstützen.
Wir besitzen ausgezeichnete Waffen. Aber wir haben noch nicht genug, um alle Freiwilligen damit auszustatten, die gegen den Faschismus kämpfen wollen. Spanien verteidigt sich, indem es mutig den Feind angreift, aber auch, indem es sich um alle die kleinen Dinge kümmert, die eigentlich keine kleinen Dinge sind: es handelt sich um Gewehre, Maschinengewehre und Munitionskästen. Alles, was dem Heroismus der Kämpfer Kraft und Schwung verleihen kann, ist äußerst kostbar.
Bei den Freiwilligen ist folgende seltsame Erscheinung zu beobachten: Sie sind immer bereit, das Leben zu wagen, um den Feind aus einer Stellung hinauszuwerfen und um ihm ein Gewehr, ein Maschinengewehr wegzunehmen; doch sie fühlen sich schrecklich belästigt, wenn man von ihnen verlangt, daß sie die eigene Waffe in Ordnung halten, sie reinigen und einölen müssen. Und doch sind ein erbeutetes Gewehr oder Maschinengewehr und ein zusätzliches schußfertiges Gewehr oder Maschinen-

gewehr in unseren Linien ein und dasselbe. Wie viele Gewehre, wie viele Maschinengewehre sind dagegen bei den augenblicklichen Kämpfen nicht in Ordnung, nur weil sie von den Freiwilligen nicht gebührend gepflegt werden.
Diese Nachlässigkeit muß von den Kommissaren hartnäckig bekämpft werden. Wir können uns nicht den Luxus erlauben, Dutzende Gewehre und Maschinengewehre mit Ladehemmung zu haben, wenn der Feind vorrückt oder wenn wir zum Angriff gehen. Es ist ein Verbrechen, wenn man erst im Augenblick der Gefahr feststellt, daß einige wichtige Teile der Waffe verloren wurden. Die Politkommissare werden verpflichtet, jeden Kämpfer ernsthaft und persönlich für die Instandhaltung und die Schußbereitschaft der ihm anvertrauten Waffe verantwortlich zu machen.
Jedes Gewehr, jedes Maschinengewehr sind ein Schatz für jedes kämpfende Heer; doch für das an Waffen so arme republikanische Heer sind sie es noch zehnmal mehr. Der internationale Freiwillige muß das ihm anvertraute Gewehr oder Maschinengewehr wie seinen teuersten Freund lieben und behandeln. Auch durch die Pflege und die Schußbereitschaft der Waffen müssen wir helfen, den Faschismus zu besiegen.
Nach dem Referat berichten die Kommissare über den Zustand der verschiedenen Einheiten. Die Verluste sind schwer; einige Kompanien sind sehr zusammengeschmolzen. Albacete muß aufgefordert werden, die verfügbaren Freiwilligen sofort in Marsch zu setzen. Es ist unangebracht, jetzt weiter an der Aufstellung neuer Brigaden beziehungsweise neuer Bataillone zu arbeiten; es kommt vor allem darauf an, für die Schlagkraft der bestehenden zu sorgen. Wenn die Kämpfe noch einige Tage lang mit der gleichen Erbitterung andauern und unsere Verluste nicht abnehmen, wird es äußerst schwierig sein, immer die gleichen Einheiten in vorderster Linie zu belassen. Es muß für einige Ablösungen gesorgt werden, auch wenn nur für ein paar Ruhetage: diese Zeit ist nötig, um ein bißchen Ordnung in der Einheit zu schaffen und damit die Nerven der Kämpfer sich etwas entspannen können. Ich werde beauftragt, diese Frage energisch und mit dringenden Worten beim spanischen Zentralkommando vorzubringen.
Trotz der erlittenen Verluste und der Lage an der Front ist die Moral gut. Alle begreifen die Bedeutung der gegenwärtigen Schlacht. Die Erfolge unseres Widerstandes, die bereits sichtbar sind, ermutigen die Kämpfer, bis zum Ende der physischen Kräfte weiter auszuhalten. Der Nachschub klappt ausgezeichnet. Er wird erleichtert durch die Beständigkeit unserer Linie und die Kürze des Abschnittes, den jede Einheit verteidigen muß. Das Essen trifft warm bei jedem Kämpfer ein, auch wenn es aus verschiedenen Gründen oft angebracht ist, es erst bei Einbruch der Nacht vorzubringen. Der Transport der Verwundeten zu den vorgeschobenen Plätzen für erste Hilfeleistung und der Sanitätsdienst im allgemeinen geben keinen Anlaß zu besonderen Einwänden.
Während der Verlegung an die Front und der ersten stürmischen Gefechte ist die eigentliche politische Arbeit vernachlässigt worden. Doch jetzt werden bereits überall dort, wo es möglich ist, Gespräche und Kurzversammlungen von zehn, fünfzehn Minuten organisiert, um die Freiwilligen über den allgemeinen Verlauf der Schlacht, ihre Perspektiven und die Lage jeder Brigade zu unterrichten, um jede Frage zu beantworten, Zweifel zu klären und alle Elemente der Demoralisierung und des Mißtrauens zu zerstreuen.

Bereits bei der Madrider Zusammenkunft am Vorabend der Schlacht am Jarama wurden die schweren Unzulänglichkeiten unserer Presse hervorgehoben. Sie steht dem Leben und den wirklichen Problemen der Kämpfer allzu fern. Das Gesicht der Zeitungen muß verändert werden, jetzt gleichen sie mehr literarischen oder theoretischen Zeitschriften als beweglichen Kampforganen. Während der Schlacht ist es offenkundig geworden, wie absurd die Forderung ist, daß die Freiwilligen in vorderster Linie Zeitungen mit spaltenlangen, mehr oder weniger literarischen und mehr oder weniger ideologischen, spitzfindigen Abhandlungen lesen sollen.
Bei der gleichen Zusammenkunft vom 14. Februar wird beschlossen, daß jede Brigade und jedes Bataillon an der Front kurze und häufig erscheinende ein- oder zweiblättrige kleine Zeitungen mit dem Vervielfältigungsapparat herstellen soll, die das Leben und die wirklich aktuellen Probleme widerspiegeln. Sie müssen das Instrument der politischen und militärischen Führung des Kommissars sein. Man muß hier die Probleme, die bei der Zusammenkunft auftauchten, behandeln: angefangen bei der militärischen Lage bis zu ihren Perspektiven, von der notwendigen Sorge um die Menschen und die Waffen bis zum richtigen Funktionieren der Nachschubdienste, von den Sorgen (auch von den kleinen) jedes einzelnen Kämpfers bis zum Gedenken und zur Ehrung der gefallenen Genossen.
Diese Zusammenkunft der Kommissare mitten in der Schlacht und dicht hinter den Linien führt zu konkreten Ergebnissen. Alle Freiwilligen werden über die wirkliche militärische Lage informiert. Die Tagung gibt der Arbeit der Kommissare die richtige Orientierung. Ihr ist es zu verdanken, daß bereits im Verlauf der Schlacht Waffen besser gepflegt werden. Demoralisierende Elemente werden bekämpft. Die verschiedenen Brigade-Kommissariate schaffen sich ein Rüstzeug, das ihren Aufgaben entspricht: es erscheinen die ersten Informations- und Orientierungsblätter nicht nur der Brigade, sondern auch des Bataillons und manchmal sogar der Kompanie sowie der Nachschubdienste (Sanitäts-, Transport- und Küchendienste); sie sollen alle einen gesunden Wetteifer zwischen den Einheiten, den Nachschubdiensten und den Freiwilligen hervorrufen.
Weitere Fragen allgemeinerer und grundlegenderer Natur, die sich auf die Organisation unserer Brigaden, auf ihre Beziehungen zu den spanischen Kämpfern und den spanischen Organisationen beziehen, sowie einige besondere Forderungen der internationalen Freiwilligen, die sich bereits aus der Entwicklung der Ereignisse ergaben und die ebenfalls bei der Zusammenkunft vom 14. Februar zur Sprache kommen, werden zur gründlicheren und ruhigeren Untersuchung auf einen anderen Zeitpunkt verschoben.

Das Generalkommissariat der Internationalen Brigaden

Diese Untersuchung wird nach Beendigung der Schlacht am Jarama am 2. März auf einer Versammlung aller Politkommissare der vier Internationalen Brigaden des Mittelabschnitts in Madrid vorgenommen. Zunächst wird die allgemeine Bilanz der Schlacht und der Rolle, die die Internationalen Brigaden in ihr gespielt haben, gezogen; dann werden die Verhältnisse jeder einzelnen Brigade überprüft, wobei festgestellt wird, welche Unzulänglichkeiten noch überwunden werden müssen.

Bereits während der Schlacht hat Albacete den Anforderungen gemäß alle verfügbaren Reserven als Verstärkungen in Marsch gesetzt: einige Hundert Mann für jede Brigade. Dem Garibaldi-Bataillon werden in Arganda davon etwa sechzig zugeteilt, sie werden von Canepa geführt. Die Männer werden auf die verschiedenen Kompanien aufgeteilt, Canepa bleibt beim Bataillonsstab.

Doch mit diesem Zustrom frischer Kräfte ist das Problem der Auffüllung der Internationalen Brigaden auf volle Kriegsstärke nicht gelöst. Es ist vor allen Dingen nach den schweren, am Jarama erlittenen Verlusten beunruhigend. Es muß Gewißheit geschaffen werden über die Zukunft unserer Brigaden, über die Verstärkungen, die sie erhalten können, und über die Funktion, die sie bei der Aufstellung eines starken und disziplinierten Volksheeres ausüben sollen. Alle stimmen darin überein, daß unsere Brigaden ständig durch spanische Kämpfer ergänzt werden sollen, wie es bereits in den letzten Monaten geschehen ist.

Die Praxis beweist, daß diese Fusion zwischen Spaniern und Internationalen vorteilhaft ist. Das Volksheer wächst. Neue Jahrgänge werden mobilisiert; doch ihnen fehlt es an jeglicher militärischer Ausbildung. Es mangelt vor allen Dingen an Unteroffizieren und niederen Offiziersrängen. Dagegen gibt es bei den Internationalen Brigaden einen relativen Überfluß an qualifizierten politischen und militärischen Kadern. Sie sollen bei der Einziehung und Ausbildung neuer Massen spanischer Kämpfer helfen.

Unter diesen Umständen ist es natürlich, daß sich die Funktion der Internationalen Brigaden in Spanien allmählich verändert. Sie sollen auch weiterhin zu den besten Sturmtruppen des republikanischen Heeres gehören und bei allen bedeutenderen Schlachten eingesetzt werden, sei es, um den Eindringling zurückzuschlagen, sei es, um ihm die besetzten Gebiete zu entreißen. Doch heute müssen sie nicht nur mit gutem Beispiel vorangehen, sie haben noch eine andere, nicht geringere Aufgabe zu lösen. Sie sollen zusammen mit den besten spanischen Elementen dazu beitragen, ein reguläres Heer aufzustellen, dessen Stärke nicht nur in seiner Moral und seiner Disziplin besteht, sondern vor allen Dingen auch in seiner militärischen Tüchtigkeit.

Auf Grund dieser Überlegungen schlage ich vor, daß wir uns bei der Entwicklung der Internationalen Brigaden und in bezug auf die politische Orientierung unserer Arbeit an folgende Kriterien halten: a) schnellere Verwirklichung der Direktive, aus den Internationalen Brigaden einen Bestandteil des spanischen Volksheeres zu machen, in dem die internationalen Elemente aufgehen sollen und auf das sie ihre Erfahrung, ihre Tüchtigkeit und ihren Enthusiasmus übertragen sollen, um das Niveau der Organisation und die Kampfkraft des Heeres in seiner Gesamtheit zu heben; b) Vorschlag an die Regierung, den Internationalen Brigaden auch weiterhin spanische Miliz- und Rekruten-Bataillone anzugliedern; c) es ist dafür zu sorgen, daß die Bewaffnung und die technische Organisation der wichtigsten Nachschubdienste (Intendantur, Sanitäts- und Transportdienst) sowohl der internationalen wie auch der spanischen Bataillone – zumindest der gleichen Brigade – und dann auch der spanischen und der Internationalen Brigaden, die der gleichen Division angehören, auf ein gleiches Niveau gebracht werden; d) Vorstellungen bei den Regierungsbehörden, um die Inmarschsetzung spanischer Rekruten zur Base von Albacete und zu den Ausbildungsbasen der einzelnen Internationalen Brigaden zu beschleunigen.

Im Verlauf der Diskussion über diese grundlegende Frage stellt sich heraus, daß sich während der Schlacht am Jarama ausgezeichnete Beziehungen der Brüderlichkeit und des gegenseitigen Vertrauens zwischen den internationalen Freiwilligen und den spanischen Kämpfern herausgebildet haben. Man kann sagen, daß in den gemischten Kompanien und Bataillonen, in denen Internationale und Spanier Schulter an Schulter gekämpft haben, am Ende der Schlacht eine vollständige Verschmelzung und Einheitlichkeit erreicht worden sind.
Schwieriger ist die Aufgabe, diejenigen Bataillone zu assimilieren, die eine Geschichte und ehrwürdige Tradition besitzen und die noch mit den Organisationen und den Parteien verbunden sind, die sie geschaffen haben. Es gibt Bataillone in einer sonderbaren Lage; zum Beispiel das des 2. Regimentes von Alicante, das zwar verwaltungs- und besoldungsmäßig diesem Regiment untersteht, aber noch ein eigenes Rekrutierungsbüro unterhält und das zu seiner Verfügung stehende Material als Eigentum des Bataillons und nicht der Brigade, dem es angehört, betrachtet. Und die Aufzählung sonderbarer und origineller Situationen auf diesem Gebiet könnte noch lange fortgesetzt werden.
Natürlich müssen all diese anomalen Situationen geregelt werden, da sie nicht länger geduldet werden können. Doch man muß Schritt für Schritt vorgehen, ohne Gegensätze und Zusammenstöße hervorzurufen, die alles komplizieren würden. Einige schlagen vor, die Milizeinheiten ohne weiteres aufzulösen und ihre Mannschaften einfach in die internationalen Bataillone zu überführen. Doch wir dürfen auf keinen Fall die Empfindsamkeit der spanischen Waffenbrüder reizen, und außerdem sollten wir uns nicht des Vorteils berauben, den man aus der Tradition dieser Bataillone ziehen kann. Wir dürfen auch nicht den Eindruck erwecken, als ob wir hier seien, um im Hause anderer zu kommandieren, sondern daß wir im Gegenteil alles tun wollen, um den spanischen Genossen zu helfen, die Schwierigkeiten zu überwinden und die Führung aller Kämpfer zu übernehmen.
Bereits während der Schlacht wurden beachtliche Fortschritte in dem Sinne erreicht, aus unseren Brigaden regelrechte internationale Einheiten zu machen, in denen sich Internationale und Spanier wie Brüder und Kameraden fühlen. Internationale und spanische Bataillone, die während des Kampfes dezimiert wurden, schlossen sich zu einem neuen gemischten Bataillon zusammen. Spanische Bataillone wurden durch Internationale verstärkt, wobei man diesen ihren Namen, ihren Kommandeur und ihren Kommissar belassen hat; versprengte spanische Kämpfer haben sich internationalen Bataillonen angeschlossen, und in die Stäbe und Kommissariate der Bataillone und der Brigaden wurden spanische Offiziere und Kommissare aufgenommen.
Doch bei diesem organisatorischen Umwandlungsprozeß der Brigaden kommen alle Überreste des Egoismus, des Partikularismus und des falsch verstandenen Patriotismus der Bataillone und Brigaden an die Oberfläche. Die Direktive, gleiche materielle Bedingungen für alle Einheiten zu schaffen und die Lastautos, die leichten Fahrzeuge und das jeder Brigade zur Verfügung stehende Material gerecht unter die verschiedenen Bataillone aufzuteilen, wird schweren Herzens akzeptiert, aber insgeheim wird versucht, sie zu umgehen. Die internationalen Bataillone sind nicht davon begeistert, daß sie auf einen Teil ihrer Kriegsausrüstung verzichten müssen, deren Beschaffung so viel Mühe gekostet hat.

Jedes Bataillon sorgt für seine Verpflegung auf eigene Rechnung. Dabei ergeben sich anstößige und unzulässige Ungleichheiten. Jede Brigade muß deshalb jedem Bataillon, ob spanisch oder international, gleiche Verpflegungsmöglichkeiten garantieren, wenn auch jedes dann die Mahlzeiten nach eigenem Belieben zubereitet. Alle internationalen Freiwilligen geben von ihren 10 Peseten Sold täglich drei Peseten für die Verbesserung der Verpflegung ab. Die spanischen Kämpfer weigern sich, diesen Anteil zu zahlen, und das ist verständlich. Sie brauchen ihren Sold, um den Familien zu Hause zu helfen; ihn um drei Peseten zu kürzen heißt die Hilfe, die sie ihren Lieben zukommen lassen, um ebensoviel zu kürzen. In vielen Bataillonen und Brigaden erklären sich die internationalen Freiwilligen damit einverstanden, daß nur sie den Anteil für die Verbesserung der Verpflegung zahlen und sie allen spanischen Kameraden zugute kommen lassen.
Aus den Berichten der verschiedenen Kommissare ergibt sich, daß diese Fragen bei allen Brigaden mehr oder minder stark auftreten und daß es unumgänglich ist, sich mit ihnen zu beschäftigen und sie zu lösen, wobei nur das höhere Interesse, ein starkes, zuverlässiges und geeintes reguläres Heer zu schaffen, maßgebend sein kann.
Der stellvertretende Kommissar der XII. Brigade, der seit dem Zeitpunkt meiner Versetzung zur Leitung des Generalkommissariats der Internationalen Brigaden den Genossen Nicoletti vertritt, in der Hoffnung, daß dieser seinen Posten als Kommissar bald wieder übernehmen wird, berichtet über die Anstrengungen, die während der Schlacht am Jarama gemacht wurden, um das französisch-belgische Bataillon zu reorganisieren – jenes Bataillon, dessen Kompanie an der Pindoque-Brücke überrumpelt und überrannt wurde. Dieses Bataillon hatte sich auf Grund der erlittenen Verluste in ein französisch-belgisch-spanisches Bataillon verwandelt und bereits während der Schlacht seine Geschlossenheit und seine Tapferkeit bewiesen.
Alle Kommissare halten es für notwendig, ihren Einheiten eine kurze Periode der Ruhe zu gewähren. Jetzt befinden sich zwei Brigaden in Ruhestellung: die XI. und die XII. Die XIV. und die XV. sind noch an der Jarama-Front. Die Front ist jetzt zwar ruhig, doch das Leben im Schützengraben ist trotzdem anstrengend, und alle notwendigen Reorganisierungsmaßnahmen können hier nicht durchgeführt werden. Ich werde wieder einmal gebeten, dem Oberkommando die Frage der Ablösung vorzutragen.
In Ermangelung wirklicher Ruhepausen wird gefordert, daß den Brigade-Kommandeuren wenigstens erlaubt werde, auf eigene Verantwortung einer begrenzten Anzahl Kämpfer einen vierundzwanzigstündigen Urlaub zu gewähren, um ihnen Gelegenheit zu geben, einen Tag nach Madrid zu kommen, um sich zu zerstreuen. Die diesbezüglichen Befehle sind streng ablehnend. Die spanischen Kommandeure gewähren trotzdem Kurzurlaub und schaffen damit wieder eine Ungleichheit zwischen Internationalen und Spaniern. Daher nützen viele Freiwillige die ersten Augenblicke der Ruhe an der Front aus, um einen Abstecher in die Hauptstadt zu unternehmen. Man versucht daraufhin, die Sache zu regeln, indem man Lastautos mit Freiwilligen nach Madrid schickt, aber nicht auf „Urlaub", sondern „dienstlich". Bei uns sagt man: Nachdem das Gesetz erlassen, wird die Hintertür entdeckt. Dazu zwingt die Blindheit derjenigen, die befehlen.

Das Generalkommissariat der Internationalen Brigaden in Madrid verfügt jetzt über eine eigene Zentrale in einem großen und eleganten Palast in der Calle de Velasquez. Hier befinden sich nicht nur die Büros des Generalkommissariats, sondern auch Schlaf- und Speiseräume, in denen die beurlaubten oder durchreisenden Freiwilligen untergebracht und beköstigt werden können. Carlos vom Fünften Regiment hat den Palast für uns besorgt, und Camen hat ihn in Zusammenarbeit mit dem spanischen Kommissar Sanchez und den Behörden der Hauptstadt eingerichtet. Hier wird das Propagandamaterial des Kommissariats der Internationalen Brigaden vorbereitet, und hier werden die Kommissare der verschiedenen Brigaden bei ihrer besonderen Agitations- und Propagandatätigkeit unterstützt.

Auf der Konferenz der Kommissare der Internationalen Brigaden wird die Presse der verschiedenen Brigaden rationeller organisiert. Es besteht ein zentrales Blatt: „Le volontaire de la liberté" (Der Freiheitskämpfer), das Organ des Generalkommissariates der Internationalen Brigaden. Es wird vorläufig in Französisch, Englisch, Deutsch, Italienisch und Polnisch (unter dem Namen „Dabrowsczak") herausgegeben, mußte jedoch noch in anderen Sprachen, vor allen Dingen in Spanisch, erscheinen, um es einer größeren Anzahl von Freiwilligen zugänglich zu machen. Die Blätter der verschiedenen Brigaden, vor allem die Bataillonszeitungen, müssen auch weiterhin erscheinen.

Doch auf der Konferenz der Kommissare wird eine neue Forderung gestellt: nämlich unsere Agitation in den feindlichen Reihen mit Hilfe des „altavoz del frente" (Frontlautsprecher) zu verstärken. Diese bedient sich vor allen Dingen riesiger gepanzerter Lautsprecher, die in der Nacht bis dicht an die feindlichen Linien herangebracht werden und mit denen man sich auch auf zwei Kilometer Entfernung bemerkbar machen kann, sowie der Flugblätter, die kurze Sätze und einfache Zeichnungen enthalten und die von unseren Fliegern und mit Raketen ins feindliche Lager geworfen werden. Das ist unsere „neue Artillerie". Wie man sieht, macht unsere Organisation auch auf diesem Gebiet Fortschritte, indem sie versucht, den ständig wachsenden Anforderungen des Kampfes gerecht zu werden.

Reserven und einheitliches Kommando

Die Fragen der Orientierung und der Perspektive werden nicht nur für unsere Internationalen Brigaden, sondern auch für das gesamte spanische Heer aufgeworfen, und ihre Lösung in diesem oder jenem Sinne kann für die Beendigung des Krieges entscheidend sein. Auf der Versammlung des Zentralkomitees der Kommunistischen Partei Spaniens vom 5. bis 8. März berichtet José Diaz, daß die Parteien und die Gewerkschaftsorganisationen gemeinsam folgendes für notwendig ansehen: Durchführung der Militärdienstpflicht, des einheitlichen Kommandos und der Säuberung des Heeres, wobei die unfähigen Elemente und die Feinde der Regierung auszustoßen sind, Beförderung der aus dem Volk hervorgegangenen neuen Kommandeure, Koordinierung der Industrieproduktion auf der Basis des Prinzips der Planung, Schaffung einer Kriegsindustrie, Rationalisierung und Steigerung der Produktion.

Doch das grundlegende Problem, bemerkt José Diaz, ist heute nicht allein das Verständnis und die Anerkennung der Richtigkeit und Notwendigkeit der Verwirklichung dieser Probleme; wichtig ist das Tempo der Verwirklichung. „Entweder ergreift die Regierung die notwendigen praktischen Maßnahmen, um den Krieg zu gewinnen, oder sie hört auf, Regierung zu sein.“
Das grundlegende und entscheidende Problem ist das der Schaffung zahlreicher und ausgebildeter Reserven. Wie ist es möglich, fragt Diaz bei der gleichen Gelegenheit, daß außer den mobilisierten Kräften an den verschiedenen Fronten nicht hunderttausend systematisch ausgebildete, disziplinierte und in der Kriegskunst erfahrene Männer als Reserve vorhanden sind? Wenn man wirklich wollte, könnte man neben den Kräften, die bereits an der Front stehen, hundert-, hundertfünfundzwanzig- oder hundertfünfzigtausend militärisch ausgebildete Männer in der Reserve haben, um die Fronttruppe abzulösen und ihr Ruhe zu gönnen, um Gräben und andere Verteidigungsanlagen zu bauen und Straßen instand zu setzen, solange die erforderlichen Waffen nicht vorhanden sind, um sie wie reguläre Einheiten zu bewaffnen und auszurüsten. Auf diese Weise wüßte jede Brigade, jede Division oder jedes Bataillon an der Front, daß es eine Reserve hinter sich hat, und es brauchte nicht monatelang im Schützengraben zu bleiben, ohne abgelöst zu werden.
Diesen allgemeinen militärischen Bedürfnissen der Kriegführung in Spanien kommen die Forderungen hinsichtlich der speziellen Probleme entgegen, die auf der Konferenz der Kommissare der Internationalen Brigaden formuliert wurden. Und gerade auf Grund dieser Forderungen wird von der spanischen Regierung verlangt, die Anzahl der Internationalen Brigaden zu verdoppeln, damit diese bei der Aufstellung neuer Einheiten des regulären Heeres helfen und damit die Tüchtigkeit und die Erfahrung unserer Kader dabei ausgenützt werden können.
Es gibt noch zahlreiche Milizbataillone, die noch nicht in eine Brigade eingegliedert sind; eine Art Niemandskinder, um die sich keiner ernsthaft kümmert. Wir fordern, daß sie in die internationalen Einheiten aufgenommen werden. Bei den „cajas de reclutas“ (Rekrutierungsbüros) warten Tausende von Menschen auf ihre Anwerbung, die in Ermangelung von Ausrüstung und Waffen nur langsam vor sich geht. Wir fordern, daß sie den Internationalen Brigaden zugewiesen werden, die dank der internationalen Hilfe in der Lage sind, sie auszubilden oder wenigstens auszurüsten.
Zu diesem Zweck habe ich zahlreiche Zusammenkünfte und Unterredungen mit den für die Kriegführung verantwortlichen Militärs und Regierungsvertretern. Die Vorschläge werden vom Stab der Zentralarmee akzeptiert, d. h., formal werden sie weder von der Regierung noch vom Kriegsministerium abgelehnt. Aber mit ihrer Verwirklichung geht es nicht voran. Es ist vor allen Dingen das Ministerium, das den größten Widerstand leistet und nicht den Willen zeigt, sie in die Praxis umzusetzen. Die Zuweisung der Kontingente und der spanischen Rekruten erfolgt äußerst langsam und zudem so spärlich, daß sie völlig unzureichend für die Verwirklichung unserer Absichten ist. Es ist nicht möglich, eine einzige neue Einheit aufzustellen.
Das ist aber noch nicht alles. Die zentralen Militärbehörden unternehmen nichts, um die bereits aufgestellten und ausgebildeten Sondereinheiten, die in Albacete warten, so auszustatten, daß sie an die Front gehen können. Bei der Base der inter-

nationalen Artillerie-Einheiten in Almansa befinden sich etwa tausend Artilleristen, von denen viele hohe technische Qualifikationen besitzen. Seit Wochen warten sie auf die Kanonen, um an die Front gehen zu können. Doch die immer wieder versprochenen Kanonen treffen niemals ein, ebensowenig aber auch die Genehmigung, diese Masse von Menschen unseren Infanterie-Brigaden einzuverleiben, die so dringend Ersatz brauchen. Die Freiwilligen bleiben somit untätig, und sie verstehen nicht, warum ihnen die versprochenen Waffen verweigert werden, während die spanischen Batterien nach kürzerer Vorbereitung und Ausbildung bewaffnet und an die Front in Marsch gesetzt werden.

Wenn der Feind mit seinen direkten Aktionen keinen Erfolg hat, dann werden aus armseligen Partei- oder Cliquengründen künstlich Schwierigkeiten für die normale und rationelle Entwicklung der Internationalen Brigaden geschaffen. Man hat Angst vor ihrer Stärke und ihrem Einfluß, genauso wie vor der Stärke und dem Einfluß der Kommunistischen Partei Spaniens. Man stemmt sich gegen eine weitgehende Mobilisierung der Massen und behindert bzw. verhindert die Schaffung eines starken Volksheeres, weil man fürchtet, daß dieses alles die Entwicklung und den Einfluß der Kommunistischen Partei begünstigen könne. Man setzt das Schicksal des Krieges gegen den Faschismus und gegen die fremde Invasion aufs Spiel – aus Angst, diejenige Partei zu fördern, die der hartnäckigste Verfechter dieses Kampfes ist und die für ihn ihre besten Kader und ihre besten Mitglieder opfert.

Man lehnt die Schaffung eines einheitlichen Kommandos für das gesamte Heer ab, weil die Parteien nicht auf die Kontrolle verzichten wollen, die sie noch über diese oder jene Formation besitzen. Im Prinzip widersetzt sich allerdings niemand der Notwendigkeit des einheitlichen Kommandos; das würde nämlich bedeuten, die Notwendigkeit von Licht und Luft zu leugnen. Doch jeder legt es auf seine Art und Weise aus, und deshalb gibt es kein einheitliches Kommando in Spanien. Für einige bedeutet das einheitliche Kommando, daß es ein eigenes Kommando für Katalonien gibt, ein eigenes für Euzkadi und ebenfalls ein besonders für Asturien, daß es ein Kommando im Süden und ein weiteres im Norden gibt und daß alle diese Kommandos in mehr oder weniger enger Beziehung zum Kriegsministerium stehen.

Durch ihren Sekretär wirft die Kommunistische Partei dagegen das Problem des einheitlichen Kommandos mit folgenden Worten auf: „Es muß ein Generalstab dasein, der aus fähigen Militär- und Zivilpersonen besteht, die für die Sache des Volkes einstehen und die wirklich ermächtigt sind, alle Operationen zu planen und zu leiten. Der Generalstab muß alle Stellungen und alle Kräfte, über die wir verfügen, im einzelnen kennen; er muß Waffen und Menschen auf Grund eines Planes einsetzen und das Recht haben, die Kräfte zu mobilisieren, die er für die einzelnen Fronten für erforderlich hält. Wenn er einen Operationsplan aufstellt, muß er die gesamte militärische Lage in Betracht ziehen und einschätzen, ob es günstiger ist, gleichzeitig an allen Abschnitten einer Front oder an mehreren Fronten zugleich anzugreifen, und ohne daß irgend jemand sich ihm widersetzen kann."

Der Schaffung eines starken, mit Reserven ausgestatteten und von einem zentralen einheitlichen Kommando geleiteten Heeres wird der gleiche Widerstand entgegengesetzt wie gegen die Entwicklung der Internationalen Brigaden. Die Feinde des nationalen Krieges und des Volkskampfes gegen die faschistische Invasion stellen

die Internationalen Brigaden als Werkzeuge der Kommunistischen Partei hin, obwohl ihre politische und nationale Zusammensetzung und vor allen Dingen die Haltung ihrer Hauptverantwortlichen von den ersten Tagen an derartige Unterstellungen in keiner Weise rechtfertigen. Die Internationalen Brigaden sind, wie das zu wiederholten Malen von maßgeblicher Stelle bestätigt worden ist, nichts anderes als der Ausdruck der Volksfront der Welt; sie haben sich der spanischen Volksfront voll und ganz zur Verfügung gestellt. Es ist die größte Sorge aller internationalen Freiwilligen und die wesentliche Aufgabe des Generalkommissariates der Internationalen Brigaden auf politischem Gebiet, in den Beziehungen zur Regierung und zu den verschiedenen spanischen politischen Bewegungen, diese Stellung der Internationalen Brigaden zu wahren und zu schützen.
Mit der Aufstellung von Divisonen und Armeekorps im neuen Heer werden übrigens die Internationalen Brigaden auch in organisatorischer Hinsicht täglich und unmittelbar von spanischen Kommandostellen angeleitet. Bereits in der Schlacht am Jarama haben wir Internationale Brigaden mit spanischen Brigaden zu Divisionen vereinigt und diese den Kommandostellen von Armeekorps unterstellt gesehen, die ausschließlich aus spanischen Offizieren bestanden. Die Verantwortlichen unserer Brigaden selbst haben wiederholt, jedoch fast immer erfolglos, die Zuweisung von spanischen Offizieren an die eigenen Stäbe erbeten, um die Verbindung zu erleichtern und die Zusammenarbeit enger zu gestalten.
In die gleiche Richtung zielt eine Reihe von Maßnahmen des Generalkommissariates der Internationalen Brigaden und des Kommandos der Base in Albecete, die so weit wie nur möglich auf allen Gebieten zur Aufstellung neuer spanischer Kader beitragen sollen, denen dann kühn Funktionen mit größerer Verantwortung übertragen werden. Unter anderem wird bei der Base in Albacete eine Offiziersschule eingerichtet, und gerade die spanische Abteilung ist zuerst fertig. Unteroffiziersschulen werden bei allen Internationalen Brigaden an der Front und im rückwärtigen Gebiet eingerichtet, und es wird kontrolliert, ob sie auch mit dem größtmöglichen Prozentsatz an spanischen Schülern beschickt werden.
Auch der Inhalt der gesamten politischen Arbeit unserer Kommissare ändert sich grundlegend. In der Presse, in den Versammlungen und bei den Zusammenkünften werden vor allem die spanischen Probleme behandelt. Bei allen Einheiten, gleich welche Nationalität bei ihnen überwiegt, wird der Gebrauch der spanischen Sprache bei Befehlen und offiziellen Mitteilungen zur Pflicht gemacht. Die Presse erscheint in immer stärkerem Maße in spanischer Sprache. In den Versammlungen gibt man sich alle Mühe, nur Spanisch zu sprechen oder wenigstens die spanische Übersetzung zu gewährleisten. Überall werden Sprachschulen eingerichtet; insbesondere unter den Spaniern wird eine große Aktion zur Liquidierung des Analphabetentums durchgeführt.
Natürlich verschließt man beim Generalkommissariat und bei den verschiedenen Kommandostellen der Internationalen Brigaden nicht die Augen vor der zersetzenden Tätigkeit der Fünften Kolonne und der Agenten der Gestapo und der Ovra[1].

[1] Abk. für Opera Volontaria per la Repressione dell'Antifascismo (Freiwillige Organisation zur Unterdrückung des Antifaschismus), die italienische Geheime Staatspolizei.

Diese versuchen auf jede Art, unten und oben, die Fusion und das Einvernehmen zwischen den Internationalen und Spaniern zu behindern. Ihre Arbeit wird einmal durch diejenigen unter den Freiwilligen erleichtert, die die Rolle der Internationalen Brigaden im Spanienkrieg übertreiben, zum anderen durch diejenigen, die die Meinung vertreten, es sei unmöglich, die neuen Rekruten zu assimilieren, weil sie „nichts taugen", „nicht kämpfen wollen" usw. usf. Bei jeder Schwierigkeit predigen die einen wie die anderen den Verzicht und die Kapitulation. Praktisch sabotieren sie damit die Arbeit zur Schaffung des neuen regulären Heeres, die Mobilisierung und die Vorbereitung des gesamten Volkes auf den Krieg für die Freiheit und die nationale Unabhängigkeit.

Unbehagen unter den Freiwilligen

Es sind nun nahezu fünf Monate vergangen, seitdem die ersten Freiwilligen in Spanien angekommen sind, und vier Monate, seitdem sie an den verschiedenen Fronten Madrids kämpfen. Für viele von ihnen haben sich in dieser ganzen Zeit verschiedene persönliche Probleme angehäuft oder die Fragen, die sie im Augenblick ihrer plötzlichen Abreise offenließen, haben sich kompliziert. Da jeder Auslandsurlaub verboten ist, während doch ein Sprung nach Frankreich genügen würde, um alles in Ordnung zu bringen, ruft das Unvermögen, solche Dinge in Ordnung bringen zu können, Verdruß und Unbehagen bei den Freiwilligen hervor.

Bei den bisherigen Kämpfen sind schon über tausend Freiwillige gefallen. Häufig waren sie die einzige Stütze der Familie; sie haben Greise, Frauen, Kinder ohne jede Hilfe zurückgelassen. Es gibt auch viele Schwerverwundete, denen es wegen der Verstümmelungen und Leiden ihr ganzes weiteres Leben lang nicht möglich sein wird, für sich und ihre Familienangehörigen zu sorgen.

Es ist richtig, daß alle diese Freiwilligen, einzig und allein von einem hochherzigen Ideal getrieben und zu allen Opfern bereit, nach Spanien gekommen sind. Sie haben das bewiesen, indem einige das größte Opfer, das Leben, dargebracht und andere im harten Kampf ihre Gesundheit, Arme, Beine oder das Augenlicht verloren haben. Doch die Überlebenden, die den Kampf auf dem von den ersten gebahnten Weg fortsetzen, vergessen ihre gefallenen oder versehrten Kameraden nicht. Sie empfinden für sie und für ihre Familien ein Gefühl der Solidarität und der Dankbarkeit und haben das Bedürfnis, ihnen irgendeine Hilfe zuzusichern.

Die Massenorganisationen der Herkunftsländer haben zwar bereits Vorsorge getroffen, um die dringendsten Bedürfnisse der Familien der Freiwilligen, der Witwen und der Waisen der Gefallenen zu befriedigen. Doch dies kann nur eine vorübergehende Lösung sein. Alle Freiwilligen und Führer der Internationalen Brigaden möchten erreichen, daß die spanische Regierung Dauerverpflichtungen mit offiziellen und präzisen Bestimmungen zur Unterstützung der internationalen Freiwilligen übernimmt. Das könnte die Familien der gefallenen Freiwilligen und die Schwerbeschädigten hinsichtlich ihrer Zukunft beruhigen und ähnlich auch auf die Kämpfenden wirken.

Das Kommissariat der Internationalen Brigaden, das unter anderem gerade die Aufgabe hat, alle Freiwilligen und alle internationalen Einheiten bei der spanischen Regierung zu vertreten, sowie das Kommando der Base in Albacete fordern, daß die zugunsten der Familien der spanischen Gefallenen und Schwerbeschädigten bereits ergriffenen beziehungsweise noch zu ergreifenden Maßnahmen in gleicher Weise auch auf die ausländischen Kämpfer ausgedehnt werden. Im einzelnen fordern sie lediglich, daß diese Unterstützungen für die Internationalen in ausländischer Valuta gezahlt werden sollen, in Anbetracht der Tatsache, daß der größte Teil der in Frage kommenden Familien außerhalb Spaniens ansässig ist und daß die Schwerbeschädigten, die der Republik nicht mehr nützlich sein können, es vorziehen, zu ihren Angehörigen zurückzukehren, wo sie unter anderem der Pflege und des Beistandes, die sie noch brauchen, sicher sind.

Leider haben die Führer der Regierung, an die wir uns wegen der Lösung wenden, für unsere Gründe taube Ohren. Bei den Unterredungen sprechen sie ein paar freundliche Worte, geben sie einige teilnahmsvolle Zusicherungen, aber sie tun nichts. Es besteht ein grundsätzlicher Beschluß, daß kein Freiwilliger aus irgendeinem Grund Spanien ohne Genehmigung der Regierung verlassen darf. Das ist aus vielen bekannten Gründen völlig richtig. Doch es ist eine Tatsache, daß trotz aller Gesuche, trotz aller Befürwortungen und trotz aller Proteste keine Repatriierung genehmigt wird.

Diese so unverständliche, starre Haltung der spanischen Regierung wirkt sich ernstlich auf die Moral, auf die Disziplin und auf die Organisation der internationalen Freiwilligen aus. Denn das Resultat ist, daß diejenigen, die den Grundsätzen der Disziplin und der Achtung gegenüber den Befehlen der spanischen Regierung treu bleiben wollen, ihre dringendsten Interessen diesen Grundsätzen opfern und auf ihrem Posten bleiben; diejenigen aber, die meinen, daß man derart lächerlich strenge Befehle nicht zu befolgen braucht, fahren ohne jegliche Erlaubnis nach Hause, erledigen ihre Angelegenheiten, kehren dann zurück und nehmen ihren Posten wieder ein, als ob nichts gewesen wäre. Natürlich denkt niemand daran, Maßnahmen gegen sie zu ergreifen. Diese verschiedenen Fälle stärken weder die Autorität und das Ansehen der Regierung noch die der Führer der Internationalen Brigaden, die ständig die Notwendigkeit strengster Disziplin betonen.

Um die ganze Bedeutung zu verstehen, die dieses Urlaubsproblem allmählich gewinnt, denke man an die persönlichen Verhältnisse vieler Freiwilligen. Einige von ihnen sind nach den Gesetzen ihres Landes einberufen worden, um die übliche, alljährliche kurze militärische Übung zu absolvieren, oder auch, um ihrer Dienstpflicht nachzukommen. Sie sind freiwillig nach Spanien gegangen, ohne irgendeine Ermächtigung seitens ihrer Regierungen. Und man darf nicht denken, daß die französische, die belgische, die schweizerische oder die holländische Regierung zum Beispiel diese ihre Bürger mit besonderem Wohlwollen behandeln oder ihnen Straffreiheit für die eventuellen Verstöße gegen die Militärpflicht gewähren werden. Vielmehr ist genau das Gegenteil anzunehmen.

Die Freiwilligen lehnen sich unter diesen Umständen gegen den Gedanken auf, nicht mehr in ihre Länder zurückkehren zu können, weil sie für Renitente oder Deserteure gehalten werden könnten. Sie haben harte Opfer gebracht und sind auch, falls

erforderlich, bereit, Blut und Leben hinzugeben. Doch sie haben nicht die Absicht, alle Bande mit dem eigenen Land und der eigenen Familie zu zerreißen, um so weniger, als oft ein nur kurzer Aufenthalt zu Hause genügt, um bei etwas entgegenkommender Haltung der Behörden, die immer zu erreichen ist, wenigstens für den Augenblick von allen Verpflichtungen freizukommen, wonach man sofort zurückkehren und seinen Posten an der spanischen Freiheitsfront wieder einnehmen kann.
Es gibt auch Fälle, in denen Freiwillige Staatsbeamte sind. Um nach Spanien gehen zu können, haben sie um ein paar Monate Urlaub gebeten. Wenn sie sich nach Ablauf dieser Frist nicht wieder melden – vielleicht auch nur, um den Urlaub verlängern zu lassen –, verlieren sie ihre Anstellung und alle erworbenen Rechte, für die sie viele Jahre lang große Opfer gebracht haben. Es gibt außerdem Freiwillige, die dringend nach Hause gerufen werden, wenn auch nur für ein paar Tage oder für ein paar Stunden, um juristische Formalitäten zu erledigen, die, wenn sie nicht in der vorgeschriebenen Zeit erfüllt werden, die Familien und die Betroffenen in eine schwierige und ausweglose Lage bringen können.
Die Liste analoger Fälle könnte natürlich fortgesetzt werden. Wer kann all die Gründe aufzählen, aus denen ein Familienoberhaupt oder auch ein einfacher Bürger unbedingt anwesend sein muß, um ernste Folgen zu vermeiden? Ganz zu schweigen von den Freiwilligen, die entweder wegen ihres Gesundheitszustandes oder auch wegen ihrer Führung nicht mehr bei den kämpfenden Einheiten und auch nicht bei den Institutionen im rückwärtigen Gebiet verwendet werden können. Diese sind letzten Endes nur Ballast für die Brigaden und für das spanische Volk, das gewiß keine Mittel zu vergeuden hat. Ihre Repatriierung ist um so mehr geboten, als sie dazu beitragen, die Unzufriedenen, Demoralisierten und Störenfriede in unseren Einheiten zu vermehren, die ihr Ansehen und ihre Zuverlässigkeit kompromittieren.
Bisher ist es zwecklos gewesen, den zentralen Behörden alle diese Fälle und alle diese Gründe zu erklären. Immer stieß man auf Unverständnis, ja sogar auf offenkundigen bösen Willen. Mußte da nicht der Verdacht aufkommen, daß diese Haltung ganz absichtlich von bestimmten politischen oder militärischen Führern inspiriert wird, um unsere Schwierigkeiten zu vermehren und den Freiwilligen zu schaden, um sie zu zermürben, zu demoralisieren, ihre politische und moralische Standhaftigkeit zu untergraben und auf diese Weise ihr Ansehen herabzusetzen?
Alle diese Dinge sind unseren Freiwilligen irgendwie bekannt. Dazu kommen die Härte des Kampfes und die Schwere der Opfer, die von ihnen verlangt werden, und deshalb tragen sie gewiß nicht dazu bei, eine Atmosphäre des Vertrauens und der Zufriedenheit zu schaffen. Hierauf stützt sich die Tätigkeit der getarnten Agenten des Feindes, und die politischen und organisatorischen Gegensätze, die die verschiedenen Strömungen der spanischen Volksfront noch trennen, überschneiden sich damit.
Im italienischen Bataillon tritt ebenfalls eine Meinungsverschiedenheit zutage, die zwar eine Folge der Härte und der Länge des Kampfes ist, aber auch ihre politischen Motive hat. Es ist der Bataillons-Kommandeur selbst, der sie vorläufig unter den Mitarbeitern nährt, die ihm politisch am nächsten stehen.
Es muß an folgende Tatsachen erinnert werden: während die internationalen Freiwilligen aus allen Ländern und aus allen politischen Parteien in Albacete zusammenströmten, kamen in Paris die italienischen Führer der Kommunisten, Sozialisten

und Republikaner unter Mitwirkung der antifaschistischen Organisationen, die dem italienischen Für-Spanien-Ausschuß angehörten, überein, eine sogenannte italienische Legion in Spanien ins Leben zu rufen. Diese Übereinkunft wurde am 27. Oktober 1936 getroffen, also fast zwei Wochen nach dem Eintreffen der ersten Freiwilligen in Albacete, nachdem hier bereits das Garibaldi-Bataillon aufgestellt war und man die Aufstellung der ersten Internationalen Brigade vorbereitete. Doch als die italienischen Genossen in Paris ihren Beschluß faßten, wußten sie nicht, was in Albacete auf organisatorischem Gebiet bereits geschehen und was für die nächste Zeit beabsichtigt war.
Hier war man von einem anderen Gesichtspunkt ausgegangen. Man wollte nicht so viele autonome nationale militärische Einheiten mit eigener Leitung, eigener Organisation und eigenem Nachschub schaffen, sondern eine einzige große internationale Militärorganisation ins Leben rufen, die, einheitlich aufgebaut und geleitet, alle Freiwilligen sammeln und die Hilfe aller Länder in Anspruch nehmen sollte und daher in ihren Beziehungen zu den militärischen und politischen Dienststellen und zum spanischen Volk als ein einheitliches Ganzes aufzutreten vermochte. Hätte man dem Stückwerk der spanischen Militärorganisation noch das Stückwerk der internationalen Hilfe mit den unvermeidlichen Zusammenstößen und Gegensätzen hinzugefügt, so hätte man sicherlich nicht dazu beigetragen, das anfängliche Durcheinander im republikanischen Lager zu überwinden, sondern es durch das Hineintragen neuer Reibungs- und Spaltungselemente noch vergrößert.
Andererseits brachte zu Beginn der Aufstellung der Internationalen Brigaden niemand Zweifel oder Einwände gegen diese organisatorischen Prinzipien vor, auch nicht die maßgeblichen Vertreter der verschiedenen italienischen politischen Strömungen, auch nicht Pacciardi, der vom Stab in Albacete zum Kommandeur des Garibaldi-Bataillons in der gleichen Eigenschaft und auf die gleiche Art und Weise wie alle Kommandeure und Kommissare der anderen Bataillone ernannt wurde. Übrigens genügte es, seinen Posten zu versehen, um sich unmittelbar davon zu überzeugen, daß der von uns bei der Aufstellung der Internationalen Brigaden verfolgte Weg der einzig richtige war und daß er den Erfordernissen der Lage am besten entsprach.
Fünf Monate später muß auf Grund der in der Zwischenzeit gesammelten Erfahrungen festgestellt werden, daß wir richtig gehandelt haben. Es muß auch eine andere Tatsache anerkannt werden: Wenn das Garibaldi-Bataillon in all diesen Monaten glorreiche und heroische Taten vollbringen und einen wirksamen Beitrag zur Verteidigung der Freiheit in Spanien leisten konnte, so ist dies sicherlich der Tapferkeit und dem Opfergeist seiner Männer, der Tüchtigkeit seiner Offiziere und Kommissare sowie der Klugheit der Hauptverantwortlichen der verschiedenen politischen Strömungen im Bataillon zuzuschreiben; doch vor allen Dingen sind diese Erfolge der Unterstützung mit Waffen, Ausrüstung und Lebensmitteln seitens der internationalen Solidarität und der Tatsache zuzuschreiben, daß das Bataillon in den Reihen einer großen politischen und militärischen Organisation operiert hat, die imstande gewesen ist, in zweckmäßiger Weise, ihren Mitteln entsprechend, sowohl die alltäglichen Probleme wie auch alle Fragen der Beziehungen zu den spanischen Behörden und zur spanischen Bevölkerung zu lösen, und der es gerade wegen ihres internationalen Charakters gelungen ist, sofort allgemeine Bewunderung zu erregen.

Wäre das Garibaldi-Bataillon nur auf die Hilfe unserer armen Emigranten-Organisation und der spanischen Behörden angewiesen gewesen, so hätte es sicherlich nicht viel mehr tun können, als die wenigen Zenturien oder Kolonnen der ausländischen Freiwilligen anfänglich getan haben. Die in Aragón operierende italienische Kolonne „Gerechtigkeit und Freiheit" selbst ist der klare Beweis dafür. Trotz der Tapferkeit und der Rechtschaffenheit Carlo Rossellis, ihres Gründers und ihrer treibenden Kraft, ist diese Formation jetzt von tiefen Meinungsverschiedenheiten zerrissen und nahezu gelähmt, und ihre Schlagkraft ist auf ein Minimum reduziert.

Eine aus Cianca, Battistelli und anderen bestehende italienische Delegation, die das Garibaldi-Bataillon gerade während der Schlacht am Jarama besuchte, hat den ganzen Unterschied zwischen den beiden italienischen Formationen ermessen können; ein Unterschied, der gewiß nicht das Ergebnis einer verschiedenartigen persönlichen Tapferkeit ihrer Angehörigen, sondern der andersartigen organisatorischen Prinzipien und der politischen Konzeption ist, die dem Aufbau der beiden Formationen zugrunde lagen. Die große Anzahl der Kommunisten im Garibaldi-Bataillon trägt gewiß in entscheidender Weise zur Aufrechterhaltung der Einheit und Kampfkraft bei, da die Kommunisten an kollektive und disziplinierte Arbeit gewöhnt sind, während bei der Kolonne „Gerechtigkeit und Freiheit" die große Anzahl von Anarchisten, die aus Prinzip jede Unterordnung und jeden Zentralismus ablehnen, sicherlich nicht dazu beiträgt, sie zu einer festen und homogenen militärischen Einheit zu machen.

Doch es besteht vielleicht noch ein tiefergehender Unterschied zwischen den Inspiratoren der Organisation der Internationalen Brigaden, und damit auch des Garibaldi-Bataillons, und den Organisatoren der Kolonne „Gerechtigkeit und Freiheit". Diese letzten sehen im Spanienkrieg vor allen Dingen eine Gelegenheit, der Welt die Vitalität des italienischen Antifaschismus vor Augen zu führen; die Organisatoren der Internationalen Brigaden dagegen betrachten, gerade wegen ihrer internationalistischen Erziehung, den Spanienkrieg vor allen Dingen nicht nur als einen Kampf des spanischen oder des französischen oder des italienischen Antifaschismus, sondern als einen Kampf des Antifaschismus der ganzen Welt, an dem alle Antifaschisten im gleichen Maße brennend interessiert sind. Es ist beispielsweise sicher, daß Pacciardi den Ansichten der Führer von „Gerechtigkeit und Freiheit" nähersteht als denen der Organisatoren der Internationalen Brigade. Doch diesen beiden verschiedenen Konzeptionen entsprechen natürlich verschiedene Ansichten über die Rolle, das Maß und die Dauer der Hilfe der internationalen Antifaschisten für den Kampf des spanischen Volkes.

Zweifellos glaubt Pacciardi, daß die italienischen Antifaschisten mit ihrem ersten Einsatz während der Verteidigung Madrids, bei der die Garibaldiner ihre Tapferkeit bewiesen haben, bereits ihrer gesamten Solidaritätspflicht genügt hätten und daß es daher nicht mehr erforderlich sei – auch angesichts der unvorhergesehenen Dauer des Krieges und seiner Opfer –, weitere Anstrengungen zu machen. Die restlichen Energien der italienischen Antifaschisten müßten daher für den nationalen Kampf gegen den Faschismus in Italien aufgespart werden. Diese Fragen, die Pacciardi in persönlichen Gesprächen zwischen zwei Angriffen äußerte, beabsichtigt er jetzt, den führenden Organen der Parteien selbst vorzutragen, die den Dienst der italienischen

Freiwilligen in den Internationalen Brigaden befürworten. Deshalb beruft er sich auf die ursprüngliche Abmachung zwischen diesen Parteien, um für die italienischen antifaschistischen Bewegungen autonome Entscheidungen zu fordern, soweit sie das Schicksal des Garibaldi-Bataillons betreffen.
Pacciardi geht am 3. März nach Paris in Urlaub, um einige Tage der Ruhe zu genießen, aber auch um bei den Führern der antifaschistischen Parteien in Paris zu sondieren. In Frankreich befinden sich bereits Nenni und Nicoletti. Sie beabsichtigen, sich zum Kongreß der englischen Trade Unions (Gewerkschaften) zu begeben, um Hilfe für die Garibaldiner in Spanien zu erbitten. Doch das demokratische England erlaubt Nicoletti nicht einmal, den Flughafen zu verlassen, auf dem er gelandet ist, und Nenni gegenüber stellen sich Freunde in den Trade Unions taub.
Natürlich sind die Genossen und die Führer der Brigade über den Standpunkt des Kommandeurs des Garibaldi-Bataillons beunruhigt. Er tritt damit zu einem Zeitpunkt hervor, als der Kampf härter als je ist und die Opfer ungeheuer sind, während demoralisierende Elemente von allen Seiten einwirken. Seine Ansichten stellen einen Ausweg für die Müden und für diejenigen dar, die sich der Illusion eines kurzen siegreichen Krieges hingegeben hatten. Man darf nicht vergessen, daß fast alle Freiwilligen in dem Glauben abgefahren sind, daß der Krieg in zwei oder drei Monaten zu Ende sein wird. Jetzt wird es klar, daß er sich in die Länge ziehen wird. Wenn dieses Problem für das Garibaldi-Bataillon aufgeworfen würde, so hätte dies nicht nur seine Auflösung zur Folge, sondern könnte auch die Geschlossenheit aller Internationalen Brigaden untergraben.
Die kommunistischen Genossen des Garibaldi-Bataillons sind nicht nur beunruhigt, weil es ihrem Kommandeur an Zuversicht und an Elan fehlt, sondern auch deshalb, weil er eine gewisse Aufwiegelung gegen sie betreibt. Sie beklagen sich darüber, daß er sich im Bataillonsstab vor allen Dingen mit nichtkommunistischen Offizieren umgibt; nicht etwa, weil es unter unseren Genossen an guten Offizieren fehlt, sondern aus politischer Abneigung.
Die Genossen diskutieren über diese Dinge mit den Genossen D'Onofrio und Montagnana, die als Vertreter der Kommunistischen Partei Italiens ebenfalls das Garibaldi-Bataillon besuchen. Sie wollen wissen, welche Aufgabe die Kommunisten in den Internationalen Brigaden zu lösen haben.
Hier sind die Direktiven, die sie erhalten: Die Kommunisten in den Internationalen Brigaden müssen natürlich auch weiterhin Mitglieder der Partei sein, d. h. der spanischen, da es gemäß den kommunistischen organisatorischen Prinzipien in jedem Land nur eine kommunistische Organisation geben kann. Doch als Kämpfer haben sie keine anderen Ziele oder Absichten als die, die für alle Freiwilligen und alle internationalen Einheiten öffentlich verkündet wurden. Für diese gemeinsamen Ziele genügt es, daß sich die Kommunisten als die hartnäckigsten, konsequentesten und begeistertsten Verfechter unter ihren Kampfgefährten zeigen. Die allgemeinen militärischen und politischen Direktiven der Militärkommandos und der Politkommissare sind die gültigen Direktiven für alle, in erster Linie und vor allem aber müssen die Kommunisten sie erfüllen. Auch in den Internationalen Brigaden gilt, was wir im allgemeinen verfechten: Ein einziges Heer und ein einheitliches Kommando müssen alle republikanischen Kräfte zum Sieg führen.

Das italienische Expeditionskorps in Sigüenza

In die zuversichtliche Siegesstimmung, die der Ausgang der Schlacht am Jarama erzeugte, platzen die ersten Nachrichten über die feindlichen Absichten einer neuen Offensive gegen Madrid. Dieses Mal will man das Unternehmen von Norden her versuchen: nämlich längs der Straße aus Frankreich über Sigüenza und Guadalajara vorzustoßen, Alcalà de Henares zu nehmen und von Norden her das zu erreichen, was von Süden her, mit der Offensive am Jarama, nicht möglich gewesen ist: Madrid nach Osten hin abzuschneiden, es einzukreisen und zur Übergabe zu zwingen.
Vielleicht sind die vorausgegangene Offensive am Jarama und die geplante auf Guadalajara als zwei Teile ein und derselben großen Operation gedacht gewesen, deren Ziel es war, der Hauptstadt und der Republik den Todesstoß zu geben. Nur daß der siegreiche Widerstand der Republikaner auf den Höhen zwischen dem Jarama und dem Tajuña eine Backe der Zange unwiderruflich zerbrochen hat. Nun, da die andere Backe sich in Bewegung setzen soll, ist die Stoßkraft der ersten dezimiert und desorganisiert, so daß sie völlig außerstande ist, die Zangenbewegung auszuführen.
Doch es muß gerade der Mißerfolg am Jarama sein, der das Franco-Kommando dazu drängt, die Operation von Norden überstürzt zu beginnen. Für die Faschisten ist es nicht nur eine politische und moralische Notwendigkeit, ihre schwere Schlappe durch einen sofortigen militärischen Erfolg wettzumachen; sie hoffen auch, mit einem neuen mächtigen Schlag unsere in der Neuordnung begriffenen Truppen überraschen zu können, ihnen keine Gelegenheit zur Erholung und zur Reorganisation zu geben und sie außer Gefecht zu setzen, noch bevor sie zurückschlagen können.
Diese Hoffnungen stützen sich auf die Tatsache, daß Franco bei diesem ganzen Unternehmen die faschistischen Legionen an den entscheidenden Punkten einsetzen kann, die zum Teil ganz frisch aus Italien eingetroffen sind, zum Teil am siegreichen Sturm auf Málaga teilgenommen haben. Alle diese Truppen sind weitgehend mit Artillerie und Panzern ausgerüstet und werden von zahlreichen Bomben- und Jagdflugzeugen unterstützt. Die Entfernung zwischen Ausgangspunkt und Endziel beträgt etwa hundert Kilometer, doch sicherlich messen die faschistischen Generäle diesem Nachteil keine Bedeutung bei, da sie über zahlreiche motorisierte Waffen verfügen, mit denen sie den Anfangserfolg schnell und gründlich ausnutzen wollen.
In der Tat hat Mussolini in den letzten Monaten die Politik der sogenannten Nichteinmischung – die für ihn eine einseitige Einmischung ist – weitgehend dazu ausgenutzt, um die eigene offene, dreiste und offizielle Beteiligung am Spanienkrieg zu verstärken und auszuweiten. Diese Beteiligung hat mit der eiligen Lieferung von Transport-, Jagd- und Bombenflugzeugen und der dazugehörigen Piloten an Franco von den ersten Tagen des Aufstandes an begonnen, worauf dann die Lieferung von Panzern und die Abstellung von Artilleriegruppen mit Bedienungsmannschaften und Instrukteuren folgte. Nachdem Mussolini im September die Balearen besetzt hat, richtet er dort einen italienischen Luftstützpunkt zur Überwachung der Gewässer

zwischen den Inseln und der Küste sowie für Luftangriffe auf die katalanischen Städte ein. Während des Marsches auf Madrid geht Mussolini zur Aufstellung regulärer italienischer Militäreinheiten, von Luftgeschwadern sowie Panzer- und Artilleriegruppen, zur Unterstützung der spanischen Einheiten über.
Wir selbst haben in diesen Tagen beim Kommissariat der Internationalen Brigaden einen lebenden Beweis dafür. Camen hat, ich weiß nicht wo und wie, einen italienischen Gefangenen aufgestöbert. Er befindet sich in einer originellen Lage; es gelingt ihm nicht, jemand zu finden, der für ihn den Gefangenenaufseher machen will. Er sieht noch wie ein Knabe aus; er ist schüchtern und verwirrt und ist mit den Resten seiner alten Uniform bekleidet. Er gibt an, Bruno Corsi zu heißen. Er erklärt, daß er ausgelost worden ist, um nach Spanien geschickt zu werden, und daß er einer italienischen Artilleriegruppe angehörte, als er noch im vergangenen Oktober in der Nähe Toledos gefangengenommen wurde.
Er ist in Sorge, weil ihn niemand mehr als Gefangenen behalten will und weil es ihm nicht immer gelingt, etwas zu essen und einen Platz zum Schlafen zu finden. Er bittet Camen, daß dieser seine Lage regeln soll. Er ist bereit, alles zu tun, um nur nicht dem Schicksal auf gut Glück ausgeliefert zu sein. Als erstes bringt ihn Camen zum Kommissariat der Internationalen Brigaden. Wir argwöhnen natürlich eine Bosheit, einen Trick, einen vom Feind in unsere Reihen geschickten Agenten, der spionieren und dann Bericht erstatten soll. Doch der Junge scheint aufrichtig, wirklich ehrlich ... Wir nehmen ihn unter unseren Schutz.
Wie viele andere Italiener sind, unwissend wie dieser Junge, nach ihm als „Freiwillige" nach Spanien in Marsch gesetzt, tatsächlich aber unter den Soldaten oder Betrogenen ausgelost worden? Wir wissen, daß bereits für den Sturm auf Málaga gemischte italo-spanische Brigaden geschaffen wurden – „Blaue Pfeile" und „Schwarze Pfeile" –, und jetzt ist für den Angriff auf Guadalajara ein italienisches Expeditionskorps mit rein italienischen Divisionen, mit spanischen Einheiten und mit vollkommen autonomen Basen und Nachschubdiensten aufgestellt worden, ein regelrechtes Invasionsheer.
In der internationalen Propaganda versucht der Faschismus seine Interventionen in Spanien mit dem Argument zu rechtfertigen, daß die „Roten" (und zu den „Roten" zählt er auch die Regierungen Frankreichs und Englands) als erste interveniert haben und daß er nur deren Hilfe neutralisieren will, indem er Franco tatkräftig unterstützt. Wir haben bereits gesagt, daß es absurd ist, die faschistische Intervention in Spanien, die die Rebellengeneräle unterstützt, mit den Waffen- und Lebensmittelankäufen der legitimen spanischen Regierung in anderen Ländern vergleichen zu wollen, zu denen sich die ausländischen Regierungen früher verpflichtet hatten und die sie jetzt nicht hintertreiben oder verhindern können. Wir haben ebenfalls schon hervorgehoben, daß die politische, militärische und moralische Hilfe der internationalen Freiwilligen für das spanische Volk und seine legitime Regierung überhaupt nicht mit der Unterstützung der Rebellengeneräle durch den internationalen Faschismus, insbesondere durch den italienischen, verglichen werden kann. Im ersten Falle handelt es sich um die Hilfe von Freiwilligen aus allen Ländern der Welt und aus allen politischen Parteien; im zweiten Falle um die Hilfe eines Staates und militärischer Formationen unter fremdem Befehl und fremden Fahnen, die die Unabhängigkeit und die Souveränität derjenigen bedroht, die sie in Anspruch nehmen.

Es genügt eine einfache Gegenüberstellung der verschiedenen Etappen der faschistischen Intervention in Spanien und der Unterstützung, die die internationalen Freiwilligen der spanischen Republik zuteil werden ließen, um sofort die Antwort auf die Frage zu erhalten: Wer hat als erster angefangen? Die faschistische Hilfe an Waffen und Kriegsmitteln setzte sofort mit der Rebellion der Generäle ein. Bereits während des ganzen September 1936 lieferte der italienische Faschismus an Franco auf die Halbinsel – abgesehen von dem Luft-Marine-Stützpunkt auf den Balearen – mehr als sechzig Jagd- und Bombenflugzeuge, achtunddreißig Geschütze und etwa ein Dutzend schnelle Panzer, dazu die Piloten, die Bedienungsmannschaften und die Instrukteure. Daneben wurde der „tercio“ durch zahlreiche Lieferungen unterstützt. Alle diese Menschen und diese Mittel sind lange vor dem 14. Oktober 1936 im Einsatz, also lange vor dem Tag, an dem die ersten internationalen Freiwilligen am 14. Oktober 1936 in Albacete eintreffen.
Der Mißerfolg des ersten Sturmangriffs Francos auf Madrid war es, der Mussolini zu einer Intervention größeren Umfangs veranlaßte, um nicht erleben zu müssen, daß die Rebellion scheiterte, die er selbst angeregt und bewaffnet hatte. In der zweiten Dezemberhälfte 1936 schickt Mussolini große Massen von Menschen und viel Material nach Spanien. In dieser Zeit landet die erste Abteilung von dreitausend angeblich faschistischen Freiwilligen in Cádiz; dann wird eine zweite, gleich starke zwischen Cádiz und Sevilla untergebracht. Aus diesen Kräften werden zwei Regimenter aufgestellt. Sie werden dem „tercio“ angegliedert und bilden die I. Freiwilligen-Brigade, die alle Waffen und alles Material aus Italien erhält.
Mit den neuen Waffen und den neuen Kadern, die Anfang Januar eintreffen, werden zwei gemischte italienisch-spanische Brigaden aufgestellt, die sogenannten „Blauen Pfeile“ und „Schwarzen Pfeile“. In Sevilla wird für die italienischen Legionäre eine südliche Base errichtet, wohin ungeheure Mengen an Waffen, Munition, Ersatzmaterial und Lebensmitteln sowie Kraftfahrzeugparks und Reparaturwerkstätten geliefert werden. Mit diesen Kräften und Mitteln wird der Sturm auf Málaga durchgeführt.
Selbst wenn man berücksichtigt, daß sich die faschistischen Führer auch bei dem Transport und der Konzentrierung der Waffen sehr beeilen mußten, so muß man doch sagen, daß sie gewiß keine glänzenden Proben organisatorischer Fähigkeit und Intelligenz ablegten. Das Material wurde ohne Inhaltsangabe behelfsmäßig verpackt, ungeordnet, ohne genügende Vorsicht verstaut, aus Italien geliefert. Der Seegang warf die Kisten heftig gegeneinander, wodurch das Material ebenfalls schwere Schäden davontrug. Den Rest besorgten die Aushilfsfahrer auf dem Transport von Cádiz nach Sevilla, die zahlreiche Verkehrsunfälle verursachten. Nachdem die einzelnen Teile bei der Base in Sevilla ausgeladen waren, hatte man seine liebe Not, sie zusammenzusetzen, Hunderttausende Geschosse mit den dazugehörigen Zündern und Zündhülsen zu versehen und die verschiedenen Teile in schußfertiges Kriegsmaterial zu verwandeln.
Innerhalb von etwa zwei Monaten treffen aus Italien an die sechsundsechzig mit Truppen und Kriegsmaterial beladene Dampfer bei Franco ein. In diesem Zeitraum wird die in Sevilla errichtete südliche Base in eine „Intendantur“ umgewandelt und eine neue südliche Base in Sevilla mit einer Außenstelle in Cádiz sowie eine nördliche Base in Aranda del Duero, etwa tausend Kilometer von den Ausladehäfen

entfernt, geschaffen. Von dieser abgelegenen Base soll die vom Faschismus gegen Guadalajara und Madrid geplante Blitzoperation unterstützt werden.
Mitte Februar übergeben die italienischen Truppen den Spaniern ihre Stellungen im Málaga-Abschnitt und werden in Vorbereitung der neuen Offensive im Norden neu gruppiert und reorganisiert. Die sogenannte I. Freiwilligen-Brigade wird in eine Division umgewandelt. Ihr Kommandeur ist der General Rossi, der sich Arnaldi nennt. Die II. und die III. Brigade werden aufgestellt und sofort in die II. und III. Division umgewandelt. Ihre Kommandeure sind die Generäle Coppi beziehungsweise Nuvoloni. Dazu kommt noch eine vierte Division, die „Littorio", deren Führer General Bergonzoli ist. Die „Blauen" und die „Schwarzen Pfeile", das heißt die beiden gemischten italienisch-spanischen Brigaden, werden beibehalten. Die Panzerwaffen, die motorisierten Maschinengewehrschützen, die Panzerabwehrgeschütze und die Flammenwerfer werden zu Spezialverbänden zusammengezogen; die Artilleriegruppen und die Pionierverbände werden zwei besonderen Stäben unterstellt. Alle diese Stäbe bestehen ausschließlich aus Offizieren des Königlichen Heeres und sind wiederum einem von General Roatta geführten „Stab der Freiwilligen-Truppen" unterstellt, der die Operationen dieses regulären italienischen Expeditionskorps leitet.
Die Offensivaktion der italienischen Legionen ist für Ende Februar vorgesehen, wird aber dann auf die erste Märzdekade verschoben. Die Stäbe der Rebellen haben Eile, die Schlappe vom Jarama wettzumachen, doch die organisatorische Vorbereitung entspricht nicht ihrer Ungeduld. Die Zuversicht in den Erfolg ist so grenzenlos, daß die militärischen und politischen Führer wie schon beim ersten Sturm auf Madrid im November auch jetzt bereits bis in kleinste alle Maßnahmen im Zusammenhang mit der Besetzung der Hauptstadt ausgearbeitet haben.
Auf der Tagesordnung einer Versammlung der „Presse und Propaganda" der spanischen Falange am 25. Februar in Salamanca steht der Punkt „Organisierung der Presse nach der Einnahme Madrids". Ein Appell an die Bevölkerung wird erlassen. Die Franco-Behörden erhalten Befehle zur Sammlung von Lebensmitteln, Bekleidungsstücken und Geldbeträgen, um „der Zivilbevölkerung der Hauptstadt zu helfen". In den Druckereien werden bereits Aufrufe fertiggestellt, die in Madrid verteilt werden sollen, während Malerkolonnen auf die Kraftfahrzeuge Aufschriften pinseln wie „Abastecimiento a la poblacion de Madrid", das heißt Versorgung für die Bevölkerung Madrids. Der faschistische Rundfunk wiederholt in den ersten Märztagen immer wieder die für die Bevölkerung Madrids gedachte Ankündigung, daß „die Truppen des nationalen Heeres (genauer gesagt, die Truppen des italienischen Expeditionskorps) in Kürze bei euch eintreffen werden". Wie man sieht, ist alles für die Einnahme Madrids vorbereitet; es fehlt nur noch die Einnahme selbst.

Einbruch der faschistischen Legionen

Um Madrid zu nehmen, rückt von Norden her das italienische Expeditionskorps heran. Es sind einige Zehntausend gut bewaffnete Menschen, von denen ein gut Teil auf Lastautos transportiert wird und die weitgehend von Panzern, Artillerie und Luftwaffe unterstützt werden. Die Achse des Angriffs bildet die Nationalstraße, die

von Sigüenza nach Guadalajara, Alcalà de Henares und Madrid führt. Zwischen Sigüenza und Guadalajara verläuft die Straße in einer Höhe von tausend bis tausendzweihundert Metern über die Hochfläche von Alcaria, die von engen, abschüssigen und ungangbaren Talebenen begrenzt wird: rechts von den angreifenden Truppen vom Rio Badiel und links von ihnen vom Rio Tajuña.
In der Mitte dieser Hochfläche liegt ein fast vollkommen ebenes Gelände von vier bis zehn Kilometer Breite, das im südlichen Teil von einem zusammenhängenden Wald bedeckt ist und sich im Norden bis Almadrones, im Süden bis Torija, im Osten bis Brihuega und im Südwesten bis Trijueque erstreckt. Die Nationalstraße verläuft an der Westseite dieses ebenen Geländestreifens, sie verbindet Torija und Trijueque und läßt Almadrones links liegen. Eine andere Straße bildet die Grenze der Ebene im Osten, sie verbindet Torija mit Brihuega, läuft hier durch ein tiefes Tal und mündet in der Nähe von Almadrones wieder in die Nationalstraße ein. Eine Abzweigung von zweitrangiger Bedeutung durchschneidet die Ebene fast in der Mitte und verbindet quer durch die bereits erwähnte Waldzone auf einer Strecke von etwa zehn Kilometer Brihuega mit der Nationalstraße.
So sieht das Gelände aus, auf dem der Stab der faschistischen Legionen den Masseneinsatz seiner Kräfte plant, um die Front zu durchbrechen und nach Madrid durchzustoßen. An diesem Abschnitt sind die republikanischen Stellungen im Grunde genommen noch dieselben, die bei der Neujahrsoffensive erobert wurden, woran auch die XII. Internationale Brigade beteiligt war. Sie schneiden die Nationalstraße nördlich Mirabueno und bestehen aus Maschinengewehrstellungen, kleinen Feldbefestigungen und unzusammenhängenden Grabenabschnitten. Im großen und ganzen sind sie zur Verteidigung wenig geeignet; ihre Besatzung besteht aus wenigen, schlecht ausgebildeten und unerfahrenen Truppen. Unmittelbare Reserven gibt es nicht oder fast nicht. Notfalls können lediglich an den Madrider Abschnitten kämpfende Einheiten zu Hilfe eilen.
Die hervorragend bewaffneten und versorgten faschistischen Divisionen schicken sich also an, diese dünne Linie, diesen Deckungsschleier, zu durchstoßen. Sie sind im Gebiet von Sigüenza zusammengezogen und stehen zum entscheidenden Angriff bereit. Die Stunde X ist auf den 8. März sieben Uhr festgesetzt. Den Operativplan kann man folgendermaßen zusammenfassen: die republikanische Front beiderseits der Nationalstraße ist in der Nähe von Mirabueno und Almadrones zu durchbrechen und durch die Bresche sind auf Lastautos starke Kräfte sowohl über die Nationalstraße in Richtung auf Trijueque und Torija wie auch über die Nebenstraßen zu werfen, die nach Brihuega und von hier ebenfalls nach Torija führen. Nach einer Vorbereitung durch etwa sieben Artilleriegruppen sollen die Stoßkräfte durch die II. Division „Schwarze Flammen", der zwei Gruppen „banderas" (Fähnlein) zugeteilt sind, unterstützt werden. Nach dem Durchbruch soll diese Division von der III. („Schwarze Federn") eingeholt werden, die auf Lastautos befördert wird und durch Panzerkampfwagen, Panzerautos und motorisierte Maschinengewehrabteilungen verstärkt ist. Alle diese Kräfte sollen über die genannten Straßen auf Torija und Guadalajara vordringen.
Die beiden anderen italienischen Divisionen, die I. („Dio lo vuole") und die IV. („Littorio"), bilden mit anderen zweitrangigen Kräften die Reserve des faschistischen

Legionärskorps. Links von den vorgehenden Einheiten ist keinerlei militärische Aktion vorgesehen; rechts, zwischen dem Rio Badiel und dem Rio Henares, soll jedoch eine spanische Kolonne mit dem Auftrag vorrücken, als Flankendeckung den Angriffskolonnen in Richtung Guadalajara zu folgen. Wie bereits gesagt, sieht der feindliche Plan vor, daß gleichzeitig mit dieser Aktion im Norden die faschistische Offensive am Jarama wieder aufgenommen werden soll, ebenfalls in Richtung Guadalajara, um hier den Ring um Madrid zu schließen.

Für die gesamte Operation stehen dem Kommando des faschistischen Legionärskorps neunzig Bomben-, Jagd- und Aufklärungsflugzeuge zur Verfügung, die auf den verschiedenen Flugplätzen rund um Sigüenza stationiert sind. Sie haben die Aufgabe, die Verteilung der republikanischen Kräfte zu erkunden, die Bewegung der faschistischen Truppen zu decken, mit Bordwaffen am Erdkampf teilzunehmen und die vorgeschobenen republikanischen Posten in Almadrones und Cifuentes sowie die Zentren der unmittelbaren rückwärtigen Gebiete der angegriffenen Front, wie Brihuega, Trijuque, Torija, die Flugplätze von Alcalà de Henares und von Guadalajara, und alle Verbindungswege zu bombardieren, um die Heranführung von Verstärkungen aus dem Süden zu verhindern oder zu verzögern.

Am Morgen des 8. März bricht der faschistische Angriff los. Er ist besonders heftig auf der rechten Flanke vor Mirabueno und vor Las Inviernas auf der linken. Die spärlichen republikanischen Besatzungskräfte in diesen Ortschaften leisten verzweifelt Widerstand, sie gehen in Alaminos zum Gegenangriff über und halten die Faschisten vor Almadrones auf. Im Verlauf des ersten Kampftages ist der vorgesehene Durchbruch noch nicht geglückt. Die Stoßtruppen der Legionäre müssen den ganzen Vormittag des 9. kämpfen, um Almadrones zu nehmen. Doch die republikanischen Kräfte leisten beiderseits der Nationalstraße und der Straße nach Brihuega immer noch Widerstand. Nachdem sie ihre Munition verschossen haben, greifen sie in einem fürchterlichen Maschinengewehrfeuer und bei prasselndem und eisigem Regen mit dem Bajonett an.

Am Nachmittag des zweiten Angriffstages holen die motorisierten faschistischen Truppen in der Höhe von Hontanares die Durchbruchstruppen ein, die in zwei Kolonnen vorrücken, eine über die Nationalstraße, die andere über die nach Brihuega führende Straße. In der Nacht erreichen diese Kolonnen Brihuega und die Umgebung der Kreuzung zwischen der von Brihuega kommenden Straße und der Nationalstraße. Sie haben damit über die Hälfte der Ebene genommen, die wir oben beschrieben haben und von deren Südrand die Straßen nach Guadalajara herunterführen.

Der Anfangserfolg übersteigt die größten Hoffnungen der höheren Kommandostellen. Der italienische General und Oberbefehlshaber der faschistischen Legionen gibt in einem Tagesbefehl sogar die Etappen und das Tempo der begonnenen Offensive bekannt: „Morgen in Guadalajara, übermorgen in Alcala de Henares und in zwei Tagen in Madrid.“ Des Enderfolges sicher, begrüßt Mussolini von Bord der „Pola“ auf dem Wege nach Lybien die ersten Erfolge mit folgenden Worten: „Ich verfolge die Einzelheiten der Schlacht in der Gewißheit, daß der Elan und die Zähigkeit unserer Legionäre den feindlichen Widerstand brechen werden. Die Legionäre sollen wissen, daß ich Stunde für Stunde alle ihre Aktionen verfolge, die mit dem Sieg gekrönt sein werden.“

Bei den ersten Meldungen von dem Frontdurchbruch mobilisiert das zentrale republikanische Kommando in großer Eile die wenigen Kräfte, die ihm zur Verfügung stehen, und setzt sie in Marsch, um sie dem Feind auf dem Alcaria-Plateau entgegenzuwerfen, während es den Abzug weiterer Einheiten von der Madrider Front vorbereitet. Sofort wird die ganze Gefährlichkeit der Lage offenbar. In diesem Augenblick stehen fünfzigtausend Faschisten mit etwa hundert Artilleriegeschützen knapp zehntausend Republikanern mit zweiundzwanzig Kanonen gegenüber. Die Anzahl der Flugzeuge verhält sich wie drei zu eins. Der Feind ist durch die ersten Erfolge übermütig geworden; unsere Fronttruppen, die infolge der Überlegenheit des Gegners geschlagen, isoliert und von den motorisierten faschistischen Einheiten überrannt wurden, gehen ungeordnet zurück, wobei sie nur noch sporadisch und gelegentlich Widerstand leisten.

Die republikanischen Verstärkungen werfen sich dem vorrückenden Feind ungestüm entgegen. Wieder sind es die Truppen von Madrid und vom Jarama, die herbeieilen. Als erste werden die herangezogen, die von den zwanzig Kampftagen am härtesten mitgenommen sind, die gerade deshalb zu einer kurzen Ruhepause und zur Reorganisation zurückgezogen wurden. Die XI. Internationale Brigade geht sofort ab, dann folgt die XII., Bataillon auf Bataillon, dann die spanischen Einheiten Listers, Meras, Galans und Nannettis, des jungen italienischen Kommunisten, der als einfacher Milizionär in Aragón kämpfte und der gerade bei dieser Gelegenheit den Befehl über eine spanische Division erhält. Sie fahren über die mit Fahrzeugen vollgestopften Straßen, ständig durch die feindliche Luftwaffe bedroht, die Verderben und Vernichtung in das Flachland und auf die Anhöhen rund um Guadalajara sät.

Die Bauern haben noch nichts bemerkt. Sie arbeiten verstreut auf den Feldern oder haben sich friedlich auf dem Dorfplatz versammelt. Plötzlich hören sie über ihren Köpfen das Dröhnen der Flugzeugmotoren. Sie haben nicht einmal die Zeit, festzustellen, ob es Freunde oder Feinde sind; instinktiv suchen sie eine Deckung, einige werfen sich in die Straßengräben, andere stürzen in Gruben oder Grotten in dem Tuffsteinfelsen. Doch schon zerreißt ein unheilvolles und schreckliches Pfeifen die Luft, ringsumher dröhnen die Explosionen, sie zerschmettern alles und reißen die Häuser aus den Fundamenten. Es ist, als sei das Dorf in die Luft gehoben, die sich im Nu mit einer riesigen, dichten Rauch- und Staubsäule füllt.

Aus den Gruben, den Kellern, den Gräben, aus Rauch und Staub, unter Balken und Trümmern kommen nach und nach die hervor, die dem Verderben entgangen sind, noch ungläubig und mit schreckerfüllten Augen. Die Frauen weinen und schreien vor ohnmächtiger Wut. Die Verwundeten stöhnen; die Männer klettern zwischen die Trümmer, räumen den Schutt weg, suchen die Angehörigen, die verschüttet worden sind, und bergen die Überreste der zerrissenen Körper. Sie legen sie an freien Stellen nebeneinander hin und decken sie mit einem Sack oder einem Laken zu. Auf das arme und bescheidene Dorf haben die faschistischen Flugzeuge Dutzende von Vierzentnerbomben geworfen.

Diese Szenen der Vernichtung und des Grauens erleben die ersten Einheiten, die von Madrid herbeieilen, um sich dem Feind entgegenzuwerfen. Doch sie können sich jetzt nicht aufhalten, um Hilfe zu leisten. Dort, wo es nötig ist, steigen nur die Vordersten für einen Augenblick ab, um die Straße zu räumen und einen Weg durch die

Trümmer zu bahnen. In Torija hat Lister seinen Gefechtsstand in einer Villa eingerichtet, die inmitten eines Trümmerhaufens steht. Die Verstärkungen werden zum Teil längs der Nationalstraße und zum Teil längs der Straße eingewiesen, die nach Brihuega führt. In diesen beiden Richtungen gehen die neu Eingetroffenen dem Feind entgegen.

Doch niemand kennt die Lage genau. Über die Straßen und die Felder kommen Flüchtlinge. Die Nachrichten, die sie verbreiten, sind alarmierend. Überall droht Gefahr; die Atmosphäre ist bedrückend. Die Glieder der Männer sind vom Regen, vom Schnee und der Kälte erstarrt, eine Welle der Entmutigung bemächtigt sich ihrer. Sie denken: wir haben Madrid verteidigt, wir haben am Jarama einem zahlreicheren und stärkeren Feind standgehalten, wir haben ihn am Jarama geschlagen, und wir befinden uns ein weiteres Mal einem noch zahlreicheren und noch stärkeren Feind gegenüber. Wann werden wir ihm wenigstens mit gleichen Waffen antworten können?

Die Bataillone der XI. Brigade sind auf der Nationalstraße bereits über Trijueque hinausgedrungen. Das Garibaldi-Bataillon trifft in der Nacht vom 9. zum 10. ein. In Abwesenheit Pacciardis wird es vom Kommissar Barontini geführt. Vor der Abfahrt aus El Pardo führt General Lukács den versammelten Kommandeuren und Kommissaren den Ernst der Lage vor Augen und fragt, ob die Garibaldiner gewillt sind, gegen die italienischen Legionäre zu kämpfen. Barontini antwortet für alle, daß sie ohne Zögern bereit sind, gegen die von Mussolini geschickte Söldnertruppe zu kämpfen. Der General fragt weiter, ob die Garibaldiner sich verpflichten, die Gefangenen zu achten. Barontini antwortet, die Frage sei überflüssig, da die Garibaldiner alle Italiener, die sie gefangennehmen werden, als wiedergefundene Brüder ansehen, einschließlich der faschistischen Parteimitglieder, bei denen sie sich bemühen werden, ihnen die Wahrheit über die Dinge in Spanien und in Italien zu vermitteln.

Naß, müde und verdreckt kommen die Leute des Garibaldi-Bataillons in der Nacht in Torija an. Sie haben Hunger, sie verlangen etwas zu essen und einen Unterschlupf, wo sie ihre Sachen trocknen und wo sie ausruhen können, bevor sie an die Front gehen. Das Essen wird unverzüglich ausgegeben, aber es gibt keine Ruhe, der Marsch gegen den vorrückenden Feind muß ohne Verzug fortgesetzt werden. Die Leute essen schweigend, dann nimmt einer nach dem anderen seine Waffen und sein Gepäck wieder auf. Das Bataillon setzt sich im Morgengrauen in Bewegung. Es gilt, vor dem Feind auf den Höhen vor Brihuega einzutreffen.

Die Soldaten folgen der Richtung der Straße, das Gros gedeckt durch den Wald. An der Spitze marschiert der von Ravera kommandierte Sturmtrupp, vor ihm operieren einige motorisierte Spähtrupps, um Überraschungen zu vermeiden. Sie kommen bis über den Palacio de Don Luis hinaus, dort, wo die Straße auf das offene Gelände hinaustritt. Hier stoßen unsere Vorhuten mit einigen feindlichen Meldern zusammen, die sofort kehrtmachen, um schleunigst Alarm zu schlagen. In der Nacht vom 9. zum 10. März haben die republikanischen Kräfte Cajanejos und Brihuega aufgegeben, und von diesen Ortschaften aus nehmen die Faschisten bei Tagesanbruch des 10. den Vormarsch wieder auf. Es sind die Vorhuten, die in diesem Augenblick mit den Männern der XI. Brigade auf der Nationalstraße und mit den Garibaldinern auf der Straße nach Brihuega in Berührung kommen.

Daraufhin gibt Barontini seinen Leuten Befehl, in Schützenkette auszuschwärmen und die Maschinengewehre in Stellung zu bringen. Die ersten faschistischen Panzerautos tauchen auf. Sie werden mit Salven von Panzerabwehrgeschossen empfangen. Sie halten an. Faschistische Spähtrupps treten unversehens zwischen den Bäumen des Waldes hervor; sie werden gefangengenommen. Auch das französisch-belgische Bataillon ist jetzt eingetroffen und steht im Walde links von „Garibaldi". Es geht zwischen den Bäumen vor und sucht Verbindung mit den Leuten der XI. Brigade aufzunehmen. Das Bataillon Dombrowski steht rechts der Straße und versucht, Verbindung mit den spanischen Kräften Meras aufzunehmen. Auf diese Weise wird Stück für Stück eine neue Widerstandslinie errichtet, gegen die die faschistischen Vorhuten nun anrennen. Die große Schlacht von Guadalajara beginnt.

Erste Gegenschläge

Nachdem die neuen Kräfte an der Front einmal Fühlung mit dem Feind aufgenommen haben, geht diese auch nicht mehr verloren. Am 10. März wird während des ganzen Tages beiderseits der beiden Straßen nach Torija und in dem Wald zwischen diesen Straßen eine regelrechte Begegnungsschlacht geschlagen. An ihr nehmen die beiden bereits erwähnten Internationalen Brigaden und die spanischen Kräfte teil, die schon an Ort und Stelle sind beziehungsweise nach und nach eintreffen. Es ist eine „wilde, verworrene und unzureichend geleitete Schlacht, weil auch die Mittel zur Befehlsübermittlung fehlen, aber dennoch eine wirksame Schlacht, weil die unteren Einheiten und Kommandeure konkrete Aufgaben haben, die sie genau und mit Schwung erfüllen" (V. Rojo).
Nach dem ersten Zusammenstoß mit den kleinen faschistischen Zwei-Mann-Panzern müssen die Garibaldiner in einem infernalischen Feuer der feindlichen Artillerie ausharren. Hunderte von Granaten gehen auf das von den Unsrigen besetzte Gebiet nieder. Es ist unverkennbar, daß der Feind seiner Infanterie den Weg bahnen will. Tatsächlich tauchen gleich nach dem Artilleriefeuer die niedrigen, nur mit einem MG ausgestatteten faschistischen Panzer wieder auf. Die Garibaldiner empfangen sie mit noch lebhafterem Feuer und zwingen sie erneut zum Rückzug. Viermal hintereinander greifen die faschistischen Panzer an, viermal werden sie zurückgewiesen. Den republikanischen Panzern, deren Bewaffnung aus einem kleinen Geschütz und ein oder zwei Maschinengewehren besteht, sind sie unterlegen.
Gegen Abend weichen die Bataillone Thälmann und Edgar André auf der Nationalstraße etwas in Richtung Trijueque zurück, nachdem sie den ganzen Tag Widerstand geleistet haben. Im mittleren Abschnitt gelingt es einigen faschistischen Formationen unter Ausnutzung des Regens und der Dunkelheit, in den Palacio de Ibarra einzudringen, der einige hundert Meter südlich der Querstraße, die von Brihuega zur Nationalstraße führt, mitten im Walde liegt. Im Rücken bedroht, nehmen die Garibaldiner der 1. Kompanie rasch Stellungswechsel vor und versuchen, die faschistische Infiltration aufzuhalten. Als Barontini die Meldung von dieser Gefahr erhält, schickt er sofort die 2. Kompanie an Ort und Stelle, die die Flanke der weiter vorgeschobenen Kompanien beiderseits des Weges, der zum Palacio de Ibarra führt, abriegelt.

Kaum haben die Unsrigen im Wald Stellung bezogen, als sie in der Stille und der Dunkelheit der Nacht Geräusche hören und zwischen den Bäumen Bewegungen erkennen. Es ist ein Zug Faschisten, man weiß nicht, ob er sich verirrt hat oder ob er sich auf Erkundung befindet. Die Garibaldiner lassen ihn bis in unsere Stellung herankommen; dann fordern sie ganz plötzlich die Männer auf italienisch auf, die Waffen wegzuwerfen und sich zu ergeben. Der gesamte Zug gehorcht ohne irgendwelchen Widerstand. Es sind einunddreißig Mann, zwei Leutnants und ein höherer Offizier, der Major Antonio Luciano, die sich gefangengeben.
Diese werden sofort zu dem Häuschen zwischen den Bäumen an der Straße nach Brihuega gebracht, wo der Bataillonsstab untergekommen ist. Sie werden mit einem Freudengeschrei empfangen und mit Aufmerksamkeiten überhäuft. Einige bieten ihnen Zigaretten an, andere Wein, wieder andere Kognak. Doch sie sind verängstigt und nehmen nur mißtrauisch an. Die Garibaldiner verstehen sie und versichern ihnen, daß sie nichts zu befürchten haben. Der faschistische Major sagt zu Barontini, der ihm als Kommandeur des Garibaldi-Bataillons vorgestellt wird, daß er als Berufssoldat lediglich die erhaltenen Befehle ausgeführt hat und daß er weiß, was ihn erwartet. Er bittet lediglich darum, keine langen Umstände zu machen. Auch er fürchtet also, erschossen zu werden. Als einzige Antwort stellt der Kommandeur der Garibaldiner ihm seinen eigenen Wagen zur Verfügung, der ihn nach Madrid bringen soll.
Anders verhalten sich die faschistischen Offiziere gegenüber den Garibaldinern, die in ihre Hände fallen. In der gleichen Nacht des 10. März geraten an einem anderen Teil der Front acht Garibaldiner in einen Hinterhalt; vieren gelingt es zu fliehen, vier werden gefangengenommen. Einer der Entflohenen, der Genosse Fausto Rosai, beobachtet, wie die Faschisten die Unsrigen grausam mißhandeln; er sieht, wie ein Hauptmann mit der Pistole auf jeden Gefangenen schießt. Nachdem sich die Faschisten entfernt haben, kommt er aus seinem Versteck hervor, nähert sich den Kameraden und stellt fest, daß einer noch atmet. Er ist nur verwundet. Am Morgen kehrt er in unsere Linien zurück und führt dann eine Streife Garibaldiner, die den Verwundeten in Sicherheit bringen und die Leichen der ermordeten Kameraden birgt.
Die Nachricht von den italienischen Gefangenen verbreitet sich im Nu beim gesamten Garibaldi-Bataillon und bei den anderen Einheiten an der Front und ruft stürmische Begeisterung hervor. In der gleichen Nacht treffen zwei italienische Deserteure in unseren Linien ein, die ein Maschinengewehr mitbringen. Es ist das erste Mal, daß so viele Gefangene gemacht werden. Das ist ein deutliches Zeichen dafür, daß im feindlichen Lager nicht alles zum Besten stehen muß. Es ist ein Zeichen von Unordnung, Müdigkeit und Mangel an Kampfkraft. Es ist ein Beweis dafür, daß man solchen Truppen, die schon am dritten Tag nach Beginn der Schlacht so wenig Energie aufweisen, Widerstand leisten und daß man ihre Offensive zerschlagen kann.
In der Tat muß der Stab der Legionäre am Ende dieses dritten Tages bereits gemerkt haben, daß der geplante Marsch auf Madrid nicht so einfach ist und nicht so schnell vor sich geht, wie er sich das in seiner Phantasie vorgestellt hatte. Deshalb befiehlt er der II. Division, die von der motorisierten III. eingeholt worden ist und die nach

den faschistischen Plänen nur noch als Reserve für diese hätte dienen sollen, sich statt dessen mit ihr an die Front zu begeben, um ihr zu helfen, den neuen Widerstand der Republikaner zu brechen. In der gleichen Absicht wird aus Sigüenza die I. Division vorgezogen, die bisher in Reserve gehalten wurde.
Das republikanische Oberkommando kann ebenfalls neue Truppen an die Kampffront verlegen. Die Jarama- und die Madrider Front sind ruhig. Doch muß ein Teil der Verstärkungen, die im Gebiet von Guadalajara zusammengezogen werden, vom Mittelabschnitt des Kampfes abgezweigt werden. Die Kolonne der spanischen Faschisten, die mit den italienischen Legionen lediglich zur rechten Flankendeckung vorrücken sollte, macht statt dessen in gefährlicher Weise Fortschritte. Sie hat bereits Jadraque besetzt, stößt auf Miralrio vor und bedroht unsere linke Flanke. Die Kräfte Nannettis werden nach Torre del Burgo und nach Hita geschickt, um den spanischen Faschisten entgegenzutreten und sie aufzuhalten.
Jetzt kann das republikanische Oberkommando mit einer gewissen Anzahl Einheiten rechnen, die bereits an Ort und Stelle oder unterwegs sind, um die italienischen Legionen aufzuhalten und zurückzuschlagen. Gegenüber der gesamten faschistischen Angriffsfront besteht eine ununterbrochene, mit Menschen und Waffen besetzte Linie. Die republikanischen Einheiten stehen untereinander und mit den höheren Kommandostellen in Verbindung. Im rückwärtigen Gebiet sind Bataillone von Zivilisten aufgestellt, um Gräben auszuheben und Befestigungsanlagen für eine zweite und dritte Linie zu bauen, auf die man sich zurückziehen kann, falls das Gelände, auf dem augenblicklich die Schlacht wütet, nicht zu halten ist.
Der Morgen des 11. dämmert in Regen und Nebel über dem Morast. Trotz des furchtbaren Wetters wird an der gesamten Front gekämpft. Die faschistische Artillerie schießt unaufhörlich. Die republikanische Luftwaffe nutzt jede Aufklarung, um zu starten und die feindlichen Linien und Truppenansammlungen zu bombardieren. Sie greift die Artilleriestellungen und die Kraftfahrzeugkolonnen an, die mit soviel Kühnheit vorgerückt sind, und richtet große Verheerungen unter ihnen an. Die kleinen faschistischen Panzer können wegen des Morastes, der sie zwingt, auf den Straßen und auf festem Grund zu bleiben, und wegen der Wachsamkeit unserer MG-Schützen nur unter großen Schwierigkeiten vorrücken.
Etwa zwei faschistische Divisionen plus zwei Gruppen „banderas" – das heißt einer Anzahl von Bataillonen, deren Stärke daher ungefähr einer dritten Division entspricht –, die hervorragend bewaffnet und ausgerüstet sind, drücken nunmehr auf den kurzen Abschnitt von etwa zehn Kilometern zwischen der Nationalstraße und der Straße von Brihuega, dazu kommt eine weitere Division als Verstärkung heran. Doch jetzt ist jede Gefahr eines Frontdurchbruchs gebannt. Nach unerhörten Anstrengungen und wiederholten Angriffen gelingt es dem Feind noch, Trijueque an der Nationalstraße zu besetzen, doch überall wird er von den spanischen und internationalen republikanischen Kräften hart bedrängt.
In der Nacht vom 11. zum 12. wird das Wetter noch schlechter. Ein eisiges Schneegestöber peinigt die erstarrten Männer. Im Walde kann man sich wenigstens etwas Bewegung machen, um sich die Glieder zu erwärmen, doch die Männer, die in dem offenen Gelände unter freiem Himmel im eiskalten Morast liegen, können sich nicht rühren, weil sie sonst auch in der Dunkelheit von einer verirrten Kugel getroffen

werden könnten. Inzwischen mehren sich im feindlichen Lager die Zeichen der Unordnung und Demoralisation: Deserteure, die mit den Waffen in unseren Linien erscheinen, Lastautos und andere Fahrzeuge der Faschisten, die direkt bei uns landen.

Brihuega liegt unten im Tal des Tajuña wie auf dem Grunde einer Grube. Die Straße, die nach Torija führt, klettert in schmalen und steilen Kehren hoch nach der Hochebene hinauf, auf der sich der Kampf abspielt. Wer von unten kommt, hat nach der letzten Kurve sofort eine flache Strecke des Weges vor sich, der nach Torija führt. Wenn er nicht darauf vorbereitet ist, merkt er nicht, daß gerade am Anfang der Ebene rechter Hand eine Nebenstraße abzweigt. Diese müssen die faschistischen Fahrzeuge einschlagen, um zu ihren vordersten Linien zu gelangen, die dem Garibaldi-Bataillon gegenüberliegen, beziehungsweise um die Nationalstraße zu erreichen. Statt dessen schlagen einige Fahrer, nachdem sie auf der Hochfläche angelangt sind, in voller Geschwindigkeit ohne weiteres die vor ihnen liegende Straße ein... und landen im Maschinengewehrfeuer oder in den Armen der Garibaldiner.

Das ist gerade den Fahrern zweier großer Lastwagen passiert. Sie transportieren Lebensmittel, verschiedenes Material und Zigaretten. Das Feuer unserer Maschinengewehre hat sie auf der Straße zum Halten gebracht, in der Nacht ist ihr Inhalt vollständig abgeladen worden. Am nächsten Tag rauchen die Garibaldiner an der ganzen Front „Macedonia Esportazione" und bieten sie allen mit großer Genugtuung an. Der Vorrat wird durch zwei weitere faschistische Lastwagen erneuert, die den Garibaldinern ein noch ganz warmes Essen bringen; dann ist es eine „balilla"[1], die die Anzahl der Fahrzeuge des Bataillons erhöht, darauf folgen einige Motorräder.

Nunmehr ist die Kompanie, die die Straße überwacht, gut darauf eingespielt. Sobald die Männer die faschistischen Lastautos erkennen, verstecken sie sich gut und lassen die Fahrzeuge so weit wie möglich durchfahren. Dann folgt das trockene „Halt!" einer Maschinengewehrgarbe. Die Wagen fahren durcheinander und halten an; einige Fahrer fallen, andere versuchen zu fliehen, sind aber nach einigen Schritten gezwungen, sich zu ergeben. Die Verwundeten werden zum Verbandplatz gebracht und wie alle unsere Verwundeten behandelt. Man sieht, die faschistischen Kommandostellen haben die ersten Unfälle, die ihren Transporten zugestoßen sind, entweder noch nicht einmal bemerkt, oder aber sie machen sich keine Gedanken darüber, wie eine Wiederholung verhindert werden kann. Um so besser für uns.

Am 12. wird der fortwährende und intensive Artilleriebeschuß durch die Angriffe der faschistischen Luftwaffe ergänzt. Vom Palacio de Ibarra her beschießt eine Batterie ununterbrochen den Bataillons-Gefechtsstand und das Gelände im Rücken der Kompanien, die in vorderster Linie liegen. Am Nachmittag rücken zehn faschistische Kleinpanzerwagen vor. Die Unsrigen bereiten ihren Empfang vor. Ihnen stehen nur zwei Panzer zur Verfügung. Diese fahren seitlich der Straße in der Nähe des Bataillonsstabs auf. Einer der faschistischen Panzer kommt bis dicht an das Haus des Stabes heran, umkreist es und schießt auf die Männer, die sich dadurch decken, daß sie von einer Seite des Hauses auf die andere laufen. Barontini fuchtelt mit den

[1] Name eines Kleinwagens der Fiat-Automobilwerke.

Armen und schreit sich die Lunge aus dem Halse, um die Aufmerksamkeit unserer Panzer zu erregen, aber es ist nicht möglich, sie zum Eingreifen zu veranlassen. Die Handgranaten und die Gewehrpatronen sind nicht dazu geeignet, den faschistischen Panzer außer Gefecht zu setzen. Dieser macht zwei- oder dreimal die Runde ums Haus, dann schlägt er – vielleicht, weil er gemerkt hat, daß er sich zu weit vorgewagt hat und sich in einer heiklen Lage befindet – in voller Geschwindigkeit den Waldweg ein, der nach dem Palacio de Ibarra führt.
Die anderen faschistischen Panzer sind von den Garibaldinern frontal angegriffen worden. Zwei von ihnen wurden gezwungen, sich brennend zurückzuziehen, und ein dritter wurde kampfunfähig gemacht. Seine Schützen versuchten, sich in Sicherheit zu bringen, wurden aber mit Maschinengewehren niedergeschossen. Allem Anschein nach ist der Feind durch den unerwarteten republikanischen Widerstand überrascht und aus der Fassung gebracht. Er geht bald hier, bald dort zu wütenden Angriffen und Gegenangriffen vor! Wir leisten Widerstand und antworten mit Gegenangriffen.

Die neue Artillerie

Die Faschisten glaubten, auch an der Madrider Front einen Spaziergang machen zu können wie in Málaga. Statt dessen rennen sie gegen eine Mauer. Sie sind dezimiert und demoralisiert. Sie spüren, daß sich der Widerstand festigt und der Kampf härter wird, daß sie nach Madrid „no pasaran".
Die ersten italienischen Gefangenen liefern wertvolle Nachrichten über den Gemütszustand der faschistischen Legionäre, über die Desorganisation und die Konfusion, die unser Widerstand in den feindlichen Reihen verursacht hat. Estella (Teresa Noce), Camen, ich und die Bataillons-Kommissare haben alle Hände voll zu tun, um die Gefangenen zu verhören, die Dokumente und das bei ihnen beschlagnahmte oder den in unseren Linien Gefallenen abgenommene Material und die verschiedenen Aussagen zu vergleichen, damit wir uns eine Gesamtvorstellung vom Zustand und der Moral der so laut gepriesenen faschistischen Legionen machen können, die vor uns liegen. Dabei ergibt sich ein klägliches Bild der Unwissenheit, Improvisation und Demoralisation. Wir nutzen es sofort zu einem großen Propagandafeldzug in den feindlichen Reihen aus.
Vom ersten Tag der Schlacht an bin ich von General Miaja und seinem Stabschef, Oberst V. Rojo, beauftragt, diese Kampagne an der gesamten Angriffsfront zu leiten und zu koordinieren. Alle Flugplätze haben Befehl erhalten, jede Art Material entgegenzunehmen, das über den feindlichen Linien und im rückwärtigen Gebiet abgeworfen werden soll. Das Generalkommissariat der Madrider Front und die Kommissare der spanischen Einheiten stellen für diese Kampagne alle ihre Mittel zur Verfügung: Lautsprecher, Sprachrohre, Druckereien, Papier. Das Kommissariat der XI. Division, die durch den faschistischen Angriff am ärgsten bedrängt wird, arbeitet auf Anregung ihres Führers Santiago Alvarez sowie Listers und Carlos' bereits intensiv in dieser Richtung. Das Generalkommissariat der Internationalen Brigaden ist zu dieser Zeit ausreichend ausgerüstet, um die Kampagne so umfassend wie nur möglich zu machen.

Estella, Camen und Canapino (G. Calandrone) sind von dieser Aufgabe gründlich in Anspruch genommen. Sie redigieren mit mir Dutzende und Aberdutzende sehr kurzer, zugkräftiger Texte, die bei Tag und Nacht in allen Druckereien Madrids in Millionen und Abermillionen Exemplaren in Italienisch und Spanisch gedruckt und dann an die Front sowie auf die Flugplätze geschickt werden. Einige Stunden später befinden sich die Streuzettel bereits in den Händen unserer Spähtrupps, die sie mittels Raketen in die feindlichen Linien schießen oder ihren Text durch das Sprachrohr hinüberrufen; sie befinden sich auch in den Führersitzen der republikanischen Flugzeuge, um über dem feindlichen Gebiet abgeworfen zu werden.
Natürlich nutzen wir die Nachricht von der Einbringung der ersten Gefangenengruppe sowie ihre Erklärungen sofort gründlich aus. Diese werden in Millionen Exemplaren gedruckt und durch den „altavoz del frente" verlesen. Hier ist der Text eines dieser Flugblätter, für das verschiedene Drucklettern verwandt wurden, um das Wichtigste hervorzuheben, so daß ihr Text leicht zu fassen ist:
„Kameraden, Waffenbrüder! Wir sind einunddreißig Soldaten des 1. MG-Schützen-Bataillons! Am 10. Mai hat man uns vorgeschickt, um ‚Guadalajara zu nehmen'. Man hat uns vorgeschickt, ohne uns zu sagen, daß uns Italiener, Brüder, gegenüberstehen. Der Kampf ist hart gewesen; wir haben viele Verluste gehabt. Am Abend marschieren wir durch einen Wald. Wir haben uns verirrt. Plötzlich hören wir italienisch sprechen. Man ruft: ‚Die Waffen nieder!', und wir schießen nicht. Wie könnten wir auf unser Brüder schießen? Doch wir hatten Angst. Wie oft hatten die Offiziere uns und Euch gesagt: ‚Wenn sie Euch gefangennehmen, erschießen sie Euch.' Anstatt uns zu erschießen, haben sie uns wie Brüder behandelt. Sie haben uns zu essen, zu trinken und zu rauchen gegeben. Sie haben mit uns nicht als Feinde, sondern als Brüder, nicht wie zu Gefangenen, sondern wie zu Kameraden gesprochen. Ein Schleier ist von unseren Augen gefallen. Die Geschichten von den ‚roten Banditen', den ‚Brandstiftern' und den ‚Mördern' sind alles Lügen. Arbeiter wie wir, Bauern wie wir standen uns gegenüber. Sie haben uns erzählt, warum sie kämpfen, und sie haben recht. Sie kämpfen freiwillig, um den spanischen Bauern und Arbeitern zu helfen; um zu verhindern, daß eine Kamarilla von Generälen, Marquis und Baronen an die Regierung kommt, die nicht nur den Werktätigen Spaniens Leiden bringt, sondern auch weiterhin Kriege vorbereiten wird, die nur den Herren und niemals uns Nutzen bringen."
Diese Gedanken werden in verschiedenen anderen Texten verbessert und vereinfacht, um die Legionäre in schlichter Form aufzufordern, nicht zu schießen, und sie daran zu erinnern, daß sie Werktätige sind und daß sie andere Werktätige vor sich haben, oder um sie zu beruhigen und ihnen zu versichern, daß sie gut behandelt werden, wenn sie sich gefangengeben. Hier ist ein anderer, sehr kurzer Text: „Italienische Soldaten! Schießt nicht auf Eure Brüder. Fordert den Rücktransport in die Heimat. Kommt zu uns; ihr werdet wie Brüder aufgenommen."
Zum gleichen Zweck wird ein „Passierschein für alle italienischen Soldaten" in Millionen Exemplaren gedruckt und verbreitet. Er soll vor allen Dingen als Anreiz zum Überlaufen auf die republikanische Seite dienen. Der Passierschein lautet: „Alle italienischen Soldaten, die im Besitz dieses Passierscheins sind, werden in den Reihen des Heeres der spanischen Republik brüderlich aufgenommen. Freiheit

und Leben werden ihnen garantiert, in Übereinstimmung mit dem Dekret der Regierung der Republik, das lautet: – Eine Prämie von fünfzig Peseten in bar wird den Flüchtlingen aus den Reihen der Aufrührer gewährt, wenn sie sich allein stellen; hundert Peseten erhalten sie, wenn sie sich mit Waffen stellen." Das ist der Gedanke, den man auf diese Weise dem Legionär suggeriert und den dieser, zumindest im Augenblick der Gefahr, sicherlich in Erwägung ziehen wird.

Camen ist insbesondere mit Redigierung der Ansprachen an die gegenüberliegenden Faschisten beauftragt. Ihm stehen zwei gepanzerte Lautsprecher zur Verfügung. Er wählt die zu verlesenden Texte und die Sprecher für die Nacht aus. In den meisten Fällen spricht er selbst, oder es wird ein eben eingebrachter Gefangener aufgefordert, gerade zu seiner Einheit zu sprechen, wobei er die Namen von Unteroffizieren und Offizieren nennt und die Episoden des Tages erwähnt, damit niemand an eine Täuschung oder an einen Trick glaubt. In der Nacht werden die gepanzerten Lautsprecher im Gehölz so nahe wie möglich an die faschistischen Gräben vorgebracht. In der tiefen Finsternis ertönen italienische Volkslieder. Es sind Schallplatten aus dem Besitz der Garibaldiner. Dann erhebt sich wie ein Donnergrollen eine tiefe, laute Stimme, die zwei, drei Kilometer weit zu hören ist: „Hallo! Hallo! Italiener, Soldaten, Schwarzhemden aus Mussolinis Heer, hört her!"

Auf diese Weise wird ein Gedanke ausgesprochen, der vielleicht in der Tiefe des Bewußtseins eines jeden schlummert, den aber nur wenige zu formulieren wagen, und in der kalten Luft der Märznächte über den Gräben voller Wasser und Schlamm rüttelt eine überirdisch klingende Stimme den bekümmerten Geist und das verzagte Innere auf: „Italiener, Soldaten und Schwarzhemden, hört her! Kehrt nach Hause zurück; eure Frauen und eure Kinder erwarten euch! Kehrt nach Hause zurück; eure Familien weinen um euch! Kehrt nach Hause zurück; ihr sollt nicht sterben!"

Und weiter: „Jungens von achtzehn, ihr seid zusammen mit den über fünfzigjährigen Alten als Schlachtvieh nach Spanien geschickt worden. Eure kräftigen Arbeiterarme, die seit Jahren untätig sind, Arme, die eine Arbeit suchten, erhielten ein Gewehr. Man sagte euch, ihr würdet nach Abbessinien fahren, und man hat euch nach Spanien gebracht; man sagte euch, ihr würdet zur Arbeit fahren, und sie haben euch zur Schlachtbank geführt; man versprach euch Land, und man gibt euch den Tod." – „Italiener, Soldaten und Schwarzhemden, kehrt nach Hause zurück! Lauft zu den republikanischen Truppen über, kommt zu den Garibaldinern; ihr werdet wie Brüder aufgenommen."

Diese beharrliche, zähe, überzeugende, menschliche Propaganda und unser fester Widerstand haben tiefgehende Auswirkungen auf die Moral der Legionäre. Deserteure melden sich in unseren Linien. Sie bringen die Waffen mit; sie sagen, daß sie betrogen worden sind und nicht mehr kämpfen wollen. Einige bitten auch, in das Garibaldi-Bataillon eintreten und gegen die Faschisten kämpfen zu dürfen. Wenn die Garibaldiner angreifen, so leisten die Legionärsgruppen teilweise nur schwachen Widerstand und lassen sich leicht überreden, sich gefangenzugeben. Manchmal widersetzen sich nur die faschistischen Offiziere jeglicher Kapitulation; doch häufig fallen diese unter den Schüssen ihrer eigenen Soldaten, die dann zu uns überlaufen.

Niemals zuvor waren Propaganda und bewaffneter Kampf so eng miteinander verknüpft. Sie bilden wirklich zwei Aspekte einer einzigen Schlacht. Es wird mit Wort

und Schrift, aber auch mit Waffen, mit Argumenten, aber auch mit Geschossen, mit Überzeugung, aber auch mit Gewalt gekämpft. Die Ergebnisse sind unmittelbar sichtbar. Der republikanische Generalstab erkennt sofort die Besonderheiten der Lage. Der Feind steht unter der Einwirkung einer tiefgehenden und unvorhergesehenen Enttäuschung. Er ist demoralisiert, unser zäher und aktiver Widerstand hat ihn durcheinandergebracht. Die schlechten Bodenverhältnisse und die sehr schlechten atmosphärischen Bedingungen gestatten ihm nicht, alle seine technischen Mittel restlos einzusetzen und auszunutzen. Sie sind auf den Feldern im Morast steckengeblieben, er kann mit ihnen nicht mehr operieren. Es scheint klar, daß man kühn handeln muß, um den Faschisten keine Atempause zu gönnen und dem Feind nicht zu gestatten, sich zu erholen und sich zu organisieren. Er muß sofort neue Schläge erhalten, bis er völlig aus der Fassung gebracht, zurückgeschlagen und vernichtet ist.
Doch leider sind auch unsere Soldaten müde und sehr erschöpft. Die Natur fordert ein bißchen Ruhe. Ihre erstarrten Körper verlangen ein bißchen Wärme. Unsere Freiwilligen jubeln angesichts der ersten faschistischen Gefangenen, und sie begreifen, daß die Dinge nicht so schlecht stehen; doch sie spüren die ungeheure materielle Überlegenheit des Feindes und befürchten, ihn nicht bezwingen zu können.
Gerade in diesem Augenblick werden der ganze Sinn und die ganze Bedeutung der politischen Tätigkeit der Kommissare offenbar. Wir müssen den Freiwilligen die Situation erklären und ihnen zeigen, daß äußerst günstige Umstände eingetreten sind, aus denen wir einen ungeheuren Vorteil ziehen können und die wir um jeden Preis ausnützen müssen. Die Kommissare machen dies alles, sie fordern die Männer, die Einheiten auf, äußerste Anstrengungen zu unternehmen: die moralische und militärische Überlegenheit der republikanischen Freiwilligen, insbesondere der Garibaldiner, über die zusammengewürfelten faschistischen Formationen muß bewiesen werden. Die faschistischen Legionen, die in Spanien eingefallen sind, müssen auf den schlammigen und gefrorenen Feldern Alcarias geschlagen werden, und dazu müssen die Garibaldiner in vorderster Linie stehen.

Siegreiche Gegenangriffe

Der republikanische Generalstab des Abschnitts, an dem die Faschisten angreifen, arbeitet einen ersten Plan für die Gegenoffensive aus. Nachdem er die Flanken nach rechts und links gesichert hat, versucht er, den Feind an der tiefsten Einbruchsstelle zurückzudrängen. Seine Lage ist nicht besonders günstig. Es ist ihm zwar gelungen, Trijueque zu besetzen, doch eine weite Strecke lang ist seine rechte Flanke nur durch den ungangbaren Steilhang der Talebene des Rio Badiel und durch das Flußbett gedeckt.
Im Grunde der Talebene stehen wir. Unsere Lage wäre gewiß nicht rosig, wenn wir es mit einem aktiven und angriffslustigen Feind zu tun hätten. Doch die Faschisten haben bereits alle Kühnheit verloren – wenn sie je eine besessen haben –, es mangelt ihnen an jeglicher Initiative. Auf Grund der Eigenart des Geländes und des Kräfteverhältnisses ist der Gedanke absurd, sie aus dem Talgrund heraus anzugreifen; doch wegen der Desorganisation und der Verwirrung unter den Faschisten sind von dieser Seite her nicht einmal Überraschungen zu befürchten.
Auf der Ebene dagegen liegen die Dinge anders. Die faschistischen Stellungen dringen wie die Klinge eines Messers in unsere Front ein, wie eine Klinge, deren Spitze bis nach Trijueque reicht und deren Schneide quer durch den Wald über den Palacio de Ibarra verläuft und vor Brihuega endet. In diesem Fall hängt der ganze Wert der jeweiligen Stellungen vom Mut der Kämpfer ab, die sie besetzt halten. Die faschistischen, die tief in die republikanischen Stellungen vorspringen, könnten eine ungeheure Gefahr für uns sein, wenn ihre Besatzung Elan und Kühnheit besäßen. Statt dessen stellen sie eine große Schwäche für die Faschisten dar, weil Schwung und Angriffsgeist jetzt auf unserer Seite zunehmen.
Die Ereignisse der Schlacht in diesen Tagen bestärken das republikanische Kommando in der Überzeugung, daß die militärische und moralische Lage im feindlichen Lager so ist, daß kühnes und schnelles Handeln sofort großen Erfolg verspricht. Deshalb beschließt das republikanische Kommando, trotz der Schwierigkeiten und der Schwächen, mit denen unsere Einheiten zu kämpfen haben, einen Frontalangriff bei Trijueque und einen Flankenangriff beim Palacio de Ibarra. Ein Erfolg, vor allem an diesem letzten Ort, würde den faschistischen Angriffskeil zerbrechen; und wenn er genau in der Mitte zerbrochen würde, dann wären die weiter vorgeschobenen Einheiten dadurch von der Umfassung bedroht und die frontalen Verbindungen zwischen den beiden faschistischen Kolonnen zerschnitten, von denen sich die eine längs der Nationalstraße, die andere längs der Straße nach Brihuega befindet.
Mit dem Angriff auf Trijueque ist Listers Division beauftragt; der Angriff gegen den Palacio de Ibarra sollen das Garibaldi-Bataillon und das französisch-belgische Bataillon der XII. Internationalen Brigade durchführen. Lister greift am 13. März mit den spanischen Bataillonen und den Bataillonen der XI. Internationalen Brigade an. In der Nacht vom 12. zum 13. hat der faschistische Stab die II. und die III. Division,

die von den ersten Tagen der Schlacht an im Einsatz waren und mit denen er offensichtlich nicht mehr rechnen kann, durch die I. und die VI. Division, die bisher in Reserve lagen, abgelöst. Leider sind es auf unserer Seite immer noch die gleichen Truppen, die dem ersten Stoß standgehalten und ihn aufgefangen haben und die nun ein weiteres Mal zum Sturmangriff vorgehen: müde und stark erschöpfte Truppen, die gegen frische Truppen kämpfen, welche noch nicht durch die Schlacht erschöpft und durcheinandergebracht sind.
Am 13. gegen 15 Uhr treffe ich in Listers Gefechtsstand ein. Der Kommandeur ist mit seinem Bericht über die Lage und die Einzelheiten der in Gang befindlichen Operation noch nicht zu Ende, als aus dem Nebenzimmer, wo sich die Fernsprechmänner aufhalten, und aus der Tür, durch die wie ein Meteor der Kommandeur der XI. Internationalen Brigade hereinstürzt, ein einziger Schrei ertönt: „Die Faschisten türmen! Die Faschisten türmen! Wir besetzen Trijueque wieder!“
Es ist tatsächlich so. Wir ersteigen zusammen einen kleinen Turm, von dem aus man die ganze vor uns liegende Fläche, den Kirchturm und die Häuser von Trijueque überblicken kann, und wir sehen in der Ferne die Unsrigen über das offene Gelände vorgehen und die Ortschaft einnehmen, indem sie von einem Mäuerchen zum anderen springen. Hans, der Kommandeur der XI. Brigade, erklärt, anfangs sei ein schwacher Widerstand vorhanden gewesen, aber die Faschisten hätten sich aus dem Staub gemacht, sobald sie sahen, wie die republikanischen Panzer vorrückten und wie unsere Leute aus ihren Deckungen sprangen. Dieser Anblick beflügelte die Schritte unserer Freiwilligen. Erschöpft wie sie waren, fühlten sie sich sofort von einem unbändigen Elan beseelt und vollbrachten Wunder an Heroismus und Angriffsgeist. Ihre Müdigkeit ist wie durch Zauber weggeblasen. Die Begeisterung über den Erfolg hat die Kälte und die Feuchtigkeit aus den Körpern verjagt; der Geist erwärmt sich an der Hoffnung auf einen großen Sieg.
Trijueque ist also wieder in unserem Besitz. Acht Kanonen, etwa dreißig Maschinengewehre und eine große Menge erbeuteter sonstiger Waffen und Munition bereichern die Ausrüstung unserer Einheiten. Etwa hundert Legionäre haben sich nicht in Sicherheit bringen können und werden gefangengenommen. Die übliche Szene: sie fürchten, auf der Stelle erschossen zu werden; statt dessen werden sie wie Brüder aufgenommen. Sie trauen ihren Augen nicht; dann bricht die Freude aus ihnen hervor, die sich mit der Begeisterung der Unsrigen über den errungenen Sieg mischt. Heute abend gibt es zu tun, um sofort das gesamte erbeutete Material zu sichten und um die neuen Gefangenen für die Ansprachen vorzubereiten, die von unseren vorgeschobenen Posten aus an die Faschisten gehalten werden sollen.
Der erste Angriff ist vollauf gelungen; morgen, am 14. März, sind die Garibaldiner mit ihrem Angriff gegen den Palacio de Ibarra an der Reihe. In der Nacht befiehlt Morelli (Aureliano Santini) die Zugführer der 4. und der 5. Kompanie, die für die Operation ausgewählt sind, zum Rapport und erklärt ihnen, was zu tun ist. Brignoli übernimmt die Aufgabe, die Männer zum Angriff zu führen. Er ist ein Mann aus Bergamo „de hura“ (von oben), Tischler, Kommunist, ein einfacher Mensch mit gesundem Verstand. Erst am Vorabend ist er aus dem Lazarett zurückgekehrt, wo er wegen einer Halswunde, die er am Jarama davontrug, gelegen hat; er hält den Kopf noch so steif, als ob er auf einen Spieß gesteckt wäre.

Der Palacio de Ibarra liegt mitten im Wald und besteht aus verschiedenen Bauten. Da ist ein Herrenhaus mit einer Art Türmchen an der einen Seite und rundherum verschiedene Gebäude: Bauernhäuser, Scheunen, Stallungen; das Ganze ist von einer etwa mannshohen Umfassungsmauer eingeschlossen. Er ist jetzt vom Bataillon Lupi di Toscana (Toskaner Wölfe) besetzt. Die Garibaldiner sollen ihn von vorn und von der Seite her angreifen. Auf der linken Flanke leisten ihnen zwei Kompanien des französisch-belgischen Bataillons der XII. Brigade tatkräftige Hilfe. Unsere Artillerie unterstützt die Aktion, und fünf Panzer mit ihren kleinen Geschützen und Maschinengewehren begleiten die Männer beim Sturmangriff.

Der Angriff beginnt am 14. März um 11 Uhr. Unter Panzerschutz gehen die Garibaldiner frontal vor. Als die Faschisten die Panzer erblicken, bricht unter ihnen eine Panik aus. Sie flüchten aus ihren Stellungen im Wald und ziehen sich hinter die Einfriedung des Palacio zurück. Dieser wird nun mit Maschinengewehren und Panzergeschützen beschossen. Unter dem Hagel der wohlgezielten Schüsse begehen die Faschisten einen weiteren Fehler: sie geben die Umfassungsmauer auf und verbarrikadieren sich in den Gebäuden. Die Unsrigen nutzen das sofort aus: sie springen vor, um hinter der Mauer in Deckung zu gehen, und ziehen die Panzer ebenfalls dicht an die Mauer heran. Sie schießen jetzt völlig sicher gegen Fenster, Türen und Nischen, hinter denen sich Maschinengewehrnester oder Gruppen der Verteidiger verbergen können.

Der Feind befindet sich nun in einer äußerst schwierigen Lage. Sein Feuer ist wenig wirksam, da die Männer es nicht wagen, sich in den Nischen zu zeigen, da diese von allen Seiten beschossen und sogar von den Geschützen der Panzer unter Feuer genommen werden. Unser Feuer dagegen ist ganz besonders wirksam und sicher.

Der faschistische Stab ist sich über die Gefahr im klaren und versucht, den Ring um das Kastell, wie die Unsrigen den Palacio de Ibarra nennen, zu sprengen. Er schickt Artilleriegeschütze vor, die unsere Panzer direkt beschießen sollen. Doch, wie Brignoli erzählt, sind ihre Bedienungen von unseren Scharfschützen erledigt, bevor noch die Rohre der faschistischen Kanonen warm werden konnten. Die Faschisten versuchen einen Ausfall nach der unserem Angriff entgegengesetzten Seite; sie rücken mit aufgepflanztem Seitengewehr und mit Handgranaten vor. Für einen Augenblick entsteht Unentschlossenheit und Verwirrung. Ein Spähtrupp der Garibaldiner begegnet einer Gruppe Soldaten, die ganz ähnlich wie sie gekleidet sind. Sie sprechen Italienisch; wer mögen sie sein? Der gleiche Zweifel beim faschistischen Kommandeur, der die Garibaldiner fragt: „Wer seid ihr?“ Die Unsrigen kennen niemand von den Leuten vor sich. Sie begreifen: es sind Faschisten; sie schießen ohne Zögern auf sie und jagen sie in die Flucht, ihre Toten und Verwundeten bleiben auf dem Platz.

Bisher hat Brignoli nur befohlen, die Gebäude, in denen sich die Faschisten verbarrikadiert haben, zu beschießen, damit niemand heraus kann. Er erwartet Verstärkungen. Die zwei Kompanien des französisch-belgischen Bataillons, noch ein paar Züge Garibaldiner und zwei weitere Panzer sollen eintreffen. Mit diesen neuen Kräften beabsichtigt er, den Ring um das Kastell völlig zu schließen, um dann zum entscheidenden Sturmangriff überzugehen. Gegen 3 Uhr nachmittags ist der Ring geschlossen, und aus allen Waffen beschießen die Garibaldiner die verschiedenen

Teile des Kastells. Der Turm des Hauptgebäudes stürzt unter dem Feuer unserer Panzer zusammen; von den Dächern bleiben nur ein paar Balken übrig, die Türen und die Fenster sind zerbrochen und zerstört, große Löcher klaffen in den Mauern. Der Feind antwortet fast gar nicht mehr auf unseren Beschuß.

In diesem Moment läßt der tapfere Brignoli das Feuer einen Augenblick lang einstellen. Von dem Teil der Umfassungsmauer, der dem Hauptgebäude am nächsten liegt, fordert er die Faschisten zur Übergabe auf. Er versichert ihnen, daß sie wie Brüder behandelt werden. Er teilt ihnen mit, wie glücklich die vierunddreißig Männer ihres Bataillons sind, die vor vier Tagen gefangengenommen wurden. Er sagt, daß er ihnen den fotografischen Beweis für das liefern kann, was er sagt: ein Flugblatt, das die Gruppe der Gefangenen mit dem Major und den Offizieren in der Mitte darstellt. Es folgt ein Augenblick des Schweigens. Die Garibaldiner nutzen ihn aus, um die Umfassungsmauer zu übersteigen und sich auf dem inneren Gelände in Erwartung des Angriffs flach an die Erde zu legen. Ein Pfeifentriller wird das Signal dafür sein.

Es ist 5 Uhr abends. Sechs Stunden wird nun schon um den Palacio de Ibarra gekämpft. Ein spanischer „dinamitero" nähert sich mit einer Tritolladung dem Hauptgebäude und legt Feuer an die Lunte. Ein wütendes Rollen und ein entsetzlicher dumpfer Schlag folgen. Der belgische Freiwillige Gelissen nutzt das aus, um die Angreifer vorwärts zu reißen. Sie springen vorsichtig vor, von Gebäude zu Gebäude, von Mauer zu Mauer. In einem Winkel des Hofes finden sie die Faschisten auf einem Haufen. Die Unsrigen schießen nicht; sie könnten ein Blutbad unter ihnen anrichten. Sie fordern sie auf, die Waffen wegzuwerfen und sich zu ergeben. Sie werfen ihnen die Flugblätter mit der Fotografie ihrer bereits gefangengenommenen Kameraden zu. Auf beiden Seiten herrscht Ungewißheit und Unentschlossenheit. Brignoli selbst steht einen Augenblick lang unter etwa hundert Feinden, die noch bewaffnet sind und nicht wissen, was sie tun sollen.

Ein faschistischer Offizier fordert Brignoli auf, den Revolver niederzulegen. Die einzige Antwort ist ein sonores Lachen und die Mitteilung, daß für sie nichts mehr zu machen ist, daß sie wie die Mäuschen in der Falle sitzen und daß sie sich ergeben müssen, falls sie nicht alle ums Leben kommen wollen. Daraufhin beginnen die Faschisten zu verhandeln; sie fordern, daß die Garibaldiner zurückgezogen werden. Brignoli ist einverstanden, läßt jedoch an den Seiten zwei Maschinengewehre in Stellung gehen, die beim geringsten Streich bereit sind, alle niederzumähen. Ferner schickt er einen Panzer vor, um den einzigen Ausweg, der den Faschisten bleibt, zu überwachen.

In der Zwischenzeit schleudert ein faschistischer Offizier, um die Kapitulation zu verhindern, eine Handgranate gegen den stellvertretenden Kompanieführer Nunzio Guerrini, der zusammen mit dem Genossen Falchieri mit den Faschisten verhandelt. Der garibaldinische Stellvertreter wird zerrissen und getötet. Der faschistische Offizier will fliehen, wird jedoch von einem unserer wachsamen Panzer verfolgt und zu Boden gestreckt. Es ist ein tragischer Augenblick. Die Faschisten können sich nicht entschließen, die Waffen wegzuwerfen; die Garibaldiner befürchten, daß ihnen übel mitgespielt werden soll, und stehen mit Gewehr im Anschlag und sind bereit, in den Haufen zu schießen.

Noch einmal rettet Brignoli die Lage. Er beruhigt die Erregtesten und schreit den Faschisten zu, alle, denen das Leben lieb ist, sollen sich sofort ergeben, sonst werden sie noch vom Feuer ihrer eigenen Artillerie zerfetzt, die nun den Palacio de Ibarra unter Beschuß nimmt, da sie das Spiel für verloren hält. Die Argumente des garibaldinischen Führers und die ersten faschistischen Granaten veranlassen die Faschisten, sich zu ergeben. Der Kampf ist beendet, der Palacio de Ibarra ist unser, die Gefangenen werden jubelnd begrüßt, während die Verwundeten beider Seiten zusammengetragen und zu den Verbandplätzen gebracht werden.
Brignoli erzählt, wie die Gefangenen, krank vor Angst und weiß wie Kalk, flehentlich und mit Tränen in den Augen um ihrer Kinder und ihrer Familien willen um Schonung bitten. Die Garibaldiner können nichts anderes tun, als ihnen zu versichern, daß niemand ihnen ein Haar krümmen wird. Sehr bald ist der Anisschnaps aus Brignolis Feldflasche verbraucht, der die Gefangenen trösten soll, die noch vor Angst und vor Kälte zittern. Ich wohne dem Vorbeizug dieser Männer bei, die vom Kastell aus zum Bataillons-Gefechtsstand in Marsch gesetzt werden, während die faschistische Artillerie sich austobt und das ganze umliegende Gelände beschießt. Ich schließe mich den Versicherungen der Garibaldiner an, die den Ängstlichen erklären: „Der da, das ist der Inspekteur aller Internationalen Brigaden. Er ist Italiener. Wenn er es sagt, warum hast du dann noch Angst?"
Bei der Unterkunft des Bataillonsstabs, einem Straßenwärterhaus, aus dem Barontini die gesamte Operation beobachtete und leitete, indem er die angeforderten Verstärkungen abschickte, indem er die Kompanieführer telefonisch beriet und indem er dafür sorgte, daß unsere Artillerie die Zufahrtsstraßen der Faschisten gehörig unter Feuer nahm, sind bereits Dutzende und Aberdutzende Gefangene versammelt; andere, die in den Gebäuden des Palacio de Ibarra oder in den Gebüschen des Waldes, wo sie sich versteckt hatten, aufgegriffen wurden, treffen dort noch ein.
Im gleichen Häuschen befindet sich eine Station für Erste Hilfe; ein sozialistischer Genosse, Vasco Geminelli, behandelt unsere und faschistische Verwundete. In dem Zimmer herrscht eine erregte Stimmung. Einige feindliche Verwundete lehnen sich – entweder im Fieberdelirium oder noch unter dem Einfluß der Lügen, die ihnen von den faschistischen Offizieren erzählt wurden – gegen die Behandlung des Sanitäters auf; sie befürchten wer weiß was, sie fluchen, schimpfen, drohen. Der wackere Sanitäter, mit puterrotem, aber völlig unbefangenem Gesicht, geht jedoch nicht richtig an die Sache heran. Er säubert, desinfiziert und verbindet, macht jedoch gleichzeitig seinem ganzen antifaschistischen Haß Luft. Ich ermahne ihn, seine Arbeit als Sanitäter zu tun und damit basta. Doch vergeblich; er schimpft weiter; dennoch säubert, desinfiziert und verbindet er alle mit der minutiösen Sorgfalt eines in seine Arbeit verliebten Spezialisten.
Die Wutausbrüche einiger faschistischer Verwundeter, die verräterische Ermordung Guerrinis, dessen zerrissener Leib jetzt auf einer Bahre auf die Straße gebracht wird, und die Erinnerung an die Grausamkeit, mit der in diesen Tagen einige gefangene Garibaldiner ermordet wurden, schaffen in den ersten Schatten des herabsinkenden Abends eine unheilschwangere und beunruhigende Atmosphäre. Auf der Straße treten die Gefangenen und ihre bewaffnete Eskorte an. Die faschistische Artillerie beschießt auch weiterhin das ganze Gebiet, nicht weit von uns krepieren Granaten.

Ich erteile der Eskorte und dem Kommissar, der sie führt, genaue Befehle. Dennoch traue ich dem Frieden nicht; ich befürchte, daß ein nichtiger Anlaß eine Panik, ein unbezähmbarer Wutausbruch ein Massaker hervorrufen könnten. Deshalb werde ich die Gefangenen ebenfalls zum Brigade-Stab im Palacio de Don Luis und aus aller Gefahr begleiten.
Am Morgen des 15. März haben sich die Garibaldiner endgültig in den neuen Stellungen eingerichtet und das eroberte Gelände gesäubert. Die Beute ist gewaltig: Kanonen, Dutzende von Maschinengewehren, sechs Lastautos, sechs Traktoren für Artillerie, zwei Krafträder, Tausende und Abertausende Patronen für Gewehre und Maschinengewehre sowie große Mengen an Lebensmitteln und Bekleidung. Es werden auch einige Brieftaschen von Offizieren mit Abzeichen, Ausweisen und hochtrabenden faschistischen Sprüchen gefunden, die von ihren Besitzern im Augenblick der Gefahr weggeworfen wurden, als sie sich der ihrer Ansicht nach kompromittierenden Dokumente entledigen wollten. Allen Toten wird ein pietätvolles Begräbnis gewährt.
Wie es zu erwarten war, setzt der Feind im Verlauf des 15. März alles daran, um den Palacio de Ibarra wieder zu nehmen. Dreimal laden schwere Bomberstaffeln ihre Last auf unsere Stellungen bei dem Kastell ab. Viermal greifen die Faschisten an. Unsere Garibaldiner schlagen sie immer ziemlich leicht zurück. Sie sind zwar erschöpft und erstarrt vor Müdigkeit und Kälte, einige dreißig melden sich mit beginnender Erfrierung an den Füßen, aber sie halten stand. Sie sind sich der Größe des errungenen Erfolges und seiner Bedeutung für die Entwicklung der Schlacht bewußt. Sie spüren, daß sie gerade hier eine entscheidende Schlacht schlagen – nicht nur für den Krieg in Spanien, sondern auch für das Schicksal des Faschismus in Italien selbst. Gibt es ein größeres Glück, als Vorkämpfer und Sieger dabeizusein, welches auch immer die geforderten Anstrengungen und Opfer sein mögen?

Mussolinis Freiwillige

Das Verhör der Gefangenen und die Überprüfung der Papiere und der ihnen und den Gefallenen abgenommenen Dokumente werfen ein grelles Licht auf den Zustand der Verwirrung sowie der politischen und moralischen Auflösung, in dem sich die faschistischen Legionen befinden. Alles, was wir bereits intuitiv gespürt und uns vorgestellt hatten, erweist sich als richtig, nur daß das Ausmaß der Demoralisation weitaus größer ist. Was wir vor uns haben, sind keine Truppen, sondern arme Menschen, die durch Betrug und Hunger nach Spanien geschleppt wurden und zu denen ein zusammengewürfelter Haufen von Enttäuschten und Abenteurern kam, so daß keine Disziplin, weder eine ideelle noch eine militärische, dieser Masse Zusammenhalt zu geben vermag. Unter ihren Führern herrschen Neid und Mißgunst wegen Rangerhöhungen und Beförderungen, sie sind in Berufsoffiziere und faschistische Würdenträger gespalten. Alle verachten zutiefst die Führer und die Kämpfer der Falange, was diese ihnen mit gleicher Münze heimzahlen. Die Bevölkerung haßt sie.
Dieses Bild gewinnen wir nicht nur aus den mündlichen Aussagen der Gefangenen. Wir begreifen recht gut, daß viele von ihnen versuchen, sich bei uns einzuschmeicheln, indem sie uns das erzählen, was nach ihrer Meinung gefallen könnte, weil sie die

Angst vor dem, was sie bei uns erwartet, noch nicht ganz überwunden haben. Aber wir wollen nicht, daß man uns Märchen erzählt, um uns zufriedenzustellen. Uns liegt daran, die Wahrheit über die augenblicklichen materiellen und moralischen Verhältnisse der uns gegenüberliegenden Truppen zu erfahren; denn wir brauchen präzise Angaben, die unserem politischen Kampf dienen und die auch bei der Ausarbeitung der unmittelbaren militärischen Pläne in Betracht gezogen werden können.

Natürlich liegt jedem Gefangenen daran, uns sofort wissen zu lassen, daß er kein Faschist ist und daß er niemals Faschist gewesen ist, daß er entweder aus Not nach Spanien gekommen ist oder weil er betrogen wurde, indem man ihn zur Arbeit nach Abessinien anwarb. Das ist in der Tat bei den meisten der Fall; aber wir sind jetzt ganz und gar nicht daran interessiert, die Richtigkeit dieser Angaben nachzuprüfen. Wir nehmen das, was ausgesagt wird, ohne weiteres für bare Münze, auch wenn die beschlagnahmten Papiere dem offensichtlich widersprechen. Wir legen den vertraulichen Mitteilungen einiger Gefangener über diesen oder jenen, den sie als „echten Faschisten" angeben, keine Bedeutung bei. Wir antworten, daß wir auch ihnen beweisen werden, daß es ein Verbrechen ist, ein Faschist zu sein, und daß sie das einsehen müssen, wenn sie ehrliche Arbeiter sind.

Einige Gefangene erklären nicht nur, niemals Faschisten gewesen zu sein, sondern daß sie ganz im Gegenteil als Antifaschisten nur deshalb nach Spanien gekommen sind, um den günstigen Moment zum Überlaufen auf die Seite der Republikaner auszunützen. Diese Erklärung geben einige Deserteure ab, die mit den Waffen zu uns übergelaufen sind. Sicherlich ist sie glaubwürdig. Da gibt es das Beispiel des Vetters Barontinis, des Kommandeurs des Garibaldi-Bataillons, für den sich unser Genosse selbst verbürgt, da er dessen Schicksal und Gefühle kennt. Diese Leute bitten um Aufnahme in das Garibaldi-Bataillon und wollen sofort in seinen Reihen an der Schlacht teilnehmen. Wir erkennen die guten Vorsätze an, doch wir sind vorsichtig mit der Erfüllung dieser Forderung. Wir wollen keinen Agenten in die Falle gehen.

Wir brauchen nicht nur die üblichen militärischen Angaben: welche Einheiten sich an der Front befinden und welche im rückwärtigen Gebiet, welches ihre zahlenmäßige Stärke ist und über welche Waffen und Geräte sie verfügen, wo die Depots und die Artillerie-Stellungen liegen und dergleichen mehr. Wir wollen die materielle und moralische Lage der Truppe, die Gründe für Unzufriedenheit und die Reibungen zwischen den einzelnen Einheiten sowie zwischen den italienischen Legionen und den spanischen Franco-Truppen kennenlernen. Gerade diese Angaben muß unsere Propaganda sofort mit allen zur Verfügung stehenden Mitteln in ihrer Arbeit berücksichtigen, um im feindlichen Lager die Elemente der Demoralisation zu verstärken, damit unsere Waffen durch die Stärke unserer politischen Agitation unterstützt werden.

Das Bild, das wir gewinnen, ist – wie ich bereits gesagt habe – erschütternd. Es ergibt sich nicht nur und nicht so sehr aus den mündlichen Erklärungen als vielmehr aus Schriftstücken, Tagebüchern, Auszügen aus Briefen und Abschriften von Rundschreiben, deren Verfasser sowohl einfache als auch gebildete Menschen, sowohl Offiziere des Heeres als auch Würdenträger der Miliz sind. Selbst der General, der Oberbefehlshaber des italienischen Expeditionskorps, ist unter ihnen.

Wir lesen das Tagebuch eines Zugführers, der sehr in Sorge ist, weil seine Frau die Unterstützung und das Geld, das er ihr aus Spanien schickt, nicht erhält. Fast auf jeder Seite empfiehlt er sich der Madonna und Jesu, die ihm helfen sollen, daß er seine Kinder wiedersieht. Doch sie haben ihn nicht erhört; er ist vielmehr vor dem Palacio de Ibarra gefallen. In seinem Tagebuch schreibt er: „Viele Besoffene; unser Bataillon wird immer mehr ein zusammengewürfelter Haufe von Schurken; wenn es an die Front geht, werden wir uns gegenseitig umbringen." – „In unserer Kompanie vollkommene Anarchie und im Bataillon dasselbe; jeder Trottel macht, was er will." – „Ich habe nicht geglaubt, daß man in unseren Bataillonen das Lumpenpack aus unserem ganzen Vaterland finden würde." – „Ich habe tausendprozentig das Vertrauen verloren." Er hat jedoch einen Trost: „Mich hält ein einziger Gedanke aufrecht: daß unser Duce Tag und Nacht nicht schläft und sehr oft nach uns fragt." Wie man sieht, war der arme Zugführer mit wenigem zufrieden.
Die gleichen Aufzeichnungen finden wir im Tagebuch eines faschistischen Offiziers, eines Freiwilligen, der ebenfalls vor dem Palacio de Ibarra gefallen ist. „In Neapel ist ein wüstes Durcheinander: alle kommandieren, und keiner weiß was." Er hat Italien kaum verlassen, als er seinen Entschluß schon bereut. „Wenn ich das gewußt hätte, wäre ich nicht gefahren. Die Begeisterung läßt mit der Zunahme der militärischen Vorschriften nach." Als guter Faschist ärgert er sich über die Berufsoffiziere. „Was für ein Verdruß mit den Offizieren des K. H. (Königlichen Heeres): Vergütung, Karriere, Neid." – „Alle pfeifen drauf; sie denken jetzt an Auszeichnungen und Belohnungen ... Sie wollen befördert werden, selbst die vom Verpflegungstroß!" Er kann die Spanier nicht riechen: „Ich würde allen Rizinusöl geben, unterschiedslos. Einschließlich jenen Hanswursten von Falangisten und ‚requetès', die ihre einzige Aufgabe darin sehen, im Namen Spaniens (das doppelt und dreifach an Mussolini verkaufte) zu saufen, zu nassauern, sich in den Hotels breitzumachen und auf den Krieg zu pfeifen." – „Ich hab' dieses Spanien satt, das den Krieg allzusehr von den anderen führen läßt, während es selbst nur daran denkt, sich zu amüsieren."
Es ist unverkennbar, daß es bei dieser Einstellung gegenüber den eigenen und den spanischen Kollegen, denen zu „helfen" und die zu „retten" die Faschisten angeblich gekommen sind, sehr schwierig sein muß, Ordnung in die eigenen Truppen zu bringen, sie für den Kampf zu begeistern und von ihnen, falls erforderlich, das äußerste Opfer zu verlangen. Im Tagebuch dieses faschistischen Offiziers kommen auch einige charakteristische Züge Franco-Spaniens zum Vorschein. „Es ist das erste Mal, daß ich in der Kirche das erlebt habe, was heute früh passiert ist. Hochrufe auf alle, in der Kirche!, alle schrien im Chor, während die Orgel ‚O sole mio' spielte!!! Typisch spanisch."
Soviel Korruption und soviel Gemeinheit im Lager Francos veranlassen auch diesen Squadristen[1], der Franco zu Hilfe geeilt ist, zum Nachdenken: „Wieviel Zerstörung und wieviel Elend! Wie abscheulich! Doch warum all diese Vernichtung?" Das ist nicht mehr nur ein persönlicher Zweifel – „Wenn ich das gewußt hätte, wäre ich nicht gefahren" –, es handelt sich bereits um einen allgemeinen Zweifel, der Glaube des faschistischen Offiziers ist schon erschüttert. – „Warum all diese Vernichtung?" Ich

[1] Angehöriger der italienischen Sturmabteilungen; auch alter Kämpfer.

weiß nicht, ob er in der gegenwärtigen Schlacht, die ihn für immer dahingerafft hat, in seinen letzten klaren Augenblicken eine Antwort auf diese besorgte Frage gefunden hat.

In all diesen Dokumenten gibt es zahlreiche Stellen, die das Regime bestialischen Terrors im Spanien Francos enthüllen; leider wird es selten bedauert und verurteilt. So schreibt der faschistische Zugführer: „In diesem Städtchen wurden zweihundert Kommunisten erschossen, und dreihundert, die nach Portugal übergetreten sind, wurden von den Portugiesen erschossen." Punktum und basta. Der faschistische Zugführer ist gerührt über die eigenen Sorgen, er vergießt Tränen beim Gedanken an seine ferne Frau und die Kinder. Jedes Gefühl menschlicher Solidarität ist ihm jedoch fremd – so groß ist der Haß, den die faschistische Propaganda in ihm genährt hat. Der Offizier schreibt selbstgefällig: „Eine Gruppe jugendlicher Dummköpfe hat gerufen: ‚Nieder mit Italien' und ‚Es lebe Frankreich und Rußland'. Zwei Freiwillige wollten ihnen gleich die Kehle durchschneiden, doch der italienische gesunde Menschenverstand siegte: sie haben sie verhaftet und dann mich gerufen, und ich habe sie dem Leutnant der Guardia Civil, Silbeila, meinem guten Freund, übergeben." Das sieht nach einer guten Tat aus. Doch gemach! In der Tat schreibt der Squadrist weiter: „Er (das heißt der gute Freund von der Guardia Civil) wird schon für das übrige sorgen. Vielleicht wird irgendwer erschossen werden. Kurzer Prozeß!"

Man glaube ja nicht, daß die Ansichten und die Gemütsverfassung, die aus den Worten selbst der echten Faschisten sprechen, vereinzelte Äußerungen verbitterter Kämpfer seien. Dem ist nicht so. Wir könnten noch Dutzende und Aberdutzende Zeugnisse der gleichen Art anführen. Doch der Divisionsgeneral, der Oberbefehlshaber des sogenannten Korps der Freiwilligen-Truppen in Spanien, General Roatta (der sich Mancini nennt), analysiert selbst den moralischen Zustand seiner Truppen in einem Rundschreiben vom 16. März, das heißt gleich nach den Schlägen von Trijueque und Palacio de Ibarra.

Dieser General ärgert sich über die „Kader", insbesondere über die unteren, „von denen ziemlich viele beruflich wenig taugen und verschiedene apathisch und passiv sind und die die utilitaristische und pazifistische Losung ‚Sieh zu, daß du am Leben bleibst' befolgen – eine Haltung, die eines italienischen Führers des Anno XV[2] und des Feldzugs unwürdig ist". Doch offensichtlich sind nicht nur die „Kader" nicht viel wert, sondern auch die Truppe, weil sie Angst vor den republikanischen Panzern hat und die Freiwilligen der Internationalen Brigaden zu jeder Heldentat befähigt hält. In der Tat muß der General im Verlauf der Schlacht selbst in einem Rundschreiben erklären, „daß die russischen Panzer keine verhängnisvollen Fahrzeuge sind. Es ist richtig, daß sie Panzer mit Geschützen sind, aber ihre Ketten sind schwach". Es sei „unglaublicher Blödsinn, selbst die kriegstüchtigsten gegnerischen Truppen für fähig zu halten, mehr und Besseres als wir zu leisten", und „wenn wir unter dem Regen leiden, dann ist auch der Feind nicht im Grand Hotel untergebracht... wenn das Essen manchmal verspätet oder gar nicht eintrifft, so ißt auch der Feind nicht im Wirtshaus zu Mittag".

[2] der faschistischen Ära, die mit dem Marsch auf Rom, am 28. Oktober 1922, beginnt.

Gut und schön, aber das ist ja gerade das Problem: daß die Freiwilligen der Internationalen Brigaden, trotz aller Opfer und aller Schwierigkeiten, mit denen sie sich herumschlagen, und trotz der Unterlegenheit hinsichtlich der Bewaffnung, standhalten und kühn zu Gegenangriffen übergehen, während die sogenannten faschistischen Freiwilligen nicht standhalten, nachgeben, die Waffen wegwerfen und sich zurückziehen. Und warum sollten sie auch Widerstand leisten und kämpfen: unter dem Befehl von Offizieren, die auf die Männer und den Krieg pfeifen, zur Unterstützung von Bundesgenossen, die sie nicht schätzen, inmitten einer Bevölkerung, die sie verachten und von der sie verachtet werden?
Der faschistische General hat eine Idee, um seine Leute zu ermutigen. Er erklärt, die „Internationalen Brigaden ... sind schwach, und es fehlte ihnen bereits an Menschen, als sie gegen uns antraten ... nach den schweren Verlusten, die wir ihnen zugefügt haben, sind ihre Kräfte noch geringer". Das stimmt. „Ihre Leute", so sagt der General weiter, „sind die gleichen wie die, die von unseren Squadristen auf den Straßen Italiens verprügelt wurden." Aber der General erklärt nicht, warum diese zahlenmäßig so geringen, so schwachen Brigaden zusammen mit den Spaniern die starken und bis an die Zähne bewaffneten faschistischen Legionen in die Flucht jagen. Dennoch ist die Erklärung einfach und einleuchtend; die Männer der Internationalen Brigaden, die in Italien verprügelt wurden, als sie einer gegen hundert waren, zahlen jetzt, da sie eine Waffe in der Hand haben und da sie zwar noch nicht unter gleichen, aber doch annähernd gleichen Verhältnissen kämpfen, die in Italien bezogenen Prügel tüchtig und gebührend zurück.
Die Erklärung ist einfach: sie besteht in der Tatsache, daß sich wirkliche Freiwillige auf der einen Seite und aus Hunger angeworbene Söldner auf der anderen Seite gegenüberstehen, das heißt Verteidiger eines hohen Ideals, dem sie das ganze Leben gewidmet haben, und Leute, die auf einen kläglichen Sold und auf eine schändliche Beförderung versessen sind, für die zu sterben sich gewiß nicht lohnt. Der General spornt seine Soldaten an, „mit Begeisterung" vorzugehen, das heißt, aus schwarz weiß und aus Schlappen Erfolge zu machen. Doch er glaubt selbst nicht an die Wirksamkeit des Systems und greift auf die üblichen Mittel aller vertierten Generäle zurück: auf die gewaltsame Unterdrückung. „Wenn die Unterdrückung als Exempel dienen soll, *muß* (vom General unterstrichen) man entschlossen, mitleidlos unterdrücken." – *„Deserteure darf es nicht geben"* (im Original unterstrichen). Ihre Ergreifung ist eine „Hilfe für das Kriegsgericht, das feststellen wird, ob Irrtum oder Schuld vorliegt, und im letzten Fall die gewaltsame Unterdrückung beschließt". Kurzum, die ganze Weisheit dieses faschistischen Generals, des Befehlshabers von ausgehungerten Zwangsrekrutierten und von Abenteurer-Offizieren, beschränkt sich auf zwei Punkte: Stimmungsmache und Erschießungen nach rechts und links.
Zur gleichen Zeit, als der Oberbefehlshaber der faschistischen Legionen in der geschilderten Weise zu seinen Offizieren und zu seinen Truppen spricht, wenden sich die politischen und militärischen Führer des republikanischen Spaniens in einem großen Saal Madrids, in Anwesenheit der ganzen internationalen Presse, an die italienischen Gefangenen in ganz anderem Ton und ganz anderem Geiste: im Ton und im Geiste des Verständnisses und der menschlichen Solidarität.

Es spricht ein kommunistischer Minister: „Söhne des italienischen Volkes, Söhne Italiens, Gefangene eines Volkes, welches das eure weder angegriffen noch irgendwie beleidigt hat... der Haß der Menschen, die euer Land führen, hat euch aus dem Ausland hierhergeführt, um uns unser Land zu rauben, um unsere Heime zu zerstören, um unsere Frauen und Kinder zu morden... Wie könnt ihr Haß und Feindseligkeit gegen die freien Menschen unseres Spaniens empfinden?... Warum greift ihr uns auf unserem Boden, in unserem Vaterland nur deshalb an, weil wir unsere Lage als Werktätige verbessern wollen?... Hier eifert ihr nicht Garibaldi nach; wenn ihr es tätet, könntet ihr euch mit Ruhm bedecken. Aber im Gegenteil! Hier seid ihr die Henker des spanischen Volkes... Wir haben gekämpft, und wir kämpfen noch, damit die Werktätigen die Früchte ihrer Anstrengung genießen können... und wir kämpfen vor allen Dingen, italienische Soldaten, um zu verhindern, daß die Macht des Faschismus den Weltkrieg vorbereitet, damit eure Frauen, eure Kinder und eure Greise nicht blutige Tränen weinen; weil das italienische Volk eines der Völker ist, die in den Krieg gestürzt werden sollen, der nur zum Nutzen der Großen und Mächtigen angezettelt wird, die durch den Faschismus und das Haupt des Faschismus in Italien verkörpert werden..."

„Die Gefangenschaft in der spanischen Republik hat euch vor dem Schicksal eurer italienischen Kameraden bewahrt. Ihr seid dem Leichenhaufen entgangen, in den sich die Divisionen verwandeln, die aus eurem Vaterland ausgezogen sind, um gegen uns zu kämpfen. Wir wollen euch wie Brüder behandeln... trotz der Schmerzen, die eure Waffen unserer Seele und unserem Herzen verursacht haben; wir werden sie nicht vergessen, doch nicht, um uns zur Rache gegen euch, die ihr nicht verantwortlich seid, zu treiben, sondern um uns anzuspornen, euch wie Brüder in unsere Arme zu schließen."

General Miaja, der Oberbefehlshaber für die Verteidigung Madrids, sagt: „Ihr habt selbst gesehen, wie eure Divisionen durch die heldenhafte Tapferkeit unserer Soldaten besiegt worden sind. Ihr habt die Lügen derjenigen festgestellt, die uns euch als Mörder hinstellten. Etwas anderes wäre passiert, wenn wir in ihre Hände gefallen wären; denn sie (die Rebellengeneräle) sind es, die mitleidlos die Arbeiter morden und die sich nicht schämen, ihr Vaterland durch fremde Armeen verheeren zu lassen, um das Volk zu versklaven."

Satz für Satz übersetze ich diese Worte den im Saal versammelten italienischen Gefangenen, die stumm, mit niedergeschlagenen Blicken, gedemütigt und beschämt dastehen. Ein paar Tränen laufen über ihre vom Leid gezeichneten Gesichter in die struppigen Bärte, die seit einer Woche und länger nicht rasiert sind. Am gleichen Abend werden diese Worte an der Front durch Lautsprecher und Sprachrohre wiederholt und zusammen mit einer Aufnahme von der Kundgebung auf Tausende und Abertausende Flugblätter reproduziert, um über den faschistischen Linien abgeworfen zu werden.

Der General Roatta hat geglaubt, sein Vademekum mit diesen Worten schließen zu müssen: „Wir sind hier auf fremden Boden (an der Seite und unter den wachsamen Blicken von Verbündeten und unter den fernen, aber wachsamen Blicken der ganzen Welt) die Vertreter des bewaffneten Italiens und des Faschismus. Nach unseren Taten wird man den Wert sowie die moralische und technische Leistungsfähigkeit Italiens

Anno XV – (der sogenannten faschistischen Ära) – beurteilen." Der General weiß nicht, daß im gleichen Augenblick, in dem er sein Rundschreiben verfaßt, das republikanische Oberkommando gerade die große Gelegenheit für die faschistischen Legionen vorbereitet – falls die Beweise dieser Tage noch nicht genügen –, bei der sie, wie er sagt, die moralische und technische Leistungsfähigkeit beweisen können, wenn sie es vermögen. Ich spreche hier nicht von Italien, denn darum dreht es sich nicht, sondern vom Faschismus im XV. Jahre seiner Herrschaft.

Die faschistischen Legionen auf der Flucht

Die Wiedereroberung Trijueques und des Palacio de Ibarra, die anderen Angriffe spanischer Einheiten an verschiedenen Punkten der Front und die Informationen, die bei den Gefangenen gesammelt wurden, bestätigen durchaus unsere ersten Eindrücke über die kritische Phase, die der Feind durchmacht. Die faschistischen Divisionen, die zuerst vorgeschickt wurden, sind wegen Erschöpfung von der Front zurückgezogen worden; die neuen, die sie abgelöst haben, leisten, wie wir gesehen haben, keinen Widerstand.

Auf Grund dieser Tatsachen beschließt der republikanische Generalstab, eine große Gegenoffensive zu wagen, die die gesamte Angriffsfront umfassen und darauf abzielen soll, das italienische Expeditionskorps auf offenem Felde zu schlagen. Zu diesem Zweck werden an dem Abschnitt nördlich von Torija alle verfügbaren Kräfte konzentriert. Die spanischen Einheiten, die beim ersten Zusammenprall mit den faschistischen Legionen am 8. und 9. zerschlagen wurden, sind bereits vollständig reorganisiert und werden wieder an die Front gebracht. Von der Jarama-Front und von den verschiedenen Abschnitten der Madrid-Front, wo es im wesentlichen ruhig bleibt, werden einige Einheiten abgezogen und in die Umgebung von Guadalajara verlegt. Alle an der Mittelfront verfügbaren Kanonen, Panzer und Flugzeuge werden für den beabsichtigten Großangriff zusammengezogen.

Die Aktion ist für den 18. März vorgesehen. Nur die XI. und die XII. Internationale Brigade, die sich bereits seit den ersten Tagen an der Front befinden, nehmen an der Offensive teil; sie werden unterstützt von einigen internationalen Batterien, von der Gruppe Skoda und von der Gruppe Baller, die nach ihrem heldenhaften Kommandeur benannt ist (Szanto Zoltan). Die XIV. und die XV. bleiben auf der Wacht am Jarama, während die XIII. Internationale Brigade ihre Odyssee an den Fronten Südspaniens fortsetzt.

Am frühen Morgen begebe ich mich von Madrid aus zu Listers Gefechtsstand, um die Neuigkeiten und die letzten Anordnungen für die Schlacht zu erfahren, die ich vom Abschnitt des Garibaldi-Bataillons aus verfolgen will. Pacciardi, der nach zwei Wochen aus dem Urlaub zurückgekehrt ist, kommt mit mir. Unterwegs berichte ich über die Ereignisse der vergangenen Tage und den entscheidenden Anteil der Internationalen Brigaden und des Garibaldi-Bataillons, das in seiner Abwesenheit von Barontini befehligt wurde, sowohl bei der Begegnungsschlacht als auch bei den ersten Gegenangriffen, die mit einem so großen Erfolg für uns endeten. Ich setze ihn auch vom Operativplan der unmittelbar bevorstehenden Offensive in Kenntnis.

Der Hauptschlag wird gerade von dem Abschnitt ausgehen, der von den Garibaldinern gehalten wird; dennoch werden nicht sie ihn ausführen. Anfangs werden sie zwar an dem Angriff gegen die faschistischen Kräfte beteiligt sein, doch der Durchbruch und die gründliche Ausnutzung des Erfolges wird Aufgabe spanischer Kräfte sein, die eben erst an die Front gebracht wurden. Sie werden nach der Artillerie-Vorbereitung und den Luftangriffen hinter den Panzern vorgehen. Es sind folgende Zeiten festgesetzt: vierzig Minuten intensives Trommelfeuer, zwanzig Minuten für die Flugzeuge, die ihre Bombenlast auf die vordersten Linien und die unmittelbaren rückwärtigen Gebiete des Feindes werfen sollen, und dann: vorwärts mit Panzern und Infanterie. Die augenblicklich an der Front befindlichen Brigaden werden als Verstärkung folgen, um das Gelände zu durchkämmen und eventuelle Widerstandsnester zu liquidieren, die von den vorrückenden Truppen liegengelassen wurden.
Lister, den wir in seinem Gefechtsstand vorfinden, versichert uns, daß der entworfene Angriffsplan haargenau durchgeführt werden wird. Er ist erfüllt von Energie und guter Laune. Er hat unbedingtes Vertrauen in den Erfolg. Er fürchtet lediglich, daß das noch immer sehr schlechte Wetter uns nicht gestatten wird, die für den Angriff zusammengezogenen technischen Mittel voll auszunutzen. Der Zeitpunkt des Angriffs mußte bereits vom Morgen auf den Nachmittag verschoben werden. Doch es ist entschieden: Punkt 14 Uhr wird angegriffen, wie das Wetter auch sein mag, gleichgültig, ob es gießt oder ob die Sonne scheint; es darf nicht länger gezögert werden, man kann nicht noch länger warten.
Und Punkt 14 Uhr beginnt tatsächlich ein schnelles und intensives Trommelfeuer aus all unseren Artilleriegeschützen, es sind etwa sechzig, die auf eine Front von wenigen Kilometern verteilt sind. Nach genau vierzig Minuten schweigen die Kanonen, und der schwarze und tiefhängende Himmel wird erfüllt vom betäubenden Dröhnen unserer Flugzeuge, an die achtzig etwa, die in aufeinanderfolgenden Wellen, fast den Erdboden streifend, vorüberfliegen und sofort, nachdem sie unsere Linien überflogen haben, Hunderte und Aberhunderte Bomben aller Kaliber abwerfen. Um 15 Uhr kommen die Panzer aus ihrer Deckung hervor, sie rücken ungehindert vor und beschießen das Gelände vor sich mit Kanonen und Maschinengewehren. Die Infanterie folgt voller Elan.
Noch nie habe ich es erlebt, daß einer unserer Angriffspläne so pünktlich verwirklicht wurde. Alles verläuft wirklich nach den festgesetzten Plänen. Wir erleben sofort die Sensation, daß der Feind ausgerechnet an dem Punkt, an dem der Durchbruch erfolgen sollte, zurückgewichen ist, ohne überhaupt irgendeinen Widerstand zu versuchen. Tatsächlich wird unser Feuer nicht beantwortet. Die ersten Melder informieren uns, daß die Faschisten buchstäblich über die Ebene fliehen, von unseren Panzern verfolgt, die sich jedoch nicht weit von den Straßen und vom befahrbaren Gelände entfernen können, um nicht Gefahr zu laufen, sich im weichen und morastigen Boden der Felder festzufahren. Unsere Batterien müssen recht bald das Feuer einstellen, um unsere vorgehenden Truppen nicht zu treffen, und sie kommen nur schwer vorwärts, weil der Boden durch das Wasser zu sehr aufgeweicht ist.
Allgemeiner Jubel. Vor dem Gefechtsstand des Garibaldi-Bataillons ziehen die spanischen Einheiten vorüber, eine Kompanie nach der anderen. Sie brauchen sich nicht

einmal zu entfalten; sie ziehen schnell in Schützenreihe vorüber. Kommandeure und Kommissare spornen sie an, noch schneller an den Straßenrändern vorzurücken, um den Abstand zu den Gruppen der Vorhut nicht allzu groß werden zu lassen. Ich treffe hier den sozialistischen Genossen Zanoni, einen Freund Nannettis, der eine spanische Sturmbrigade befehligt. Auch er treibt seine Leute an. Alle begreifen, daß die Schnelligkeit jetzt entscheidend ist; sie kann wirklich die faschistische Niederlage besiegeln.

Ein Melder trifft ein, um zu berichten, daß die Unsrigen auf der Ebene an Brihuega vorbeigezogen sind, ohne auf die Sohle der Talebene und in die Ortschaft hinabzusteigen. Sie rücken auf der Hochfläche vor, um schneller vorwärts zu kommen, um tiefer in das faschistische Hauptkampffeld einzudringen und um die faschistischen Kolonnen in der Flanke und im Rücken zu bedrohen, die sich auf der Nationalstraße verspäten sollten. Auch von dort treffen begeisternde Nachrichten ein. Das Bataillon Commune de Paris hat mit einem Handstreich Casa de Cobo besetzt. Die Faschisten ziehen sich überstürzt zurück. Sie haben die Gefahr erkannt, eingekreist zu werden, und türmen; sie lassen Waffen, Munition, Kanonen, Panzer und Lastwagen im Stich; in größter Unordnung, verwirrt und erschreckt, laufen sie die Straßen wieder zurück, über die sie vor ein paar Tagen so selbst- und siegessicher geeilt waren.

Das Bataillon Dombrowski, das rechts von uns vorrückt, greift Brihuega frontal und vom Tajuña her an. Die Garibaldiner rücken auf der Ebene, hinter den spanischen Sturmbataillonen, vor, die die Faschisten verfolgen. In der Nacht erreiche ich zusammen mit Pacciardi und Barontini die bekannte Gabelung der Straße, die von Brihuega hochkommt. Es wird mir schnell klar, wie leicht viele faschistische Fahrer sich verirren und in unseren Reihen landen konnten. Wir lehnen uns über einen Abhang, der fast senkrecht in die Talebene abfällt. Dort unten liegt die Ortschaft. Es kommt uns vor, als ob wir sie mit einem Steinwurf erreichen könnten. Dort herrscht tiefe und unheilschwangere Stille. Ein Lichtschein verschwindet hier, taucht dort wieder auf. Wer mag es sein? Einer der Unsrigen? Jemand von den Faschisten? Wir können es nicht feststellen. Wir hören, wie sich das Motorengeräusch eines Autos entfernt; vielleicht sind es die letzten Reste des Feindes, die sich auf der Straße im Talgrund zurückziehen.

Bereits am Abend des 18. ist die Schlacht gewonnen. Alle vom Oberkommando festgelegten Anfangsziele sind nicht nur erreicht, sondern weitgehend überschritten worden. Am 19. wird der Befehl erreicht, den Vormarsch an der gesamten Front, entlang der Straße nach Aragón und entlang der Straße, die von Brihuega ausgeht und die Nationalstraße in der Höhe von Almadrones erreicht, fortzusetzen. Alle spanischen und internationalen Einheiten rücken mit der größten Begeisterung vor und bringen bedeutende Kriegsbeute ein. „Am Ende des Tages halten unsere infolge der Anstrengung völlig erschöpften Vorhuten am Punkt ihres weitesten Vormarsches an. Es fehlen die Reserven, um diese Truppen abzulösen, die bereits seit dreizehn Tagen im Kampf eingesetzt sind" (V. Rojo).

Am 20. sichern die Kräfte der XXXV. spanischen Brigade und die der XI. Internationalen Brigade unsere linke Flanke, indem sie die Ortschaften Muduex und Utande besetzen und säubern, während Listers Kräfte Kilometerstein 95 der Nationalstraße erreichen, nachdem sie in nur zwei Tagen mehr als fünfzehn Kilometer vorgerückt sind. Eine faschistische Kraftfahrzeug-Kolonne nach der anderen bringt die vernichteten, geschlagenen, entmutigten Legionäre zurück. Eine dieser Kolonnen wird von unseren Flugzeugen angegriffen, mehrmals bombardiert, mit Bordwaffen beschossen und fast völlig aufgerieben. Auf den Straßen und den Feldern liegen Haufen zurückgelassenes Material, umgestürzte Lastwagen und ausgebrannte Autos; hier in den Gräben umgestürzte Kanonen und zerbrochene Waffenkisten, dort Trümmer, auf denen sich wie ein letzter verzweifelter Mahnruf die Telegrafenstangen mit ihren verfilzten Drähten erheben, und überall Leichen von Soldaten, zerfetzte Pferde und aufgedunsene Kadaver.

Das ist die Niederlage der italienischen Legionen. Die faschistische Offensive ist nicht nur vollkommen gescheitert, sondern die Aggressoren sind auch restlos geschlagen worden. Der Oberbefehlshaber des Freiwilligen-Korps, der den hochtrabenden Tagesbefehl „Morgen in Guadalajara, übermorgen in Alcalà de Henares und in zwei Tagen in Madrid" erlassen hat, fleht jetzt die Spanier um Hilfe an. Er setzt Himmel und Hölle in Bewegung – die Regierung in Rom, den italienischen Botschafter bei Franco, seinen Vertreter beim Generalkommando der Rebellen –, damit Franco ihm so schnell wie möglich ein paar spanische Einheiten zuschicken möge, um die auf der Flucht befindlichen faschistischen Divisionen abzulösen und eine noch größere Katastrophe zu vermeiden.

Von den ersten Tagen an, sofort nachdem die faschistischen Kolonnen am 13. März aufgehalten wurden, nach der Wiedereroberung Trijueques durch unsere Truppen und vor dem Angriff der Garibaldiner auf den Palacio de Ibarra, in dem Augenblick, als die Truppen an der Front durch frische Einheiten abgelöst wurden, informiert der General Roatta das spanische Kommando, daß „der Stab der Legionäre gezwungen ist, die eigenen Reserven einzusetzen, um gegen bedeutende gegnerische Kräfte zu manövrieren; doch um das zu tun, muß er die bestimmte Zusicherung haben, daß die spanischen Truppen der Jarama-Front ihre Aktion, die durch die Verlegung der roten Truppen nunmehr erleichtert wird, zu Ende führen". Der Stab der Rebellen versucht auch am Jarama einige Aktionen, sie werden jedoch von den Unsrigen, trotz der erfolgten Truppenverlegungen, leicht zurückgewiesen.

Nach dem 18. beschränkt sich der General Roatta nicht mehr darauf, vom Stab der Rebellen Ablenkungsmanöver zu fordern, sondern er bittet flehentlich darum, daß die faschistischen Legionen von Franco-Truppen abgelöst werden, weil sie – so berichten die Abgesandten des Generals – nach vierzehn Tagen Kampf, Schnee und auch knapper Verpflegung völlig erschöpft sind, zumal sie häufig in Leinen, wie für einen Frühjahrsfeldzug, gekleidet sind. Man sollte den Oberbefehlshaber des italienischen Expeditionskorps fragen, ob nicht er dafür verantwortlich ist, daß seine Truppen im Winter in Leinen gekleidet zum Kampf auf die Hochfläche Kastiliens in tausend, tausendzweihundert Meter Höhe geschickt wurden.

Was dagegen die vierzehn Tage Kampf, Schnee und knappe Verpflegung anbetrifft, so mag der Oberbefehlshaber sein Rundschreiben von vor ein paar Tagen nochmals durchlesen: „Wenn wir unter dem Regen leiden, dann ist auch der Feind nicht im Grand Hotel untergebracht, sondern befindet sich in den gleichen Verhältnissen wie wir ... wenn das Essen manchmal verspätet oder gar nicht eintrifft, so ißt auch der Feind nicht im Wirtshaus zu Mittag, sondern fastet mehr als wir." Na also? Es handelt sich nicht um Unterschiede in den materiellen Verhältnissen, und wenn Unterschiede bestehen, so sind sie auf alle Fälle sicher nicht zugunsten der Republikaner. In Wirklichkeit handelt es sich um Unterschiede in bezug auf Mut und Kampfgeist, die das Ergebnis der verschiedenartigen ideellen Motive sind, für die auf der einen und der anderen Seite gekämpft wird.

Natürlich hat der Oberbefehlshaber der Legionäre unter den Schlägen der weiter vorrückenden republikanischen Formationen keine Zeit, um über die Ursachen seiner Niederlage zu philosophieren. Er läßt den Duce bitten, damit dieser Franco dazu überrede, die italienischen Legionäre abzulösen. Der italienische Botschafter in Spanien, Roberto Cantalupo, telegrafiert an seinen Minister: „Unbedingter Vorrang – Persönlich zu dechiffrieren. Feind greift weiter an. Unsere Freiwilligen halten nach Ansicht Roattas nicht durch. Franco weigert sich bislang, unsere Verbände durch spanische Truppen abzulösen. Auf Ersuchen der Militärmission fordere auch ich im Namen der Gesandtschaft, daß Franco unverzüglich Telegramme von Duce erhalte, um sofort oben angeführte Ablösung zu erreichen. Lage verschlimmert sich von Tag zu Tag." Doch eine Stunde nach Absendung des Telegramms erkennt man, daß das nicht mehr genügt, daß es zu lange dauert, bis das Ergebnis aus Rom vorliegen kann, weshalb der Botschafter selbst „unverzüglich und persönlich bei Franco intervenieren" soll, weil man nicht warten kann. Wehe, wenn die Roten durchbrechen sollten!

Endlich kann der Botschafter am Nachmittag des 21. März Rom und dem Oberbefehlshaber der Legionäre mitteilen, daß er „von Franco, der sich in Valladolid befindet, telefonisch die Zusicherung erlangt hat, daß eine spanische Brigade diese Nacht am italienischen Abschnitt eintreffen wird, um möglicherweise unsere gesamte Infanterie abzulösen. Unsere Artillerie und einige Nachschubtruppen werden noch widerstehen können. Ablösung erfolgt selbstverständlich nur, falls bis heute abend unsere Truppen nicht vor neuen Angriffen des Feindes, dessen Aktionen rasch aufeinanderfolgen, zurückgewichen sein sollten."

Wir haben die Ehre des italienischen Volkes gerettet

Eine einzige spanische Brigade genügt, um die gesamte Infanterie der Legionäre abzulösen, das heißt mindestens vier Divisionen, ohne die nicht in Divisionen zusammengefaßten „banderas". Dies Verhältnis läßt das ganze Ausmaß der Niederlage und der Verwirrung erkennen, die die republikanischen Kräfte im feindlichen Lager verursacht haben. Es ist natürlich, daß dieser miserable Beweis, der von Mussolinis Truppen erbracht wurde – ein Beweis, der nach den Worten ihres Oberbefehlshabers das Ausmaß des „moralischen und technischen Wertes und der Leistungsfähigkeit Italiens Anno XV", das heißt des faschistischen Italiens, zeigen sollte –, den Beobachtern aller Länder und den Spaniern selbst ermöglicht, sich ihr Urteil zu bilden.

In diesem Zusammenhang unterrichtet der Botschafter seine Regierung über „die Kühle, die die Italiener umgibt, sowie die Scham und – ich möchte sagen – die Schande der führenden Kreise, bei den Fremden um Hilfe nachgesucht haben zu müssen ... Im Hauptquartier (Francos) ist an die Stelle des natürlichen und lebhaften Bedauerns über die gescheiterte Einkreisung der Hauptstadt leider ein Empfinden gleichsam lächerlicher Genugtuung über den Mißerfolg der Italiener getreten, das heißt, es hat sich jener Kastengeist und jene professionelle Eifersucht ausgewirkt, die unser Kommando unnötigerweise gedemütigt hatte".

Die Schande der Niederlage, die zum guten Teil das Verdienst derjenigen ist, die „auf den Straßen Italiens verprügelt" zu haben die Squadristen sich rühmen, veranlaßt die Generäle, die Schuldigen unter den Soldaten zu suchen, die – in Leinen gekleidet – im kastilischen Winter nicht marschiert sind. Sie wollen das Exempel der gewaltsamen Unterdrückung statuieren und diejenigen erschießen, die nicht standgehalten haben. Die Bestrafung der unwissenden Soldaten soll die Schande von den Generälen abwaschen, die sie geführt und angespornt haben, eine schändliche Sache zu verteidigen.

Nach dem gleichen faschistischen Botschafter sind unter den Freiwilligen einige fast schon Greise; sie haben zahlreiche Kinder in ihren armseligen Dörfchen im Süden zurückgelassen, oder sie sind Erdarbeiter, die in Italien keine Arbeit gefunden haben. Einige von ihnen sind nach nur ganz kurzer Ausbildung nach Spanien gekommen, hier gleich eingegliedert und an die Front geführt worden. Hier trafen sie auf einen kriegserfahrenen und vorbereiteten Gegner in einem Schneesturm, der die leinenen Tropenuniformen am Körper gefrieren ließ. In den roten Bataillonen – immer noch nach den Worten des Botschafters – sind andere italienische Soldaten, Kalabreser und Mailänder, Sizilianer und Piemonteser, antifaschistische politische Flüchtlinge. Diese haben die Legionäre im Wald von Ibarra angelockt, indem sie sie mit in Süditalien sehr gebräuchlichen Spitznamen gerufen haben, während die russische Luftwaffe ihnen blutige Verluste zufügte. Nicht alle faschistischen Freiwilligen sind so, bemerkt der Botschafter, aber er fügt hinzu, man kann sich gut vorstellen, welche Demoralisierung ältere Menschen in den Bataillonen hervorrufen, die behaupten, „betrogen" worden zu sein und als arme friedfertige Menschen nur den einen Wunsch hätten, nach Hause zurückzukehren.

Wie man sieht, stimmt das Bild, das der Botschafter von den sogenannten faschistischen Freiwilligen zeichnet, im wesentlichen mit dem überein, das wir bereits kennen. Die faschistischen Führer haben ein mehrfaches Verbrechen begangen: ein Verbrechen an diesen armen Menschen, die in den Tod getrieben wurden, ein Verbrechen am Vaterland, das zur Niederlage geführt wurde, ein Verbrechen am spanischen Volk, das überfallen und gequält wurde. Ihre Hauptfehler aber bestehen darin, geglaubt zu haben, mit solchen Leuten wie den faschistischen Legionären in einer derart verbrecherischen Sache „den moralischen Wert, die moralische und technische Leistungsfähigkeit Italiens Anno XV" unter Beweis stellen zu können. In Wirklichkeit haben sie nur vom Wert des Faschismus, des Regimes der Unterdrückung und der Korruption, und nicht vom Wert Italiens und des italienischen Volkes Zeugnis abgelegt.

Bei Guadalajara sind zwei Welten aufeinandergeprallt und haben ihre Kräfte gemessen: die faschistische Welt des Elends, der Unterdrückung und der brutalen Gewalt, die durch die Legionen Mussolinis verkörpert wird, und die Welt des Volkes mit seiner spontanen und schöpferischen Begeisterung, seiner Hingabe an die erhabenen nationalen Traditionen der Freiheit und der Solidarität unter den Völkern, seinem grenzenlosen Opfergeist und seinen unerschöpflichen Kraftquellen. Gesiegt hat die ideale Kraft des Volkes über die faschistische Brutalität. Die Garibaldiner haben mit ihrem Heroismus und ihrem Opfergeist die Ehre des italienischen Volkes gerettet und das Ansehen seiner humanistischen Werte, seiner moralischen und technischen Leistungsfähigkeit gewahrt. Nicht Italiens Volk und Nation ist bei Guadalajara geschlagen worden, sondern das faschistische Regime, das Italien beherrscht und es zur Katastrophe führt, ist gedemütigt worden.

Nach der Schlacht von Guadalajara wird daher unsere gesamte Propaganda nach folgender Konzeption ausgerichtet: „Der Faschismus und nicht das italienische Volk ist der Feind des spanischen Volkes. Indem es seine Freiheit verteidigt, hilft das spanische Volk uns Italienern, die unsrige wiederzugewinnen; indem es die Schwarzhemden-Legionen vernichtet, raubt es Mussolini sein Prestige und seine Machtmittel; indem es die italienischen Gefangenen wie Brüder aufnimmt, bildet es neue Kämpfer für die Befreiung Italiens heran. Die Legionäre, die Mussolini zur Eroberung Spaniens ausgeschickt hat, werden wir für unseren Kampf gegen Mussolini gewinnen."

Die gleiche Konzeption machen sich die republikanischen Behörden in ihrer Propaganda zu eigen. Der Staatsminister Alvarez del Vayo telegrafiert an den Kriegskommissar des Mittelabschnitts: „Übermitteln Sie durch den Genossen Gallo meine Grüße voll brüderlicher Bewunderung den Kämpfern der Internationalen Brigaden, deren Verhalten vom spanischen Volk niemals vergessen werden wird, und insbesondere dem Garibaldi-Bataillon, das ein glorreiches Symbol im heldenhaften Kampf für die Freiheit gegen die Invasion des Faschismus ist." Ich antworte, daß „unsere Freiwilligen stolz auf die Ehre sind, die ihnen dadurch zuteil wurde, daß sie Seite an Seite mit dem tapferen und glorreichen spanischen Volksheer kämpfen können, das mit den Siegen an der Front von Guadalajara dem internationalen Faschismus und der Invasion Mussolinis einen gewaltigen Schlag versetzt hat".

Diese politischen Lehren versuchen unsere Rundfunkstationen in der ganzen Welt und insbesondere in Italien zu verbreiten. Das ist die Aufgabe des Genossen Paolo Tedeschi (Velio Spano). Er befindet sich jetzt mitten unter den italienischen Gefangenen von Guadalajara, um Informationen und Eindrücke zu sammeln, mit denen er die täglichen Sendungen an das italienische Volk bestreiten kann. Er sendet Nachrichten und Grüße an die Familienangehörigen der Gefangenen, zusammen mit den Einzelheiten und den Lehren der Schlacht. Alberganti leitet unter den Gefangenen selbst eine besondere politische Umerziehungsarbeit.

Unter den Lehren dieser glorreichen Tage sind die militärischen Charakters äußerst wichtig. Guadalajara beweist, daß die in den faschistischen Militärakademien ausgebildeten Generäle von unseren tapferen, aus dem Volk hervorgegangenen Kommandeuren, die gestern noch einfache Arbeiter und einfache Bauern waren, geschlagen worden sind. Guadalajara zeigt, daß ein fähiges Kommando, ein klarer politischer Wille, der richtige Einsatz und die enge Zusammenarbeit aller Waffen es trotz der Knappheit der Mittel ermöglichen können, die zahlenmäßig stärkeren und bis an die Zähne bewaffneten Divisionen des Faschismus zu schlagen, wenn sich die Führung auf den Geist und die Tapferkeit der Männer stützen kann.

Auf diesem Gebiet beweist Guadalajara die Genialität der aus dem Volk hervorgegangenen neuen militärischen Führer, die es verstanden haben, die Schwächen des

Feindes unmittelbar auszunutzen und mit großer Kühnheit eine allgemeine Gegenoffensive durchzuführen, wobei sie die an Soldaten, Kadern und Waffen überlegenen feindlichen Kräfte schlugen. Mit einem Wort, Guadalajara beweist, daß der Faschismus nicht unbesiegbar ist; daß er, trotz der Mittel und der Organisation, über die er verfügt, von Volkskräften, die von einem festen Willen geleitet und unter der Führung mutiger und disziplinierter Führer geeint sind, auf offenem Felde geschlagen werden kann.

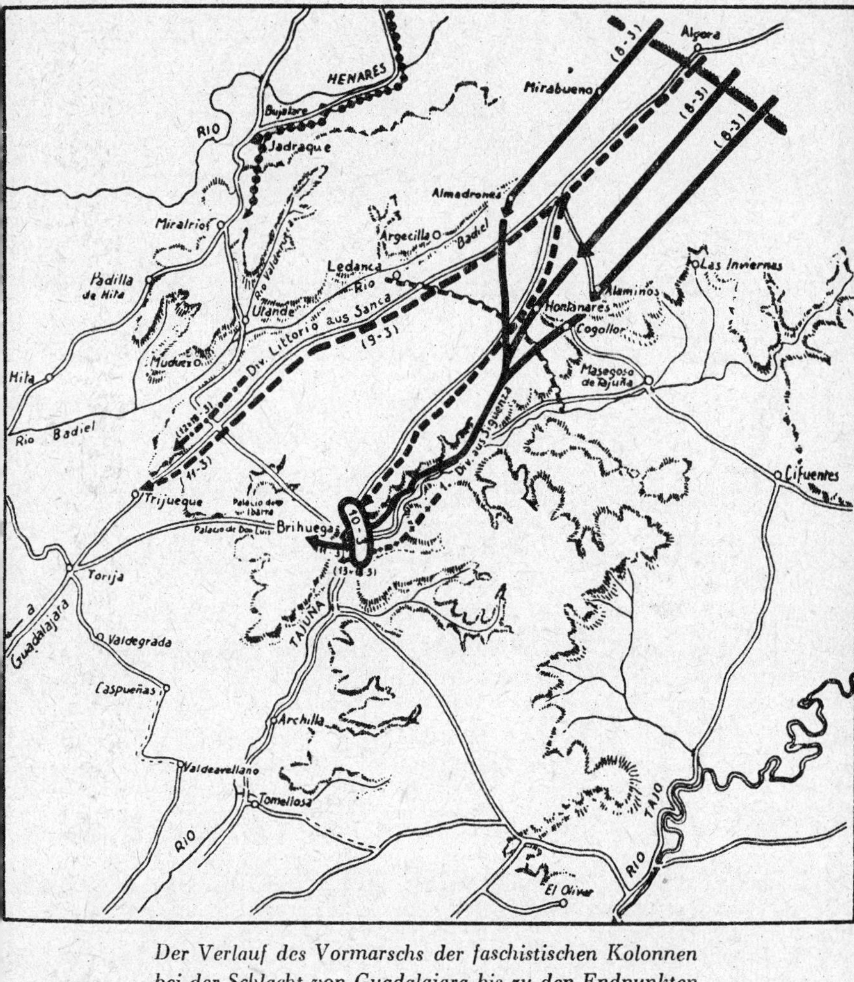

Der Verlauf des Vormarschs der faschistischen Kolonnen bei der Schlacht von Guadalajara bis zu den Endpunkten

Handstreiche

Die Schlacht von Guadalajara ist gleichsam die letzte Weihe für das spanische Volksheer, das zum ersten Mal an der Front von Madrid in Erscheinung trat und am Jarama bereits Zeugnis von seiner Stärke und seiner Tapferkeit abgelegt hat. In Brigaden, Divisionen und Armeekorps gegliedert, hat das neue Heer bewiesen, daß es nicht nur Widerstand zu leisten vermag, sondern auch in der Lage ist, richtig zu manövrieren und eine große Offensivaktion zu einem glücklichen Ende zu führen.
Die spanischen Brigaden und die Internationalen Brigaden haben bewiesen, daß sie, was den Elan und die Tapferkeit angeht, gleichwertig sind. Die Tage liegen weit zurück, an denen die Milizionäre, die zwar voller Begeisterung und Heroismus, aber doch schlecht bewaffnet und noch schlechter organisiert waren, den Faschisten Boden überlassen mußten. Heute verfügt das republikanische Spanien über ein Heer, dessen Leistungsfähigkeit und Stärke so groß ist, daß es zur Offensive übergehen kann. An seiner Spitze stehen Führer, die in den Schützengräben gestählt wurden und das Vertrauen der Kämpfer genießen.
Auch an einigen Abschnitten der Südfront sind nach dem Fall Málagas und nach der darauffolgenden Demoralisation erfreuliche Symptome der Erholung und des Offensivgeistes zu bemerken. Unsere XIII. Brigade, die im Augenblick der Gefahr dorthin geworfen worden war, operiert immer noch dort. Ihre Lage ist nicht leicht. Sie ist weit entfernt von der Base und von den anderen zentralen Organen der Internationalen Brigaden; sie steht allein, inmitten von spanischen Einheiten, die mühsam das Stadium der Milizen überwinden. Die allgemeine Atmosphäre in diesen Bezirken ist nicht die heroische und begeisterte von Madrid, sondern sie wird durch die Schwierigkeiten der Lage belastet und durch die Gegensätze zwischen den Strömungen und den verschiedenen Militärbefehlshabern verschlechtert. Hier herrschen die anarchistischen Elemente vor, die die internationalen Freiwilligen nicht gerne sehen, weil sie den Verdacht haben, daß diese unter sie geschickt wurden, um sie zu kontrollieren und zu überwachen. Unsere Kommandeure und Kommissare tun ihr Bestes, um jedes Mißtrauen zu zerstreuen; doch die materiellen Mittel, über die sie verfügen, sind gering, und es ist nicht leicht, Vorurteile und Feindseligkeiten zu überwinden.
Wie bereits gesagt, hat die XIII. Brigade nach dem Fall Málagas dazu beigetragen, unsere Front vor Motril, in der Nähe des Dorfes Calahonda, wiederherzustellen. Das Gelände eignet sich hier sehr gut zur Verteidigung. Zwischen dem Gebirge und dem Meer ist lediglich ein kleiner Durchlaß, den man auch mit geringen Kräften leicht abriegeln kann. Doch an diesem Punkt besteht jetzt keine Gefahr. Sie besteht weiter im Norden, an der rechten Flanke, wo die Faschisten die wichtigsten Gipfel der Sierra besetzt halten und von wo aus sie bis zum Meer hinunterstoßen und Almería unmittelbar bedrohen könnten. Tatsächlich wird bekannt, daß die Faschisten von dieser Seite her etwas vorbereiten. Man will ihnen zuvorkommen, ihnen jede Angriffsmöglichkeit nehmen und auf diese Weise die Front endgültig stabilisieren.

Mit der Operation werden die XIII. Internationale Brigade und örtliche spanische Einheiten betraut Sie findet unter schwierigen Verhältnissen statt, in Hochgebirgsregionen mit ewigem Schnee, wo im Februar die Kälte und der Sturm regieren. Nach Trebelez, dem höchstgelegenen Dorf Spaniens, müssen nacheinander einige Ortschaften besetzt werden: Ferreirola, Portugos und Pitres, die am Rio Trebelez liegen und deren Besitz die Herrschaft über die Sierra gewährleistet. Die Operation beginnt am 12. Februar um sechs Uhr. Um neun Uhr ist Trebelez bereits in unserer Hand. Der Vormarsch wird fortgesetzt, und am gleichen Tage werden alle anderen befohlenen Ziele erreicht.
Die Faschisten sind überrascht von der Schnelligkeit und der Kühnheit des Angriffs; sie fliehen und lassen reichliches Material im Stich. Ihre Flucht ist dermaßen überstürzt, daß sie weder daran denken, ihre höheren Stäbe zu benachrichtigen noch die Fernsprechleitungen durchzuschneiden. In Pitres, wo sich der Stab der XIII. Brigade in der gleichen Unterkunft des faschistischen Kommandos einrichtet, antworten unsere Fernsprechmänner auf die Anrufe des faschistischen Generalstabes in Granada, der Meldungen anfordert.
Durch diesen glänzenden Erfolg ist jede faschistische Absicht zunichte gemacht, die republikanische Flanke anzugreifen; für die Straße Málaga–Almería ist keine Gefahr mehr. Unsere Freiwilligen sind nicht nur mit dem taktischen Erfolg und mit der Besetzung von sieben spanischen Ortschaften zufrieden, sondern vor allen Dingen auch über die Tatsache, daß es ihnen gelungen ist, etwa achthundert Republikaner zu befreien, die zu den Verteidigern Málagas gehört hatten, dann im Gebirge eingekreist wurden und gleichsam Gefangene waren.
Doch an dieser Front bleibt die XIII. Brigade nicht lange. Seit ihrer Aufstellung ist sie von einem Abschnitt zum anderen gepilgert. Jetzt nimmt sie die Pilgerfahrt wieder auf, um weiter nördlich zu ziehen. Eine faschistische Offensive ist gegen Pozoblanco und Almadén, das reichste Zentrum Europas für Quecksilbergewinnung, im Gange. Die Brigade fährt vier Tage und vier Nächte lang auf Lastautos. Sie wird von der äußersten linken Flanke der Heeresgruppe Süd an deren äußerste rechte Flanke verlegt. Am 1. April trifft sie in Pedroche, in der Nähe Pozoblancos, ein. Hier haben die Bergarbeiter von Linares bereits die ersten faschistischen Wellen aufgehalten, doch die Front verläuft jetzt nur drei Kilometer vor der Stadt.
Die Brigade soll an einem Angriff gegen die Flanke der faschistischen Kolonnen teilnehmen. Sie durchquert das durch Luftangriffe zerstörte Wohngebiet; in der evakuierten Stadt herrscht eine beängstigende Stille. Sie rückt vor, um etwa vierzig Kilometer nordwestlich Pozoblanco Stellung zu beziehen. Sie wird zusammen mit der LXXXVI. spanischen Brigade, zu der auch ein internationales Bataillon gehört, und anderen spanischen Einheiten operieren. Der Plan sieht vor, die Ortschaften Valsequillo, La Granjuela und Los Blasquez anzugreifen und in Richtung Peñarroya, einem bedeutenden Bergbau- und Eisenzentrum, das sich in der Hand des Feindes befindet, weiter vorzugehen. Den republikanischen Kräften stehen ein Panzerzug und einige Panzer zur Verfügung. Ein Teil der XIII. Brigade wird mit der Eisenbahn zum Ausgangspunkt der Offensive befördert, die in den frühen Morgenstunden des 4. April beginnen soll. Mittelpunkt des faschistischen Widerstandes ist L'Estación. Nach vierstündigem hartem Kampf ist diese Stellung unser. Es kommt darauf an, den Erfolg

unverzüglich auszuwerten, um Valsequillos zu nehmen, das noch von vereinzelten faschistischen Gruppen verteidigt wird. Von Panzern unterstützt, rücken die Männer des Bataillons Tschapajew vor und bringen die feindlichen Maschinengewehre auf dem Kirchturm zum Schweigen. Auch Valsequillo fällt in unsere Hand. Am folgenden Tag werden Los Blasquez und La Granuela überraschend angegriffen und besetzt. Ein deutscher Panzer wird samt seiner Besatzung eingebracht. Sierra Norria und Sierra Mulva werden ebenfalls angegriffen und besetzt.

Unser Gegenangriff ist vollkommen gelungen. Die Faschisten sind gezwungen, zwanzig bis dreißig Kilometer zurückzugehen. Sie müssen auf jegliche Bedrohung Pozoblancos völlig verzichten und müssen Verstärkungen heranschaffen, um Peñarroya zu verteidigen, das jetzt im Feuerbereich unserer Artillerie liegt. In der Nacht kann man am Himmel den Schein der Hochöfen dieser Stadt sehen.

An den anderen Fronten rund um Madrid herrscht während dieser Zeit eine fast völlige Ruhe. Nur die XII. Brigade, die in Valdeavero und in den umliegenden Ortschaften in Ruhe liegt, wird zweimal zu Handstreichen eingesetzt; zuerst am Jarama, dann in Casa de Campo.

Am Abschnitt von Morata de Tajuña soll festgestellt werden, ob der Feind bedeutende Reserven hat und ob dort deutsche Kräfte liegen. Hier müssen Gräben gestürmt werden, an denen der Feind seit zwei Monaten arbeitet und vor denen ein doppelter Stacheldrahtverhau gezogen ist. Der Angriff soll unversehens, ohne Artillerie-Vorbereitung, lediglich mit Unterstützung durch fünf Panzer, geführt werden.

Als unsere Panzer sofort nach dem Angriff auf die feindlichen Linien treffen, schießt die faschistische Artillerie Schnellfeuer und zwingt sie zur Umkehr. Sie versuchen dreimal von neuem, in die faschistischen Gräben vorzustoßen, und sie werden dreimal gezwungen, sich zurückzuziehen. Daraufhin wird der Angriff mit der Infanterie allein versucht. Einer Kompanie Garibaldiner gelingt es, ein feindliches Grabenstück zu besetzen; doch es fehlt ihr die Panzerunterstützung. Die anderen Kompanien, die an der Aktion teilnehmen, liegen im Feuer der faschistischen Maschinengewehre und kommen nicht durch. Das Unternehmen gelingt nicht. Es muß darauf verzichtet werden.

Die Brigade kehrt in ihre Unterkünfte in Valdeavero zurück. Von hier aus wird sie am 13. April wieder an die Madrider Front verlegt. Hier hat das Kommando der Mittelfront einen energischen Angriff gegen die faschistischen Kräfte begonnen, die die Universitäts-Stadt und Casa de Campo besetzt halten. Das Ziel ist, die Faschisten zu zwingen, über den Manzanares zurückzugehen, damit auf diese Weise jede Bedrohung der Hauptstadt beseitigt wird. Die von Lister und Duran befehligten spanischen Kräfte greifen den Cerro de l'Águila und den Monte Garabitas an. Im Abschnitt der Universitäts-Stadt erobern die republikanischen Truppen die Puente de los Franceses zurück.

Dreimal besetzt Durans Brigade die Pferderennbahn und hält die einzige Brücke unter Beschuß, über die die Faschisten ihre Truppen in einigen Gebäuden der Universitäts-Stadt versorgen. Einige Bataillone gehen mit verwegener Kühnheit gegen den Cerro de l'Águila vor. Es gelingt ihnen, sich ihm zu nähern und nur einige zehn Meter vom Feind entfernt Gräben auszuheben. Dennoch ist es nicht möglich, die Mauren vom Monte Garabitas zu verjagen, und noch weniger, die Faschisten aus der Universitäts-Stadt zu werfen.

Unsere angreifenden Kräfte befinden sich in einer kritischen Lage: sie kämpfen seit etwa zehn Tagen, sie benötigen ein paar Tage Ruhe, um sich zu reorganisieren. Aber man will die erreichten Stellungen nicht aufgeben, trotzdem es schwierig ist, sie zu halten. Um sie abzulösen, werden neben einigen spanischen Einheiten auch die Bataillone der XII. Brigade angefordert, die am 17. April an die Front gehen.
Es sind harte und schwere Tage für unsere Freiwilligen. Der Feind ist nur einige zehn Meter entfernt. Beide Seiten versuchen, keine großen Operationen durchzuführen, doch man überwacht sich gegenseitig, auf jeden Kopf, auf jeden Arm und auf alles, was sich hinter den Sandsäcken, den Schießscharten und den unerläßlichen Übergängen bewegt, wird geschossen. Hin und wieder hallen an der gesamten Front einige dumpfe Schläge von Bomben wider, der trockene Anprall der Geschosse gegen die Sandsäcke und der Knall der Explosivgeschosse unterbrechen von Zeit zu Zeit die Stille.
Die Front ist unbeweglich, wenn man auch nicht sagen kann, daß die Waffen schweigen. Die Verluste sind schwer. Jedermann muß ständig auf seinem Posten sein, die Waffe schußbereit, das Auge am Visier und den Finger am Abzug, in einem Zustand ständiger Spannung. Unter diesen Umständen wird das Leben im Schützengraben sehr bald unerträglich. Die Wärme macht sich bemerkbar, und die von der hartgewordenen Erde reflektierte Sonne blendet die Augen und verwirrt den Geist. Der Gestank der vielen Leichen, die zwischen den Gräben liegengeblieben sind und die niemand zu bergen wagt, verpestet die Luft und läßt Übelkeit aufkommen. Der Durst schnürt die Kehle zusammen, doch das Wasser ist knapp; es wird von weit her gebracht, und es ist schwierig, es bis zu den vorgeschobenen Posten zu schaffen.
Dessenungeachtet halten die Garibaldiner ihre Stellungen und arbeiten sogar noch an ihrer Verstärkung. Sie schanzen Tag und Nacht, um die Gräben zu vertiefen, um weitere Laufgräben auszuheben und um Unterstände und Latrinen zu bauen, damit auch die hygienischen Lebensbedingungen verbessert werden. Wenn nicht geschossen wird, finden zwischen beiden Seiten Gespräche statt, die jedoch fast immer mit Gewehrschüssen enden. Die Stärke der Argumente wechselt mit der Stärke der Waffen. Wir vergessen nie, daß es in diesem Krieg nicht nur darauf ankommt, Stellungen und Ortschaften zu besetzen, sondern auch Menschen zu gewinnen und Gewissen aufzurütteln.

Nervenaufreibendes Grabenleben

Seit der Schlacht am Jarama halten die XIV. und die XV. Brigade auf den Höhen westlich des Tajuña Wacht. Diesen Kämpfern konnte bisher keine auch nur kurze Ruhepause gegönnt werden; zuerst wurde dies durch die Schlacht von Guadalajara, später durch den Mangel an Reserven verhindert. Seit Monaten liegen sie nun an der gleichen Stelle fest. Tag und Nacht, Nacht und Tag stehen sie immer im gleichen Grabenabschnitt, im gleichen Schützenloch, sie sehen immer die gleichen Bäume, die gleichen Lichtungen, die gleichen feindlichen Maschinengewehrnester vor sich. Im Regen und bei Sonnenschein, im Morast und im Staub, halb nackt oder schlecht geschützt, zählen sie die Stunden und die Tage und warten immer auf die versprochene Ablösung, die jedoch niemals eintrifft.

Der drückend monotone Tagesablauf wird durch keinerlei Neuigkeit unterbrochen und belebt. Gelegentlich pfeifen einige Geschosse vorbei, selten sind kurze Feuerstöße der Maschinengewehre zu hören, und hin und wieder krepieren einige Granaten; aber all das sagt dem gereizten Gemüt des Kämpfers nichts mehr. Das sind seit langer Zeit normale Erscheinungen des stupiden und nervenaufreibenden Grabenlebens. Nur das Eintreffen der Post rüttelt für einige Augenblicke aus der allgemeinen Lethargie auf und läßt bei allen eine Hoffnung aufkeimen, die für die meisten sofort enttäuscht wird.

Die Politkommissare und die unternehmungslustigsten Freiwilligen befleißigen sich, einige Zerstreuungen zu erfinden. Sie versammeln die Soldaten in kleinen Gruppen zu irgendeiner interessanten Diskussion. Die Phantasie des Kämpfers ergeht sich darin, den armseligen Dingen, die ihn umgeben, hochtrabende Namen zu geben. So prunkt der öde Schützengraben in seinen verschiedenen Abschnitten mit den Namen der berühmtesten Pariser Boulevards; der dürftige Schatten einiger zerfetzter Olivenbäume wird zum „Bois de Boulogne"; der durch das Zusammentreffen einiger Laufgräben entstandene Knotenpunkt wird ohne weiteres „L'Etoile" getauft. Natürlich wird das Loch, in dem ein gutmütiger Freiwilliger rasiert, ein „Salon de Beauté"; die Ausgabestelle für die kleinen nützlichen Dinge – Garn, Nadeln, Papier, Federn – wird zu den „Galeries La Fayette" und der winzige Aufbewahrungsraum für die Bücher, die im Graben von Hand zu Hand gehen, ist mit einem großen Schild mit der Aufschrift geschmückt: Nationalbibliothek. Auf diese Weise wird versucht, wenigstens durch die Phantasie der alltäglichen Eintönigkeit zu entfliehen. Kleine Revanchen des Geistes, denen es jedoch nicht gelingt, das Herz zu täuschen.

Noch trister als am Jarama ist das Grabenleben der Kämpfer der XIII. Brigade in der trostlosen, von der Sonne verbrannten und wasserlosen Estremadura, wo die Siedlungen einige zehn Kilometer auseinanderliegen. Am Jarama kann ein wagemutiger Brigade-Kommandeur einige Bataillone auf eigene Verantwortung wenigstens zwei, drei Kilometer hinter die vorderste Linie in Reserve legen. Doch das ist in Estremadura für die XIII. Brigade und die LXXXVI., der auch ein internationales Bataillon angegliedert ist, nicht möglich, weil es hier überhaupt keine Reserven gibt und weil jedes Bataillon einige Kilometer Front sichern muß.

Umsonst erklären die Politkommissare die Schwierigkeiten der Lage, umsonst empfehlen sie Geduld und versichern, daß der Augenblick der Ablösung auch noch kommen wird. Das sind Argumente und Versprechen, die schon so oft wiederholt wurden, daß sie keine Wirkung mehr haben. Die Freiwilligen wollen Tatsachen, keine Worte. Sie meinen: wenn man im rückwärtigen Gebiet nicht in Ruhestellung gehen kann, wenn man nicht auf Heimaturlaub fahren kann, so sollte man wenigstens vierundzwanzig, achtundvierzig Stunden Ausgang in eine Stadt, eine Siedlung haben. Das ist jetzt die Forderung aller Freiwilligen.

Doch die Befehle sind immer noch genauso streng wie vorher: keinen Auslandsurlaub, keinen Urlaub in die rückwärtigen Gebiete, nicht einmal für vierundzwanzig Stunden. Trotz dieser Verbote helfen sich die kühneren Kommandeure unserer Brigaden und unserer Bataillone auf tausenderlei Art und Weise aus der Verlegenheit, um die Forderungen ihrer Leute zu befriedigen. Doch alles, was sie mit Ausflüchten und unter Umgehung der Vorschriften tun können, ist viel zuwenig und reicht nicht aus, um die Unzufriedenheit, die Müdigkeit und die Erbitterung der Leute zu überwinden, die seit Monaten das Leben von Höhlenbewohnern führen, immer im gleichen Graben, immer im gleichen Schützenloch.

Man muß sagen, daß die XI. und die XII. Brigade in dieser Beziehung glücklicher dran sind. Sie haben zwar die Last der Schlacht von Guadalajara tragen müssen, und die XII. war nachher noch zweimal kurz an der Front am Jarama und bei Casa de Campo eingesetzt; doch nach der Schlacht liegen sie in einigen Dörfern nicht weit von der Front und auch nicht weit von Madrid in Reserve. In dieser Periode reorganisieren sich diese Brigaden, sie erhalten neue Verstärkungen und sorgen für die Ausbildung sowie für die Förderung neuer Kader.

Sie werden von Volksabordnungen aus der Hauptstadt besucht, die ihnen konkrete Beweise für die Liebe und die Solidarität der Madrider überbringen. Häufig werden mit Hilfe einer Ziehharmonika oder irgendeines anderen Musikinstrumentes Volkstänze und -chöre improvisiert. Die Garibaldiner denken ernstlich daran, eine regelrechte Militärkapelle ins Leben zu rufen, um öffentliche Konzerte zu veranstalten und an der Spitze des Bataillons Marschmusik zu spielen.

Die Einheiten in Ruhestellung schenken den Kindern der Ortschaften, in denen sie untergebracht sind, ganz besondere Aufmerksamkeit. Unsere Freiwilligen gewinnen die kleinen Flüchtlinge aus den von den Faschisten überfallenen Dörfern sehr lieb. Sie sehen in diesen armen Wesen, in deren Gesichtern sich häufig noch das Entsetzen über die faschistischen Verbrechen, denen sie beigewohnt haben, widerspiegelt, ihre eigenen Kleinen, die sie im Stich lassen mußten, um sich den Verfolgungen zu entziehen oder um nach Spanien zu gehen und hier für die Freiheit und für eine bessere Zukunft der Menschheit zu kämpfen.

Jede Anregung zugunsten der Kinder wird sofort und freudig von den Freiwilligen aufgegriffen. In kürzester Zeit werden Tausende und Abertausende von Peseten gesammelt. Es gibt Soldaten, die buchstäblich alles Geld bis auf den letzten Pfennig hergeben; sie benötigen auch nicht viel Geld. Bei jedem Fest, bei jeder Kundgebung gibt es Tische voller Spielsachen, Süßigkeiten, Kleidchen und vielen nützlichen Kleinigkeiten, die an die Kinder des Ortes verteilt werden sollen. Wenn man dagegen etwas längere Zeit im Ort verbleibt, dann wird alles im großen Maßstabe getan: die Kinder werden organisiert, es werden Speiseräume, Kindergärten und Erholungsheime für sie eingerichtet, Chöre und Gymnastikgruppen werden gegründet und Sportmannschaften mit den Größeren gebildet. Natürlich geht das alles zu Lasten der Freiwilligen.

Es ist wirklich rührend anzusehen, mit wieviel Liebe und mit wieviel Leidenschaft sich unsere Freiwilligen diesen Beschäftigungen widmen. Am Tage zuvor standen sie noch im morastigen Schützengraben und verfolgten aufmerksam jede Bewegung des Feindes, stets bereit, ihr eigenes unerbittliches Maschinengewehr sprechen zu lassen. Kaum sind sie aus der vordersten Linie zurück, so eilen sie herbei, um ihre kleinen Freunde zu suchen und die kindlichsten und harmlosesten Spiele zu veranstalten. Auch dies ist eine Art der Entspannung des Geistes und der Nerven. Die Kommissare fördern und lenken diese ganze Aktivität zur Verbrüderung mit der Zivilbevölkerung; sie dient dazu, die Bande zwischen den internationalen Freiwilligen und den

spanischen Soldaten, zwischen dem Heer und dem Volk zu festigen und die Kämpfer zu zerstreuen.
Die Freiwilligen denken aber nicht nur an die Kleinen, sondern auch an die Großen. Die Jungen, die Rüstigen befinden sich irgendwo an der Front. Daheim bleiben häufig nur die Frauen, die Kinder und die Alten. Die Feldarbeiten leiden darunter. Aber die spanischen Soldaten und unsere Freiwilligen erklären sich in Massen bereit, bei der Bearbeitung des Bodens, bei der Saat, bei der Mahd zu helfen. Die Maurer stellen alte Häuser wieder her, die infolge des Alters oder der Bombenangriffe halb zerfallen sind; die Mechaniker reparieren die primitiven Maschinen, die sich noch in den Ortschaften befinden: kaputte Pumpen, veraltete Mähmaschinen, Pflüge, Fuhrwerke. Es werden geniale Systeme erfunden, um diese oder jene Arbeit einfacher und schneller durchführen zu können. Nicht umsonst verfügen die Freiwilligen in ihrer Gesamtheit über die jahrhundertealte Erfahrung von etwa fünfzig Ländern der ganzen Welt.
Während des Aufenthalts der Internationalen Brigaden im rückwärtigen Gebiet stehen ihre Lastautos dem Alkalden (Bürgermeister) und den Bauern immer zur Verfügung, wenn diese für Arbeitseinsätze darum bitten. Unsere Ärzte eröffnen Ambulatorien und Polikliniken für die Zivilbevölkerung und unentgeltliche Unfallstationen für die Kinder. Die Medikamente werden von den Apotheken kostenlos geliefert. Ich glaube, daß die Bauern dieser Dörfer sich niemals zuvor so vieler Aufmerksamkeit und ärztlicher Pflege erfreut haben.
Es sind die Soldaten, die ihnen diese Aufmerksamkeiten und diese Behandlung zuteil werden lassen, es sind die Söhne des Volkes und die internationalen Freiwilligen aus allen Teilen der Welt. Natürlich macht das einen ungeheuren Eindruck auf die Bevölkerung, es trägt dazu bei, die besten Beziehungen zwischen Heer und Volk, zwischen Front und Hinterland zu schaffen. Auf diese Weise fördert alles den einzigen Gedanken und das einzige Verlangen: – Den Eindringling zu verjagen! Daß nie wieder – so denkt der Bauer und der Arbeiter – die verfluchte Zeit der Sklaverei und der Ausbeutung wiederkehrt, als die mit den Faschisten getürmten Herren kommandierten!

Dolchstöße in den Rücken

Nach der Schlacht von Guadalajara verstärkt sich die Zersetzungsarbeit der Agenten der Fünften Kolonne; sie wird begünstigt durch das Unbehagen und die Gegensätze, die noch im Heer und im Hinterland sowie ganz allgemein im gesamten Leben des republikanischen Spaniens bestehen. Was hat die Regierung getan, um diesem Zustand abzuhelfen, der besorgniserregend wird, falls er weiter andauern sollte? Man möchte fast sagen, daß die jüngsten militärischen Erfolge, daß die Siege von Pozoblanco, von Guadalajara und vom Jarama dazu geführt haben, daß die Notwendigkeit der Einheit, die Notwendigkeit, alle Energien anzuspannen, um den Krieg zu gewinnen, vergessen wurden.
Die Raben der Konterrevolution können wieder frei umherfliegen; die Agenten Francos kommen aus ihren Verstecken hervor, sie schleichen sich in die Ministerien, in die Stäbe und in die rückwärtigen Gebiete ein, sie treiben sich an den Fronten

herum, sie legen den Keim der Zersetzung und der Demoralisation, sie lähmen die gesunde Arbeitsfreude und zerstören das, was hinsichtlich Einigkeit und Aufbau bereits erreicht worden ist. Ihre ganze Tätigkeit dient diesem Zweck. Die Feinde der republikanischen Sache wählten den Antikommunismus als Plattform für alle Unzufriedenheiten und alle Ressentiments, für allen Neid und alle Feindseligkeit gegen die Volksfront. Es ist die klassische Methode des Faschismus: die Front der Freiheit, der Unabhängigkeit der Völker und des Friedens zu sprengen, um sie leichter schlagen zu können.

Die gesamte ruchlose Aktion wird von den Agenten Francos, der Ovra und der Gestapo geleitet, die sich unter der Ägide der POUM, einer angeblichen Arbeiterpartei der marxistischen Einigung, zusammengefunden haben. Sie suchen ihre Bundesgenossen unter den extremistischen Elementen des Anarchismus, die sie zu einem perfiden Lügen- und Haßfeldzug anspornen, und unter den reaktionärsten Elementen des Landes, die im Verlauf des Krieges auf dem Territorium der Republik zurückgeblieben sind. Die Regierung müßte eigentlich auf diese verbrecherische Kampagne reagieren, aber sie tut nichts. Ihr Ministerpräsident, Largo Caballero, steht unter dem Einfluß der Verrätergeneräle und fürchtet, seinen Ruf als Angehöriger der Linken zu kompromittieren, wenn er gegen die einschreitet, die mit einer revolutionären Demagogie nur danach trachten, der Republik Dolchstöße in den Rücken zu versetzen.

Von vielen Seiten fürchtet man die Stärke und das zunehmende Ansehen der Kommunistischen Partei. Man möchte ihr den Weg versperren, indem man sie beschuldigt, sie entfalte eine unerlaubte Tätigkeit des „Proselytismus". „Es ist wirklich kindisch, zu behaupten", antwortet J. Diaz, „daß wir als Kommunistische Partei anwachsen, weil wir uns als Proselytenmacher betätigen. Das, was wir tun, ist ein gutes Werk, das die Massen begreifen. Wegen unserer Politik der Einheit und der Volksfront kommen die Massen zu unserer Partei." – „Wir wünschen, daß die Kommunistische Partei, die Sozialistische Partei und die Gewerkschaftsorganisationen stark anwachsen mögen, weil dies ein Beweis dafür ist, daß das Volk jeden Tag mehr mit allen Volksparteien einig ist." – „Mit der demokratischen Republik und der Volksfront-Regierung können die Ziele erreicht werden, die wir alle verfolgen, und zwar: erstens, den Krieg zu gewinnen; zweitens, die wirtschaftlichen und politischen Bedingungen für den Wiederaufbau des Landes zum Wohl des Volkes zu schaffen."

Doch gerade diese Politik der Einheit des Volkes wird mit vorgeblichen revolutionären Argumenten bekämpft. Man stellt die Kommunistische Partei als eine Partei hin, die die Revolution verhindern will, als eine Partei, die wohl den Krieg gewinnen will, die Revolution jedoch in den Hintergrund schiebt, indem sie den Krieg von der Revolution trennt. Als ob das möglich wäre! Man sagt dies, weil die Kommunistische Partei Forderungen stellt, die dem demokratischen Charakter der Revolution entsprechen. „Aber", bemerkt José Diaz, „wenn der Krieg nicht gewonnen wird, so ist an die Revolution nicht zu denken."

An diejenigen, die behaupten, man könne die Revolution nicht gleichzeitig mit dem Krieg durchführen, stellt der Sekretär der Kommunistischen Partei Spaniens die Frage: „Wo stehen denn auf unserem Territorium die Großgrundbesitzer, die Großkapitalisten, die großen Bankiers; wo stehen diejenigen, die sich gegen die Republik, gegen das Volk erhoben haben?"

Man beschuldigt die Kommunisten, keine Revolutionäre zu sein, weil sie fordern, daß die großen Fabriken verstaatlicht werden sollen und daß die Produktion von Komitees kontrolliert werden soll, die von den Arbeitern auf demokratische Weise gewählt wurden. „Wie sollen denn die Fabriken sein?" fragt José Diaz. „Verlangt man vielleicht, daß es Fabriken einer bestimmten Richtung, einer Gruppe, einiger Mitglieder einer bestimmten Organisation sein sollen? Die Fabriken der Rebellen, die enteignet worden sind, gehören dem Staat; sie gehören dem Volk, dem gesamten Volk und nicht einer bestimmten Organisation oder einer bestimmten Gruppe.

Man sagt, daß die Revolution auf dem Lande nicht gefördert wird. Ist vielleicht jemand in der Lage", fragt José Diaz, „auf dem Territorium, das wir beherrschen, selbst mit einem Vergrößerungsglas einen Großagrarier zu finden? Sind die enteigneten Ländereien der Rebellen nicht etwa unter die Bauern und die Landarbeiter aufgeteilt worden, damit sie sie persönlich oder im Kollektiv – je nach ihrem Interesse und ihrem Willen – bearbeiten sollen? Doch diejenigen, die sagen, sie seien für eine ‚richtige Revolution', wollen doch nur, daß auch die Ländereien in die Hände einer Gruppe oder einer Organisation übergehen sollen, damit diese die Arbeiter ausbeuten, wie es vorher die ‚caciques' und die Grundbesitzer taten.

Auch im Heer ist etwas Revolutionäres geschehen. Wer befiehlt heute im Heer? Die Militärs des volksfeindlichen Heeres, das nur da war, un gegen das Volk zu kämpfen, sind durch Kommandeure ersetzt worden, die wirklich aus dem Volk hervorgegangen sind und die in den Schützengräben und im Kampf gegen die Feinde der Werktätigen gestählt wurden. Wenn man unter ‚Revolution' die Schaffung bewaffneter Gruppen im Dienste einiger Sonderinteressen versteht, um eine eigene, besondere ‚Revolution' zu machen, wie es schon vorgekommen ist, dann müssen wir allerdings nein sagen!" erklärt José Diaz.

Die politischen und organisatorischen Verbindungen zwischen den Propagandisten dieser „revolutionären" Konzeption und den feindlichen Militärstäben sind unverkennbar. Während der italienischen Offensive bei Guadalajara kam es bereits in zahlreichen Ortschaften im Osten zu bewaffneten Aufständen gegen die Polizei, gegen die Regierung und gegen die Antifaschisten. Als eine Landung italienischer Streitkräfte an den republikanischen Küsten drohte, wurden ebenfalls derartige Versuche von den gleichen unkontrollierbaren Elementen und den versteckten Faschisten unternommen.

Trotz all dieser Tatsachen setzen die POUM, ihre Propagandisten und ihre Zeitungen ihre verbrecherische Tätigkeit ganz legal fort. Sie fordern weiter zum Aufstand, zur Ermordung von Antifaschisten und zur Sabotage des Krieges auf.

„Was tut die Regierung?" fragt die Kommunistische Partei. „Warum behandelt sie diese Propagandisten der Sabotage und der Niederlage nicht wie Feinde, wie Faschisten? Warum versteift sich die Regierung darauf, den Krieg auf beschränkte, herkömmliche Weise zu führen, anstatt sich auf die Leistungsfähigkeit und den schöpferischen Willen des Volkes zu stützen und all die Kraftquellen für den Krieg zu mobilisieren, die notwendig sind, um ihn rasch zu gewinnen? Warum beseitigt, demütigt und entmutigt sie die besten Helfer des neuen Volksheeres: die Politkommissare? Warum plant und führt sie keine bedeutende militärische Operation durch, und warum nutzt sie den moralischen Vorteil nicht aus, der durch die Siege bei Guadalajara und bei Pozoblanco erzielt wurde?"

Die Ursache für all diese Erscheinungen liegt darin, daß der Regierungschef selbst – mit einigen seiner Minister und vielen seiner Mitarbeiter im zentralen Generalstab – an dem antikommunistischen Feldzug der Poumisten und der Fünften Kolonne teilnimmt. Seine Hauptsorge besteht nicht darin, den Staatsapparat, die Front und das Hinterland von den Feinden der republikanischen Sache zu säubern, sondern darin, die Entwicklung der Kommunistischen Partei aufzuhalten. Man fürchtet ihren Einfluß bei den Streitkräften, und deshalb wird jeder Vorschlag, neue Jahrgänge einzuberufen, um starke ausgebildete Reserven zu schaffen, abgelehnt und sabotiert.

In dieser Atmosphäre der Duldung durch die Behörden und ihrer Mitschuld haben die Agenten der Ovra und der Gestapo leichtes Spiel. So können sie immer gleichzeitig mit den militärischen Offensiven der Faschisten an den verschiedenen Abschnitten Diversionsakte und Hilfsaktionen im republikanischen Hinterland durchführen. Mit dem Beginn der italienisch-deutschen Offensive an der Front von Euzkadi tritt die Fünfte Kolonne in Aktion, um im Hinterland einen Aufstand zu provozieren, um die Soldaten aufzufordern, die Front zu verlassen, und im republikanischen Spanien Unordnung zu schaffen, mit dem Ziel, eine großangelegte faschistische Landung zu erleichtern.

Der Aufstand bricht am 3. Mai in Barcelona auf Initiative der Poumisten und der Fünften Kolonne und einiger anarchistischer Extremisten aus. Doch trotz aller Vorbereitungen und der Hilfe von außen wird die Erhebung schnell liquidiert. Die Aragónfront leistet Widerstand, und das Proletariat von Barcelona schlägt die Verräter energisch nieder.

Gerade nach diesen Ereignissen betont José Diaz in seiner Rede vom 9. Mai in Valencia offen die Notwendigkeit, diejenigen zu entwaffnen, die dem Krieg und der Revolution Dolchstöße in den Rücken versetzen. „Entweder schafft die Regierung Ordnung im Hinterland", sagt er, „oder eine andere Volksfront-Regierung muß es tun." Die poumistischen Verräter und die sogenannten Unkontrollierten müssen mit der größten Strenge bestraft werden. „Niemand soll glauben", erklärt José Diaz, „daß wir Kommunisten Feinde des CNT seien. Wir sind keine Feinde des CNT. Wir wünschen von Herzen die Einheit und gute Beziehungen mit dem CNT. Wir wünschen, daß der CNT und die UGT sich einigen mögen, aber wir fordern Klarheit." Das heißt, die Kommunisten fordern, daß die Vertreter des CNT, die zusammen mit allen politischen Parteien in der Regierung sitzen, die Organisationen, die sie vertreten, wirklich zu Disziplin und Unterordnung veranlassen.

Die Gefahr, in der die Republik während der Erhebung in Barcelona schwebte, war groß; doch die Warnung erweist sich als heilsam. Selbst die der Kommunistischen Partei im fernsten stehenden Elemente müssen erkennen, daß sich hinter der Kampagne gegen diese Kommunisten nur die Fünfte Kolonne und die Konterrevolution verbergen. Eine Welle der Entrüstung erzwingt die Auflösung der POUM, die Verhaftung ihrer Verantwortlichen und die Beschlagnahme ihres Vermögens. Gleichzeitig wird von der Regierung und insbesondere von solchen Mitgliedern, die für die Duldung der Saboteure und der faschistischen Agenten direkt verantwortlich sind,

Rechenschaft über ihr Tun gefordert. Caballero ist gezwungen, abzudanken. Eine neue Volksfront-Regierung mit Negrin an der Spitze und mit Prieto als Minister für nationale Verteidigung wird gebildet. Die Anarchisten werden aufgefordert, daran teilzunehmen, lehnen aber vorläufig ab.

Die Bildung der neuen Regierung berechtigt zu den größten Hoffnungen. Sie wird – so hofft man – die Probleme des Krieges entschlossen lösen, nämlich die des einheitlichen Kommandos, der Reserven, der Kriegsindustrie und der Säuberung. Sie muß eine Regierung sein, die von einer einzigen Sorge und von einem einzigen Willen beseelt ist: in einer gemeinsamen Front den fremden Eindringling siegreich zurückzuweisen und die republikanischen Errungenschaften zu retten.

Angriff zur Rettung Bilbaos

Die Franco-Truppen und die faschistischen Legionen, die wiederholt an den Fronten Madrids geschlagen wurden, sind gezwungen, auf die Eroberung der Hauptstadt zu verzichten. Trotz ihrer Überlegenheit, vor allen Dingen an Material, müssen sich die Faschisten zweitrangigen und isolierten Fronten zuwenden, an denen der Unterschied im Potential womöglich noch größer ist. Sie müssen – ganz gleich wo und ganz gleich wie – sofort einige Erfolge erzielen, um die Moral ihrer Truppen und das Vertrauen in die eigene Sache wieder zu heben.

Franco wählt die nördliche Front, das heißt die Front an der Viscaya, im Gebiet von Santander und Asturien. Es ist eine vom übrigen Spanien isolierte Front, die immer ein Ausgangspunkt für gefährliche republikanische Offensiven sein kann. Im Norden liegen außerdem die reichsten Bergbaugebiete. Die deutschen und italienischen Auftraggeber der faschistischen Rebellen brauchen sie, um sich ihre Intervention reichlich bezahlen zu lassen und um sich neue Rohstoffquellen für den Krieg zu sichern, den sie gegen die Demokratien vorbereiten.

Die Faschisten können ihre geplanten Operationen nicht sofort in großem Maßstabe beginnen. Vorher müssen sie die Reorganisierung der bei Guadalajara geschlagenen Legionen zu Ende führen. Zwei der vier italienischen Divisionen, die an dieser Schlacht teilgenommen haben, werden aufgelöst und mit den restlichen verschmolzen, um die Lücken wieder zu schließen, die durch die Verluste und die demoralisierten Elemente hervorgerufen wurden, die nicht mehr kämpfen wollen und die Repatriierung fordern. Gleichzeitig gibt sich der faschistische Befehlshaber alle Mühe, die körperliche Ertüchtigung und die Moral seiner Truppen zu verstärken, die durch die erlittenen Schläge stark erschüttert sind.

Die ersten militärischen Operationen gegen den Norden beginnen am 31. März ohne die italienischen Legionäre. Diese treffen erst einen Monat später, am 27. April, an der Front ein. Der Plan der Faschisten sieht vor, Bilbao anzugreifen, indem sie vorerst bis zum sogenannten Eisengürtel – ein System von Sperren und Befestigungsanlagen, das in einem Umkreis von etwa siebzig Kilometern die Stadt umgibt – vorstoßen. Später kommt es dann darauf an, diesen Gürtel zu durchbrechen und die Stadt zu besetzen. Für diese Operation stehen den Faschisten über fünfzigtausend Mann und etwa vierzig Batterien Artillerie zur Verfügung. Außerdem werden sie von

der gesamten Luftwaffe und allen Panzern, die aus diesem Anlaß an diesem Abschnitt zusammengezogen werden, unterstützt.
Die Republikaner können dem lediglich dreißig- bis vierzigtausend unvollkommen bewaffnete Leute entgegenstellen, die mehr Banden als einem regulären Heer gleichen. Die an den Madrider Fronten erzielten Erfolge hinsichtlich der militärischen Organisation, der Disziplin und des einheitlichen Kommandos sind in diesem Teil Spaniens bei weitem nicht erreicht worden. Nicht einmal die politische Führung läßt erkennen, daß sie, wie die in Madrid, gewillt ist, sich eng mit den Volksmassen zu verbinden. Schwankende und zweifelhafte Elemente haben sich in die wichtigsten Zentren der Staats- und Heeresverwaltung eingeschlichen. Das Kommissarskorps ist praktisch kaltgestellt. Ein stiller Kampf wird gegen die Kommunisten und gegen alle die Elemente geführt, die durch eine intensive und umfassende politische Agitation eine breite Mobilisierung der Massen erreichen wollen.
Die Bewaffnung des republikanischen Nordens ist in noch beklagenswerterem Zustand. Alles in allem sind eine beschränkte Menge Artillerie, dreißig Flugzeuge und zehn Panzer vorhanden. Da die Verbindungen zerschnitten sind, kann von Mittelspanien aus keine wirksame Hilfe geschickt werden. Es bestehen sogar unüberwindlich scheinende Schwierigkeiten hinsichtlich der Lieferung von Flugzeugen auf dem Luftwege. Die Lage ist so, daß die Faschisten an dieser Front ihre gesamten Anstrengungen und alle in ihrem Besitz befindlichen Waffen konzentrieren können, während die republikanischen Verteidiger nur mit dem rechnen können, was an Ort und Stelle vorhanden ist.
Die Schlacht beginnt somit unter Bedingungen absoluter Unterlegenheit für die Republikaner. Diese Bedingungen verschlechtern sich im Verlauf des Kampfes immer mehr. Es ist nicht möglich, reguläre internationale Einheiten zu schicken, um die Kämpfer im Norden tatkräftig zu unterstützen. Das Oberkommando der Mittelfront kann lediglich einige Offiziere in Marsch setzen, darunter Nino Nannetti. Er übernimmt das Kommando einer Division, wird aber nach einigen Tagen von einer Fliegerbombe zerrissen und stirbt in einem Krankenhaus von Santander. Einigen Freiwilligen gelingt es, nach abenteuerlichen Zwischenfällen auf dem Seeweg von Frankreich aus Bilbao zu erreichen. Unter diesen befindet sich der Genosse Vaia, der zusammen mit Battaglia versucht, die propagandistischen Erfahrungen von Guadalajara an den von italienischen Legionen gehaltenen Abschnitten zu verwerten. Es gibt nur eine Möglichkeit für die Republikaner, um den Kämpfern des Nordens zu helfen und Bilbao zu retten: sofort an den anderen Fronten, im Süden, in der Mitte und in Aragón anzugreifen, um die Faschisten zu zwingen, Truppen und Waffen aus dem Norden abzuziehen und sie an die bedrohten Abschnitte zu werfen.
Leider haben die Reorganisierung des Heeres und die Aufstellung von Reserven nach den siegreichen Gegenoffensiven von Guadalajara und von Pozoblanco nicht alle möglichen und erforderlichen Fortschritte gemacht. Die neue Regierung Negrin ist wohl entschlossen, diesen Rückstand aufzuholen. Doch der Feind drängt; Ende Mai ist er bis auf Kanonenschußweite an den breiten Schutzgürtel von Bilbao herangekommen.
Die politischen Organisationen und die Gewerkschaften ganz Spaniens geben die Losung aus: „Angriff zur Rettung Bilbaos." Die Kommissare des Heeres bemühen

sich, den Offensivgeist der Truppe zu verstärken. Die Regierung plant verschiedene Operationen: auf der Sierra gegen Valsain und Segovia; in Aragón gegen Huesca. Der Angriff gegen Valsain hat das Ziel, die feindliche Front im Abschnitt von Matabuei, Valsain und La Granja zu durchbrechen und diese Stellungen zu besetzen. Im Anschluß daran ist beabsichtigt, in einer Bewegung in westlicher Richtung den Angriff auf Segovia, das bedeutendste Straßenzentrum für alle faschistischen Stellungen der Sierra, vorzutragen.

Mit dieser Operation wird die 35. Division beauftragt. Sie besteht aus der XIV. Internationalen sowie der XXXI. und der LXIX. spanischen Brigade. Ein Teil der republikanischen Luftwaffe, etwa zehn Panzer und einige Artilleriegeschütze werden die Infanterie unterstützen. Unserer XIV. Brigade ist eine internationale Batterie unterstellt, die jedoch nur über ein einsatzfähiges Geschütz verfügt.

Im Angriffsplan ist folgendes vorgesehen: die LXIX. Brigade greift links Cabeza Grande und Matabuei an; die XIV. Brigade geht in der Mitte vor, auf der Sohle des Tales, das zwischen herrlichen Pinienhainen von Puerto de Navacerrada nach Valsain und nach La Granja abfällt, und greift diese Ortschaften an, während die XXXI. Brigade rechts bei der Besetzung La Granjas mitwirkt.

In der Nacht vom 29. zum 30. bezieht die XIV. Brigade ihre Ausgangsstellungen. Der Angriff beginnt am Morgen des 30. um 6 Uhr nach einem Bombenangriff unserer Luftwaffe. Die Infanterie erreicht bei ihrem Vorrücken rasch die feindlichen Linien. Die LXIX. Brigade besetzt ohne große Schwierigkeiten Cabeza Grande, doch die Bataillone der XIV. Brigade werden vor dem massiven Drahtverhau aufgehalten, der zum Schutz Valsains angelegt ist und der von zahlreichen automatischen Waffen verteidigt wird. In Richtung La Granja erzielt die XXXI. Brigade keine nennenswerten Erfolge.

Während des ganzen Vormittags ist keine Nachricht über ein Bataillon der XIV. Brigade zu erhalten, das zum Angriff unter den hohen Pinien im Talgrund angesetzt war. Das ruft Verwirrung und Unsicherheit hervor. Der Cerro del Puerto sollte überraschend genommen werden, doch die Überraschung fehlte. Den ganzen Tag über wird mit Erbitterung gekämpft, aber es werden keine nennenswerten Ergebnisse erzielt. Es wird beschlossen, am nächsten Tag nach Artillerie- und Luftwaffen-Vorbereitung erneut anzugreifen.

Die Vorbereitung seitens der Luftwaffe findet nicht statt, dennoch versucht die Infanterie, die faschistischen Linien zu durchbrechen, doch es ist vergeblich. Die XIV. kommt nicht voran. Es wird gemeldet, daß die XXXI. Brigade bis zu den Gärten und bis zu einigen Häusern von La Granja vorgedrungen ist. Zwei internationale Bataillone werden an diesen Abschnitt geschickt, um den Cerro del Puerto, eine befestigte Stellung der Faschisten, die das Vordringen auf Valsain behindert, von hinten anzugreifen. Gleichzeitig ist ein Angriff der XXXI. Brigade, die als Reserve dient, gegen Matabuei vorgesehen, das links Widerstand leistet, während die anderen Bataillone der XIV. Brigade Valsain selbst frontal angreifen werden.

Der Angriff findet in der Nacht statt. Unsere Freiwilligen kommen bis zum Drahtverhau, aber das heftige feindliche Feuer zwingt sie, zum Ausgangspunkt zurückzukehren. Während des 1. und 2. Juni wird noch erbittert gekämpft, ohne daß irgendeine ernsthafte Veränderung der Lage herbeigeführt werden kann. Die festgesetzten

Ziele werden nicht erreicht. Die Operation ist in ihrer Gesamtheit improvisiert und ohne ein gründliches Studium der feindlichen Stellungen und des Geländes geführt worden. Die Verbindungen zwischen den verschiedenen Einheiten und zwischen diesen und dem Operativstab haben sich als prekär und unzuverlässig erwiesen.

Der Feind ist jedoch gezwungen worden, beträchtliche Verstärkungen an den bedrohten Abschnitt zu bringen, um die Gefahr abzuwenden. Diese Verstärkungen sind es, die in der Nacht des 3. Juni heftige Gegenangriffe in der Absicht ausführen, uns aus den eroberten Stellungen zu werfen. Diese Gegenangriffe überraschen uns im kritischen Augenblick, als die Truppen an der Front abgelöst werden. Dennoch werden sie vollständig zurückgewiesen, und am Morgen des 4. Juni erreichen die verschiedenen Einheiten, die am Angriff teilgenommen haben, ganz ruhig ihren Ausgangspunkt und überlassen die eroberten Stellungen Sicherungstruppen.

Nicht weniger ehrgeizig ist der Plan für die Operation gegen Huesca. Hier ist vorgesehen, Chimillas und Alerre anzugreifen, die feindliche Front zu durchbrechen, um die Hauptstraße von Zaragoza nach Huesca zu erreichen, Huesca abzuschneiden und anschließend zu besetzen.

Die für diese Operation vorgesehenen Kräfte sind die der alten XII. Brigade, die jetzt bereits in zwei Brigaden organisiert ist: die XII., jetzt „Garibaldi", und die CL., „Dombrowski", die von einem Spanier namens Gerassi geführt wird. Ihre Mannschaftsbestände sind stark reduziert. Insgesamt verfügen sie über etwa dreitausend Mann, von denen einige Hundert sehr junge aragonische Rekruten sind, die erst vor wenigen Tagen in die Brigade aufgenommen wurden. Mit den Internationalen operiert die CXLIX. spanische Brigade, ein Bataillon Anarchisten „negro y rojo" (schwarz und rot), ein spanisches Bataillon, Todesbataillon genannt, das von Fausto Nitti befehligt wird, sowie sechs Panzer und drei Batterien Artillerie, darunter die italienische „Gramsci".

Es ist die erste Operation nach den Maitagen von Barcelona, die ziemlich ernste Rückwirkungen auf die Aragónfront gehabt haben, wo die Poumisten eine Division vollständig kontrollierten und Agenten und Komplizen in verschiedenen anderen Einheiten hatten. Die Operation soll dazu beitragen, die Moral wieder zu heben und den Kampfgeist der Truppe zu stählen. Doch die politische Lage ist noch nicht wieder völlig gesundet, und die Operation wird in einer Atmosphäre des Mißtrauens gegen die Zentralregierung und insbesondere gegen die Internationalen Brigaden vorbereitet, die zum erstenmal in Aragón in Erscheinung treten.

Die Agenten der Fünften Kolonne verbreiten das Gerücht, daß die Internationalen nicht kommen, um gegen die Faschisten zu kämpfen, sondern um Polizeiaktionen gegen die Anarchisten durchzuführen. Leider wird das Gerücht auch von einigen Offizieren der Brigade „Garibaldi" aufgegriffen und verbreitet, obwohl es sich niemals, weder an dieser Front noch an anderen, darum gehandelt hat, die internationalen Freiwilligen bei Polizeiaktionen einzusetzen. Es war und ist eine ständige Direktive der Führer der Internationalen Brigaden, sich jeder Parteinahme in den Gegensätzen unter den verschiedenen spanischen politischen und gewerkschaftlichen Strömungen zu enthalten. Das hindert die faschistischen Agenten jedoch nicht, ihr Gift zu verspritzen in der Absicht, die Einheit des Heeres und die innere

Geschlossenheit der Brigaden selbst zu zerstören, in denen – wie insbesondere bei der Brigade „Garibaldi“ – Kommunisten und Anarchisten brüderlich vereint kämpfen.
Gedeckt durch diese Verleumdungen, betreibt der Feind fast offen eine umfangreiche Spionage- und Sabotagetätigkeit. Tatsächlich treffen die Internationalen Brigaden am 27. Mai in Caspe ein. Am gleichen Tag wird diese Tatsache vom faschistischen Rundfunk von Zaragoza bekanntgegeben. Für den feindlichen Generalstab ist es nicht schwer, zu folgern, daß an diesem Abschnitt eine Operation vorbereitet wird, da die Internationalen überall als Sturmtruppen bekannt sind. Andererseits ist es nahezu sicher, daß die Faschisten genau wissen, was vorbereitet wird, und daß sie die Truppen kennen, die dabei eingesetzt werden sollen.
Zu allem Unglück verlieren die internationalen Freiwilligen am Vorabend der Aktion ihren Kommandeur, den General Lukács, der sie organisiert und bei der Verteidigung Madrids, in der Universitäts-Stadt und bei Majadahonda, am Jarama und bei Guadalajara geführt hat. Er war zum Chef der gesamten Operation bestimmt worden; er fällt, als er mit den Brigadekommandeuren vorfährt, um das Gelände kennenzulernen, auf dem operiert werden soll. Sein Wagen wird von einer Granate getroffen, die ihn auf der Stelle tötet und einen anderen Offizier sowie den stellvertretenden Politkommissar der Brigade schwer verwundet. Mit dem General Lukács verlieren die Internationalen Brigaden einen ihrer hervorragendsten und tapfersten Führer. Schriftsteller, Frontkämpfer des österreichisch-ungarischen Heeres zur Zeit des Weltkrieges, Kommandeur in der Roten Armee während der Großen Sozialistischen Oktoberrevolution – beschließt der General Lukács, Maté Zalka, auf diese Weise auf Spaniens Boden wie Tausende andere schlichte Helden ein Leben des Kampfes für die Freiheit und den Fortschritt.
Die strategischen Befehle für die geplante Operation werden trotz des Todes des Kommandeurs beibehalten. Petrow (F. Kosowski) übernimmt das Kommando der Division. Doch die Unglücksfälle sind noch nicht zu Ende. Einige Stunden nach dem Tod General Lukács' fällt auch der Chef des Sanitätsdienstes der gesamten internationalen Truppen, Doktor Heilbrunn, unter den MG-Schüssen eines faschistischen Fliegers. Die Operation beginnt wirklich unter einem bösen Stern.
Am 12. Juni nimmt die Operation gegen Chimillas und Alerre ihren Anfang. Links greift die CXLIX. Brigade an; in der Mitte die XII. und rechts die CL. Nach einem kurzen und heftigen Bombenangriff unserer Luftwaffe greifen das Bataillon Rákosi und eine halbe Stunde später das französisch-belgische Bataillon der CL. Brigade die feindlichen Stellungen an.
Unsere Linien sind von den faschistischen etwa siebenhundert Meter entfernt. Das Gelände ist fast völlig offen und steigt leicht an. Es gibt keine Bäume und ziemlich wenig Vegetation. Es ist ein kahles Gelände mit Steinen und ein paar kaum kniehohen Sträuchern. Lediglich etwa hundert Meter von den faschistischen Linien entfernt, in dem Gelände, in dem die „Garibaldi“ operieren soll, fließt ein kleiner Wasserlauf, in dessen Bett man sich vor den feindlichen Geschossen schützen kann. Zur festgesetzten Stunde setzen sich alle Panzer in Richtung Chimillas in Bewegung. Sie sind bereits in Höhe der Drahtverhaue und fahren über sie hinweg; doch dann zögert einer, hält an und macht kehrt. Ein heftiges feindliches Maschinengewehr- und

Artilleriefeuer schlägt den Angreifern entgegen, es stoppt den Sturmangriff der Infanterie ab und zwingt alle Panzer zum Rückzug.
Es ist nicht möglich, Chimillas frontal zu erobern; die Truppen müssen in ihre Stellungen zurückkehren. Der Angriff wird am 16. wieder aufgenommen. Dieses Mal werden Chimillas und Alerre mit der Unterstützung von Panzern und einer stärkeren Luftwaffen- und Artillerievorbereitung auf beiden Abschnitten gleichzeitig angegriffen. Doch der Feind hat Verstärkungen erhalten und verfügt über mehr Artillerie als an den ersten Tagen. Faschistische Staffeln stoßen herab, um die Angreifer zu bombardieren und mit Bordwaffen zu beschießen.
Die Unsrigen rücken bei drückender Sonne vor, die XII. auf Alerre, die CL. auf Chimillas. Sie stoßen auf heftiges feindliches Feuer. Aus den kleinen Bunkern beschießen die Sturmtruppen des Feindes – Gurdias Civiles, „requetés" und Mauren – die Unsrigen, die sich platt an die Erde schmiegen. Es gibt keinen Meter Boden, der nicht von den faschistischen Geschossen getroffen wird. Tote und Verwundete liegen auf dem Schlachtfeld. Überall hört man Jammern und Hilferufe.
Es gibt bewundernswerte Beispiele von Heroismus und Mut. Der Kommandeur Libero Battistelli, ein edler Republikaner, der aus Argentinien, wohin er geflüchtet war, nach Spanien gekommen ist, um für die Freiheit zu kämpfen, führt seine Leute ruhig und gelassen zum Angriff und fällt an ihrer Spitze.
Der Kommandeur Paul Nieburg und der Kommissar Jaro Tarr, beide Angehörige des ungarischen Bataillons Rákosi, fallen vor den ersten eroberten Häusern Chimillas'. Zahlreich sind die Kämpfer, die von einem heimtückischen Geschoß in dem Augenblick getroffen werden, wo sie sich vorstürzen, um einem verwundeten Genossen Hilfe zu bringen.
Der Feind leistet Widerstand. Das Todesbataillon geht ebenfalls zum Angriff vor. Ein Bataillon der Brigade Karl Marx wird als Verstärkung geschickt. Diese Katalanen gehen diszipliniert und gelassen im feindlichen Feuer vor, als ob es sich um ein Manöver handelte. Sie erwerben sich die allgemeine Bewunderung. Sie gehen weiterhin vor, obwohl bei jedem Schritt Dutzende von ihnen fallen. Auch ihr Kommandeur wird tödlich getroffen. Jetzt erst zögert das Bataillon und verliert die Fassung. Auch dieser zweite Angriff scheitert.
Es ist weder möglich, vor- noch zurückzugehen; jeder bleibt an Ort und Stelle, an den Erdboden gepreßt. Feindliche Maschinengewehre schießen von allen Seiten und mähen die Männer mitleidlos nieder. Jede Geländefalte muß ausgenutzt werden, um sich zu verbergen und die Nacht abzuwarten, dann erst wird es möglich sein, in die Ausgangslinien zurückzukehren, die Verwundeten abzutransportieren und die Toten zu begraben.
Am 18. Juni wird an einem anderen Frontabschnitt mit spanischen Truppen noch einmal versucht, die feindlichen Linien zu bezwingen. Doch die Ergebnisse sind auch hier nicht besser. Bis zum 20. erscheinen die beiden Luftwaffen über den Köpfen der Kämpfenden, um ihre Aufgabe der Beobachtung, der Beschießung und der Bombardierung zu erfüllen. Auch die Artillerieduelle halten die Front wach, doch es findet kein Infanterieangriff mehr statt. Die Operation ist beendet.
Die Anwesenheit der Internationalen Brigaden an dieser Front wird daher zwecklos. Sie werden am Morgen des 21. abgezogen und in das rückwärtige Gebiet, in die Nähe

Tortosas, transportiert, wo jede von ihnen durch spanische Rekruten verstärkt wird, die einzugliedern und auszubilden sind.
Die beiden Offensivversuche der Republikaner, die dem Norden Hilfe bringen sollten, haben zu keinerlei nennenswerten Ergebnissen geführt. Dem Feind fiel es nicht schwer, sie allein mit seinen örtlichen Reserven abzuwehren. Es hat nicht an der Tapferkeit der Kämpfer gefehlt; doch die Mittel standen in keinem Verhältnis zu den Zielen, und in der Kampfführung haben sich organische Mängel bemerkbar gemacht. Formal ist es zwar richtig, daß man seit der Schlacht am Jarama bereits mit Divisionen und Armeekorps operiert. Doch die Stäbe dieser Formationen sind in den meisten Fällen ziemlich schwach organisiert, und die Division ist nur eine strategische Einheit, die anläßlich dieser oder jener militärischen Operation aufgestellt wird.
Die Brigaden werden ziemlich leicht von einer Division zu einer anderen gelegt, so daß der Stab die ihm unterstellten Einheiten nicht richtig kennt und nicht wirksam eingreifen kann, um ihre Organisation und ihre Ausbildung zu verbessern. Andererseits kennen die Brigade-Kommandeure die Division, der sie von Fall zu Fall angehören, nicht gründlich, und da sie mit ihr nicht fest verbunden sind, kennen sie keinen Korpsgeist und fühlen sich deshalb oft völlig autonom. Daraus ergibt sich ein Mangel an Disziplin und an Aktionseinheit sowie an Kontrolle bei der Ausbildung der Truppe und bei der Ausführung der Befehle.
Sowohl beim Angriff auf Valsain als auch bei der Offensive von Huesca hat sich unsere Bewaffnung als völlig unzulänglich gezeigt, die Ziele zu erreichen. Die wenigen Panzer operierten fast immer isoliert, und die paar Artilleriegeschütze waren nicht imstande, die starken feindlichen Verteidigungsanlagen zu zerstören.
Die Offiziere, die während dieser Operationen die angreifenden Einheiten geführt haben, kannten das Gelände und die Stellung der automatischen Waffen des Feindes nicht genügend. Andererseits erwiesen sich zahlreiche Informationen als ungenau. Bei Valsain wurde zum Beispiel mitgeteilt, daß der Cerro del Puerto nicht vom Feind besetzt wäre. Im Verlauf der Operation hat es sich aber herausgestellt, daß er der wesentliche, gut befestigte Punkt seines Verteidigungssystems war. Ähnliche Dinge haben sich bei Huesca wiederholt, wo die Faschisten von Kriegsbeginn an die Befestigungsarbeiten nicht eingestellt hatten. Ein Angriff auf so gut befestigte Stellungen wie die von Huesca hätte nur durch Überraschung gelingen können. Doch die Überraschung hat vollkommen gefehlt.
Die Operation von Huesca sollte die Feuertaufe für die beiden neuen Brigaden „Garibaldi“ und „Dombrowski“ sein, die aus der alten XII. Brigade hervorgegangen waren. Doch sie traten in den Kampf ein, noch bevor ihre Organisation beendet war. Noch auf der Fahrt von Madrid nach Huesca erhielten sie als Verstärkung Rekruten ohne militärische Ausbildung und einige Kompanien des Bataillons „Komsomol“, das in Katalonien aufgestellt worden war und zumeist aus jungen Bauern bestand.
Doch diese Jugendlichen sind in die Internationalen Brigaden eingetreten, weil sie glaubten, mit ihrer Hilfe gegen die Gewalttätigkeiten der Anarchisten kämpfen und ihnen Widerstand leisten zu können. Als sie bemerken, daß die Internationalen Brigaden nicht gegen die Anarchisten Krieg führen, sondern daß sie im Gegenteil Seite an Seite mit allen Einheiten des spanischen Heeres kämpfen und daß sie sich aus

allen Kräften bemühen, brüderliche Beziehungen mit allen und insbesondere gerade mit den anarchistischen Kämpfern herzustellen, kühlt sich ihre Begeisterung ab.
Alle diese Tatsachen bestätigen aufs neue, daß man nach den Siegen von Guadalajara und Pozoblanco kostbare Zeit für die Reorganisierung und die Stärkung des Heeres verloren hat. Jetzt rächt sich die verbrecherische Politik, die von Caballero und von seinen schlechten militärischen Ratgebern betrieben wurde. Unter ihrer Führung wurde nicht das Erforderliche getan, um die schweren Verluste der harten Verteidigungskämpfe vor Madrid aufzufüllen. Es wurden keine starken und gut ausgebildeten Reserven aufgestellt. Immer wieder werden die gleichen Sturmtruppen, vor allen Dingen die aus dem alten Fünften Regiment hervorgegangenen Brigaden und die Internationalen, an allen schwierigen Kämpfen eingesetzt. Sie verlieren die besten Kräfte und Kader, die dann in aller Hast und nur teilweise durch neue Elemente ersetzt werden. Danach werden diese Einheiten nicht in die rückwärtigen Gebiete verlegt, wo sie sich ausruhen und reorganisieren können, sondern müssen weiterhin an der Front bleiben, um dort Wache zu halten.
Erst mit der Bildung der Regierung Negrin werden alle militärischen Probleme tiefer und genauer im Hinblick auf die realen Belange des Kampfes betrachtet. Nur daß jetzt die Ereignisse drängen und man das überstürzt und oft schlecht ausführt, was man früher in Ruhe und gut hätte ausführen können. Die Operationen von Valsain und Huesca sind schon zum Teil das Ergebnis dieser Improvisation und dieser Hast.
Doch jetzt muß der Kampf mit größerer Intensität und umfangreicheren Mitteln fortgesetzt werden. Nach der Besetzung von Bilbao beeilen sich die faschistischen Führer, ihre Pläne gegen den noch freien Teil des Nordens durchzuführen. Die spanische Regierung kann dem Norden keine bedeutende materielle Hilfe senden; deshalb muß sie versuchen, mit stärkeren Offensivaktionen als bisher an den übrigen Fronten Spaniens den Feind zu zwingen, Waffen und Menschen von seinen Angriffsabschnitten abzuziehen, und auf diese Weise den Unsrigen die Verteidigung Santanders und Asturiens zu erleichtern.

Die Kontrollgebiete der Seestreitkräfte, die vom Nichteinmischungs-Ausschuß festgelegt wurden

Unter der Maske der Nichteinmischung

Wir haben bereits gesehen, daß der sogenannte Nichteinmischungsausschuß von Anfang an eine Komödie war. Die faschistischen Führer Italiens, Deutschlands und Portugals haben sich seiner zu dem einzigen Zweck bedient, um die französische und die englische Regierung zu erpressen, die sich übrigens stets recht gerne unter Druck setzen ließen. Unter dem Vorwand, die Verpflichtungen der Nichteinmischung zu respektieren, haben die Regierungen in London und Paris faktisch gegen die legitime spanische Regierung interveniert, da sie ihr die Rechte einer legalen Regierung absprachen und die besonderen Abmachungen nicht einhielten, die sie vorher mit ihr unterzeichnet hatten.

Praktisch wurde die legale, demokratische und parlamentarische Regierung in Madrid auf die gleiche Stufe mit der angeblichen Regierung der Rebellengeneräle gestellt, die auf dem von ihnen besetzten Territorium lediglich durch die Gewalt der Waffen, welche dem Vaterland auf betrügerische Art und Weise entwendet wurden, und durch die fremde Hilfe eingesetzt und gehalten wird. Jedoch, es besteht ein Unterschied: während die Regierungen in Paris und London die übernommenen Verpflichtungen achten, machen sich die Regierungen in Rom, Berlin und Lissabon darüber lustig. Bei jeder demagogischen Beschuldigung von seiten der faschistischen Regierungen, daß sie nämlich den „Roten" des republikanischen Spaniens „helfen", beeilen sich die französischen und englischen Führer, die Maßnahmen zum Nachteil der Rechte der legitimen spanischen Regierung zu verstärken. Jede Kapitulation der demokratischen Regierungen vermehrt die faschistischen Vorwände Mussolinis und Hitlers zugunsten Francos.

Die französischen und englischen Führer beabsichtigen auch nicht, ihre Politik zu ändern, nachdem bei den militärischen Operationen von Málaga und Guadalajara der Umfang und die Bedeutung dieser Intervention so augenfällig sichtbar geworden war. Im Gegenteil, gerade nach Guadalajara geben sie einer weiteren faschistischen Erpressung nach und beschließen, die Grenzen und die spanischen Gewässer einer Kontrolle zu unterziehen. Noch mehr: sie vertrauen italienischen und deutschen Kriegsschiffen die Kontrolle über die republikanischen Gewässer an.

Ausgerechnet der Wolf wird zum Wächter des Schafstalles gemacht, den er aufbrechen und verwüsten will. Auf diese Weise können die Diktatoren in Rom und Berlin nicht nur unter der Maske der Kontrolle den Nachschub für Franco frei liefern, sondern auch unmittelbar – immer unter der Flagge der Nichteinmischung – gegen die Rechte und den Handel der legalen spanischen Regierung intervenieren. Hier wird die Komödie nicht nur zu einer Farce, sondern zu einer Tragödie. Es kann kein Zweifel bestehen, daß zweierlei Maß angewandt wird und daß die Prinzipien, ja selbst die Gesetze auf den Kopf gestellt werden, die die Beziehungen zwischen den Regierungen regeln.

Die Lage ist tatsächlich so, wie sie der sowjetische Delegierte beim Völkerbund, Litwinow, definiert. Wir haben, so erklärt er, auf der einen Seite die legale Regierung,

die von allen Staaten ohne Ausnahme und vom Völkerbund anerkannt wurde und die auf der Grundlage der spanischen Verfassung und des demokratischen Wahlrechtes gebildet wurde, eine Regierung, die das Vertrauen des Volkes genießt, eine Regierung, die für die Disziplin im Heer und bei der Flotte verantwortlich ist und die, notfalls mit Hilfe von Gewalt, alle Angriffe zu unterdrücken hat, die auf die Änderung der bestehenden Ordnung abzielen. Auf der anderen Seite haben wir eine Handvoll Generäle und Offiziere, die ihre militärische Pflicht verletzt und sich gegen die legale Regierung und gegen die Verfassung ihres Landes erhoben haben, die militärische Aktionen begannen, wobei sie sich vor allen Dingen auf fremde Söldnertruppen stützen.
Man kann nicht einmal die Frage nach einer juristischen Gleichheit der beiden Parteien stellen. Die ausländischen Regierungen haben das Recht, mit der spanischen Regierung Beziehungen aufzunehmen, mit ihr jedes Handelsgeschäft abzuschließen, das ihnen angemessen erscheint, einschließlich des Verkaufs von Kriegsmaterial, ohne dabei gegen irgendwelche internationale Normen oder Verpflichtungen zu verstoßen. Die Beziehungen zu den Rebellengenerälen, genauer gesagt, deren Belieferung mit Kriegsmaterial, sind dagegen ein klassisches Beispiel für die Einmischung in die inneren Angelegenheiten eines anderen Landes.
Trotzdem die internationale Stellung der beiden kämpfenden Parteien restlos klar ist, werden die Rebellengeneräle, die Verräter ihrer Regierung und ihres Vaterlandes, von den faschistischen Regierungen anerkannt, beschützt und unterstützt, während die legitime spanische Regierung von den Regierungen, die sich demokratisch nennen, ihrer internationalen Rechte beraubt und unter Kontrolle gestellt wird, als ob sie und nicht die Rebellen der Störenfried der Ordnung und des Friedens unter den Völkern sei.
Wie man sieht, wurde und wird alles getan, um die Drahtzieher des faschistischen Aufstandes sowie ihre internationalen Bundesgenossen und Komplizen zu ermutigen. Je größer die Schwierigkeiten Francos, desto stärker wird die Hilfe der faschistischen Regierungen für ihn. Je mehr diese gezwungen sind, offen und in immer unverschämterer Weise aufzutreten, desto weniger wollen die englischen und französischen Fürsprecher der sogenannten Nichteinmischung sehen. Sie wollen nicht wissen, was alle sehen und was alle wissen. Sie weisen jede sowjetische Anregung und jeden sowjetischen Vorschlag zurück, die darauf abzielen, dem spanischen Volk und den Regierungen die völlige Handlungsfreiheit wiederzugeben. Auf jede Vorstellung des Volkes gegen diese so kurzsichtige und für den Frieden und die Freiheit der Völker so nachteilige Politik antworten die englische und die französische Regierung mit einer Verstärkung der Nichteinmischung – so sagen sie – und einer Verschärfung der internationalen Beschränkungen und Kontrollen zum ausschließlichen Nachteil der republikanischen spanischen Regierung.
Auf diese Weise werden das spanische Volk und seine legitime Regierung dafür bestraft, daß sie ihre Freiheit und nationale Unabhängigkeit verteidigen wollen, während die Rebellen und ihre Komplizen für die Attentate, die sie nicht nur auf die Rechte eines freien und stolzen Volkes, sondern auch gegen den Frieden der Welt verüben, belohnt und dazu ermutigt werden. Die Heuchelei der Regierungen in Paris und London deckt die Unverschämtheit der Diktatoren in Rom und Berlin; die Schwäche jener ist die Stärke dieser.

England besaß ungezählte Möglichkeiten, um gegen Portugal vorzugehen; es konnte diesen Staat nachdrücklich darauf aufmerksam machen, die internationalen Verpflichtungen besser einzuhalten. Aber es hat Portugal gewähren lassen. England konnte, wenn es wollte, sehr klar und deutlich zu den Diktatoren in Rom und Berlin sprechen; es hat ohne Bedenken zugelassen, daß auch diese ganz nach ihrem Belieben verfuhren. Es hätte genügt, wenn Frankreich, das durch die Kriegspläne Hitlers und Mussolinis am unmittelbarsten bedroht war, die Verträge, die es hinsichtlich des internationalen Handelsaustausches an Spanien banden, eingehalten hätte; statt dessen war Frankreich der Erfinder und Hauptdarsteller der Komödie der einseitigen Nichteinmischung, das heißt der Nichteinmischung ausschließlich zum Nachteil der Republikaner.
Man glaubte und glaubt noch, auf diese Weise den Krieg zu verkürzen; man hat ihn nur verlängert. Sich selbst überlassen, wären die Rebellengeneräle schon längst hinweggefegt oder säßen jetzt in irgendeinem Gefängnis in Erwartung des Urteils. Das beweist die Leichtigkeit, mit der die faschistische Rebellion von den ersten Tagen an in den Hauptzentren Spaniens erstickt worden ist, ferner die siegreiche Verteidigung Madrids trotz der ungeheuren materiellen Hilfe ausländischer Mächte für die Rebellen und schließlich die Niederlage von Guadalajara, wo sowohl die spanischen Rebellen als auch die italienischen Legionen auf offenem Feld von den Kräften des jungen Volksheeres geschlagen worden sind. Noch heute sind die Rebellen, trotz der vermehrten fremden Hilfe, dem republikanischen Feuer ausgesetzt. Deshalb interveniert der sogenannte Nichteinmischungs-Ausschuß, um die Küsten Spaniens einer Kontrolle zu unterziehen, das heißt, um zu versuchen, den Ring, der die Aktion der republikanischen Regierung ersticken sollte, ein wenig enger zusammenzuschnüren.
Das geschieht angeblich, um den Frieden in Europa zu retten; in der Tat trägt man aber dazu bei, die Kriegshandlungen auszuweiten, so daß tatsächlich die Gefahr entsteht, daß die ganze Welt in Brand gerät. Hitler und Mussolini intervenieren an Francos Seite nicht nur, um die demokratischen und fortschrittlichen Bestrebungen der spanischen Volksmassen zu ersticken. Sie intervenieren auch, um sich sichere Ausgangspunkte für die Verwirklichung ihrer Kriegspläne zu schaffen. Gerade Frankreich und England werden durch diese Pläne am meisten bedroht. Aber ihre Regierungen unternehmen nichts, um sie zu vereiteln. Hitler und Mussolini versorgen Franco mit allem, die Führer in Paris und London tun dagegen alles, damit sich die Regierung in Madrid bei den westeuropäischen Ländern und in Amerika nicht das besorgen kann, was sie benötigt, und damit sie nicht Kriegsmaterial erhalten kann, das ihr die Sowjetunion und teilweise auch Mexiko liefert.
Während der Offensive gegen Bilbao erklärt Franko die Blockade über den Hafen dieser Stadt. Das ist reine Aufschneiderei; erstens, weil die Seestreitkräfte der Rebellen überhaupt nicht in der Lage sind, die Blockade durchzuführen; zweitens, weil die Seestreitkräfte der Regierung auf der Hut sind und allen Schiffen, die den Hafen von Bilbao aufsuchen wollen, die Ein- und Ausfahrt sichern. Doch die Erklärung Francos verfolgt einen Zweck: sie soll der englischen Regierung nicht nur Angst einjagen, sondern ihr auch einen Vorwand liefern, um noch ein weiteres Mal gegen die Regierungskräfte intervenieren zu können, die diese fleißige Stadt im Norden verteidigen.

In der Tat beschließt das konservative englische Kabinett am 11. April – das heißt nach der Demonstration der massierten Intervention des italienischen Faschismus in Spanien bei Guadalajara –, daß die britischen Handelsschiffe nach der Blockierung Bilbaos durch die Rebellenschiffe in jene Hoheitsgewässer nicht eindringen sollen, auch nicht, um Lebensmittel dorthin zu bringen. Das große England, die sogenannte Königin der Meere, verzichtet angesichts der lächerlichen und ohnmächtigen Drohung Francos auf die Freiheit seines Handelsverkehrs. Es kapituliert widerstandslos vor einer einfachen Warnung der Rebellen. Hier handelt es sich nicht mehr um Nichteinmischung, sondern um offene Beteiligung an den Versuchen der Rebellen, eine ihrer legitimen Regierung treu ergebene Stadt auszuhungern.

Man beachte, daß diejenigen, die die Blockade Bilbaos verkünden und die Stadt vom Lande her angreifen, nicht nur Rebellen, sondern auch Söldner unter dem Befehl fremder Regierungen sind, von denen sie angestiftet und bewaffnet wurden und die ihnen sogar reguläre militärische Einheiten geschickt haben. Und vor den Warnungen dieser Leute kapitulieren die Regierungen in Paris und London, die zuerst alles getan haben, um den republikanischen Verteidigern Bilbaos Waffen und Munition vorzuenthalten, und sich nun an den faschistischen Versuchen beteiligen, sie durch Aushungern zur Übergabe zu zwingen. Das ist ein weiterer Schritt der angeblich demokratischen Regierungen auf dem Wege zur offenen Intervention gegen die spanische Regierung; denn es gibt bisher keinerlei Anweisung des sogenannten Nichteinmischung-Ausschusses, die die Lebensmittelversorgung der republikanischen Städte verbietet.

Wenn die Regierungen Frankreichs und Englands, die durch einen Sieg Francos in Spanien alles zu verlieren haben, schon so weit gehen, kann man sich leicht vorstellen, was Hitler und Mussolini sich erlauben, die sich mit aller Entschiedenheit in das spanische Abenteuer eingelassen haben und die aus Francos Erfolg eine entscheidende Frage für ihr persönliches Prestige und für die Entwicklung ihrer Kriegspläne gegen die Demokraten machen. Wie bereits gesagt, betreiben die italienischen und deutschen Kriegsschiffe, die in die Gewässer der spanischen Republik geschickt wurden, um die Kontrolle über die Schiffe auszuüben, die der Regierung Waffen bringen, nicht nur auf eigene Rechnung den Schmuggel zugunsten der Franco-Anhänger; sie nehmen auch mit ihren Geschützen unmittelbar an den Feindseligkeiten gegen republikanische Schiffe, Flugzeuge und andere Kampfmittel teil.

Ende Mai unterbreitet der spanische Delegierte Alvarez del Vayo dem Rat des Völkerbundes einen überzeugenden Beweis, für den das Material auf den Schlachtfeldern von Guadalajara gesammelt wurde. Aus dem vorgelegten „Weißbuch" ergibt sich, daß die faschistische Intervention die Ausdehnung und den Charakter eines Unternehmens zur Eroberung des spanischen Territoriums mit Hilfe regulärer Einheiten des italienischen Heeres angenommen hat, daß die italienische Regierung auf dem Gebiet Francos Post- und Zensurdienststellen eingerichtet hat, als ob es sich um ein erobertes Territorium handelte; daß diese Operationen vom Kriegsministerium in Rom und vom Präsidium des italienischen Ministerrates geleitet werden und daß Mussolini persönlich seine Botschaften und Kampfappelle an die italienischen Soldaten richtet.

Angesichts dieses erdrückenden Beweises ist der Rat des Völkerbundes gezwungen, das teilweise Scheitern des „Nichteinmischung" genannten Systems zuzugeben. Dennoch spricht die am 29. Mai vom Rat des Völkerbundes angenommene Resolution dem Nichteinmischungs-Ausschuß, der beauftragt wird, den Abzug der ausländischen Kräfte aus Spanien zu organisieren, auch weiterhin das Vertrauen aus. Zum ersten Male ist in Dokumenten des Völkerbundes nicht mehr von „Freiwilligen" die Rede, sondern von „nicht spanischen" Kämpfern. Das heißt, die Fiktion der italienischen und deutschen „Freiwilligen" besteht nicht mehr. Gleichzeitig verurteilt der Völkerbund die Bombenangriffe auf offene Städte. Das ist nicht viel, doch die faschistischen Regierungen sind wenigstens in einigen Punkten angeprangert.
Am gleichen Tag, an dem der Völkerbund diesen Stellungnahmen zustimmt, eröffnet das deutsche Kriegsschiff „Deutschland" das Feuer auf republikanische Flugzeuge, die über der Insel Ibiza der Balearengruppe einen Erkundungsflug durchführen. Zwei Tage später beschießt ein deutsches Flottengeschwader die offene Stadt Almería unter dem Vorwand, die republikanischen Flugzeuge hätten bei Ibiza das deutsche Panzerschiff angegriffen. An der Beschießung Almerías nimmt auch das deutsche Schiff „Admiral Scheer" teil, das sich offiziell in jenen Gewässern befindet, um die vom Londoner Komitee beschlossene Kontrolle auszuüben.
Hier verwandelt sich die Komödie der Nichteinmischung entschieden in eine Tragödie. Im Grunde geht es darum: eine Großmacht schickt ihre Schiffe in die spanischen Gewässer unter dem Vorwand, den Transport von Kriegsmaterial zu verhindern; sie nutzt das aus, um mit ihren Schiffsgeschützen eine unverteidigte Stadt zu beschießen, die nicht imstande ist, das Feuer zu beantworten. Frauen, Kinder und Greise werden auf diese Weise ohne Mitleid, ohne Grund und ohne irgendeine Rechtfertigung ermordet.
Es ist eine regelrechte Kriegsprovokation, deren einziger Zweck es ist, noch einmal die dem Völkerbund angeschlossenen Regierungen einzuschüchtern, um sie zur Kapitulation und zum Verzicht auf ihre Forderung, die „nicht spanischen" Kämpfer aus Spanien zurückzuziehen, zu zwingen. Die faschistischen Regierungen wollen bei ihrer Hilfsaktion für Franco nicht gestört werden. Sie wollen weiterhin ohne irgendwelche Beschränkung und Behinderung Waffen, Techniker und Truppen senden können, vor allen Dingen jetzt, wo er sie dringender als je benötigt.

Man kann nicht auf zwei Hochzeiten tanzen

In den letzten Wochen mehren sich die Akte faschistischer Grausamkeit. Zahlreiche friedliche Ortschaften und Tausende unbewaffneter Bewohner werden von der Luftwaffe Francos unerwartet überfallen und brutal vernichtet. Guernica, das Heiligtum der baskischen Traditionen, wird zerstört, Durango in Brand gesteckt. Doch die Beschießung Almerías durch deutsche Schiffe übersteigt alle vorausgegangenen Akte der Gewalt und der Anmaßung. Die kaltblütige Ermordung friedlicher Menschen durch Schiffe einer nicht kriegführenden Macht muß alle ehrlichen und friedliebenden Menschen wegen des offen räuberischen und piratenhaften Charakters dieser Untat alarmieren. Diese Tat muß als eine offene Kriegshandlung der Hitler-Regierung gegen die spanische Republik angesehen werden. Um so mehr, als die deutsche und die italienische Regierung am gleichen Tag ihren Austritt aus dem Nichteinmischungs-Ausschuß erklären und ankündigen, daß sie weitere Kriegsschiffe in die spanischen Gewässer entsenden werden, daß sie von nun an gegenüber der republikanischen Regierung so handeln werden, „wie sie es für angemessen halten". Sie wollen die Hände frei haben, um neue Brutalitäten gegen das spanische Volk zu begehen und um ihre Eroberungspläne zu verwirklichen. Sie wollen die öffentliche Weltmeinung noch einmal vor vollendete Tatsachen stellen in der Absicht, sie einzuschüchtern und sie zum Nachgeben zu zwingen.

Doch gerade die Brutalität der faschistischen Aktion und die Gefahr, die sie für die nahe gelegenen und entfernteren Länder in sich birgt, rufen in allen Ländern einen Proteststurm gegen die jeweiligen Regierungen hervor, die so etwas zulassen. Es wird die Forderung nach einer internationalen Aktionseinheit erhoben, die imstande ist, dem angegriffenen spanischen Volk wirksame Hilfe zu erweisen Die Sozialistische Partei, die Kommunistische Partei und die Spanische Allgemeine Arbeiter-Union fordern das Weltproletariat auf, „die energischsten gemeinsamen Aktionen zu unternehmen, um die proletarische Solidarität aller Völker zu mobilisieren, die fest entschlossen sind, die Verwirklichung der faschistischen Pläne zu verhindern". Zu diesem Zweck wenden sich diese spanischen Arbeiterorganisationen nach der Beschießung Almerías mit einem gemeinsamen Appell an die Sozialistische Arbeiter-Internationale, an die Kommunistische Internationale und an den Internationalen Gewerkschaftsbund, damit diese Maßnahmen ergreifen, um auf internationaler Ebene gemeinsame Aktionen zum Schutz des spanischen Volkes zu organisieren.

Die Forderung ist völlig legitim. Der Genosse Dimitroff übermittelt den spanischen Parteien und Arbeiterorganisationen sofort die Zustimmung des Exekutivkomitees der Kommunistischen Internationale und teilt ihnen mit: „In Anbetracht des Ernstes der nach der Beschießung von Almería entstandenen Situation und auf Grund Ihres Appells unternehmen wir die entsprechenden Schritte zur Herstellung einer Verbindung mit der Sozialistischen Arbeiter-Internationale." Zur gleichen Zeit telegrafiert Genosse Dimitroff an De Brouckère, den Präsidenten der Sozialistischen Arbeiter-Internationale: „Wir stimmen den Vorschlägen der spanischen Genossen vollinhaltlich zu und unterstützen voll und ganz ihre Anregung. Wir schlagen unsererseits vor, eine ständige Kontaktkommission der drei Internationalen (Kommunistische Internationale, Sozialistische Arbeiter-Internationale und Internationaler Gewerkschaftsbund) zu schaffen, mit dem Ziel, die internationale Aktionseinheit gegen die militärische Intervention Deutschlands und Italiens in Spanien zu verwirklichen."

Wie wir bereits gesagt haben, kommt es bei diesem Kampf gegen die deutsche und italienische Intervention nicht nur darauf an, die Freiheit und die Unabhängigkeit Spaniens zu verteidigen, sondern auch den Frieden in der Welt zu erhalten und dem Faschismus Widerstand zu leisten, der darauf hinarbeitet, einen Weltbrand zu provozieren. Nur mit den vereinten Kräften der gesamten internationalen Arbeiterbewegung und aller aufrichtigen Friedensfreunde können die verbrecherischen und barbarischen Vorhaben der faschistischen Kriegstreiber ein für allemal zum Scheitern gebracht werden.

Dimitroff erläutert die praktische Tragweite der vorgeschlagenen internationalen Aktionseinheit gegen die faschistische Intervention in Spanien. „Die englischen Konservativen, die die Machenschaften Hitlers und Mussolinis befürworten, würden auf diese Weise in die Enge getrieben werden. Die englische und die französische Regierung würde genötigt sein, energische Schritte gegen die Intervention des deutschen und italienischen Faschismus zu unternehmen. Man könnte den Abzug der deutschen und italienischen Streitkräfte aus Spanien und die Zurückberufung der Interventen aus den spanischen Gewässern erzwingen. Man könnte erreichen, daß das Völkerrecht auf die spanische Republik angewendet würde. Man könnte erreichen, daß die faschistischen Interventen und Eroberer so behandelt würden, wie sie es verdienen, nämlich als Aggressoren, Räuber und Piraten. Die vereinte Aktion der Arbeiterklasse in der ganzen Welt würde der spanischen Republik und ihren heldenhaften Kämpfern nicht nur eine ungeheure moralische Hilfe, sondern auch eine gewaltige materielle Hilfe zusichern. Dies alles würde ohne jeden Zweifel den Sieg des spanischen Volkes beschleunigen. Schließlich könnte der vereinbarte Druck der fortschrittlichen Kräfte auf der ganzen Welt die Drahtzieher unschädlich machen."

Dimitroff macht diejenigen, von denen die Entscheidung der Sozialistischen Arbeiter-Internationale und des Internationalen Gewerkschaftsbundes abhängt, auf ihre gewaltige historische Verantwortung aufmerksam: „Man kann nicht auf zwei Hochzeiten tanzen. Vor jedem Arbeiter, vor jedem ehrlichen Sozialisten taucht unwillkürlich die Frage auf: Was wäre das für eine *Arbeiter*-Internationale, die die Vorschläge für die Einheitsfront ablehnt, wenn Millionen Arbeiter, die ihr angehören, gebieterisch die Aktionseinheit fordern? Was wäre das für eine *Sozialistische* Internationale, die die Mahnungen aus ihren Sektionen zurückweist, sogar aus einer Sektion wie die der Sozialistischen Partei Spaniens, die mit der Kommunistischen Partei an der Spitze des Kampfes gegen den Faschismus steht? Was wären das für *Arbeiter*-Führer und für *sozialistische* Führer, die die Aktionseinheit des internationalen Proletariats vereiteln würden, wenn diese Einheit gerade das *entscheidende Mittel* ist, um die faschistischen Unmenschen unschädlich zu machen? Was wären das für Vorkämpfer der internationalen Solidarität der Arbeiterklasse, die durch die Verhinderung der Aktionseinheit des Weltproletariats dem Faschismus helfen würden, die Arbeiterbewegung zu *vernichten* und die Völker zu versklaven?"

Klement Gottwald erinnert daran, daß die Kommunistische Internationale bereits zu Beginn des Spanienkrieges alle Arbeiterorganisationen der Welt aufgefordert hat, eine gemeinsame Aktion zur Unterstützung der spanischen Republik zu unternehmen. Als im Herbst 1936 die Lage in Spanien äußerst kritisch war und als die Rebellen auf Madrid vorrückten, wandte sich die Kommunistische Internationale sofort an die Sozialistische Arbeiter-Internationale. Am 6. Oktober 1936 ersuchten die Genossen Thorez und Cachin im Namen des Exekutivkomitees der Kommunistischen Internationale den Präsidenten und den Sekretär der Sozialistischen Arbeiter-Internationale, De Brouckère und Fritz Adler, ihnen eine Unterredung zu gewähren. Diese Unterredung fand am 14. Oktober 1936 statt. Die Genossen Thorez und Cachin schlugen den Vertretern der Sozialistischen Arbeiter-Internationale vor, in kürzester Frist eine internationale Tagung der Arbeiterorganisationen einzuberufen, um

die Fragen der gemeinsamen internationalen Hilfsaktion aller Arbeiterorganisationen zur Unterstützung des spanischen Volkes zu besprechen.
Die Vertreter der Sozialistischen Arbeiter-Internationale weigerten sich, für die Einberufung einer solchen Tagung zu stimmen, unter dem Vorwand, sie sei nicht notwendig. Ebenso lehnten sie den Vorschlag einer gemeinsamen internationalen Aktion zur Unterstützung des spanischen Volkes ab. Sie erklärten, jede Organisation solle die Aktion unabhängig und individuell führen. Sie stimmten nicht einmal dem Ersuchen zu, daß die Vertreter der Sozialistischen Arbeiter-Internationale selbst Vorschläge machen sollten, wie dem spanischen Volk besser als bisher geholfen werden könne. Sie gaben stets vor, alles getan zu haben, was in ihren Kräften stand.
Dennoch hörte die Kommunistische Internationale bis auf den heutigen Tag nicht auf, sich mit einer Geduld ohnegleichen zu bemühen, eine gemeinsame internationale Aktion zustande zu bringen. Am 25. Oktober 1936 beauftragt sie nochmals die Genossen Thorez und Chachin, sich an die Vorstände der in Paris versammelten Sozialistischen Arbeiter-Internationale und des Internationalen Gewerkschaftsbundes zu wenden. In ihrem Aufruf vom 7. November 1936 – in dem gleichen Augenblick, da das Schicksal Madrids an einem Faden hängt – beschwört die Kommunistische Internationale die Sozialistische Arbeiter-Internationale, angesichts des Ernstes des Augenblicks ihren Widerstand gegen eine gemeinsame Hilfsaktion aufzugeben. Am 28. Dezember 1936 wiederholt das Präsidium des Exekutivkomitees der Kommunistischen Internationale seinen Appell an die Sozialistische Arbeiter-Internationale und an den Internationalen Gewerkschaftsbund. Am 11. März 1937 findet in London eine Konferenz der Sozialistischen Arbeiter-Internationale und des Internationalen Gewerkschaftsbundes statt; dorthin delegiert das Exekutivkomitee der Kommunistischen Internationale die Genossen Thorez und Cachin, um dieser Konferenz analoge Vorschläge zu machen. Am 1. Mai 1937, an dem Tag, an dem Millionen Werkätige ihre leidenschaftliche Solidarität mit dem spanischen Volk bekundeten, ersucht die Kommunistische Internationale die Sozialistische Arbeiter-Internationale und den Internationalen Gewerkschaftsbund noch einmal, der Spaltung ein Ende zu machen. Doch alles war vergeblich.
Doch nicht nur die Kommunistische Internationale rief ohne Unterlaß zur Einheit auf. Die gleiche Stimme erhob sich in Spanien, an der am weitesten vorgeschobenen Kampffront. Im November 1936 wandte sich die Spanische Allgemeine Arbeiter-Union (Mitglied des Internationalen Gewerkschaftsbundes) mit einem dringenden Aufruf an alle internationalen Organisationen, in dem diese zur Unterstützung der gemeinsamen internationalen Aktion für Spanien aufgefordert wurden. Am 19. Januar 1937 wiederholte diese Gewerkschaft ihren Appell zur Einheit, und am 12. Februar 1937, nach der Besetzung Málagas durch die italienischen Faschisten, erinnerte der Generalsekretär der Organisation, der Sozialist Pascual Thomas, daran, daß auf diesen Appell noch niemand geantwortet hat. Am 11. März 1937 schlugen die spanischen Sozialisten und Gewerkschaftsorganisatoren, die Mitglieder der Sozialistischen Arbeiter-Internationale und des Internationalen Gewerkschaftsbundes sind, der Londoner Konferenz dieser Internationalen ebenfalls vor, die Sozialistische Arbeiter-Internationale und der Internationale Gewerkschaftsbund mögen sich endlich mit der gemeinsamen internationalen Aktion einverstanden erklären.

Alle diese Bemühungen sind bisher vergeblich gewesen. Die Führer der Sozialistischen Arbeiter-Internationale und des Internationalen Gewerkschaftsbundes haben selbst die Vorschläge, die Appelle, die Eingaben und die Gesuche ihrer eigenen Organisationen einfach ignoriert.

Im Gestrüpp des Formalismus

Leider antwortet der Präsident der Sozialistischen Arbeiter-Internationale auch dieses Mal nicht klar und deutlich auf den Vorschlag einer gemeinsamen Aktion der drei Internationalen. „Wir sind uns der Notwendigkeit einer energischen Aktion vollkommen bewußt und mehr denn je entschlossen, sie durchzuführen", schreibt De Brouckère an Dimitroff. „Unsere Internationale wird im Rahmen ihrer Verantwortung ihre ganze Pflicht erfüllen. Doch weder ihr Präsident noch ihr Sekretär haben, wie Ihnen bekannt ist, die notwendigen Vollmachten, sich im Namen der Internationale dem von Ihnen vorgeschlagenen Komitee anzuschließen." Genosse Dimitroff, der diese Antwort den Führern der spanischen Arbeiterorganisationen übermittelt, bemerkt dazu, daß „der Präsident der Sozialistischen Arbeiter-Internationale unter Berufung auf Gründe formaler Natur, nämlich das Fehlen der erforderlichen Vollmachten, es vermieden hat, unmittelbar auf unseren Vorschlag zu antworten, eine Kontaktkommission im Hinblick auf gemeinsame Aktionen der drei Internationalen zur Verteidigung des spanischen Volkes zu bilden".

Es besteht kein Zweifel: man kann nicht auf zwei Hochzeiten tanzen. Man kann nicht seine Solidarität mit dem spanischen Volk und seinen Haß gegen den Faschismus zum Ausdruck bringen und dann nichts unternehmen, um diese Solidarität und diesen Haß in die Tat umzusetzen. So handeln die, die sich der Aktionseinheit, das heißt dem *entscheidenden Mittel* widersetzen, das imstande ist, die eigenen Worte in Taten zu verwandeln.

Das ist nicht nur die Ansicht des höchsten Führers der Kommunistischen Internationale und der Kommunisten, sondern auch der spanischen sozialistischen und republikanischen Vertreter. Jetzt ist die Zeit der Taten und nicht der Worte und der Tränen, erklärt das Organ der UGT „Claridad" (Klarheit) in einem Kommentar zu der Antwort der Sozialistischen Arbeiter-Internationale auf den Aufruf der spanischen Arbeiterorganisationen, von dem wir oben gesprochen haben; in dieser Antwort hieß es, daß „die Werktätigen der ganzen Welt mit Euch die Opfer dieser feigen Aggression beweinen".

„Wir lassen nicht gelten, daß man sagt, wir beweinen die Opfer", schreiben die Führer der UGT. „Tränen? Nein! Tränen dienen nur dazu, die Augen zu entzünden, und wir brauchen einen recht klaren Blick, um die auf der Lauer liegenden Feinde zu erkennen. In dieser Stunde verweisen wir auf die unbedingte Notwendigkeit für die Arbeiter-Internationalen, ihre Pflicht, ihre ganze Pflicht zu tun. Angesichts des großartigen Beispiels der Männer, die mit einem Lächeln auf den Lippen fallen, taugen Tränen nichts. Deshalb sagen wir euch: Heult nicht, macht es uns nach!"

Noch strenger urteilt die Zeitung „Politica", das Organ der republikanischen Linken, über die Haltung der Sozialistischen Arbeiter-Internationale und des Internationalen

Gewerkschaftsbundes. „Es ist klar, daß die Verantwortung für die Verlängerung des Krieges sowohl bei den Regierungen, die ihre feierlichen Verpflichtungen vergessen, als auch bei den Arbeiterorganisationen liegt, die dies dulden und die Aggressionen der faschistischen Staaten nicht verhindern wollen oder können. Es ist unerklärlich, daß die Führer der großen internationalen Arbeiterbewegung ihre Pflichten gegenüber dem spanischen Volk vergessen und ihre Zuflucht zu gemeinen und falschen Vorwänden nehmen, um ihm nicht all die Hilfe zu leisten, die es verdient. Unter all den falschen Führern, die Sabotage gegen das spanische Volk betreiben, darf man diese beiden Namen nicht vergessen: Citrine und Adler und auch Schevenels; sie bremsen die Bestrebungen und den Willen der werktätigen Massen der Welt. Dadurch sind die verdienstvollen Bemühungen Vanderveldes, De Brouckères und Pietro Nennis und anderer tapferer Verteidiger des spanischen Volkes sowie die in London beschlossenen Resolutionen völlig wirkungslos geblieben."
Die Führer der Kommunistischen Internationale lassen sich durch die ausweichende Antwort des Präsidenten der Sozialistischen Arbeiter-Internationale nicht entmutigen. Sie wenden sich immer wieder beharrlich an ihn, um die internationale Aktionseinheit zu schaffen. „Leider", schreibt Dimitroff an De Brouckère, „gibt Ihr Telegramm keine klare Antwort auf unseren konkreten Vorschlag. Ihr Hinweis darauf, daß weder der Präsident noch der Sekretär der Sozialistischen Arbeiter-Internationale die Vollmachten besitzt, die Frage der Schaffung eines Kontaktkomitees zu lösen, scheint uns schon deswegen nicht stichhaltig, weil Sie diese Vollmachten bei der entsprechenden Instanz Ihrer Internationale erbitten können."
Nach der Behandlung des formalen Einwands kommt Dimitroff zu dem politischen Kern des Problems. „Man kann auch das Fehlen einer formellen Vollmacht nicht für entscheidend halten, wenn es sich um das Leben und die Unabhängigkeit des spanischen Volkes handelt, das ein Opfer der Aggression der deutschen und italienischen Eindringlinge geworden ist. Wir können auch Ihre Ansicht nicht teilen, daß die Sozialistische Arbeiter-Internationale vollauf ihre Pflicht erfüllt, da sie auch weiterhin die Vereinigung aller Kräfte des internationalen Proletariats zur Verteidigung des spanischen Volkes ablehnt."
Nach diesen allgemeinen Betrachtungen stellt Dimitroff die konkrete Frage: „Wenn Sie aus irgendeinem Grund die von uns vorgeschlagene Form des Kontaktes für unannehmbar halten, so verlangt das Interesse des gemeinsamen Hilfswerkes für das spanische Volk dennoch, daß Sie Ihrerseits andere konkrete Vorschläge machen, um zu dem gleichen Ziel zu gelangen. Uns geht es nicht um die Form, sondern um den Kern der Sache. Die Kommunistische Internationale, die alles tut, was von ihr abhängt, um den raschesten Sieg des spanischen Volkes über die faschistischen Rebellen und über die Eindringlinge zu gewährleisten, ist – wie wir schon früher erklärt haben – bereit, unverzüglich jeden Ihrer Vorschläge zu überprüfen. Wir glauben auch, daß ein vorläufiger Meinungsaustausch zwischen den Vertretern der Kommunistischen Internationale und der Sozialistischen Arbeiter-Internationale angebracht wäre, um die Durchführung der erforderlichen gemeinsamen Aktionen zu beschleunigen."
Auf die Erwägungen und Vorschläge Dimitroffs erwidert De Brouckère in einem Interview, daß die Bildung eines Kontaktausschusses oder jedes anderen gemein-

samen Ausschusses der beiden Internationalen im Augenblick nicht möglich sei, weil die Widerstände im Innern der Sozialistischen Arbeiter-Internationale zu stark seien und der Augenblick es nicht gestattet, die geringste Spaltung in ihren Reihen zuzulassen. De Brouckère erklärt, gemeinsame Aktionen seien auch ohne die Bildung gemeinsamer Ausschüsse der Internationalen möglich. Man müsse sich eben den vorhandenen Möglichkeiten anpassen. „In Ländern wie Frankreich, wo die Aktionseinheit möglich ist, wäre es angebracht, daß sie von einem gemeinsamen Organ geleitet würde. In den anderen Ländern muß man getrennt das gleiche Ziel anstreben."

Was die von Dimitroff vorgeschlagene Zusammenkunft von Delegierten der beiden Internationalen anbetrifft, erklärt De Brouckère folgendes: „Nur das Wesentliche ist von Bedeutung, und das Wesentliche ist die einträchtige Aktion zur Unterstützung Spaniens. Wir sind immer bereit, eure Vertreter zu unserer Information zu empfangen und unsere Meinungen über die beste Möglichkeit auszutauschen, wie man diese Aktion – wo es möglich ist im gemeinsamen Einvernehmen – überall ohne unnötige Reibereien verfolgen kann." Dimitroff teilt in seiner Antwort mit, daß das Präsidium des Exekutivkomitees der Kommunistischen Internationale für die Gespräche mit den Vertretern der Sozialistischen Arbeiter-Internationale über das Problem der Verteidigung des spanischen Volkes eine Delegation bestimmt hat, die aus Maurice Thorez, Marcel Cachin, José Diaz, Franz Dahlem und Luigi Gallo besteht. Thorez ist beauftragt, im Einvernehmen mit De Brouckère Ort und Zeitpunkt der Begegnung festzusetzen. Diese wird für Montag, den 21. Juni, in Annemasse an der Schweizer Grenze festgesetzt, um die Teilnahme De Brouckères zu erleichtern, der angibt, daß er bis zum 23. Juni in Genf an wichtigen Abstimmungen der Arbeitskonferenz teilnehmen muß.

Die Begegnung von Annemasse

Die Mitteilung, daß ich als Delegierter des Exekutivkomitees der Kommunistischen Internationale an der Begegnung mit den Delegierten der Sozialistischen Arbeiter-Internationale teilnehmen soll, erreicht mich unerwartet in Valencia, wo ich mich wegen der letzten Ehrungen aufhalte, welche Volk und Regierungsbehörden dem General Lukács und dem Chefarzt Heilbrunn erweisen, die bei Huesca gefallen sind. Ich muß sofort meine Pläne ändern. Anstatt an die Aragónfront zu gehen, wo die XII. Brigade in ernste Kämpfe verwickelt ist, muß ich mich darauf vorbereiten, zusammen mit Dahlem und Checa, der den erkrankten Diaz vertritt, zuerst einen Sprung nach Paris zu machen, wo wir die anderen Delegierten der Kommunistischen Internationale treffen sollen, und dann mit ihnen an die Schweizer Grenze zu fahren.

Ich muß Zivil anziehen. Aber wer weiß, wo sich die Kleidungsstücke befinden, die ich anhatte, als ich aus Frankreich gekommen bin, und wer weiß, in welchem Zustand sie sich befinden, wenn sie wirklich gefunden werden sollten? Innerhalb von vierundzwanzig Stunden wird ein neuer Anzug für mich angefertigt, der mich fast als einen „anständigen" Menschen erscheinen läßt. Nach einem Flug mit einer Zwischenlandung steige ich in Paris aus dem Flugzeug. Ich eile, meinen jüngsten Sohn zu begrüßen, der Gast der Familie Denini ist, und treffe mich mit einigen Genossen.

In diesen ersten Augenblicken komme ich mir ein wenig wie ein Fisch auf dem Trockenen vor. Ich komme aus Spanien, wo man überall vom Krieg spricht und Kriegsluft einatmet, und gerate nach Paris, wo diese Ereignisse als ein paar Zeilen in den Zeitungsberichten erscheinen oder auch nicht. Auf den Straßen und den Plätzen, in der Metro und in den Straßenbahnen merkt man, daß die Menschen ganz andere Sorgen und andere Interessen haben. Dies ist nur zu natürlich, und es würde einfältig sein, etwas anderes zu erwarten. Doch der Geist registriert den Unterschied des politischen Klimas, und wenn man Freunden und Bekannten begegnet, gelingt es nicht immer, sofort den richtigen Ton und das Argument zu finden, die eine ideologische Gemeinschaft erzeugen. Das Gespräch nimmt keinen natürlichen Verlauf, sondern man spürt sowohl auf der einen wie auch auf der anderen Seite, daß es gesucht, gezwungen ist; jeder versucht, sich auf den anderen einzustellen, aber je mehr man sich bemüht, um so weniger gelingt es. Es ist oft nur die Frage eines Augenblicks, einer Nuance, die aber genügt, um das Gefühl zu erzeugen, daß man ein wenig fehl am Platze ist, auch wenn man sich in dem Milieu, in dem man jahrelang gelebt und gearbeitet hat, und unter lieben Freunden und Bekannten befindet.

Ich suche die französischen Genossen auf. Ich treffe Thorez und Cachin an, die mich über die Einzelheiten unserer Mission und über die Modalitäten unserer Reise an die Schweizer Grenze informieren. Eine freudige Überraschung: ich treffe auch den aus Moskau gekommenen Genossen Togliatti. Ich weiß, daß er in seiner Eigenschaft als Sekretär der Kommunistischen Internationale die Probleme und die Ereignisse in Spanien aufmerksam verfolgt. Mit der Herausgabe seiner Abhandlung „Über die Besonderheiten der spanischen Revolution" hat er einen der bedeutendsten Beiträge zum Verständnis der spanischen Probleme geleistet.

„Die spanische Revolution hat ihre eigenen charakteristischen Züge", so lautet die Ausgangsthese dieser Abhandlung. Die Aufgaben, die das spanische Volk zu lösen hat, sind die einer bürgerlich-demokratischen Umwälzung; doch diese Aufgaben werden „auf eine neue Art gelöst, entsprechend den Besonderheiten der spanischen Situation, wo Arbeiter, Bauern, unterdrückte Nationalitäten, das demokratische Kleinbürgertum und auch Gruppen der Bourgeoisie gegen den Faschismus angetreten sind. Wie in allen anderen kapitalistischen Ländern ist auch in Spanien die Arbeiterklasse gespalten. Doch gibt es hier, außer anderen zweitrangigen Besonderheiten, „eine Tatsache, die Spanien von allen anderen Ländern Europas unterscheidet – innerhalb des spanischen Proletariats bestehen anarchistisch-gewerkschaftliche Massenorganisationen. Die Ideologie und die Praxis dieser Organisationen hemmen sehr oft die Entwicklung des Organisationstalents und der Disziplin, die dem Proletariat eigen sind".

Dieses Zusammenwirken verschiedener sozialer Kräfte sowie die Besonderheiten und die Beziehungen zwischen den verschiedenen politischen Gruppierungen machen die charakteristischen Züge der spanischen Situation aus. Genosse Togliatti hebt hervor, daß dies alles dazu beiträgt, den volkstümlichen und nationalen Charakter des antifaschistischen Kampfes hervortreten zu lassen. Die bewaffnete deutsche und italienische Intervention unterstreicht nachdrücklich diesen Charakter und macht den Krieg des spanischen Volkes zu einem vaterländischen Unabhängigkeitskrieg. Die spanische Volksfront hat besondere Aufgaben, auch im Vergleich zur französischen Volksfront, und zwar die Schaffung eines neuen Heeres und eines neuen Staates. In der spanischen Volksfront sind die Voraussetzungen für eine Macht neuen Typus, für eine demokratische Republik vorhanden, die sich von dem Typus der traditionellen bürgerlichen demokratischen Republiken unterscheidet.

In einem Gespräch über die letzten Ereignisse in Spanien unterstreicht Togliatti die grundlegende Forderung nach einer einheitlichen und konstruktiven Politik, die das Heer stärken, die Produktion verbessern, der Regierung im Volk eine zuverlässige Basis geben soll und die den Versuchen der Kapitulation vor dem Feind und des Verrates, die auch an einigen Abschnitten der republikanischen Front im Gange sind, entgegentreten muß. Ich weiß, daß Togliatti bald nach Spanien kommen wird, um zusammen mit den Führern der Kommunistischen Partei Spaniens an der Leitung des Kampfes teilzunehmen. Jetzt wird er die Delegation der Kommunistischen Internationale begleiten, die sich nach Annemasse begibt. Die italienische Regierung gestattet ihm nicht, mit einem regulären Paß zu reisen, und die Polizei des demokratischen Frankreichs erlaubt „Ercoli" (das ist der Name, den Togliatti in der Kommunistischen Internationale führt) nicht, frei über die Straßen und über die Grenzen zu reisen, die ihrer Kontrolle unterstehen.

Wir legen die Fahrt von Paris nach Annemasse im Wagen zurück. Thorez kann nicht mitkommen. Ihn vertritt Cachin als Leiter der Delegation. Die sozialistische und die kommunistische Sektion von Annemasse bereiten uns eine warmherzige Aufnahme und verlesen eine gemeinsame Begrüßung, in der es heißt, daß die beiden Sektionen, „die im Rahmen des im Juli 1934 ausgearbeiteten Paktes der Aktionseinheit handeln, die erste gemeinsame Zusammenkunft der Exekutiven der beiden proletarischen Internationalen begrüßen und diese zu ihrer glücklichen Initiative beglückwünschen, eine bereits seit drei Jahren in Frankreich bestehende Aktionseinheit, die bereits ihre Prüfungen bestanden hat, auf die internationale Ebene zu übertragen". Die sozialistische und die kommunistische Sektion unterstreichen ferner „die außerordentliche Bedeutung dieses Problems für die Verteidigung 1. der demokratischen Ideen, 2. der proletarischen Freiheiten, 3. des vom Faschismus bedrohten Friedens" und fordern „im Geiste der Worte Anatole Frances: ‚Die Einheit der Werktätigen wird den Frieden der Welt sichern' die Einheit aller Werktätigen und aller Freunde der demokratischen Freiheiten".

Die Begegnung der beiden Delegationen findet in einem kleinen Saal statt. Von der Sozialistischen Arbeiter-Internationale sind Präsident De Brouckère und Sekretär Fritz Adler anwesend; für die Kommunistische Internationale: Cachin, Checa, Dahlem, Bonte und ich. De Brouckère und Adler kenne ich bereits von Spanien her. Sie haben mit Schevenels, dem Sekretär des Internationalen Gewerkschaftsbundes, die Internationalen Brigaden besichtigt. Sie sind Gäste der XIV. Brigade, der „Marseillaise", in der Nähe von El Escorial gewesen. In den Unterhaltungen und in ihren Trinksprüchen haben sie nicht mit Worten der Bewunderung für den Kampf der internationalen Freiwilligen und der spanischen Kämpfer und mit Glückwünschen für die Geschicke des Krieges gegeizt, aber über die Aktionseinheit haben sie nur allgemeine und ausweichende Phrasen übrig gehabt.

Der großgewachsene De Brouckères mit seinem riesigen patriarchalischen Bart ist ein Bild der Würde und Rechtschaffenheit. Komplizierter und rätselhafter erscheint

Adler. De Brouckère führt das Wort für die Sozialistische Arbeiter-Internationale, Cachin für die Kommunistische Internationale. Man spürt die Verlegenheit De Brouckères, vielleicht möchte er mehr sagen, als er darf. Cachin, immer zuvorkommend, immer politisch und sehr menschlich, widerlegt höflich und eindringlich jeden Vorbehalt und jedes Argument.

„Früher ist es mir zu wiederholten Malen passiert, daß ich analogen Versammlungen wie der von Anemasse beigewohnt habe“, bemerkt Marcel Cachin. „Niemals ist die Übereinstimmung der Ansichten der beiden Internationalen über die spanische Frage mit einem derartigen Nachdruck unterstrichen worden. Und auch der Ton bei der Unterhaltung zwischen den Vertretern der beiden großen Organisationen ist niemals herzlicher gewesen.“

Was den Kern der behandelten Probleme angeht, so haben die Delegationen der Kommunistischen Internationale und der Sozialistischen Arbeiter-Internationale festgestellt, „daß Einvernehmen zwischen den beiden Internationalen besteht über die Forderung, daß die Blockade des republikanischen Spaniens aufgehoben, das verletzte internationale Recht wiederhergestellt und der Völkerbundvertrag wieder angewandt werden soll“. Das wird Dimitroff in einem Telegramm mitgeteilt. „Sie haben es mehr denn je als notwendig erachtet, daß die Aktion zur Unterstützung Spaniens im gemeinsamen Einvernehmen – überall, wo es möglich ist – und auf jede Art und Weise ohne unnötige Reibereien durchgeführt werden soll. Nachdem sie verschiedene Möglichkeiten gemeinsamer Aktion überprüft haben, sind sich die beiden Delegationen über die Notwendigkeit einig geworden, im Verlauf weiterer Begegnungen in detaillierterer Form und in kürzester Zeit die konkreten Möglichkeiten zu untersuchen, um dem spanischen Volk materiell und moralisch zu helfen.“

Es ist zwar noch nicht die angepriesene internationale Aktionseinheit, doch der Weg in diese Richtung ist wenigstens nicht versperrt. Die Dringlichkeit, Spanien zu helfen, und die Notwendigkeit weiterer Begegnungen werden anerkannt. Dies alles genügt natürlich noch nicht, bemerkt Checa richtig auf einer Pressekonferenz in Paris über die Bedeutung und die Ergebnisse der Begegnung von Annemasse, an der die ganze Delegation teilnimmt. Doch einigen Parteien der Sozialistischen Arbeiter-Internationale scheint es, daß ihr Präsident und ihr Sekretär im Sinne der Einheit bereits allzusehr aus dem Gleichgewicht geraten seien. Es sind dies die englische Labour-Partei und die skandinavischen Sozialistischen Parteien, die einer Verständigung über eine gemeinsame Aktion am feindseligsten gegenüberstehen. Jedenfalls fühlen sich De Brouckère und Adler nach Annemasse verpflichtet, ihre Ämter in der Sozialistischen Arbeiter-Internationale niederzulegen.

Doch die Ereignisse in Spanien drängen. Bilbao ist vom Lande her eingekreist und von der See her praktisch blockiert. Wegen der Unterstützung der Faschisten durch die Regierungen der nichtfaschistischen Länder sind seine Verteidiger gezwungen, vor den Streitkräften der deutschen und italienischen Aggressoren zurückzuweichen. Die offenkundige Gefahr weiterer Aggressionen der faschistischen Mächte verlangt, daß die gemeinsame Aktion der internationalen Arbeiterorganisationen beschleunigt und verwirklicht wird.

„Das Vorhandensein verschiedener Meinungen in der Leitung der Sozialistischen Arbeiter-Internationale sowie die Nachricht über den Rücktritt ihres Präsidenten und ihres Sekretärs dürfen in keinem Falle die Organisationen des internationalen Proletariats daran hindern, im gemeinsamen Einvernehmen in einem so ernsten historischen Augenblick zu handeln, wenn es um die Existenz des heldenhaften spanischen Volkes und um die Erhaltung des Weltfriedens geht" – so lautet die Warnung Dimitroffs.

Das Exekutivkomitee der Kommunistischen Internationale beauftragt seine Delegation, folgende konkrete Vorschläge einer gemeinsamen Versammlung der Sozialistischen Arbeiter-Internationale und des Internationalen Gewerkschaftsbundes oder auch im Verlauf einer Begegnung zwischen den beiden Delegationen vorzulegen, damit sie gemeinsam geprüft werden:

„1. Die internationalen Arbeiterorganisationen sollen sich gemeinsam an die Parlamente und an die Regierung aller nichtfaschistischen Staaten wenden, vor allem an die Regierungen Englands, Frankreichs, der Vereinigten Staaten von Amerika und der Sowjetunion, und sie ersuchen, rasche gemeinsame Maßnahmen für den sofortigen Abzug der Streitkräfte der Interventen Italiens und Deutschlands aus Spanien zu ergreifen, damit die Blockade des republikanischen Spaniens aufgehoben und der legalen spanischen Regierung alle internationalen Rechte zuerkannt werden;

2. die internationalen Arbeiterorganisationen sollen sich gemeinsam an den Völkerbund wenden, um die Anwendung des Völkerbundvertrages gegen die faschistischen Aggressoren, die das republikanische Spanien angegriffen haben, zu fordern;

3. die internationalen Arbeiterorganisationen sollen sich gleichzeitig gemeinsam an die Arbeiterklasse aller Länder und an die öffentliche Weltmeinung wenden und sie aufrufen, alles zu tun, was in ihrer Macht liegt, um diese Forderungen durchzusetzen, um weitere Aggressionen seitens der Interventen zu verhindern und um schnellstens den verbrecherischen Krieg gegen das spanische Volk zu beenden."

Inzwischen erklärt die Exekutive der Sozialistischen Arbeiter-Internationale, daß sie davon überzeugt ist, den Rücktritt ihres Präsidenten Louis De Brouckère und ihres Sekretärs Adler und ihres Schatzmeisters Joseph Van Roosbroeck nicht annehmen zu können, „ohne die Aktion der Internationale selbst zu kompromittieren", und sie deshalb in ihren Ämtern bestätigt, in der „Gewißheit, daß sie besser als alle anderen in den Beziehungen mit anderen Organisationen auch weiterhin die Vollmachten ausüben werden, die ihnen von der SAI im Interesse der Einheit der Arbeiter-Internationale und ihrer aktiven Propaganda übertragen worden sind".

Wie man sieht, ist das ganze Problem auf dem rein formalen Gebiet der Vollmachten des Präsidenten und des Sekretärs der Sozialistischen Arbeiter-Internationale gestellt und gelöst worden. Über das Wesen der Sache, über die Notwendigkeit einer langfristigen gemeinsamen Aktion nicht ein Wort! Das bedeutet, daß die Exekutive der Sozialistischen Arbeiter-Internationale diese Aktionseinheit auch weiterhin ablehnt. Alles, was getan wird, dient lediglich dazu, gegenüber den Sozialisten Spaniens und der ganzen Welt diese schwerwiegende Ablehnung im entscheidenden Augenblick der Existenz der spanischen Demokratie zu verschleiern.

DIE OFFENSIVE VON BRUNETE

Ein schwerer Schlag gegen die Belagerer Madrids

Die Nachrichten aus dem Norden werden von Tag zu Tag alarmierender. Nach der Besetzung von Bilbao, am 19. Juni, bereiten sich die Franco-Truppen darauf vor, Santander den entscheidenden Schlag zu versetzen. Alle Vorbereitungen sind getroffen, um den Angriff Anfang Juli zu beginnen. Es kommt nun darauf an, schnell zu handeln. um ihnen zuvorzukommen, ihnen die Initiative zu entreißen und sie in eine Schlacht an einem für uns günstigeren Abschnitt zu verwickeln, wo wir den faschistischen Kräften nicht absolut unterlegen sind. Diesen Erfordernissen entspricht die Offensive, die von der neuen Regierung Negrin beabsichtigt ist und vom republikanischen Generalstab im Abschnitt des Guadarrama geplant wird.

Ihr Ziel besteht darin, dem gesamten faschistischen Belagerungssystem vor Madrid einen entscheidenden Schlag zu versetzen, um den Feind zu zwingen, das Gros seiner Truppen aus dem Norden als Verstärkung heranzuziehen. Die republikanische Offensive soll sich längs des Guadarrama zwischen der Sierra und dem Fluß entwickeln und von unseren Linien ausgehen, die die Talebene ein wenig südlich von Valdemorillo schneiden, und tief in die faschistischen Linien eindringen, um die Verbindungswege der Belagerungstruppen vor Madrid abzuschneiden.

Der Plan ist folgender: die feindlichen Linien zu durchbrechen und rasch in Richtung Brunete und Navalcarnero vorzustoßen, gleichzeitig eine Schwenkung nach links zu machen, den Guadarrama zu überschreiten und die Höhen von Mosquito und von Romanillos zu besetzen, um dann in Richtung auf Boadilla del Monte und darüber hinaus vorzurücken. Auf diese Weise muß es gelingen, die faschistischen Stellungen von Las Rozas, Casa de Campo und der Universitäts-Stadt von hinten zu packen. Zur gleichen Zeit werden im Jarama-Abschnitt Angriffsaktionen durchgeführt. Sie sollen von unseren Stellungen bei Villaverde ausgehen und in Richtung Alcorcon und Boadilla del Monte vorstoßen, um von Osten her den Ring um die faschistischen Truppen zu schließen, die die Hauptstadt bedrängen.

Für diese Operation stehen dem republikanischen Kommando etwa fünfzigtausend Mann mit relativ reichlichem Material im Vergleich zu den vorausgegangenen Operationen zur Verfügung. Es nehmen drei Armeekorps daran teil: das V. von Modesto und das XVIII. von Jurado mit je drei Divisionen für den Hauptschlag; das II. mit zwei Divisionen für die Nebenaktion. Zwei Divisionen und vier Brigaden stehen in Reserve. Alles zusammengenommen: zehn Divisionen mit achtundzwanzig Brigaden. Die gesamte Luftwaffe, die an der Aktion teilnimmt, operiert unter dem Befehl des Obersten Hidalgo de Cisneros.

Die anwesenden internationalen Kräfte nehmen alle an der Hauptoperation teil: die XI., die XIII. (die endlich an der Madrider Front eingetroffen ist) und die XV. Brigade befinden sich unter den Einheiten, die die Front durchbrechen sollen; die XII. und die CL. gehören zur Reserve. Nur die XIV. nimmt nicht an der Schlacht teil, doch sie liegt nicht weit vom Schauplatz der Operationen, in der Nähe von El Escorial. Außerdem sind mit ihren Waffen beteiligt: die internationale Gruppe der Flak-Artillerie, die

2. Artilleriegruppe Skoda, eine weitere Gruppe internationaler Batterien, das 1. internationale Transport-Regiment und einige Schwadronen Kavallerie. Insgesamt vierzehntausend Mann, davon sechs- bis siebentausend Freiwillige.
Die Operationen beginnen am 5. Juli mit einem Angriff auf die faschistischen Stellungen von Cuesta de la Reina (Seseña), der nur dazu dienen soll, die Aufmerksamkeit des Feindes auf diesen Abschnitt zu lenken, und mit Angriffen unserer Luftwaffe auf Navalcarnero und Valdemoro, die im unmittelbaren rückwärtigen Gebiet des Abschnittes liegen, an dem der Hauptschlag geführt werden soll. Dieser beginnt in der Nacht des 6. Juli. Die Division Listers greift entschlossen an; unter dem Schutz der Dunkelheit dringt sie in die faschistischen Linien ein und überschreitet diese fast kampflos; ihre Vorhuten rücken etwa zehn Kilometer vor, erreichen den Wald nördlich von Brunete und besetzen bereits um 8 Uhr morgens dieses wichtige Zentrum.
Die Überraschung ist völlig gelungen. Unverzüglich werden republikanische Vorhuten auf der Straße nach Navalcarnero vorgeschickt. Wenn man mit aller Entschiedenheit weiterdrängen würde, könnte man mit Leichtigkeit die Straße erreichen, die von Madrid nach Estremadura führt, denn der Feind befindet sich in völliger Auflösung und hat nicht genügend Kräfte zur Verfügung, um die Bresche zu schließen. Aber das republikanische Oberkommando zögert. Villanueva del Pardillo, Villanueva de la Cañada und Quijorna an der Basis des Einbruchsabschnittes sind noch in der Hand des Feindes. Man will sich nicht in ein allzu riskantes Unternehmen einlassen, ohne vorher die Flanken gesichert und die Einbruchsbasis durch die Eroberung dieser Stützpunkte erweitert zu haben.
Doch die Aktionen zur Eroberung dieser Stützpunkte nehmen mehr Zeit in Anspruch als vorgesehen und verzögern die Durchführung des allgemeinen Planes. Villanueva de la Cañada, das bereits am frühen Morgen besetzt werden sollte, leistet den ganzen Tag über Widerstand. Eine erste Welle von etwa zehn Panzern vermag die faschistischen Linien vor dem Dorf nicht zu überwinden. Fünf Panzer liegen kampfunfähig und brennend ein paar Meter vor den Gräben.
Ich verfolge die Operationen vom Beobachtungsstand Modestos aus. Er liegt gerade am Rand einer kleinen Hochfläche, die die gesamte Talebene beherrscht und die links vom Guadarrama und rechts vom Perales abgeschlossen wird. Davor breitet sich die Ebene aus, auf der sich links Villanueva del Pardillo, in der Mitte Villanueva de la Cañada, weiter rechts südlich Quijorna und im Süden, in der Mitte, Brunete erheben. Man kann die Häuser, die Türen und die Fenster der beiden ersten Ortschaften gut sehen, und in der Ferne erkennt man die Dächer und die Kirchtürme der beiden anderen Ortschaften. Rauchsäulen und fernes Grollen zeigen an, daß die Schlacht in dem ganzen Raum vor uns wütet.
Vor Villanueva de la Cañada liegt unsere Infanterie, die den Panzern zügig gefolgt ist, jetzt auf dem offenen, von der Julisonne durchglühten und wasserlosen Gelände fest. Die Stoppelfelder, soweit sie nicht durch die Explosionen in Brand geraten sind, blenden die Augen, die Luft vibriert in der vom Erdboden aufsteigenden Hitze. Jede Bewegung der Unsrigen beantwortet der Feind sofort mit lebhaften und mörderischen Feuerstößen aus den Maschinengewehren. Unsere Artillerie und unsere Luftwaffe trommeln fast ununterbrochen auf die faschistischen Gräben und das nahe Dorf.

Dieses ist nur noch ein Trümmerhaufen; das Feuer frißt das gekrümmte Gebälk der Dächer; Erd- und Rauchsäulen verbergen hin und wieder alles. Doch die Faschisten geben nicht nach. In ihrem gut ausgebauten Grabensystem, das an den Seiten von zwei Bunkern gedeckt wird, widerstehen sie jedem Angriff.
In den frühen Nachmittagsstunden gibt das Kommando des XVIII. Armeekorps den Kräften der XV. Division, die aus der XIII. und der XV. Internationalen Brigade besteht und die erst nach der Eroberung von Villanueva de la Cañada eingesetzt werden sollte, den Befehl, den Kämpfern der XXXIV. Division, die seit dem Morgen kämpfen, zu Hilfe zu eilen. Unsere Freiwilligen gehen kühn zum Angriff vor; die XIII. Brigade besetzt den Friedhof und den Olivenwald links des Dorfes; die XV. Brigade rückt auf dem Weg vor, der am Morgen von Listers Division frei gemacht wurde, geht über das Dorf hinaus und greift dann längs der Straße von Brunete nach Villanueva de la Cañada die faschistischen Stellungen von hinten an. Bei Einbruch der Dunkelheit wird diese von vorn, von links und von hinten angegriffene Ortschaft von unseren Truppen besetzt. Der faschistischen Besatzung gelingt es jedoch, der Gefangennahme zu entgehen, indem sie sich über einen noch freien Geländestreifen über den Guadarrama auf die Höhen von Romanillos rettet.
Am Ende des ersten Tages ist der Durchbruch in der Mitte des Angriffsabschnittes gelungen. Die beiden Eckpfeiler leisten jedoch noch Widerstand: Villanueva del Pardillo zur Linken und Quijorna zur Rechten. Das hindert unsere Truppen nicht, über Brunete hinaus vorzustoßen und eine lange Strecke des rechten Guadarrama-Ufers bis zu der Straße zu besetzen, die von Brunete nach Boadilla del Monte führt. Auf dem westlichen Ufer haben die Faschisten nur noch einen Brückenkopf, dessen Angelpunkt Villanueva del Pardillo ist. Die Befehle für den zweiten Tag lauten, die begonnene Operation unverändert fortzusetzen und den Entlastungsangriff zu beginnen, mit dem man zum Teil verhindern will, daß die örtlichen faschistischen Reserven aus Madrid herbeieilen und unsere Aktion im Abschnitt von Brunete aufhalten.
In der Tat greift das II. Korps am Morgen des zweiten Tages von Villaverde aus schwungvoll an. Seine Vorhuten kommen bis an die Straße nach Toledo und dringen tief in das feindliche Verteidigungssystem ein. Doch gegen Abend bricht unter den angreifenden Truppen eine unerklärliche Panik aus, deren Folge das Zurückweichen aller Einheiten, die während des Tages mit soviel Mühe vorgestoßen sind, auf die Ausgangsbasis ist. Der Feind ist jetzt auf der Hut und weiß, wo er wachsam sein muß und wo seine Verstärkungen eingesetzt werden müssen.
Im Hauptabschnitt der Offensive ist die Lage klar. Hier weiß man, an welchen Abschnitten jeder feindliche Widerstand gebrochen worden ist, und man kennt die Punkte, an denen sich die Faschisten verzweifelt an das Gelände klammern und nicht nachgeben. Diese Stützpunkte müssen zertrümmert werden, um den Einbruchsabschnitt zu erweitern und zu vertiefen. Zu diesem Zweck überschreitet die XV. Division, die aus der XIII. und der XV. Internationalen Brigade besteht und links von Kräften der XXXIV. Division, rechts von Kräften Listers unterstützt wird, am Vormittag des zweiten Tages den Guadarrama und erklettert die beherrschenden Anhöhen auf seinem östlichen Ufer, um die Hügel von Mosquito und von Romanillos zu besetzen und anschließend auf Boadilla del Monte weiter vorzugehen. Einige

unserer Panzer kommen bis zu den ersten Häusern dieser Ortschaft, doch das Gros der Infanterie wird vor Mosquito und vor Romanillos aufgehalten.
Am gleichen Tag wird im rechten Abschnitt der republikanischen Front gekämpft, um den faschistischen Widerstand bei Quijorna endgültig zu liquidieren. Von Norden her greifen die Kräfte der XLV. Division an, während die XI. Internationale Brigade von Süden her, in Richtung auf den Friedhof vorstößt, der in eine befestigte Stellung umgewandelt wurde. Um zu den vorgeschobenen Posten zu gelangen, muß man alle Geländefalten ausnutzen und am Boden entlangkriechen, weil die Mauren hinter der Friedhofsmauer gut aufpassen. Ludwig Renn, der mich begleitet, zeigt mir die verschiedenen Stellungen der feindlichen Waffen und die stärkeren Widerstandsnester.
Der Kampf ist erbittert. Das Dorf ist von Francos besten Truppen besetzt, die mit dem Mut der Verzweiflung Widerstand leisten, da sie wissen, daß sie eingekreist sind. Nach hartem und blutigem Kampf wird ein erster Angriff von den Faschisten abgeschlagen. Der Sturmangriff wird am nächsten Tage mit starker Artillerie- und Luftwaffenunterstützung wiederholt. Unter dem Schutz von Panzern arbeiten sich die Kämpfer der XI. mit Handgranatenwürfen an den Friedhof heran. Sie besetzen den beherrschenden Graben, verjagen die Mauren und nehmen einige Stunden später das ganze Dorf, das in einen Trümmerhaufen verwandelt und mit Leichen übersät ist, die die Luft verpesten.
Auf der alten faschistischen Linie leistet nur noch Villanueva del Pardillo Widerstand. Seit drei Tagen wird die Ortschaft vergeblich angegriffen. Ein kühnes Manöver eines Garibaldi-Bataillons, das an die Front gebracht wird, obgleich die Brigade noch in Reserve liegen soll, führt einen Umschwung der Lage herbei. Am Nachmittag des 9. Juli bricht das dritte Bataillon der XII. Brigade von der Retamares-Brücke auf der Straße von Las Rozas auf und folgt dem Lauf des Guadarrama, der ein gutes Stück lang sozusagen zu Füßen der faschistischen Stellungen auf den Anhöhen des linken Ufers verläuft. Die Männer gehen durch das Gehölz zu beiden Seiten des Ufers vor und waten durch den Fluß. Nach mehrstündigem Marsch erreichen sie eine sandige Fläche, die im Hintergrund von der Straße abgeschlossen wird, die sie besetzen sollen. Sie verbringen die Nacht an dieser Stelle, um Überraschungen und ein Verlaufen zu vermeiden. Bei Tagesanbruch überschreiten sie die Straße und besetzen alle beherrschenden Punkte. Als diese Meldung beim Abschnittsstab eintrifft, kann man kaum an solch glückliches Gelingen des Manövers glauben. Die Züge der Garibaldiner arbeiten sich kämpfend an das Dorf heran. Die Bewegungen der spanischen Brigade, die von vorn angreifen soll, werden beschleunigt. Die Besatzung von Villanueva del Pardillo ist somit eingekreist. Doch sie leistet noch Widerstand. Die Garibaldiner kämpfen den ganzen Tag, trotzdem sie seit vierundzwanzig Stunden nichts gegessen haben. Am Abend sind die Faschisten gezwungen, sich zu ergeben.
Der Stabschef der Heeresgruppe Mitte, Oberst Rojo, sendet den Garibaldinern sofort einen Glückwunsch. „Ich gratuliere der Garibaldiner-Brigade zur Aktion ihres dritten Bataillons, das mit seinem Manöver an der Eroberung von Villanueva del Pardillo teilgehabt hat, wo über sechshundert Gefangene, darunter sieben Offiziere und auch reichhaltiges Material, eingebracht worden sind."

Die internationale Artillerie im Gefecht

An der Offensive am Guadarrama nehmen starke Einheiten der spanischen und der internationalen Artillerie teil. Endlich kann diese ihre Tüchtigkeit und ihre Feuerkraft unter Beweis stellen. In allen voraufgegangenen Kämpfen waren unsere internationalen Batterien ein wenig über alle Fronten verstreut. Stets waren sie vom Gros unserer Brigaden isoliert, da sie bald der einen, bald der anderen spanischen Einheit zugeteilt waren. Sie mußten mit veralteten Waffen operieren, denen es entweder an Munition fehlte oder die nach den ersten Schüssen in weit entfernte Arsenale zur Reparatur gebracht werden mußten. Das war oft zum Verzweifeln für unsere Freiwilligen. Ihr brennendes Verlangen zu kämpfen wurde auf diese Weise vereitelt, und sie glaubten sich von den zentralen Organen der Internationalen Brigaden im Stich gelassen.

Jetzt, in der Schlacht am Guadarrama, sind fast alle internationalen Batterien mit ihren Geschützen, unter denen viele modern und ausgezeichnet sind, zur Stelle. Es gibt zwei Artilleriegruppen mit je drei Batterien zu je drei Geschützen und sechs erst kürzlich aufgestellten Panzerabwehr-Batterien mit je drei 4,5-cm-Geschützen. Diese Kanonen sind wunderbar leicht zu bedienen, schnell in Feuerbereitschaft zu versetzen, und ihre Schußwirkung ist großartig. Zwei gummibereifte Räder ermöglichen, sie überall bis in die vordersten Linien zu transportieren, sogar bis dicht an die feindlichen Gräben, um Maschinengewehrnester unter Feuer zu nehmen oder gegen faschistische Panzer eingesetzt zu werden. Fünf Mann genügen zum Stellungswechsel, für die Bedienung und für die Feuerbereitschaft.

Ferner sind drei sehr moderne internationale Flakbatterien mit je vier 7,6-cm-Geschützen vorhanden. Eine ist gerade hinter Modestos Beobachtungsstand in Stellung gegangen. Jedesmal, wenn feindliche Flugzeuge uns überfliegen, schießt sie aus allen Rohren Schnellfeuer. Die Explosionen der Geschosse bilden Pünktchen am Himmel und stellen eine äußerst wirkungsvolle Sperrlinie dar. Das bemerken die faschistischen Piloten, sie fliegen einen großen Bogen oder schicken jedesmal, wenn sie notgedrungen hier vorüberkommen müssen, eine Bomberstaffel, um unsere Geschütze zum Schweigen zu bringen oder wenigstens für einige Augenblicke Verwirrung und Durcheinander unter ihren Bedienungsmannschaften zu stiften.

Während einer dieser Zusammenstöße zwischen faschistischen Bombern und Flakgeschützen wohne ich einem schnellen, heftigen Duell bei, das nur einige Augenblicke dauert. Unsere Artilleristen peilen mit ihren Zielvorrichtungen die faschistischen Flugzeuge an und schießen aus allen Geschützen, fast mit der Geschwindigkeit eines Maschinengewehrs, während der Feind von oben Dutzende und Aberdutzende von Bomben auf sie niederregnen läßt. Weißliche Wölkchen umgeben wie viele Wattebäusche die Flugzeuge am Himmel, während Rauch und emporgeschleudertes Erdreich die Männer auf der Erde einhüllen. Doch man darf nicht einen Augenblick versäumen, auf die abfliegenden Flugzeuge zu schießen; und die Unsrigen versäumen diesen letzten Augenblick nicht, auch wenn der Feind einige Lücken unter sie reißt und ein paar Bomben ins Ziel gefallen sind.

In dieser Schlacht zeigen sich die Fortschritte, die die republikanische Flakartillerie gemacht hat. Sie ist zum ersten Mal am Jarama in Erscheinung getreten, wo die durch unser Sperrfeuer überraschte feindliche Luftwaffe ihre Ziele nicht mehr in aller

Ruhe bewerfen konnte. Sie hat an der Schlacht von Guadalajara und von Valsain teilgenommen. Trotzdem unsere Mittel sehr knapp sind, kann die internationale Flakgruppe in diesen harten Kampftagen am Guadarrama einen Durchschnitt von hundertsiebenundsiebzig abgegebenen Schüssen für jedes abgeschossene Flugzeug erreichen. Das ist nicht schlecht.
Von allen vorhandenen internationalen Artillerie-Formationen nehmen nur zwei Batterien, die am Jarama geblieben sind, und zwei kürzlich aufgestellte Gruppen 15,5-cm-Geschütze, die vom Generalstab für die Estremadurafront bestimmt sind, an der Schlacht am Guadarrama nicht teil. Das heißt, daß von dreiundzwanzig internationalen Batterien mit insgesamt zweiundsiebzig Geschützen im ganzen fünfzehn Batterien mit achtundvierzig Geschützen an der Guadarramafront zusammen mit den spanischen Batterien und Artilleristen operieren.
Die Gruppe Skoda, die älteste Artillerie-Formation der Internationalen Brigaden, deren Politkommissar jetzt der Genosse Bardini ist, untersteht bei dieser Operation der XLV. Division, die aus der XII. und der CL. Internationalen Brigade besteht; die zweite Gruppe untersteht der XXXV. Division, zu der die XI. Internationale Brigade und zwei spanische Brigaden gehören. Jeder Internationalen Brigade ist eine internationale Panzerabwehr-Batterie zugeteilt und auch taktisch unterstellt. Die Gruppe der Flakartillerie ist selbständig und gehört zu den vereinigten Kräften der Luftverteidigung, die dem Abschnittskommando unmittelbar unterstehen.
Die quantitativ und qualitativ stärker gewordene republikanische Artillerie ist nunmehr ein nicht zu unterschätzender Faktor bei der Vorbereitung und in der Durchführung der Schlacht. Ihr Feuer ebnet oft den Panzern und der Infanterie den Weg; in vielen Fällen gelingt es, eine Konzentration des Feuers zu erzielen, die allein schon das feindliche Vordringen verhindert. Häufig fehlt es an Munition, deshalb werden die Schüsse rationiert, und die Beobachter melden vergeblich Feindtruppen, die ruhig manövrieren, ohne daß sie vom Feuer unserer Kanonen gestört werden, die wohl gerichtet sind, aber keine Munition haben. Aber die quantitative Unterlegenheit wird durch die Beweglichkeit wettgemacht. Die Batterien bleiben nicht lange am gleichen Platz. Nachdem an einer Stelle das Vorbereitungsfeuer für einen Angriff geschossen ist, müssen sie sofort anderswohin eilen, um bei der Verteidigung eines bedrohten Abschnittes zu helfen. Bei jedem neuen Stellungswechsel muß die gesamte Vorbereitungsarbeit wiederholt werden: Aufstellen, Tarnen und Einrichten der Geschütze, der Beobachtungstelle und der Fernsprechverbindungen. Eine Sisyphusarbeit!

Komplizierte Operationen während der Luftangriffe

Nicht nur der Feind verursacht mit all seinen Waffen große Verluste in unseren Reihen, auch die Verhältnisse, unter denen gekämpft wird, tragen dazu bei. Es ist Mitte Juli. Es wird auf offenem Gelände, bei glühender Sonne gekämpft. Die Männer können nicht ein bißchen Schatten oder ein wenig Wasser finden. Andererseits läßt der Feind weder Spaziergänge noch Stellungswechsel zu. In den ersten Tagen, wenn noch keine Deckungen, keine Schützen- und Laufgräben vorhanden sind, muß man häufig stundenlang, an den Boden geschmiegt, liegenbleiben. Die Kämpfer sind fast

völlig nackt, nur mit einfachen kurzen Hosen bekleidet, oder sie tragen nur den Stahlhelm auf dem Kopf und um die Hüfte die gefüllten Patronentaschen. Unter diesen Umständen gibt es zahlreiche Fälle von Sonnenstich und Darmentzündung.
Das flache, ungedeckte Gelände, das von einer einzigen Straße durchzogen wird, erschwert den Sanitätsdienst in vorderster Linie. Die wenigen Stellen, die ein wenig der Sicht aus der Luft verborgen sind, machen sich die verschiedenen Truppendienste streitig, um Lastwagen, Panzer, Artillerie und vorgeschobene Lager zu tarnen. Alle versuchen, sich den Bombenangriffen der feindlichen Luftwaffe und Artillerie zu entziehen. Die Krankenwagen, die Verbandplätze und die Feld-Lazarette werden oft von faschistischen Waffen beschossen. Sie werden von einer Stelle zur anderen verlegt, in der Hoffnung, eine ruhige und geschützte Stelle zu finden. Doch dadurch vergrößert sich die Entfernung zwischen den vordersten Linien und den Verbandplätzen, und die Sanitäter müssen mit ihrer schweren Last unter den sengenden Strahlen der Sonne, jedem feindlichen Angriff ausgesetzt, viele Kilometer zurücklegen.
In den vorgeschobenen Lazaretten führen die Chirurgen ihre Operationen durch. Hören wir, was Gusti Jirku erzählt:
In einem Divisionslazarett kommt eine Trage aus dem Röntgensaal. Auf ihr liegt ein schwerverwundeter Italiener. Man bringt ihn zur Operation. Doktor Jolly, der englische Chirurg, ist seit vier Uhr morgens bereits bei der zweiten Operation; die erste, eine Trepanation (Schädelbohrung), hat einem verwundeten faschistischen Gefangenen das Leben gerettet. Der italienische Genosse heißt Bolo. Die Röntgenaufnahme zeigt, wie schwer verwundet er ist. Das Explosivgeschoß ist auf der Außenseite des linken Oberschenkels eingedrungen, hat das Schenkelbein durchschlagen, ist auf der Innenseite herausgetreten und dann in den Unterleib eingedrungen, wo es explodiert ist. Die Platte enthüllt zahlreiche verstreute Splitter.
Das Gesicht des Genossen, der trotz allem noch lebt, zeigt, wie ein zwanzigjähriger Mensch in ein paar Stunden zur Verkörperung menschlicher Leiden werden kann. Dennoch sind die eingefallenen Augen noch klar. Bolo erhält alles, was die ärztliche Kunst geben kann. Man ringt um ihn, man verteidigt ihn gegen den Tod. Die Kampfer- und Insulininjektionen, die Spritzen gegen Tetanus und Brand sind die ersten Verteidigungsmaßnahmen. Dann wird eine Bluttransfusion vorgenommen, nach dem System, das gerade in Spanien von dem kanadischen Arzt Doktor Norman Bethune eingeführt wurde.
Jetzt liegt Bolo auf dem Operationstisch. Das ernste und gütige Gesicht einer weißhaarigen Frau neigt sich mütterlich über ihn. Es ist Anna Maria, die Operationsschwester. Sie spricht zu ihm, während ihm die Maske aufgesetzt wird. Der englische Chirurg, der englische Anästhesist, der rumänische Assistent und die kroatische Krankenschwester, alle arbeiten in dem einzigen Willen: den italienischen Verwundeten zu retten. Der Unterleibsschnitt legt einen Teil des Darmes frei, der zwölfmal durchlöchert ist. Die Operation nimmt ihren Fortgang. Der Verwundete schläft ruhig.
Im Unterleib findet der Chirurg zwei Eisenstücke von vier bis fünf Zentimeter Länge. Einige zerstreute Splitter können nicht herausgezogen werden. Sie werden durch den Darm abgehen, wenn die Natur ihr Werk getan haben wird. Die Resektion eines anderen Teils des Mastdarms, der völlig zerrissen ist, wird durchgeführt. Die Krankenschwester mit den weißen Haaren und den demütigen Augen denkt gewiß

an ihren Sohn, der im härtesten Kampf dem gleichen Schicksal ausgesetzt ist. Doch sie setzt ruhig und gleichmäßig ihre Arbeit fort.
Nun kommt es darauf an, mit dem zersplitterten Schenkelknochen fertig zu werden. Doktor Hard, der sich um die Brüche kümmert, ist zusammen mit Doktor Cochrane gekommen. Der Oberschenkel und das Bein werden gestreckt und eingerichtet; der Verwundete fährt in seinem gefühllosen Schlaf fort. Macht der Anästhesie! „Wir müssen noch eine Transfusion vornehmen", sagt Doktor Jolly; „ruft den Genossen vom Transfusionsdienst!" Es stellt sich heraus, daß von dem Blut der Gruppe, das der Verwundete benötigt und das er vor der Operation erhalten hat, nichts mehr da ist. Neues wird erst in ein paar Stunden aus Madrid herbeigeschafft. „Ich kann das Blut spenden", sagt Doktor Cochrane. „Kannst du anschließend daran vierundzwanzig Stunden arbeiten?" fragt Hard. „Wir werden heute noch zahlreiche Transporte erhalten." Cochrane lächelt. Die Sache ist erledigt.
So arbeiten die Ärzte und das Sanitätspersonal des internationalen Dienstes. Tag und Nacht führen sie ihren Kampf. Ein geduldiger, verbissener Kampf, um die größtmögliche Zahl an Kämpfern und wahren Helden, die der Feind außer Gefecht gesetzt hat, dem Tod zu entreißen. Ein einziger chirurgischer Trupp führt während der Schlacht am Guadarrama mehr als fünfhundert zumeist schwierige und dringende Operationen mit nur zehn Prozent Abgängen durch.
Verwundete aller Nationalitäten und aller Einheiten werden von unseren Sanitätern auf dem Schlachtfeld geborgen und zum nächsten Verbandplatz gebracht. Auf einem dieser Plätze werden Verwundete aus mindestens sechzehn verschiedenen Einheiten behandelt. Das ist ein Zeichen der großen Solidarität, die alle Kämpfer beseelt. Und unser Sanitätspersonal, d. h. sowohl die Träger, die bei feindlichem Beschuß die Verwundeten in den vordersten Linien bergen, als auch die Chirurgen, die einige Kilometer weiter hinten operieren, stellen nicht nur ihre Kraft und ihre Wissenschaft zur Verfügung, sondern setzen auch das Leben ein, um die verwundeten Genossen der Qual und dem Tode zu entreißen.
Faktisch hat der internationale Sanitätsdienst niemals einen so hohen Blutzoll für die gemeinsame Sache gezahlt wie in dieser Schlacht. Zahlreiche Träger fallen, als sie die gefallenen Genossen retten wollen; zahlreiche Krankenwagen werden von den faschistischen Maschinengewehren und Granaten demoliert, weil die Fahrer zu weit nach vorn gefahren sind, um Verwundete und Sterbende aufzuladen. Die Ärzte Dubois, ein Pole, Ippen, ein Rumäne, Robbins, ein Amerikaner, Grosseff, ein Bulgare, Sollenberger, ein Engländer, alle Angehörige des internationalen Sanitätsdienstes, fallen ebenso wie die schlichtesten Kämpfer durch die Bomben und das MG-Feuer der faschistischen Flugzeuge, während sie ihre Arbeit verrichten, um ihre Kampfgefährten dem Tode zu entreißen.

Licht- und Schattenseiten

Mit der Eroberung von Villanueva del Pardillo ist die gesamte Basis unseres Einbruchskeils in den Händen der Republikaner. Leider sind seit dem Beginn der Offensive bereits fünf Tage verstrichen. Die Stäbe haben bereits ihre Reserven eingesetzt

und zum Teil verbraucht, um die einzelnen örtlichen Aufgaben zu lösen. Bei den Männern macht sich die Anstrengung des Kampfes bemerkbar.
Am 10. Juli kämpfen die XI. Internationale und die CVIII. spanische Brigade gemeinsam in Richtung Navalcarnero, um die Kreuzung beim Kilometerstein 23 der Straße von Brunete nach Alcorcon zu besetzen. Die XV. und die XIII. Internationale Brigade kämpfen vor Mosquito beziehungsweise Romanillos. Doch es gelingt ihnen nicht, nennenswerte Ergebnisse zu erzielen.
Die Verfassung dieser beiden Brigaden ist nicht die beste. Die Männer der XV. haben nach den harten Kämpfen am Jarama und nach den langen Monaten zermürbenden Grabenlebens nur acht Tage Ruhe im rückwärtigen Gebiet genossen, bevor sie in die Schlacht geworfen wurden. Die XIII. ist seit acht Monaten an der Front. Sie ist in der schlimmsten Verfassung. Sie war bei Teruel, bei Málaga, bei Granada und bei Pozoblanco dabei. Als sie von der trostlosen Estremadura-Front abgezogen wurden, glaubten die Männer, daß sie Ruhequartiere in irgendeiner Küstenortschaft beziehen werden, aber sie sind in den Hexenkessel am Guadarrama gekommen.
Am Vorabend des Angriffs löst Major Krieger (Vincenz Bianco) den General Gomez im Kommando der XIII. ab. Offiziere und Kommissare sind sich alle der Schwächen der Brigade bewußt. Sie versuchen, sie dadurch wettzumachen, daß sie ihre Aktivität vervielfachen und mit dem eigenen Leben dafür zahlen. Der Brigade-Kommissar, Blagoie Parovic, ein kroatischer Gewerkschaftsorganisator, fällt am ersten Tag der Schlacht, von einer Kugel in die Stirn getroffen, vor Villanueva de la Cañada. Camen ersetzt ihn vorübergehend. Er kennt die Brigade bereits, da er sie in Estremadura besichtigt hatte. Nach der schweren Erkrankung des Kommissars, des Polen Suckanek, war er praktisch ihr verantwortlicher politischer Funktionär gewesen. Doch wenige Tage, nachdem er das Amt übernommen hat, wird er vor Romanillos durch eine Fliegerbombe schwer verwundet, sein ganzer Körper ist mit Splittern besät. Drei der Bataillonskommissare, der Spanier Cano und die Franzosen Villette und Houard, fallen zusammen mit verschiedenen Bataillonskommandeuren und Kompanieführern an der Spitze ihrer Leute. In dieser Schlacht hat die XIII. Brigade die schwersten Verluste an Mannschaften und Kadern. Doch sie gibt nicht einen Meter des eroberten Bodens auf und versucht mit Erbitterung, dem Feind die Stellungen zu entreißen, an die er sich verzweifelt klammert. Die XV. Brigade verliert während der Schlacht neben zahlreichen Offizieren und Kommissaren auch ihren Kommandeur, der verwundet wird. An seine Stelle tritt der Stabschef, dessen Funktion von Hauptmann Bebler übernommen wird.
Am äußersten linken Flügel unserer Offensivfront operiert die CL. Internationale Brigade. Ihr Kommandeur ist durch Krankheit ausgefallen. Er wird vorübergehend durch den Kommandeur des Bataillons Dombrowski ersetzt. Nachdem die Brigade am Angriff auf die wichtige Stellung von La Mocha teilgenommen hat, macht sie Front gegen die faschistischen Linien, die von Majadahonda bis zur Straße nach El Escorial, in der Nähe von Las Rozas, verlaufen. Rechts von ihr, beiderseits des Guadarrama, wo die Frontlinien den Wasserlauf überqueren, bezieht in der Nacht des 11. die jetzt vollständige Garibaldi-Brigade Stellung.
Dieses ist einer der heikelsten Punkte der gesamten republikanischen Front. Er liegt an der Basis unseres Einbruchskeils. Hier laufen die Straßen zusammen, die von

Majadahonda und von Romanillos in den Talgrund hinabsteigen, den Guadarrama überqueren und sich dann in der Ebene verzweigen. Von hier kann ein faschistischer Angriff ausgehen, der im Falle des Gelingens in wenigen Stunden unsere gesamte Front ins Wanken bringen könnte. Diese Tatsache unterstreicht die Bedeutung der Eroberung von Villanueva del Pardillo zur Rechten des Guadarrama unsererseits und macht die Erbitterung verständlich, mit der die Faschisten Villafranca del Castillo verteidigen, das gegenüberliegt.

Die Brigade zählt nunmehr etwa zweitausend Mann mit wenig mehr als tausendfünfhundert Gewehren und etwa fünfzig Maschinengewehren und Maschinenpistolen. Sie besitzt jetzt neben der Panzerabwehr-Batterie fünf Flieger-Maschinengewehre, mit denen sie sich die faschistische Luftwaffe etwas vom Leibe halten kann. Es sind Waffen, die für diesen Zweck gut geeignet sind, jedenfalls können diese garibaldinischen Luftwachen gerade hier zwei Feindmaschinen abschießen.

Aufgabe der Brigade ist es nicht nur, diese sehr wichtige Straßenkreuzung zu bewachen, sondern auch die republikanischen Stellungen zu erweitern und die Faschisten aus Villafranca del Castillo zu verjagen, das wie ein Stachel in unserer Flanke steckt. Der Angriff auf das Dorf beginnt am Mittag des 13. Juli. Die Unsrigen sollen von der Straße Villanueva del Pardillo–Majadahonda aus so weit vorstoßen, daß sie die Straße Villanueva del Pardillo–Villafranca del Castillo abschneiden, einige beherrschende Höhen besetzen und die Verteidiger dieser letzten Ortschaft zur Flucht oder zur Übergabe zwingen können.

Die Garibaldiner greifen mit großer Kühnheit an, sie rücken vor, besetzen einige Stellungen, verlieren sie, nehmen sie wieder und halten der heftigen Bombardierung durch die Artillerie und die Luftwaffe des Feindes sowie dem mörderischen Feuer seiner Infanterie stand. Der Kampf dauert mit wechselndem Erfolg an den nächsten Tagen fort. Unsere Angriffe werden abgeschlagen, faschistische Vorstoßversuche werden blockiert, sobald sie erkannt sind. Während dieser Kämpfe erreicht der Genosse Tomat bei dem Sturmangriff vom 13. Juli als erster den feindlichen Graben; wegen seines großen Muts und seiner Umsicht wird er im Felde zum Hauptmann befördert. Der noch sehr junge Giua und der Italo-Schweizer Canonica werden verwundet und im Tagesbefehl wegen ihrer Tapferkeit erwähnt, ebenso wie der Unteroffizier Feliciano, der in einem kritischen Augenblick an der Spitze der Pioniere und der Nachrichtenleute hilft, die Lage wiederherzustellen, um sofort danach seinen eigenen Dienst wiederaufzunehmen.

Die Brigade schlägt sich gut. In ihren Reihen gibt es Soldaten, die bereits an allen schwereren Unternehmen teilgenommen haben, Leute, die ein-, zwei- und auch dreimal verwundet worden sind. Immer wieder sind sie unverzüglich an die Front zurückgekehrt. Sie haben neben sich die große Mehrzahl der Kameraden der ersten Kämpfe fallen sehen. Man hat ihnen ohne jeden plausiblen Grund selbst einen kurzen Urlaub zur Regelung heikler familiärer Angelegenheiten abgelehnt. Sie sind verbittert, aber sie kennen ihre Pflicht und erfüllen sie mit aller Entschiedenheit.

Doch unter den Freiwilligen gibt es jetzt zahlreiche spanische Rekruten, die den Brigaden im letzten Augenblick zugewiesen wurden und die keinerlei militärische Ausbildung und keinerlei politische Vorbereitung aufzuweisen haben. Viele dieser Jungen sind an die Front gekommen, ohne jemals eine Waffe in der Hand gehabt

zu haben. Einige sind gefallen, ehe sie überhaupt einen Schuß aus dem Gewehr abgeben konnten. Darunter gibt es welche, die – aus Unerfahrenheit oder aus Verrat – auf die eigenen Kameraden schießen, und andere, die sich selbst verstümmeln, um der Hölle der vordersten Linie zu entrinnen, oder die geradewegs zum Feind überlaufen.
Solange es darauf ankam, sich von dem Offensivschwung tragen zu lassen, haben diese organischen Schwächen keinen großen Einfluß auf den Angriffsgeist und die Moral der Brigade gehabt. Doch jetzt ist die Lage anders. Nunmehr wechseln den ganzen Tag Angriff und Gegenangriff ab. Wenn die Gewehre und die Maschinengewehre schweigen, dann ist die Luftwaffe an der Reihe, die überall Bomben abwirft und mit Bordwaffen schießt. Die neuen Rekruten, die unversehens aus ihren friedlichen Beschäftigungen herausgerissen wurden, können sich nicht in der Hölle zurechtfinden, in die sie gestürzt wurden. Sie haben noch keine Zeit gehabt, sich den bewährteren Kämpfern anzupassen. Sie fühlen sich verlassen. Panik ergreift sie, denn sie fürchten, unwiderruflich zum Sterben verdammt zu sein, und versuchen verzweifelt, dem Unheil zu entrinnen.
So gibt es im stärksten Kampfgetümmel tragische und verzweifelte Augenblicke, die die Offiziere, Kommissare und Veteranen nicht immer zu überwinden vermögen. Natürlich trifft diese Rekruten keinerlei Schuld – abgesehen von ein paar schwarzen Schafen der Fünften Kolonne, die sich unter ihnen befinden –, da sie noch niemand für die Gefahren des Krieges ausgebildet und geschult hat. Erst nach einer angemessenen Vorbereitungszeit hätte man sie in die kämpfenden Einheiten stecken dürfen. Man kann die Freiwilligen und die Rekruten nicht über einen Kamm scheren. Die ersten sind von einer großen inneren Kraft und von einem festen Kampfeswillen beseelt; auch wenn sie unvorbereitet in die Schlacht geschickt werden, wissen sie trotzdem, daß sie den eigenen Posten zu halten haben. Diese Erfahrung machen wir mit fast allen spanischen und internationalen Freiwilligen. Mit den Rekruten ist das eine andere Sache. Nur die Ausbildung, die Eingewöhnung und die militärische Disziplin können sie zu einer Schlagkraft für den Kampf machen.
Doch das verstehen der Kommandeur und einige Offiziere der Garibaldi-Brigade nicht. Sie sind entmutigt angesichts der Schwierigkeiten und der Härte des Kampfes sowie der Vielzahl und der Schwere der zu lösenden Probleme. Es ist unmöglich, so sagen sie, erfolgreich zu kämpfen, solange man nur Rekruten als Verstärkung erhält. Mit internationalen Freiwilligen allein können unsere Brigaden auch weiterhin Sturmeinheiten sein. Wenn es wegen der Grenzkontrollen nicht möglich ist, eine ausreichende Anzahl neuer internationaler Kämpfer zu erhalten, dann ist es besser, die Brigade aufzulösen und alle zu repatriieren. Das ist die einzige Möglichkeit, um das in diesen neun Kampfmonaten erworbene moralische und politische Ansehen zu retten.
Hinter dieser Erwägung steht ein großes, übrigens nicht verstecktes, sondern häufig ostentativ gezeigtes Mißtrauen gegenüber der Leistungsfähigkeit und den Ressourcen des spanischen Volkes, gegenüber der Wirksamkeit der internationalen Solidarität. Diese Einstellung führt bei einigen Elementen zu einer systematischen Kampagne gegen die „Spanier“, gegen die höheren Kommandostellen, die für alle Schwierigkeiten der Lage und für alle mißlungenen Operationen verantwortlich gemacht

werden. Natürlich ist diese Stimmung nicht geeignet, den Kampfgeist und den Widerstandswillen der Soldaten zu stärken.
Um die beim Stab der Garibaldi-Brigade vorherrschende negative Einstellung zu korrigieren, wurde der Genosse Platone, ein ehemaliger Offizier des Weltkrieges, der bisher das Amt des Stabschefs der Base in Albacete bekleidete, als Stabschef dorthin geschickt. Doch die Wühlarbeit dauert an, zumal der Brigade-Kommandeur sie selbst duldet und fördert.
Während der Kämpfe um Villafranca del Castillo besuche ich die Garibaldi-Brigade. Der Gefechtsstand befindet sich im Guadarramatal, dicht am Flußufer unter einem großen Baum. Plötzlich wird der Gefechtsstand von der feindlichen Artillerie beschossen. Ob das Zufall ist? Oder ist es das Werk irgendeines Spions? Hat irgendeine feindliche Artillerie-Beobachtungsstelle den Gefechtsstand erspäht, oder sind unsere Funksprüche aufgefangen und die Sendestelle ausgemacht worden?
Jedenfalls schlagen die Granaten, eine nach der anderen, jede Minute rund um den Gefechtsstand ein. Sie bilden eine Rosette, deren Mittelpunkt wir sind. Offiziere, Kommissare, Melder suchen ein Loch, eine Geländefalte, irgendeinen Schutz, wo sie in Deckung gehen können. Nach jedem Schuß hebt jeder den Kopf, um den im Umkreis angerichteten Schaden festzustellen; bei jedem neuen mahnenden Pfeifen kauert er sich schnell zusammen und macht sich so klein wie möglich.
Piazza, der Führer der Brigademelder, lehnt an dem dicken Stamm des Baumes. Plötzlich stößt er ein leises und erregtes „Es lebe Italien!“ heraus. Ich verstehe nicht. Ich schaue ihn an; seine Züge sind gespannt, der Ausdruck etwas erregt. Er greift mit der Hand nach seinem Nacken und zieht sie blutig zurück. Er ist verwundet. Ein anderer Melder, der Belgier Gelissen, derselbe, der seine Kameraden vom französisch-belgischen Bataillon zum entscheidenden Sturmangriff von Palacio de Ibarra mitriß, nimmt ihn unter den Arm, um ihn aus dem Schußfeld zu bringen und ihn zum Verbandplatz zu begleiten. Sie machen wenige Schritte zusammen, als sie ein neuer Schuß, ein Volltreffer, beide hinstreckt. Gegenseitig untergefaßt, sterben der tapfere Piazza und der großartige Gelissen.
Die verfluchte faschistische Kanone – es muß sich um ein einzelnes Geschütz handeln – schießt mit Regelmäßigkeit und Beharrlichkeit weiter; die Schüsse fallen immer im gleichen Umkreis. Auf der anderen Seite des flachen Flußufers, an das ich mich anschmiege, haben sich einige Garibaldiner vom Stab platt in den Sand und in den Kies gelegt. Bei jedem Schuß höre ich ihren bald spöttischen, bald zornigen Kommentar. Jetzt ist eine Granate gerade dort niedergegangen. Ich spüre den herben Geruch des Sprengpulvers, und der Regen des durch die Explosion aufgewirbelten lockeren Erdreiches prasselt auf mich nieder. Doch dieses Mal höre ich keinen Kommentar. Ich hebe den Kopf aus dem Loch, in dem ich stecke, und biege die am Ufer stehenden Sträucher auseinander, um besser zu sehen, was auf der anderen Seite passiert ist. Ein schreckliches Schauspiel bietet sich mir: ein Garibaldiner liegt lang ausgestreckt, den ganzen Brustkasten aufgerissen, aus dem die schwammige Masse der Lunge heraushängt.
Endlich, nach mehr als einer Stunde, schweigt die Kanone. Die Ruhe kehrt in den Talgrund zurück. Natürlich schlägt das Brigadekommando seine Zelte schnell anderswo auf.

Die Garibaldi-Brigade drückt weiterhin mit wechselndem Erfolg auf Villafranca del Castillo. Beide Seiten gehen zum Angriff und zum Gegenangriff vor: wir, um Villafranca del Castillo zu besetzen, die Faschisten, um Villanueva del Pardillo zurückzuerobern. Bald wird rechts, bald links angegriffen, bald mit Artillerie-Vorbereitung, bald ohne, bald unter dem Schutz von Panzern, bald nur mit Handwaffen, in dem Glauben, den Gegner überraschen zu können. Alle diese Versuche ändern praktisch nichts an der Lage. Die Männer sind durch diese wiederholten Angriffe erschöpft und auch demoralisiert, denn die Verluste werden immer größer, und irgendein Erfolg wird nicht erzielt. Der Stab des XVIII. Armeekorps tobt am Telefon, warum eines unserer Batillone nicht wieder zum Angriff auf einige Gräben vorgeht, die uns den Weg nach Villafranca del Castillo versperren. Zusammen mit Barontini begebe ich mich an Ort und Stelle. Ich finde Mallozzi, der ganz niedergeschlagen wegen der Vorwürfe ist. „Aber es ist Wahnsinn, hier anzugreifen, unter diesen Umständen; sieh doch ...“, und er läßt mich den ganzen Graben besichtigen.
Es ist ein tiefer Graben, der nur wenig entfernt vom Rand einer Wiese ausgehoben wurde, die sich glatt und eben davor ausbreitet. Die Faschisten liegen in zweihundert oder dreihundert Meter Entfernung hinter einigen Geländefalten, wo einige spärliche Sträucher und Bäume zu sehen sind. Sie sind sehr wachsam. Wir heben eine Mütze, einen Stahlhelm auf einem Gewehr hoch, um bei ihnen den Eindruck zu erwecken, als ob sich hier etwas rühre. Jedesmal ergießt sich ein Hagel von Geschossen auf den armseligen Gegenstand, den wir gezeigt haben. Rechts von unserem Graben zieht sich eine leichte Bodensenke hin, eine Art Querrinne, die auf den Feind zuführt. Wenn man von dort aus im Laufschritt, auf allen vieren, losspringen würde, könnte man den faschistischen Graben erreichen, ohne sich dem Feuer all seiner Verteidiger auszusetzen. Doch selbstverständlich haben sie gerade am entgegengesetzten Ende dieser Querrinne ein Maschinengewehr aufgestellt, das sie bestreicht. Auch von dieser Seite ist nichts zu machen.
„Wenn du mich anzugreifen heißt, gebe ich den Befehl und springe als erster heraus; doch es ist Wahnsinn“, sagt Mallozzi. Ich muß ihm recht geben. Es wäre ein nutzloses Opfer. Wenn auch alle ihrem Kommandeur folgen würden, so käme am feindlichen Graben nur einer von zehn an, und auch das würde zu nichts führen, weil der ersten Welle von Helden niemand folgen würde, da keine anderen Kräfte für diese Aktion vorhanden sind außer den Männern, die den Graben besetzt halten. Ich beruhige den tapferen Mallozzi, er soll sich vorläufig darauf beschränken, im besetzten Graben gut aufzupassen.
Doch so ist jetzt die Lage im ganzen Frontabschnitt. Jeder bleibt dort, wo er sich befindet. So ist es hier vor Villafranca del Castillo, so ist es vor Romanillos, so ist es vor Mosquito, so ist es jenseits von Brunete und zwischen Brunete und Quijorna, wo die Unsrigen der XI. Brigade vergeblich versuchen, die Costa de la luna zu erobern, und so ist es vor Navalagamella. An der erreichten Linie hebt jeder Gräben aus und errichtet Brustwehren aus Sandsäcken. Das Gleichgewicht der Kräfte an der Front ist erreicht. Nur wenn man eine große Masse von Menschen und Mitteln an einem Punkt konzentrieren würde, könnte man daran denken, dieses Gleichgewicht zu zerstören und die gesamte Front von neuem in Bewegung zu bringen.

Leider besitzen wir diese Möglichkeit nicht. Alles Verfügbare ist bereits in vorderster Linie eingesetzt worden. Wir können uns lediglich zur Verteidigung einrichten. Die Phase der Überraschung und des Vormarsches ist beendet; es reift die Phase des entscheidenden Zusammenpralls aller Kräfte heran, die beide Seiten ins Feld stellen können. Wie immer sind es die stärkeren Bataillone, die am Ende die Schlachten entscheiden.

Die Faschisten gehen zum Gegenangriff über

Die siegreiche Offensive gegen Brunete hat den Feind völlig überrascht. Unsere Anfangserfolge machen ihm sofort die Bedeutung unseres Einsatzes und den Ernst der Gefahr für seine gesamte Front vor Madrid klar. Eine entscheidende Wendung an diesem Abschnitt würde sofort ungeheure militärische und politische Rückwirkungen in ganz Spanien haben. Der Aufmarsch gegen Santander wurde von den Faschisten zwischen dem 3. und dem 6. Juli abgeschlossen. Doch bei den ersten Nachrichten über die republikanische Offensive werden alle Angriffsvorbereitungen unterbrochen und aufgeschoben. Ein guter Teil der Infanterie, der Artillerie und der Luftwaffe wird in aller Eile aus dem Norden an die Front von Brunete geschickt. Nur die italienischen Legionen bleiben, wo sie sind, aber auch sie setzen einen Teil ihrer Artillerie und ihrer Luftwaffe an die gefährdete Front in Marsch.

Das strategische Ziel, das wir uns mit der Offensive gestellt haben, ist somit glänzend erreicht worden: die faschistische Bedrohung des Nordens zu beseitigen, dem Feind unsere Initiative aufzuzwingen und ihn zu nötigen, auf einem Gelände und unter Bedingungen zu kämpfen, die für uns vorteilhaft sind. Tatsächlich legt der Feind im Gebiet von Navalcarnero alle verfügbaren Kräfte zu einem Armeekorps zusammen mit dem einzigen Ziel, der republikanischen Offensive Widerstand zu leisten. Die faschistischen Kommandostellen schicken ihre Bomben- und Jagdflugzeuge in nacheinander folgenden Wellen gegen die von Quijorna, von Brunete, von Villanueva de la Cañada und von Villanueva del Pardillo aus angreifenden Truppen in der Absicht, ihren Angriffsgeist zu brechen und den Vormarsch der Unsrigen aufzuhalten.

Man kann sagen, daß in den ersten Tagen die Gegenaktion des Feindes fast ausschließlich von der Luftwaffe getragen wird, die ununterbrochen unsere vorgeschobenen Posten und unsere Verbindungswege bombardiert und oft auf niedrige Höhe hinunterstößt, um unser Truppen mit Bordwaffen zu beschießen. Sie erringt sehr bald die Luftüberlegenheit über die zahlenmäßig unterlegenen republikanischen Flugzeuge.

Nicht einmal nachts stellen die faschistischen Flugzeuge ihre mörderische Tätigkeit ein, wobei sie in großem Umfang Bomben verwenden. Felder, Wälder und ganze Ortschaften werden in Brand geschossen. Während der Nacht toben am gesamten Kampfabschnitt und im unmittelbaren rückwärtigen Gebiet riesige Feuersbrünste. Eine Gruppe Garibaldiner, die von einem kurzen Urlaub zurückkehrt, wird dezimiert, als sie schnell das Abendessen bei den Brigadeküchen einnimmt. Die Drähte der Feldfernsprecher werden ständig von den Explosionen der Granaten zerrissen oder von den Flammen der brennenden Felder verzehrt. Daher sind die Verbindungen

zwischen den Truppen an der Front und den Stäben sowie zwischen den verschiedenen Einheiten äußerst prekär, sie sind häufig unterbrochen, vor allen Dingen dann, wenn sie am dringendsten benötigt werden. Die nächtlichen Bombenangriffe rufen jedoch unsere Nachtjäger auf den Plan, die in der Finsternis die feindlichen Maschinen mit Erfolg verfolgen und einige von ihnen abschießen.
Unsere Leute sind von vielen Tagen harter und blutiger Kämpfe ermüdet. Die Reserven wurden viel zu früh eingesetzt, um örtliche Aufgaben zu lösen. Sie fehlen jetzt, um die Offensive auszuweiten und um die am stärksten betroffenen Einheiten abzulösen. Der Feind jedoch verstärkt von Tag zu Tag seine Truppen an der Front, und es sind neue, frische Truppen, die noch nicht durch die Kämpfe erschöpft sind. Die Waagschale der militärischen Kräfte neigt sich völlig zugunsten der Faschisten. Jetzt zeigen sich die Ergebnisse der militärischen Arbeit, die in den vergangenen Monaten auf beiden Seiten geleistet wurde. Fest steht, daß der Feind die Periode relativer Ruhe an der Mittelfront weit besser als wir genutzt hat, um neue Reserven auszubilden. Heute schickt er sie an die Front. Wir sind nicht in der Lage, das im gleichen Maße zu tun. Wir ernten die bitteren Früchte der Politik Largo Caballeros und der Clique seiner unfähigen und verräterischen militärischen Ratgeber.
Bereits am siebenten Tag unseres Angriffs haben sich alle Faktoren der militärischen Lage stark verändert. Wir sind nun offensichtlich unterlegen: in der Luft und am Boden. Gegenüber unserer rechten Flanke, im Abschnitt des Rio Perales, rund um Navalagamella, werden bedeutende feindliche Kräfte zusammengezogen. Ein faschistischer Gegenangriff von dieser Seite, mit dem Ziel der Abschnürung des kaum ein Dutzend Kilometer breiten Beutels, der durch unser Vordringen geschaffen wurde, an seiner Basis könnte die Ergebnisse unserer Offensive unwiderruflich aufs Spiel setzen. Deshalb bekommt unsere gesamte Aktion einen anderen Sinn. Wir gehen von der Offensive zur Defensive über, mit dem Ziel, das eroberte Gelände zu halten und den Feind zu zwingen, sich in wiederholten Angriffen aufzureiben und seine besten Kräfte so lange wie möglich von den Fronten im Norden fernzuhalten.
Es wird alles getan, um unsere Linien zu verstärken und den Widerstandswillen der Truppe zu festigen. Die Kommandostellen mobilisieren alle zur Verfügung stehenden Mittel und Menschen, alle Soldaten und Zivilisten, um ein zuverlässiges Verteidigungssystem auszubauen. Tag und Nacht wird gearbeitet, um Gräben auszuheben, Panzergräben anzulegen, Unterstände zu bauen, Maschinengewehrnester und Artilleriestellungen zu tarnen. Die Bataillonskommandeure und die Kompanieführer werden für die Arbeit zur Befestigung der ihnen anvertrauten Stellungen persönlich verantwortlich gemacht. Gegen diejenigen, die aus Nachlässigkeit oder Passivität sich etwas zuschulden kommen lassen, werden Disziplinarmaßnahmen ergriffen.
Nach einzelnen Vorstößen an verschiedenen Stellen beginnt der Feind am 23. Juli seine Gegenoffensive mit einem großen Aufgebot von Panzern, Artillerie und Luftwaffe. Drei faschistische Kolonnen greifen auf beiden Ufern des Guadarrama die republikanischen Verteidiger an. Der Angriff erfolgt in dem Augenblick, als einige unserer Truppen der vordersten Linie, die durch die über zwei Wochen andauernden harten und mörderischen Kämpfe erschöpft sind, abgelöst werden. Die Tätigkeit der Artillerie und insbesondere der feindlichen Luftwaffe ist so hart und mörderisch, daß unsere Truppe einen Augenblick lang wankt und eine Krise der Panik durchmacht.

Ein Teil der Verteidiger von der Brunete-Front, die abgelöst werden sollten, und die Kämpfer auf den beiden Guadarrama-Ufern halten die Hölle der Explosionen von Granaten und Bomben, der sich mehrenden Brände, die sie in einem Feuerring einzuschließen drohen, nicht aus. Vor den Bleigarben der feindlichen Maschinengewehre aus der Luft und von der Erde weichen sie. Die Heftigkeit des Angriffs verursacht eine Panik unter verschiedenen Truppen. Sie laufen auseinander, fliehen und bieten auf diese Weise dem feindlichen Feuer ein leichteres Ziel. Es zeichnet sich die Gefahr einer regelrechten militärischen Katastrophe ab, bei der wir alles Eroberte verlieren und sogar unsere Stellungen auf der Sierra in ernste Gefahr bringen würden.

Die frühen Nachmittagsstunden des 23. Juli sind wahrlich kritisch für uns. Die faschistischen Panzer kommen bis an die ersten Häuser Brunetes heran. Nur einige kleine Einheiten, die nicht von der Panik ergriffen sind, klammern sich an das Gelände und versperren dem Feind den Weg. Sturmgruppen werden eingesetzt, um die Flüchtenden aufzuhalten und die ungesicherten Abschnitte zu besetzen. Mit übermenschlicher Anstrengung gelingt es den Kommandeuren und Kommissaren schließlich, ihre Leute wieder in die Hand zu bekommen, sie wieder ins Gefecht zu führen und sie in den zu verteidigenden Stellungen festzuhalten. Der Friedhof von Brunete wird von uns besetzt und in Kürze in ein verschanztes Lager und in eine Festung umgewandelt. Der Schatten der Niederlage ist gewichen. Es gibt wieder eine Linie, die Männer führen wieder die Befehle aus, sie kämpfen und leisten Widerstand.

Am 24. Juli muß die XI. Internationale Brigade an ihrem kurzen Abschnitt zwischen Quijorna und Brunete allein mindestens acht Angriffe zurückweisen, die alle von Artillerie und zahlreichen kleinen Panzern kräftig unterstützt werden. Aber das Feuer unserer Batterien und unserer Infanterie treibt sie in die Flucht. In einem energischen Gegenangriff gelingt es der Brigade, etwa zwanzig Gefangene zu machen und reichliches Kriegsmaterial einzubringen. Am gleichen Tag können aber auch die Faschisten Brunete völlig und endgültig wieder besetzen.

Diese Besetzung gestaltet die Lage unserer Einheiten auf dem linken Ufer des Guadarrama äußerst kritisch; da sie ihrerseits von starken faschistischen Kolonnen von vorn und in der Flanke bedrängt werden und die Gefahr besteht, daß sie abgeschnitten werden, sind sie gezwungen, den Fluß zu überschreiten und sich auf seinem rechten Ufer festzusetzen. Hier trägt die XV. Brigade, die einigen spanischen Einheiten, welche vor Villanueva del Pardillo in eine schwierige Situation geraten waren, tatkräftige Hilfe geleistet hat, mit den Truppen Listers im Verlauf des 26. dazu bei, die faschistischen Angriffe vor Villanueva de la Cañada aufzuhalten, das fest in unserem Besitz bleibt. Die stärker mitgenommene XIII. Internationale Brigade geht in die zweite Linie, um reorganisiert zu werden.

Am 28. Juli finden an der gesamten ausgedehnten Kampffront immer noch heftige Kämpfe statt. An ihnen nehmen, zusammen mit allen im Abschnitt eingesetzten spanischen Einheiten, die XI., die XII. und die CL. Internationale Brigade teil. Doch die Stellungen bleiben unverändert. Unsere Linien festigen sich endgültig vor Quijorna, Villanueva de la Cañada, entlang dem Rio Aulencia, am Rande von Villanueva del Pardillo und entlang dem Rio Guadamarra bis zur Retamar-Brücke. Am 31. Juli verzichtet der Feind angesichts der Zwecklosigkeit seiner Bemühungen darauf, seine

Angriffe fortzusetzen. Er transportiert wieder einmal Truppen und Material nach dem Norden.

Wo bis vor wenigen Tagen die grausamste Schlacht wütete, sehe ich bei Einbrechen der Dunkelheit in einem spärlichen Wäldchen, wenige hundert Meter vom Feind entfernt, eine mit Stöcken, Stangen und Steinen bewaffnete Gruppe von Garibaldinern herumrennen. Sie spornen sich laut schreiend gegenseitig an: sie machen Jagd auf einige wilde Kaninchen, die aus ihren Höhlen herausgekommen sind. Am ganzen Abschnitt ist die Ruhe zurückgekehrt. Die Schlacht von Brunete ist zu Ende.

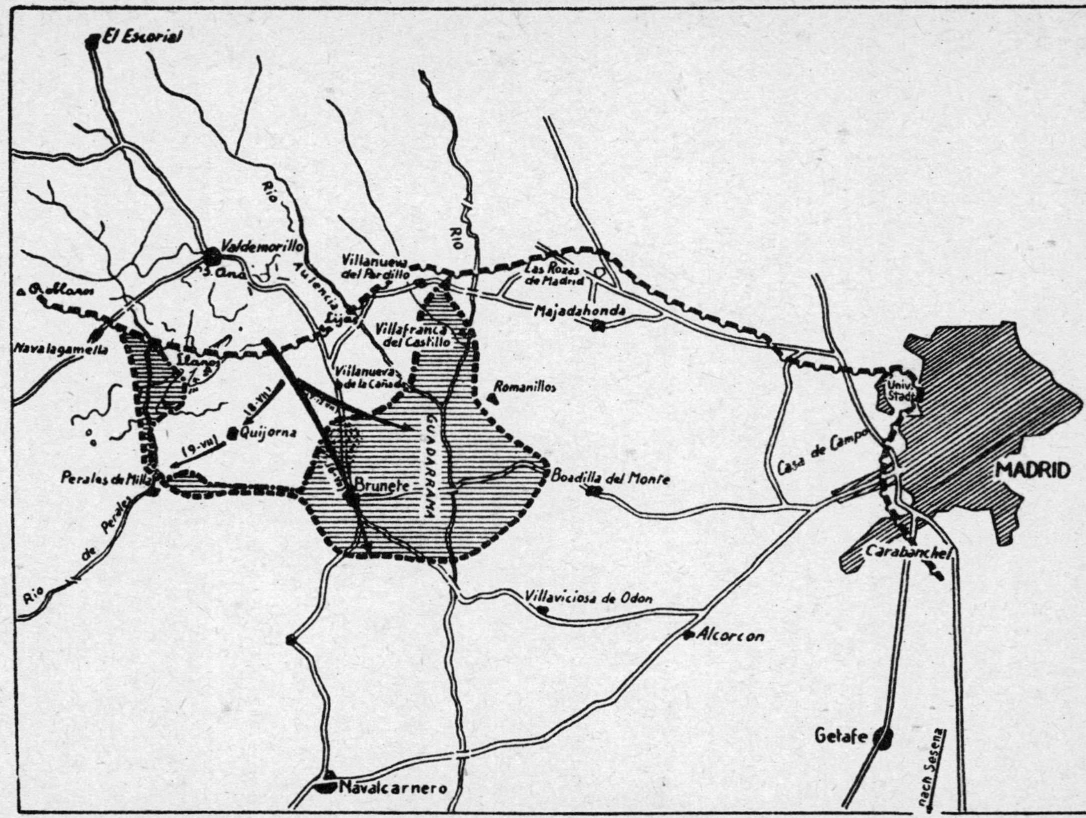

Die Verteilung der Kräfte in der Schlacht von Brunete

Die Schlacht von Brunete beschließt das große Epos von Madrid: ein Jahr wilder und grausamer Schlachten an der Schwelle der Hauptstadt und entlang der Straßen, die aus allen Teilen Spaniens zu ihr hinführen.
Von Süd und West, von Ost und von Nord angegriffen, hat Madrid allen Angriffen widerstanden, alle Angreifer zurückgeschlagen und ist zum Gegenangriff, zur siegreichen Offensive übergegangen. Die Verrätergeneräle, die hofften, Madrid in einem Handstreich einnehmen zu können, die fremden Legionen, die die Illusion genährt hatten, die Hauptstadt in einem Triumphmarsch zu erobern, die Diktatoren in Rom und in Berlin, die glaubten, sie durch grausame Bombenangriffe vernichten zu können, die Fünfte Kolonne, die darauf hinarbeitete, sie durch Hinterlist zu untergraben – sie alle müssen jetzt ihren Irrtum einsehen. Sie müssen ihre Pläne und ihre Hoffnungen aufgeben. Nach Madrid kommt man nicht durch.
In diesem ersten Kriegsjahr haben Katalonien und Asturien, Euzkadi und Aragón, Levante und Estremadura, alle Teile Spaniens, wunderbare Beweise an Tapferkeit und Opfermut geliefert. Dennoch ist Madrid von allen Schwesterstädten unbestreitbar die größte und die glorreichste gewesen – nicht allein Herz und Banner ganz Spaniens, sondern für die ganze Welt Vorbild heldenhaften und unbeugsamen Kampfes gegen den Faschismus.
Um ihre Häuser, ihre Straßen, ihr Recht auf Leben und Freiheit zu verteidigen, hat sich ihre gesamte Bevölkerung erhoben; um sie tatkräftig zu unterstützen, sind starke und beherzte Kämpfer aus allen Teilen des Landes und der Welt herbeigeeilt. Ihr Epos, ihre Leiden und ihre Heldentaten haben ein tiefes Echo im Herzen aller ehrlichen Menschen gefunden und neue tapfere Kämpfer beflügelt, ihr immer aufrechtes Banner hat ein ganzes Jahr lang die unerschütterliche Kampfstellung der ganzen Nation gekrönt.
Das Volk hat dem Madrider Epos die Größe verliehen. In verräterischer Weise überrascht, hat es sich dennoch nicht unterkriegen lassen. Von übermächtigen Kräften bedroht, hat es sich nicht gebeugt. Die Schwierigkeiten haben es gestärkt, die Opfer haben es gestählt, die Kühnheit hat ihm die Flügel zum Sieg verliehen. Es mangelte ihm an Waffen, an Organisation, an Befestigungsanlagen, an Führern, an Technik, der Verrat lauerte überall, die Furchtsamen versuchten, es zum Verzicht zu bewegen. Doch die Bevölkerung Madrids folgte nur dem Impuls ihrer eigenen Leidenschaft und der Stimme ihrer Führer, die sie zum Widerstand und zum Kampf aufriefen. Gestärkt durch die Solidarität aller Völker und durch die Hilfe der ersten Freiwilligen an ihrer Seite, leistete sie Widerstand und ging zum siegreichen Gegenangriff und zur Offensive über.
Diesem unbändigen Strom der Leidenschaft und des Kampfeswillens verdanken die glorreichen Milizen ihre Entstehung; aus ihnen wurden die ersten Brigaden und Divisionen geschaffen, aus denen dann das neue und tapfere Volksheer aufgestellt wurde, für das die Internationalen Brigaden einen großen Beitrag geleistet haben. Dieses Heer trotzte dem Feind, der wütend über seine Schlappen und mächtig durch die ausländische Hilfe war, und vermochte es, erheblich überlegene Kräfte, wie die

faschistischen Legionen bei Guadalajara, zu schlagen, die feindliche Front am Guadarrama kühn zu durchbrechen und tapfer den wütenden Gegenangriffen aller faschistischen Waffen und Reserven, die in den Kampf geworfen wurden, zu widerstehen.

Die antifaschistischen Kämpfer, die zu Anfang nur mit ihrer eigenen Leidenschaft und mit ihrem eigenen Mut bewaffnet waren, haben das Unmögliche möglich gemacht und fast aus dem Nichts die mächtige Verteidigung Madrids geschaffen, an der sich die überheblichen Rebellengeneräle, ihre hochmütigen Komplizen und ihre fremden Herren die Zähne ausgebrochen haben.

Die kühnen „cazadores de tanques", die mit ihren primitiven Mitteln die ersten faschistischen Panzer vor Carabanchel und Casa de Campo zum Stehen brachten, die „dinamiteros" und die „Sturmkompanien", die den Feind am Manzanares und in der Universitäts-Stadt aufhielten – sind reguläre Einheiten von Panzerschützen, Artilleristen und Piloten geworden. Sie bilden heute Brigaden, Divisionen und Korps. Die Kühnen, die Helden, die Zenturienführer und die Kolonnenführer von vor einem Jahr, von vor neun Monaten, sind jetzt angesehene Kommandeure des neuen Volksheeres, das siegreich auf dem Schlachtfeld kämpft und manövriert. Zu Hunderttausenden, zu Millionen sind die Ausgebeuteten, die Unterdrückten, die Betrogenen, die sich bis gestern dem Willen anderer beugen mußten, heute Herren des eigenen Lebens, Schöpfer der Geschichte geworden und schmieden für sich und für das Vaterland, für die Gegenwart und für die Zukunft das neue nationale Bewußtsein des republikanischen Spaniens.

Ein Jahr Kampf: gewaltig ist der zurückgelegte Weg. Doch viel bleibt noch zu tun, um das siegreiche Ziel zu erreichen. Die Ergebnisse der Schlacht von Brunete selbst beweisen es. Die Republikaner verstehen es, dem Feind Widerstand zu leisten und ihn auch zu schlagen, aber sie sind noch nicht imstande, ihn zu vernichten. Die Hoffnung auf einen entscheidenden Sieg, die durch die jüngsten Erfolge von Guadalajara bestärkt wurde, hat die erste große republikanische Offensive begleitet. Doch die Wirklichkeit hat sie zunichte gemacht und gezeigt, daß der Weg zum Sieg noch lang, hart und schwer ist.

Die Einsatzfreudigkeit, der Opfersinn, die Ausbildung müssen vervielfacht werden, um mehr Kämpfer und mehr Waffen einsetzen zu können. Die Intervention zur Unterstützung Francos wird jetzt mit aller Entschiedenheit und ohne Rücksicht auf die Kosten durchgeführt. Mussolini muß unbedingt die Schmach von Guadalajara ausmerzen. Der sogenannte Nichteinmischungs-Ausschuß seinerseits deckt die faschistische Intervention und vermehrt die Hindernisse für die Solidaritätsbeweise der Völker mit dem republikanischen Spanien. Er behindert in jeder Weise die Hilfsaktion der Sowjetunion für die Madrider Regierung.

In dieser Lage wagen es die Sozialistische Internationale und der Internationale Gewerkschaftsbund leider nicht, die Aufforderung der Sozialistischen Partei, der Kommunistischen Partei und der Spanischen Allgemeinen Arbeiter-Union sowie die Vorschläge der Kommunistischen Internationale für eine einheitliche Aktion gegen die nichtfaschistischen Parlamente und Regierungen anzunehmen. Es kommt darauf an, diese Regierungen zu zwingen, die italienischen und deutschen Invasionstruppen aus Spanien abzuziehen, die Blockade des republikanischen Spaniens aufzuheben und der Madrider Regierung die Rechte einer legitimen und legalen Regierung, die sie in der Tat ist, zuzugestehen.

Die Sache Spaniens muß immer besser durch die vereinten und einträchtigen Bemühungen des spanischen Volkes und seiner Freunde in den verschiedenen Ländern gegen die Trägheit vieler demokratischer Regierungen und gegen die aktive Weltkoalition der konservativen und reaktionären Kräfte verfochten und verteidigt werden. Denn José Diaz sagt, daß „wir in Spanien zur gleichen Zeit zur Verteidigung unseres Vaterlandes, unseres Brotes und unserer Freiheit und zur Verteidigung des Friedens in der Welt kämpfen. Alle werktätigen Massen, alle Antifaschisten der Welt, müssen uns deshalb in energischer und wirksamer Art und Weise helfen."

Die verstärkte faschistische Intervention und die Bedrohung des Nordens zwingen die spanischen Republikaner, alle Kräfte und alle Hilfsquellen des Landes auszunutzen, um die Produktionskapazität und die Verteidigungskraft, diese unerläßlichen Bedingungen für den Sieg, in beschleunigtem Tempo zu entwickeln. Der Krieg wird nicht allein durch den Glauben gewonnen. Das reguläre Heer muß auf der Grundlage der allgemeinen Wehrpflicht ausgebaut werden, eine mächtige Kriegsindustrie ist zu schaffen, die Militärkommandos müssen gründlich von allen zweifelhaften und ungetreuen Elementen gesäubert werden, das Hinterland ist von allen Überresten der Fünften Kolonne und von jeder Sorte Kriegsgewinnler zu befreien, die Industrie- und Agrarproduktion ist zu organisieren und zu intensivieren, die Volksfront, die politische und gewerkschaftliche Einheit der Werktätigen, muß entfaltet und konsolidiert werden.

„Madrid", so sagt José Diaz, „hat uns ein herrliches Beispiel der Einheit gegeben, das für uns eine wertvolle Erfahrung bedeutet. Wenn Madrid den brutalen feindlichen Unternehmen siegreich hat widerstehen können, so ist das in erster Linie die Folge der Einheit des gesamten Volkes im Kampf, der gemeinsamen Anstrengung aller Antifaschisten gewesen."

Die Freiwilligen der Internationalen Brigaden, die als erste diese Pflicht der Solidarität und der Einheit mit dem spanischen Volk empfunden haben, dürfen ihre Verpflichtung, die sie übernommen haben, als sie herbeieilten, um an seiner Seite zu kämpfen, nicht vergessen. Man darf die Freunde nicht nur im Augenblick der größten Not und größten Schwierigkeiten, sondern auch bei den entscheidenden Schlachten nicht im Stich lassen. Das begonnene Werk kann nicht halbfertig liegengelassen werden. Die Härte des Kampfes kann nur die Schwachen beugen und die Furchtsamen wanken machen. Die internationalen Freiwilligen haben bewiesen, daß sie weder die Opfer noch die Last des Kampfes fürchten, wie hart und blutig er auch sein mag. Sie werden diesen glorreichen, mit dem Blut der Gefallenen geweihten Traditionen treu bleiben.

„Por vuestra y nuestra libertad" steht auf den Fahnen der Internationalen Brigaden geschrieben. Für die Freiheit des spanischen Volkes und für die Freiheit der vom Faschismus unterdrückten oder bedrohten Völker werden die internationalen Freiwilligen, eng untereinander vereint und mit dem spanischen Volk verbunden, auch weiterhin bis zum Ende kämpfen.

WORTERLÄUTERUNGEN

Alianzas obreras — Arbeiterbünde

Altavoz del frente — Frontlautsprecher

Arditi — wörtlich Kühne; Soldaten der Sturmtruppe für besondere waghalsige Unternehmen

bandera — wörtlich Fähnlein; spanische Truppeneinheit in Bataillonsstärke

cacique — Partei- oder Ortsgewaltiger, Dorftyrann, Bonze

cazadores de tanques — Panzerjäger

CEDA — Abk. für Confederación Española de Derechas Autónomas (Spanischer Bund der Unabhängigen Rechtsparteien)

Cerro — Hügel, Berg

CNT — Abk. für Confederación Nacional del Trabajo (Nationalbund der Arbeit), große anarchistische Gewerkschaft

Cortes — das spanische Parlament

corvée — Arbeitskommando, das für das Heranschaffen von Verpflegung, Stroh usw. verantwortlich ist

dinamiteros — wörtlich Dynamitmänner, soviel wie Panzerknacker

FAI — Abk. für Federación Anárquica Ibérica (Iberischer Anarchistenbund)

Guardia Civil — Gendarmerie; faschistische Polizeitruppe im Gegensatz zur republikanischen Polizeiformation Guardia de Asalto

Izquierda — im Parlament die Linke

manteca — Butter

mono — wörtlich Affe; eine Art Overall der spanischen Werktätigen; in den ersten Kriegsmonaten die „Uniform" der Milizen

moros — Mauren

no pasarán — sie kommen nicht durch; die von der Pasionaria (Dolores Ibarruri) ausgegebene Losung für die Freiheitskämpfer

OVRA — Abk. für Opera Volontaria per la Repressione dell'Antifascismo (Freiwillige Organisation zur Unterdrückung des Antifaschismus), die italienische Gestapo

plantilla — Ausrüstungsnachweis für die einzelnen Truppenteile

por vuestra y nuestra libertad — für eure und unsere Freiheit; Inschrift auf den Fahnen der Internationalen Brigaden

POUM — Abk. für Partido Obrero de Unificación Marxista (Arbeiterpartei der Marxistischen Vereinigung, eine Organisation im Dienste der 5. Kolonne)

PSUC — Abk. für Partido Socialista Unificado de Cataluña (Sozialistische Einheitspartei Kataloniens)

Puente — Brücke

requetés — Angehörige des Karlistenbundes

Squadrist — Angehöriger der italienischen Sturmabteilungen, auch „Alter Kämpfer"

tercio — Division der Guardia Civil oder der Fremdenlegion

UGT — Abk. für Unión General de los Trabajadores (Allgemeine Arbeiter-Union)

Viscaya — spanische Provinz am Golf von Bisçaya, Hauptstadt Bilbao

Bataillon Edgar André im Dorfquartier bei Madrid

República Española

Número de la libreta 3429

BRIGADAS INTERNACIONALES

CARNET MILITAR PARA

Apellidos Lorenz

Nombre

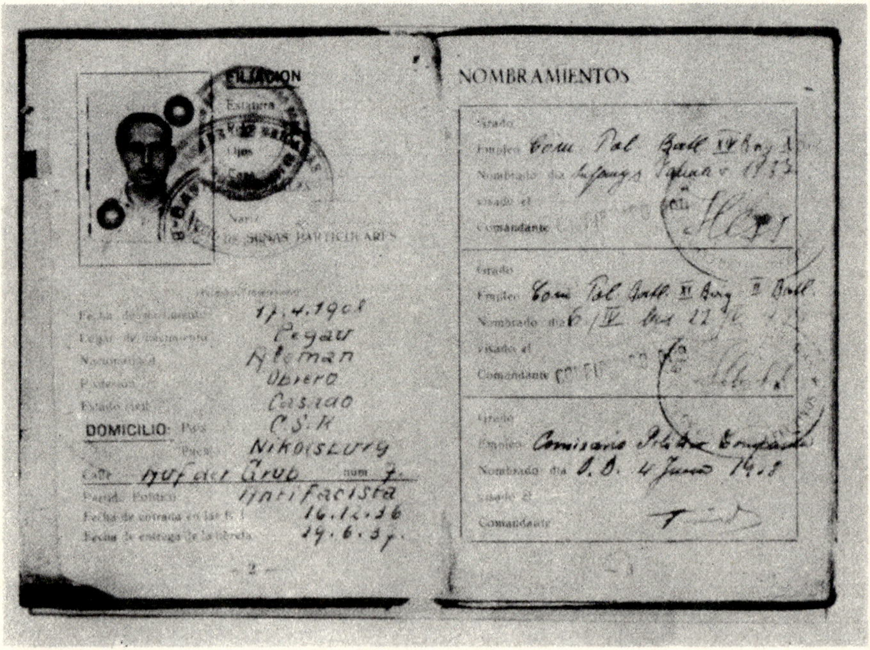
FILIACION

SEÑAS PARTICULARES

Fecha de nacimiento 17.4.1908

Lugar de nacimiento Pegau

Nacionalidad Aleman

Profesion Obrero

Estado civil Casado

DOMICILIO: País C.S.R.

Pueblo Nikolsburg

Calle Hof der Grub num 7.

Partido Politico Antifacista

Fecha de entrada en las B.I. 16.12.36

Fecha de entrega de la libreta 19.6.37.

— 2 —

NOMBRAMIENTOS

Grado

Empleo Com Pol Batt XI Brig

Nombrado dia

visado el

Comandante

Grado

Empleo Com Pol Batt XI Brig II Batt

Nombrado dia 6/IV

visado el

Comandante

Grado

Empleo Comisario Politico Compañia

Nombrado dia O.D. 4 Junio

visado el

Comandante

— 3 —

Militärausweis eines Interbrigadisten

José Diaz, Generalsekretär der Kommunistischen Partei Spaniens

Parade der XI. Brigade in Madrid

Lebensmittel aus der Sowjetunion

Im Gefechtsstand der italienischen Brigade „Garibaldi"

Die neuesten Nachrichten im „Mundo Obrero", dem Zentralorgan der Kommunistischen Partei Spaniens

Egon Erwin Kisch und Ernst Busch

Panzer Olot

Deutsche Interbrigadisten bei einer Ruhepause

La Pasionaria (Dolores Ibarruri) spricht

Aufmarsch spanischer Antifaschisten

Schule hinter der Front

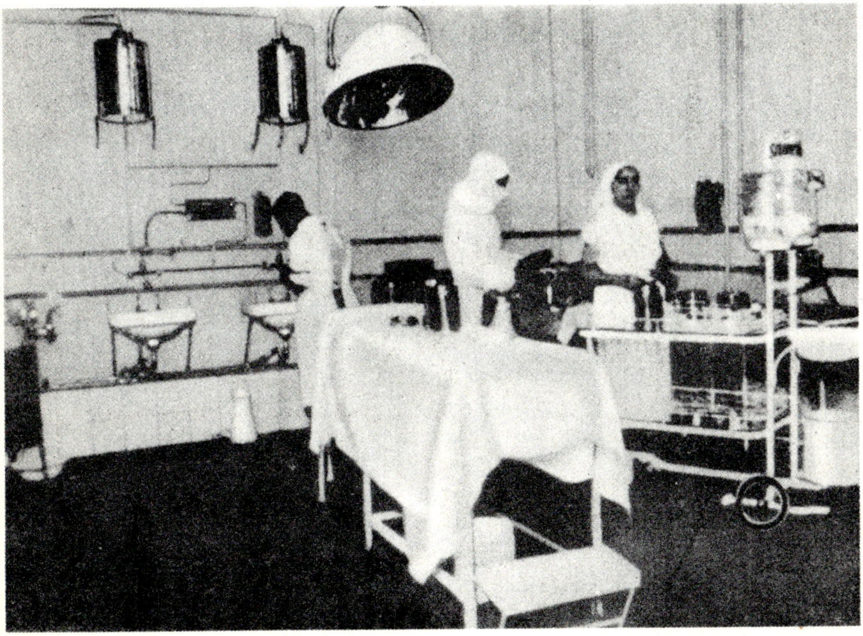

In einem Operationssaal der Internationalen Brigaden

Nach der Zerschlagung der Mussolini-Division bei Guadalajara

Der Friedhof der Internationalen Brigaden bei Fuencarral außerhalb Madrids

Diskussion hinter Schützengräben; die Schriftsteller Bodo Uhse und Ludwig Renn

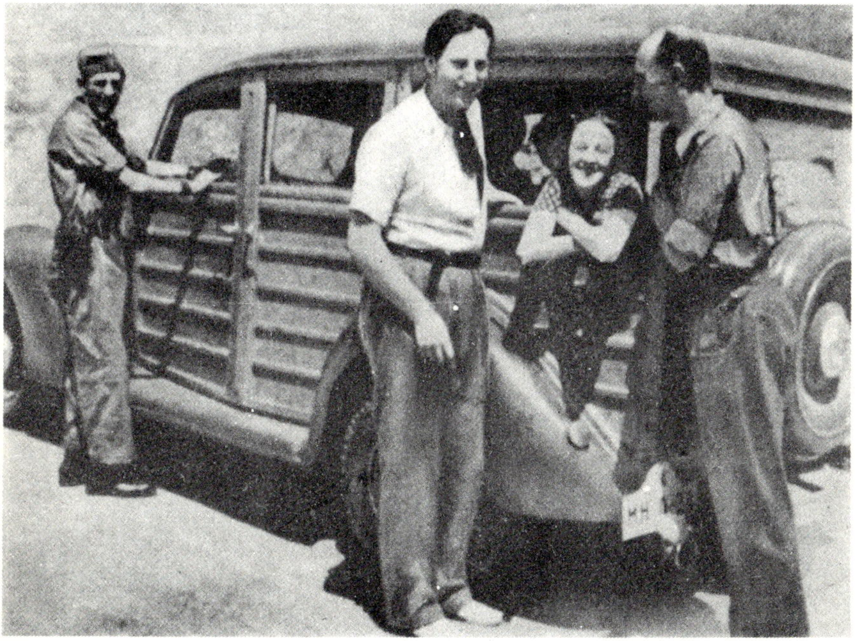

Ludwig Renn mit dem norwegischen Dramatiker Nordahl Grieg
und der schwedischen Journalistin Kajsa Rottmann

Heinrich Rau, Kriegskommissar der XI. Brigade (3. v. l.), Richard Staimer (2. v. l.) und andere Kameraden der Internationalen Brigade in einem Gespräch mit einer spanischen Greisin

Ein Jahr Internationale Brigaden
Un ano de las brigadas internacionales

Ein Bildband in spanischer Sprache

Madrid 1937, Reprint Westberlin 1976
112 Seiten, Pappband, Format 25 x 40
mit einem Beiheft mit der Übersetzung
von Hans-Werner Franz

Auch vier Jahrzehnte nachdem das spanische Volk den Kampf gegen die Putschisten und die faschistischen Interventen aufgenommen hatte, ist der Bildband „Ein Jahr Internationale Brigaden", den das Generalkommissariat der Internationalen Brigaden unter der Leitung von Luigi Longo 1937 herausgab, mehr als nur Erinnerung an eine heldenhafte Zeit.

Es ist ein Dokument des Optimismus, des Mutes und der Tapferkeit, hier wird Zeugnis abgelegt von der Kraft der internationalen Solidarität, der Aktionseinheit von Kommunisten, Sozialisten, Sozialdemokraten und parteilosen Antifaschisten.

Das Album, nach dem dieses Faksimile gedruckt wurde, entstand in einem halbzerstörten Gebäude, wenige hundert Meter von der Front entfernt mit unzureichenden technischen Hilfsmitteln; dazu kommen die unvorstellbaren Schwierigkeiten, das Exemplar über Krieg und Faschismus zu retten. Dies alles hat Spuren hinterlassen.

Dennoch vermitteln die Schrift- und Bilddokumente wichtige Erfahrungen, die in Spanien bei der Herstellung einer breiten internationalen antifaschistischen Einheitsfront gemacht wurden und die seit jenen Tagen unverzichtbares Gut der internationalen Arbeiterbewegung sind. Schon deshalb gehört dieser Band zu den bedeutendsten Zeugnissen aus dem spanischen Bürgerkrieg.

„Ein Jahr Internationale Brigaden" ist auch ein Beitrag der Solidarität mit dem Kampf, den das spanische Volk auch heute noch gegen den Faschismus führt.